초정 박제가 연구

실시학사
실학연구총서
07

초정 박제가 연구

楚亭 朴齊家

❖ 안대회 · 이헌창 · 한영규 · 김현영 · 미야지마 히로시 저

❖ 재단법인 실시학사 편

사람의무늬

實學硏究叢書를 펴내며

실학(實學)이 우리나라 학계에 연구주제로 떠올라, 정식의 학술논문으로 학술지에 등재(登載)되기 시작한 것은 1952년 이후의 일이다. 천관우(千寬宇)의 「반계 류형원(磻溪 柳馨遠) 연구」가 『역사학보(歷史學報)』 2·3집에 발표된 것이 그 시발점이다. 지난 계몽기(啓蒙期)의 몇몇 선학(先學)들이 실학에 대한 관심을 표명해 왔으나 일반 신문 잡지에 논설조(論說調)로 내놓은 것이 고작이었던 것에 비하면, 천관우의 글은 당시 비록 한편에서 저널리스트식 필치로 써내려온 것이란 비판이 있었지만 일단 수미정연(首尾整然)한 체제를 갖춘 논문으로 주목할 만하였다. 그러나 당시 연구자의 수가 많지 않고 학계의 관심도 분산되어 있어서 개별 실학자에 대한 연구가 간헐적으로 있는 정도였고 그리 활발한 편은 아니었다. 그중에서 1961년에 한우근(韓㳓劤)의 성호(星湖) 이익(李瀷)에 관한 연구가 『이조후기(李朝後期)의 사회(社會)와 사상(思想)』이란 책으로 나와, 그의 실증사학(實證史學)으로서의 견고한 학풍을 보여 주었다.

그러다가 1970년에 이우성(李佑成)의 「실학연구서설(實學硏究序說)」이 나와, 그동안 유동적이었던 실학의 명칭문제가 일단 타결된 듯이 보이고, 나아가 실학의 내용을 경세치용(經世致用)·이용후생(利用厚生)·실사구시(實事求是)의 세 파로 나누어 설명함으로써 그 학문의 성격을 용이하게 파악할 수 있게 하였다. 또한 경세치용파를 근기지방(近畿地方)의 농촌토착적 환경에서, 그리고 이용후생파를 서울의 도시적 상황 속에 형성된 것으로 이해하면서 「18세기 서울의 도시적 양상」을 묘사하여 이용후생파의 성립 배경을 밝히려고 하였다. 다시 나아가 다산(茶山) 정약용(丁若鏞)에 이르러 위의 양파(兩派)가 회합(匯合)되는 동시에 호한(浩汗)한 경전해석(經典解釋)으로 실사구시파(實事求是派)를 추동(推動)시킨 느낌이 있어, 다산학이 실학의 대성을 의미하는 것이라고 언급하였다. 이후 계속해서 실학의 후속 학자로 최한기(崔漢綺)와 최성환(崔瑆煥)을 연구하여 최한기가 『기학(氣學)』과 『인정(人政)』을 저술하는 한편 서양과학지식을 대폭 수용하고, 최성환은 중인(中人) 출신으로 국왕(國王)의 자문에 응한다는 취지에서 『고문비략(顧問備略)』을 저술하여 전반적 제도 개혁을 주장한 것을 높게 평가하였다. 특히 최성환의 바로 뒤에 중인층의 후배들이 개화운동의 배후 공작자로 활약하게 된 것을 말함으로써 실학사상(實學思想)과 개화사상(開化思想)의 연결관계를 미루어 알게 하였다.

한편 '실학국제회의(實學國際會議)'를 구성하여 한·중·일 삼국의 학자들이 각자 자국의 실학을 중심으로, 2년마다 돌아가면서 국제회의를 개최하도록 함으로써 동아시아세계로 실학의 지평을 넓혔다. 그리고 '한국실학학회(韓國實學學會)'를 조직하여 국내 학자들을 수시로 발표시키고 1년에 두 차례 학보를 발행하여 우리나라 실학연구를 다소 진작되게 하기도 하였다.

실시학사(實是學舍)가 서울에서 근기(近畿) 쪽으로 옮긴 뒤에도 나는 젊은 학도들과 강독 및 연토(研討)를 지속해오고 있지만 연로신쇠(年老身衰)한 처지에서 불원 철수 은퇴할 것을 생각하고 있었다. 뜻밖에 나의 친구 모하

(慕何) 이헌조(李憲祖) 형이 거액의 사재를 출연하여 실시학사를 재단법인으로 만들고 그 기금으로 실학연구에 박차를 가해 줄 것을 권유해 왔다. 나는 사회와 학문에 대한 그의 열정에 감동하여 사양치 않고 그의 뜻에 따랐다. 즉시 연구계획을 세우고 국내학자들을 널리 동원하여 1차 연도에 성호·다산을, 2차 연도에 담헌(湛軒)·연암(燕巖)과 실학과 문학을, 그리고 3차 연도에 반계(磻溪)와 초정(楚亭)을 다루기로 하였다. 각 팀에 5명을 한 단위로 하여 1년 동안의 공동연구 끝에 각자 논문을 제출하여 한 권의 책을 내기로 하였다.

어느덧 적지 않은 세월이 흘렀다. 1·2차 연도의 성과가 이미 다섯 책으로 나왔고, 이제 3차 연도의 반계와 초정에 관한 연구가 또한 두 책으로 나오게 되었다. 집필자들은 모두 해당 분야의 전문 연구자로서 가장 정예(精銳)로운 분들이라고 생각한다. 독자 여러분의 보살핌을 바란다. 앞으로 3차에 이어 4차, 5차, 6차로 계속 진행될 것이다. 국내외 학계 여러분의 성원과 협조를 기대하여 마지않는다.

이 글을 마치려 함에 있어, 거듭 모하(慕何) 형에게 고마움을 표하면서 앞으로 그 뜻을 살려, 더욱 성과를 내게 될 것을 다짐한다.

끝으로 이 책들의 출판에 임하여 주선과 지원에 진력(盡力)한 이승룡(李承龍) 사무국장, 보조직(補助職)인 김경희(金慶姬) 대리, 편집과 교정에 성의를 다한 함영대(咸泳大) 군, 교정에 동참한 배성윤(裵晟允) 씨, 그리고 출판을 담당하여 여러모로 노고(勞苦)를 겪은 '사람의무늬'사(社) 여러분에게 심심(深甚)한 사의를 표해 둔다.

2013년 계사 4월 초순에
實是學舍에서 李佑成

2011년 6월에 벽사 선생으로부터 초정(楚亭) 박제가(朴齊家)에 관한 연구서의 집필진을 추천해 보라는 말씀을 들었나 보다. 당시 성호(星湖) 이익(李瀷)에 관한 연구서의 집필 모임에 참여하는 중이어서 또다시 실시학사의 과제를 맡기가 송구하였으나, 초정을 좀 더 공부하고 싶은 마음이 있어서 선생의 뜻을 따랐다.

미야지마 히로시(宮嶋博史)가 북학사상과 문명관, 이헌창이 이용후생사상, 김현영이 사회사상, 한영규가 문학사상, 그리고 안대회가 사상의 성립 배경과 영향을 맡기로 정해졌다. 애당초 이 순서로 수록하기로 기획되었다. 미야지마와 김현영은 초정 연구를 제출한 적이 없다며 사양하였으나, 재삼 권유하여 응낙을 받았다. 일본에서 공부한 미야지마는 새로운 안목을 제시할 수 있다는 기대가 있었고, 김현영은 사회사 연구자로서 사상사 전공자가 보지 못하는 면모를 보여 주리라 사료되었던 것이다.

이렇게 집필진을 정한 다음에, 2011년 7월 13일에 공지를 하여, 1차 연구 모임을 8월 17일 오전 중에 실시학사에서 가지고, 2차 연구 모임은 10월 22일 실시학사에서 종일 가졌다. 원고 마감은 2012년 10월 말로 정해져 있었다.

2012년에 들어와 꽃이 피기 시작한 화창한 봄날인 4월 8일에 초정의 서울 유적지를 답사한 다음 3차 학술 모임을 가졌다. 김현영이 치밀하게 준비하였고 안대회의 전문적인 지식도 가미되어, 초정의 삶을 이해하는 데에 유익한 답사였다. 그래서 초정 유적지 답사기의 집필을 김현영에게 의뢰하기로 의견을 모았다. 이 책에 실린 김현영의 답사기를 보니, 그날 즐거웠던 추억이 생생하게 떠오른다. 답사 후에는 음식점에서 연구 모임을 가졌다.

6월 8월에는 4차 연구 모임을 실시학사에서 종일 가졌다. 이헌창의 발표에 대해서는 이봉규, 미야지마에 대해서는 김문식, 김현영에 대해서는 권오영, 안대회에 대해서는 박수밀, 한영규에 대해서는 박종훈이 토론을 맡았다. 8월 10일에 열린 제 2회 실학연구 공동발표회인 '조선후기 실학사(實學史)의 재조명'에서 초정 팀의 연구 성과가 반계 팀과 함께 발표되었다. 초정 팀에서는 미야지마와 안대회가 발표하고, 박희병과 이종묵이 각각 토론을 맡았다. 두 학술회의에서 논쟁적인 토론이 이루어져, 초정에 대한 이해 시각이나 평가는 계속 논의되어야 할 과제로 생각되었다.

5차 모임에 대해서는 실시학사에서 토론자를 한 번 더 모시고 세미나를 하는 안 아니면 초정이 4년간 수령으로 지낸 영평현(지금의 포천군)의 유적지를 답사하면서 간단한 연구 모임을 가지는 안, 이 두 가지를 놓고 논의하였는데, 두 안에 대한 지지도가 백중하였다. 그래서 이헌창이 캐스팅 보트를 행사하여 답사를 결정하였다. 그 첫 번째 이유는 김현영과 같은 전문가의 안내를 받을 기회를 놓치기가 아깝기 때문이었고, 그 두 번째 이유는 포천 일대의 초가을 정취가 아름다울 것 같기 때문이었다. 김현영은 사전 답사로 이번에도 면밀한 준비를 해 주었다. 10월 5일 초정의 유적지를 체험하면서 가을의 정취를 맛볼 수 있었다. 화적연(禾積淵)은 벽사 선생도 처음이라고 할 정도로 김현영의 안내가 아니고서는 찾기 힘든 곳이었다. 점심을 전후하여 마지막 학술 모임을 가졌다. 개인적으로 답사하기를 잘했다고 생각하는데, 독자는 김현영의 답사기를 보면 이런 생각을 이해할 것이다.

답사기에는 초정의 종두법 시술을 기념한 비석에 관한 보고가 나온다. 그날 우리 일행을 친절하게 안내해 준 영평초등학교 이종숙 교감은 황규열 교장의 한국사에 대한 사랑과 지식이 교정의 비석 건립에 이바지하였다는 말씀을 해 주었다. 이렇게 훌륭한 교육자가 인재를 양성하고 있다 생각하니 마음이 든든하다.

김현영의 '시대를 넘어선 만남'은 초정 유적지에 관한 최초의 답사 보고서가 아닌가 생각된다. 초정은『북학의(北學議)』서문에서 1778년 9월 경기도 바닷가 고을인 통진(通津)의 농가에서 집필을 마무리하였다고 밝혔는데, 그곳 유적지의 정보를 확인하지 못해 답사하지 못하였다. 이 점이 아쉽지만, 김현영의 답사 보고서는 소중한 성과로 앞으로 널리 참조될 것으로 판단된다.

12월 24일에 논문을 조판하기 위해 수록 순서를 신속히 정해 달라는 출판사의 요청을 받고, 크리스마스 이브부터 온라인으로 활발한 논의를 거쳐 다음 날에 이번 책의 목차가 정하여졌다. 그 순서는 애당초 기획과는 크게 달라졌다. 기획된 주제 중에 충분하게 다루어지지 못한 부분이 있는 반면, 기획하지 못한 풍부한 내용들이 다루어졌기 때문이다. 그래서 초정 사상의 성립 배경과 그 영향을 다룬 안대회의 논문을 처음에 넣고, 이어서 초정 사상의 2대 분야를 이루는 경제사상과 문학사상을 다룬 이헌창과 한영규의 논문을 배치하였다. 그다음에 양반 서자라는 사회적 처지와 사회사상을 고찰한 김현영의 논문을 두고, 마지막으로 주변부 엘리트의 사상적 특질에 초점을 맞춘 미야지마의 논문을 배치하였다. 초정의 생애와 사회적 처지를 다룬 김현영의 글을 처음에 두는 방안도 검토되었으나, 초정 연구서가 아니라 초정 사상의 연구서라는 점에서 채택되지 않았다. 그러고 보니 초정을 높게 평가하는 안대회와 이헌창의 글이 앞에 나오고, 초정의 '신격화'를 경계해 온 김현영과 새로운 시각을 제시하는 미야지마의 글이 뒤편에 포진하고, 한영규의 글이 그 경계에 위치하여 긴장을 완화하고 있어서 흥미로웠다.

여기에 실린 다섯 편의 논문이 무엇을 다루고 그 의의가 무엇인지만 간략히 정리한다. 초정의 경제사상은 이헌창, 사회사상은 김현영, 문학사상은 한영규, 세계관은 미야지마가 다루고 있다. 이헌창은 초정의 이용후생 사상을 시장론, 무역론, 기술론, 자본재 확충론, 소비의 후생론 및 부국론으로 나누어 고찰하고 그 비교사적 평가도 제시하였다. 그리고 초정의 학문 방법론에도 주목하면서 그의 경제사상에 관해 개념사적 탐구를 하였다. 김현영에 의하면, 양반 서자 출신의 지식인이면서 관료로 진출한 초정은 서얼차별에 대해서는 온건한 개혁론의 제안에 그쳤으나, 과거·붕당·벌열에 대해 예리하게 고찰하였다. 초정은 과거에 합격하지 않으면 벼슬길에 나갈 수가 없고 벌열이 아니면 청요직을 차지할 수가 없고, 날로 많아지는 벌열 족속이 고정된 청요직 자리를 다투는 가운데 붕당이 생긴다고 보았다. 김현영은 또한 초정과 정조의 관련성을 깊이 고찰하였다. 벽사 선생은 「18세기 서울의 도시적 양상―연암학파·이용후생학파의 성립배경」이라는 1963년의 유명한 논문에서 도시의 분위기 가운데 이용후생사상이 성립하였다고 주장하였는데, 한영규는 그 연구 성과를 계승하여 초정의 글쓰기 기저에도 '도시적 감성'이 자리 잡았다고 지적하고, 그것을 사유의 개방성·다원성과 글쓰기의 창신성(創新性)에서 찾았다.

이 책의 중요한 기여는 초정 사상의 연원 내지 성립 배경에 관해 풍부한 사실을 밝힌 점이다. 한영규는 초정이 스승으로 밝힌 김복휴(金復休)에 대한 고찰로 주목을 끌었다. 나아가 안대회는 초정의 사상에 영향을 준 선구적 인물, 그리고 초정과 지적으로 교류한 동시대 사상가를 폭넓게 고찰하였는데, 북인계 인사와 농암(聾巖) 유수원(柳壽垣)에 관한 설명이 특히 주목된다. 안대회는 초정이 백탑시파(白塔詩派)에 소속되어 교류한 것이 사상의 형성에 큰 영향을 미쳤다는 주목할 논점을 일찍이 제시한 바 있다. 한영규도 문학사상의 국내외 연원에 대한 이해를 넓혔다. 김현영은 일본 사행의 자극을 중시하였다. 이헌창도 초정 경제사상의 연원을 조선 학자뿐만 아니라 중국인의 저술에서도 탐구해 보았는데, 초정이 공부한 폭이 넓은 데에 놀랐다. 초정은 백탑시파 내지 이용후생학파의 구성원들과 문제의식과 사상을 공유하면서 폭넓게 공부한 다음, 그것을 소화하고 용해하여 자신의 독자적 글쓰기로 독창성도 담은 체계적 경세론의 『북학의』를 남겼던 것이다.

초정 사상의 후대 영향에 대해 안대회가 본격적으로 논의하였다. 종래 이헌창도 포함하여 문호 개방 이전까지는 그 영향이 약하였다고 평가하는 것이 일반적이었는데, 안대회는 그 반론을 펴고 있다. 이러한 중요한 문제 제기가 앞으로 활발한 논의를 촉발하기를 기대한다.

이 책의 또 다른 중요한 기여는 초정의 존재 조건이 사상에 미친 영향에 대한 고찰이다. 양반 서자 출신이라는 사회적 처지와 그것이 사회사상에 미친 영향에 대해서는 김현영이 고찰하였다. 초정의 가문은 북인 출신인데, 안대회가 그것을 선명히 드러내었고 그 사상적 영향을 고찰하였다. 한영규는 서울에서 태어나 자란 환경이 초정의 문학 세계에 미친 영향을 탐구하였다. 국제적으로 초정은 동아시아 문명의 중심지인 중국의 주변부 지식인인데, 그러한 처지가 사상에 미친 영향에 대해 미야지마가 파고들었다.

미야지마 논문의 논지를 소개해 본다. "문학 연구자들이 제기한 초정에 대한 새로운 이해는 근대 지향적인 사상의 선구자로서의 초정이 아니라, 주변 엘리트로서의 초정에 초점을 맞추면서, 그의 인간적인 고뇌, 심리적인 갈등 등을 밝히려고 한 것이라고 볼 수 있는데, 그 밑바닥에는 근대에 대한 비판적인 인식, 혹은 탈근대(post modern)적인 문제의식이 깔려 있다. 그런데도 역사학과 사상사에서는 여전히 근대화 패러다임이 지배적이어서 그 때문에 문학 연구자들이 제기한 초정의 또 다른 얼굴에 대해 외면하고 있는 것이 아닌가 여겨진다." 미야지마는 실학사상에 관한 통설의 비판을 의도하고 있다. 주변 엘리트로서 "초정에 대한 새로운 이해 중에서 특히 중요하다고 여겨지는 것은 박제가의 '제(際)'론이다." '제'론은 중국 주변부의 조선인 엘리트일 뿐만 아니라 서자 지식인이라는 두 조건에서 비롯되었다. 미야지마는 문학 연구자가 제기한 이러한 관점을 초정의 경세론에 투영하여 『북학의』가 "단순히 북학, 이용후생의 필요성을 주장한 저작이었다라기보다 사족의 실태를 드러내고, 집권 벌족을 비판하기 위해 집필된 저작이었다고 봐야 된다."라는 새로운 견해를 제시하였다. 일본과 한국을 넘나드는 경계적 지식인으로서 미야지마는 '주변적 지식인으로서의 자각을 가지면서 그 한계를 극복하려고 고투한' 초정의 고민에 공감을 느꼈다고 하겠다. 이러한 대담한 주장은 '서구적 근대의 극복'을 위한 역사 연구의 새로운 패러다임을 찾는 그 자신의 작업의 일환이기도 하다.

여기에 수록된 다섯 편 모두가 논쟁을 유발할 성격을 가지지만, 새로운 시각으로 가장 충격적인 결론을 담은 미야지마의 논문이 당연히 가장 논쟁적이다. 초정 연구 모임 내내 미야지마의 논문이 제일 활발한 논쟁을 낳았다. 이 학술 모임의 기획과 진행에 힘을 보탠 본인으로서는 여기에 수록된 논문들에 대한 논쟁이 활발할수록 더욱 보람을 느낄 것이다. 어떤 독자들은 이 책의 필자들 간에 견해가 통일되어 있지 않다고 불만을 가질 수도 있겠으나, 다양한 시각에서 접근하는 장점도 보아주기를 희망한다. 초정 자신이 획일성을 몹시 싫어하였던 것이다.

초정에 관해 처음 본격적으로 연구한 김용덕은 그를 '기적의 선각자'라고 하였는데, 이헌창은 초정이 "결코 기적처럼 하늘에서 떨어지거나 땅에서 솟아오른 인물이 아니라, 그 시대 성숙해진 문화의 자양분을 누구보다 잘 흡수하여 발전시킨 인물이었다."라고 언급한 적이 있다. 이 책의 논문들은 돌출한 인물로 여겨진 초정이 동시대의 폭넓은 지적 교유 가운데 사상을 정립하였고, 그의 사상을 잉태할 풍부한 원천이 있었고, 그의 사상은 그의 존재 조건을 반영하였다는 사실을 밝혀 주었다.

초정의 연보는 안대회가, 그 연구논저 목록은 한영규가 맡았다. 안대회는 연보 작성을 부탁한 본인에게 초정을 잘 이해하는 만큼 연보를 더 유용하게 만들 수 있다는 취지의 말을 한 적이 있는데, 초정 연구의 최고 권위자가 만든 연보라 널리 참조될 것으로 기대한다.

87세이신 벽사 선생은 다섯 차례의 학술 모임과 두 번의 답사에 모두 참석하셨다. 장시간의 학술 모임에도 처음부터 끝까지 참석하여 핵심을 간결하게 지적해 주셨다. 하루 종일의 연구 모임이 끝마칠 무렵이면 기력이 떨어져 힘들어하셨다. 이런 모습은 그전에 성호 집필진이 가졌던 다섯 차례의 연구 모임과도 조금도 다를 바가 없으셨다. 공자가 가르친 '호학(好學)'이라는 생각이 든다. 선생의 학문에 대한 평생 열정은 집필진에게 교훈으로 남을 것이다.

실시학사의 넉넉한 재정 지원으로 초정 저술의 텍스트 파일을 만들어 연구자에게 제공하였고, 외부 토론자까지 모신 학술회의를 포함하여 모두 다섯 차례의 연구 모임을 가졌고 초정 유적지에 대한 두 차례의 답사를 가질 수 있었다. 함영대는 6월 3일 3차 학술 모임부터 계속 참석하였고 10월 답사를 도왔으며, 이 책의 원고를 수합하고 교정하고 전달하는 일을 수행하였다. 그의 노고는 이 집필 모임의 윤활유였다. 그래서 또 다른 심부름을 맡은 본인이 편하였다. 성호 저서에 이어서 이번 초정 저서의 출간에서 느낀 바이지만, 성균관대학교출판부 교정진은 정성스럽게 원고의 교정과 편집에 임해 주었다.

2013년 4월 18일
집필진을 대표하여 이헌창

간행사 · 實學硏究叢書를 펴내며 ……………………………………… 5

이 책을 내면서 …………………………………………………………… 8

楚亭 思想의 成立 背景과 그 影響
| 안대회 |

1. 머리말 ……………………………………………………………… 21

2. 초정 사상을 배태한 선구적 사상가 ………………………………… 22

3. 동시대 사상가와의 지적 교류 ……………………………………… 53

4. 초정 사상이 후대에 끼친 영향 ……………………………………… 93

5. 맺음말 ……………………………………………………………… 101

楚亭의 利用厚生思想과 富國論
| 이헌창 |

1. 머리말 ……………………………………………………………… 111

2. 경제에 관련된 개념들 ………………………………………………… 113

3. 이용후생사상의 구조 ………………………………………………… 127

4. 이용후생사상의 연원 ………………………………………………… 151

5. 맺음말 ……………………………………………………………… 187

楚亭의 都市的 感性과 創新的 글쓰기
| 한영규 |

1. 머리말 ……………………………………………………………… 195

2. 초정의 도시적 감성과 사유의 다원성 ·························· 199
3. 초정의 글쓰기 자세와 창신성(創新性) ····················· 215
4. 맺음말 ··· 240

楚亭의 社會的 處地와 社會思想
| 김현영 |

1. 머리말 ··· 249
2. 생애와 사회적 처지 ···································· 251
3. 사회사상 ··· 283
4. 맺음말 ··· 312

'際'를 自覺한 者의 苦悶: 楚亭의 思想史的 位置
| 미야지마 히로시 |

1. 머리말 ··· 321
2. 실학 연구사의 현 단계 ································· 321
3. 초정에 대한 재조명 ···································· 324
4. 초정에 있어서 '제'의 자각과 그 의미 ·················· 332
5. 『북학의』의 재검토 ····································· 352
6. 초정의 고민: 유배 시기의 그를 어떻게 볼 것인가? ········ 363
7. 맺음말: '제'의 자각, 그 이후 ·························· 368

초정 유적 답사기 ··· 379

| 부록 |

연보 ··· 397
초정 연구논저 목록 ······································· 411
찾아보기 ··· 419

| 楚 亭 |

楚亭 思想의 成立 背景과 그 影響

안대회(安大會) | 성균관대학교 한문학과 교수

1. 머리말

2. 초정 사상을 배태한 선구적 사상가

　　1) 북학론(北學論)의 원류에 대한 반성

　　2) 선구적 사상가와의 지적 교류

　　3) 북인(北人) 사상가와 초정

3. 동시대 사상가와의 지적 교류

　　1) 18세기 사상계의 변혁적 지형

　　2) 유수원(柳壽垣)과 『우서(迂書)』의 영향

　　3) 18세기 지식인의 이용후생론과 초정

　　4) 백탑시파(白塔詩派)와의 사상적 교류

　　5) 연행사와 해행사의 영향

　　6) 그 밖의 영향

4. 초정 사상이 후대에 끼친 영향

5. 맺음말

1. 머리말

초정(楚亭) 박제가(朴齊家, 1750~1805)가 18세기 조선 사회에서 일구어낸 사상의 독자성은 학계에서 공감을 얻어내고 있다. 그를 '기적의 선각자'라고 한 김용덕의 평가가 이를 대변한다.[1] 최근 이헌창은 서양에 대한 정보가 부족하고 시장이 가장 낙후되어 경제 합리주의가 뿌리를 내릴 토양이 척박한 조선에서, 중국과 일본의 최고 수준의 경제사상가에 비교해도 손색이 없는 혁신적인 사상가로 초정을 자리매김시키기도 하였다.[2] 해로통상론과 상공업발전론, 기술발전론과 이용후생론, 북학론 등으로 모아지는 그의 주장은 개항 이전에 나온, 가장 선진적이고 혁신적인 정책안으로 평가받고 있다. 지금까지 학계에서 다양하게 연구한 성과를 놓고 볼 때, 초정이 전개한 사상의 깊이와 독창성은 충분히 인정할 만하다.

그러나 그의 사상이 어떤 연원을 가지고 형성되었고 그것이 후대에 끼친 영향이 무엇인지는 본격적으로 다루어지지 않았다. 이 주제를 다룬 독립적인 논문은 나오지 않았고, 그의 사상을 연구하는 과정에서 부수적으로 언급되거나 다른 사상가의 사상을 연구하는 과정에서 관련성이 언급되는 정도였다.

이렇듯 초정이 지닌 사상사적 위상에 비해 관련한 연구가 부족하다. 일차적 원인으로는 그를 담헌(湛軒) 홍대용(洪大容)이나 연암(燕巖) 박지

---

[1] 김용덕(1981a).
[2] 이헌창(2011).

원(朴趾源)의 영향권 아래에 놓인 사상가로 간주함으로써 그의 사상적 성립이나 영향을 저들의 그것으로 대치(代置)해 온 관행이 있다. 그러나 이들 사이에 상호 깊은 관련성이 있다 해도 초정의 독립된 사상 형성의 과정과 그에게 영향을 끼친 계보는 따로 주목해야 한다.

초정의 사상이 독창적임을 인정할 때도 마찬가지다. 제아무리 깊이가 있고 독창적인 사상이라 해도 고립적으로 사유를 전개하거나 천재적 발상으로 시대를 뛰어넘는 사상을 만들어 낼 수는 없다. 초정은 그에 앞서 치열한 사유를 전개했던 다양한 선배 사상가로부터 학문적 영향을 섭취하였고, 동시대를 살아간 많은 지식인들과 영향을 주고받으면서 사유를 심화시켰으며, 후배들에게 직·간접으로 폭넓은 영향을 끼쳤다. 그는 18세기 조선의 경제·사회·정치적 현실이라는 토양 위에서 조선의 학문적 전통과 영향을 주고받으며 자신의 사유를 전개하였다. 물론 초정의 주체적 사유의 힘이 무엇보다 우선하는 것은 굳이 말할 필요도 없다. 이 글에서는 본격적으로 초정의 사상이 형성된 과정과 영향 관계를 3단계로 나누어 고찰하기로 한다.

2. 초정 사상을 배태한 선구적 사상가

1) 북학론(北學論)의 원류에 대한 반성

초정의 사상적 연원을 살펴보자면, 먼저 그가 속한 북학파(北學派) 또는 이용후생파(利用厚生派)에 대한 이해가 앞서야 한다. 이우성 교수는 실학의 계보를 경세치용(經世致用), 이용후생, 실사구시(實事求是)의 세 파로 구분하고 그 가운데 이용후생파는 학자의 계보를 볼 때 거의 연암학파(燕巖學派)와 동일한 개념으로 사용하였다. 이 파를 18세기 후반에 크게 활동한 실학의 역사적 개념으로 보았다.[3] 이들 북학파의 핵심적 사상가로 담헌 홍대용, 연암 박지원, 형암(炯菴) 이덕무(李德懋), 영재(泠齋) 유득공(柳得恭), 초정 박제가 등을 꼽는데, 학계는 대체로 이에 동의한다. 이들을 연암학파라는 명칭으로도 부르는 것은 이용후생파의 사상적 구심점이 연암과 담헌이라는 점에 근거한다. 이 학파는 청나라의 문물을 적극적으로 수용하자는 북학(北學)과 기술의 발전, 상공업의 유통, 경제적 윤택을 추구하는 이용후생론을 추구한다. 초정과 그가 속한 북학파 또는 이용후생파의 성격은 이렇게 규정된다.

이러한 학계의 입장은 이후 이들 학파의 중심이 노론계(老論係)이고 특히 낙론(洛論)이라는 당파적 성향을 지닌 것으로 확대되었다. 유봉학 교수는 북학론이 형성된 사상적 배경을 찾으면서 그 주축이 된 담헌과 연암이 노론 낙론에 속한다는 점에 착안하였다.[4] 그는 낙론의 인물성동론(人物性同論)이 인간 중심의 인식론에서 탈피하여 사물에까지 관심의 영역을 넓혀 북학론의 논리적 모태로 작용했다고 보았다. 이후 낙론의 기(器) 중시 사상이 북학론으로 이어졌고,[5] 북학파의 사상은 성리학의 범주를 벗어난 것이 아니고 낙론의 심성론을 충실하게 계승하였다[6]는 주장이 나왔다. 18세기 후반의 북학론을 낳게 한 사상적 원류를 이렇게 설정한 입장은 북학론이 성리학과 단절적인 것이 아니라 사상적 연계성이 있다고 보고 그 경세사상이 노론계의 일부인 낙론계가 주도하였다는 주장으로 거듭 재생산되면서,[7] 일부 학자들의 통념으로까지 형성

---

3 이우성(1982).
4 유봉학(1982).
5 이상익(1996).
6 김도환(1998).
7 최근에 나온 『다시, 실학이란 무엇인가』(푸른역사, 2007)의 서론에서 한영우 교수가

되었다.

그러나 과연 북학론이 성리학 또는 낙론의 심성론에 사상적 원류 내지 배경을 두고 있으며, 더욱이 노론계 낙론이 북학론을 주도했는지는 의문을 가지고 면밀히 살펴볼 필요가 있다. 낙론계 인물이 모두 북학파가 되지 않았다는 사실과 그 연결의 미진한 점을 들어 낙론과 북학론의 연속과 단절에 대한 심도 있는 논의의 필요성이 이미 제기된 바 있다.[8] 필자는 ① 북학론의 중심에서 초정을 빼놓고 원류를 말하는 것이 타당한가, ② 북학론이 18세기 이후 과연 하나의 당파가 주도한 사상인가, ③ 낙론의 사상 속에 북학론으로 발전할 요소가 있다고 해도 그 연계성이 깊다고 할 수 있는가 하는 점에 의문을 제기한다. 그 의문에 대해 필자는 ① 북학론의 중심에서 초정이 빠질 수 없고, 그 사상의 형성에서도 초정의 위치는 매우 중요하다, ② 북학과 이용후생은 어느 당파가 독점하여 주도하지 않았고, 설령 주도했다고 해도 역사적으로 볼 때 노론보다 북인(北人) 계열이 더 강하다, ③ 낙론과의 연계성은 직접적인 것이 아니라 간접적인 것이다. 호론(湖論)에 비해 상대적·개방적이어서 성격이 다른 문화와 신분, 사물을 수용할 적극성은 보이나 그것이 바로 상업과 기술발전, 광산개발과 같은 문제로 연결되려면 복잡한 매개의 과정이 설정되어야 한다고 본다.

이러한 시각에서 북학론의 형성을 초정의 관점에서 반성적으로 검토할 필요가 있다. 그렇게 보면, 초정 사상의 형성 과정뿐만 아니라 18

"18세기 서울 학풍을 주도한 것이 낙론계 노론이라는 사실은 아무도 부정할 수 없고" 특히 그들이 "상공업과 이용후생을 강조하는 북학을 선도하였다."라고 개괄하여 이해한 것도 이러한 맥락의 일환이다.

8 조성산(2006), 293~314면. 또한 최근 문석윤 교수(2012)는 한편으로는 유봉학 교수의 학설을 인정하면서도 낙론이 결코 담헌 物學의 배타적 원인이 될 수 없다고 비판하였다.

세기 중후반 북학파의 사상적 형성 과정도 기존과는 다른 시각에서 살펴볼 계기가 마련된다.

2) 선구적 사상가와의 지적 교류

초정은 이십 대 후반의 젊은 나이에 『북학의(北學議)』를 저술하여 자신의 사상을 예리하고도 선언적으로 전개하였다. 1776년 그의 나이 27세에 "어려서는 문장가의 글을 배웠으나 장성해서는 국가를 경영하고 백성을 제도할 학문을 좋아하였다."[9]라며 '국가를 경영하고 백성을 제도할 학문' 다시 말해 경제지술(經濟之術)을 전공하게 된 심경을 토로하였다. 초정의 관심은 생애 후반기까지 지속적으로 유지되거나 심화되었다. 그로부터 2년 뒤 중국을 여행하고 돌아와 『북학의』 초고를 완성하였다. 이렇게 초정 사상의 큰 줄기는 20대 후반에 완성되었다. 그 사상은 20대 패기의 산물로서 사상적 순수성과 열정으로 만들어졌다.[10] 젊은 패기로 쓰였다고 해서 그의 주장이 검증되지 않고 성숙하지 않은 치기 어린 사유로 채워진 것은 아니다. 더욱이 낡고 늙은 사상을 거칠게 편집한 것도 아니다. 거꾸로 그 핵심적인 주장은 뚜렷한 연원을 찾기가 어려울 만큼 독창적이다.

특정한 사상가의 사상은 대체로 학맥과 인맥, 독서 이력을 통해 일정한 맥락을 갖고 형성되는 것이 조선시대 사상가의 일반적 상황이다. 그 가운데 스승과 제자 사이에서 계승과 발전의 맥락이 중요한 의미를 지닌다. 조선 후기에는 학맥이 지역적·당파적 인맥과 밀접하게 연관되기

---

9 정민 외 옮김(2010), 하권, 「小傳」, 206~207면, "幼而學文章之言, 長而好經濟之術."
10 안대회 옮김(2003), 290면.

때문에 하나의 고리를 파악하면 그 나머지는 자연스럽게 연동되어 있다. 대체로 많은 저술은 자신의 학문과 사상이 배태되어 나온 학맥의 연원을 드러내는 장치를 가지고 있다. 그 사상의 논지를 펼치는 데 도움을 받은 전거를 밝힘으로써 사상의 형성 과정을 드러내는 것이다.

그 점에서 『북학의』는 그리 친절한 책이 아니다. 동시대에 자신과 사유를 공유한 서명응(徐命膺)과 연암, 그리고 본문에서 일부 학자와의 관련성을 드러내기는 했으나 그것만으로 초정 사상의 형성 과정과 배경을 이해하기는 곤란하다. 특히 초정을 연암학파의 구성원으로 이해하여 연암의 제자로 간주하면 자연스럽게 연암은 초정의 사상적 원류로 인정된다. 그러나 사상의 형성 과정에 있어 연암과는 거의 동시적이라고 보아야지 연암을 초정의 원류로 볼 수 없다.

초정 사상의 형성 배경으로는 무엇보다 18세기 조선이 당면한 현실 그 자체가 가장 큰 자극제였다고 할 수 있으나 그가 독자적 사상을 형성하게 된 사상적 흐름이 없을 수 없다. 그의 사상을 형성시킨 역사적 맥락을 찾아보는 첫 단계로서 비교적 먼 거리에 있는 흐름을 살펴본다.

『북학의』에서 사상적으로 영향을 받았다고 밝힌 인물부터 먼저 점검하는 것이 순서다. 초정은 「북학의자서(北學議自序)」에서 "나는 어릴 적부터 고운(孤雲) 최치원(崔致遠)과 중봉(重峯) 조헌(趙憲, 1544~1592)의 사람됨을 사모하여 강개한 마음으로 비록 사는 시대는 다르나 말을 끄는 마부가 되어 그분들을 모시고 싶다는 간절한 소망을 지니고 있었다."[11]라고 하여 『북학의』의 저술과 그의 경세학(經世學)의 두 모델로 최치원과 조헌을 들었다. 공통적으로 그들이 중국을 직접 여행하고 돌

---

11 안대회 옮김(2003), 「자서(自序)」, 16면, "余幼時慕崔孤雲・趙重峯之爲人, 慨然有異世執鞭之願."

아와 견문한 사실을 바탕으로 본국을 개혁하고자 애썼다는 점을 자기 학술의 먼 연원으로 내세운 것이다. 초정은 조선의 장구한 역사 속에서 자신의 혁신적 개혁안이 지닌 역사성을 뚜렷하게 제시하는 동시에 그들의 개혁이 실현되지 못해 일어난 망국과 고난의 역사를 상기시킴으로써, 시급히 개혁하지 않는다면 국가가 위기에 빠질 것이라는 위기의식을 드러냈다.

최치원의 경우에는 역사적 거리가 멀어 논외로 하고, 조헌의 경우에는 「동환봉사(東還封事)」를 써서 국왕에게 올려 피폐한 국정의 개혁을 주장하였다.[12] 거기에는 의례와 관련한 8개조 외에도 인재의 발탁과 인구의 증식, 사졸(士卒)의 선발, 군사 훈련과 같은 조정의 대사도 언급되어 있다. 요컨대 명나라의 제도 가운데 조선에 적용할 수 있는 것을 받아들여 조선의 제도를 개혁하자는 데로 귀결된다.

최치원과 조헌의 개혁책은 구체적인 내용이 문제가 아니라 태도의 문제로 초정에게 영향을 끼쳤다. 외국을 배척하지 않고 배워서 자국의 부국강병을 이루려는 자세를 보인 선구적 인물로서의 그의 태도와 상통한다. "압록강 동쪽의 우리나라가 천여 년을 지내 오면서 규모가 작고 외진 곳에 있는 이 나라를 한번 개혁하여 중국의 수준으로 높이 올려놓고자 노력한 사람은 오로지 이 두 분밖에 없었다."[13]라는 것이 초정이 그들을 북학의 상징적 인물로 내세운 이유다. 조헌의 경우 당파로는 서인이지만 그의 사상 형성에는 북인과 관련성이 없지 않다.

조헌 외에 초정의 사상과 긴밀하게 연결되는 선배 사상가로는 또 누

---

12 김인규(2005).
13 안대회 옮김(2003), 「자서(自序)」, 16~17면, "鴨水以東千有餘年之間, 有以區區一隅欲一變而至中國者, 惟此兩人而已."

구를 들 수 있고, 그들은 어떤 계보를 형성하고 있을까? 그동안 『북학의』의 사상적 연원으로 조금이라도 언급된 인물들을 살펴보면, 이지함(李之菡), 유몽인(柳夢寅), 유수원(柳壽垣) 정도를 들 수 있다.[14] 그러나 앞에서 언급한 것처럼 연원으로 지적한 인물의 생애와 사상을 검토하는 과정에서 그들의 사상은 초정의 사상과 친연성이 있다는 수준의 분석이 대세다. 그 밖에 초정의 사상적 맥락을 국외의 학맥에서 찾기에는 연결고리가 없다.

그렇다면 조선 후기 학자들에 있어 사상 형성의 일반적 경로인 학맥(學脈)과 당맥(黨脈)을 살펴보지 않을 수 없다. 학맥과 당맥은 긴밀하게 연결되어 있고, 그 맥락을 짚어 보기 위해서는 초정이 직접 수업을 받은 스승이 누구냐를 우선적으로 조명할 필요가 있다. 앞에서 말한 것처럼 상식처럼 알려진 연암은 초정의 스승이 아니다. 초정 스스로 스승이라고 밝힌 사람은 김복휴(金復休, 1724~1790)뿐이다.[15] 자가 명통(明通), 호는 기백재(己百齋)이고, 1757년에 문과에 장원급제하고 사간을 지낸 그를 초정은 나의 스승이라 부르고[16] 그에게 바치는 제문에서는 학업을 받았다고 밝히고 있다.[17] 그는 어릴 때부터 스승인 데다가 이웃에

---

14 김용덕(1977) 이래 연구자들의 논문에서 논의되고 있다. 구체적인 내용은 이하 각주에서 밝힌다.
15 본서에 수록된 한영규 선생의 글에서 자세히 밝혔다.
16 정민 외 옮김(2010), 상권, 「宿壺衕呈金司諫〔復休〕」, 233~234면, "憶昔騎竹年, 婆娑在隣曲. 猶及夫人世, 諸父先公速. 阿孫貌參差, 詔余來伴讀. 移家許同儌, 志喜分新祿. 居然三十載, 依依在心目. 別離少眼靑, 功名凋鬢綠. 却誦宛丘詩, 翻驚子夏哭. 來宿非故里, 跫音斷空谷. 星月覽夜窗, 松濤駕茅屋. 虛堂拜我師, 無以慰幽獨. 伶俜執開蒙, 唧恩結心腹. 靑山艸已宿, 恨望人如玉."
17 정민 외 옮김(2010), 하권, 「祭金司諫〔復休〕文」, 427~428면, "維年月日, 受業朴齊家謹具菲奠, 哭于故司諫金公之靈曰: 昔我孩矣, 公居與鄰. 匪直也那, 世篤姻親. 公敎我寓, 挈家以炊, 僕不異主, 兒不異師. 菀余其孤, 寔受公撫, 弗我以蒙, 有昏斯牖. 載離載洇, 不常厥徙. 中三十載, 多戚少喜, 齒之方毀, 見公登第. 我須且星, 公猶蹇滯. 彼宦之腴, 趨避蓋巧,

살았다.[18]

　김복휴는 "단지 이웃사람이 아니라 세의(世誼)가 돈독하고 친척이다 [匪直也鄰 世篤姻親]."라고 하여 학맥과 인맥상 초정과 깊은 관련이 있어 초정 사상의 형성 과정을 이해하는 연결고리가 될 수 있으므로 면밀히 추적해 볼 필요가 있다. 김복휴의 당파는 소북(小北)으로 그는 초정이 영향을 받은 것으로 필자가 판단하는 후추(後瘳) 김신국(金藎國)의 현손(玄孫)이다. 김신국은 광해군 시절 소북 계열의 중심축이었다. 김복휴는 당파 영도자의 현손답게 현재까지 발견된 북인(北人)의 계보를 기록한 북보(北譜) 가운데 가장 먼저 만들어진 『북인보(北人譜)』를 편찬한 장본인이다.[19] 이 족보에서는 초정의 아버지가 김복휴의 고모부가 된다. 초정이 소실의 아들이기는 하나 형식적으로 둘은 고종사촌 간이다. 게다가 김복휴의 모친이 박선(朴璿)의 딸로 초정과 6촌이 되어 대대로 연혼(聯婚) 관계가 있다. 두 편의 시와 글을 보면 초정은 어릴 때부터 김복휴와 같은 집에 살며 학업을 배운 것으로 나온다. 소북 명문가로서 두 집안은 학맥과 인맥이 침중(沈重)하게 겹친다. 두 집안은 풍천(豊川) 임씨(任氏)를 비롯한 소북의 주요 집안과 연혼관계를 맺고 있다.

　이렇게 볼 때 명문 소북 집안 출신 학자인 초정은 소북 계열의 당파적 의식을 잇고 있는 스승으로부터 북인 선배 학자들의 이념과 학술을 충분히 계승하였을 것으로 판단한다. 특히 초정이 10대 후반 교유의 폭

誰之不如, 掩此華藻? 往余銜命, 歲再朝燕, 公適謀僦, 虛屋以延. 謂公我迃, 驪然道故, 入門其咷, 旣鬼而墓. 我舘我賓, 禮亦非偶. 欒欒孫子, 若余之幼. 有顧其垣, 身後攸廬. 維旁有田, 宛其我墟, 林無舊枝, 巷無舊人. 顧影以歍, 西日將申. 感玆循環, 如探樹穴. 汎瀾我泗, 曷忍多閱."

18　형암·초정을 비롯한 학자들을 연암의 제자가 아닌, 선후배로 보아야 한다고 주장한 것은 안대회(1988)이다.

19　김영진(2011), 317면.

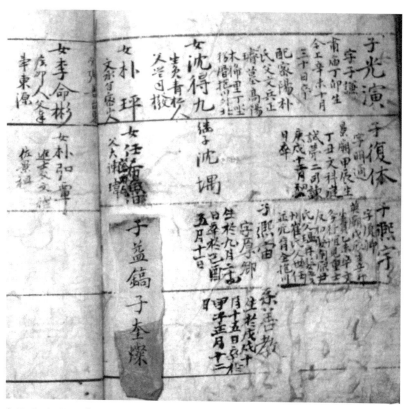

〈자료 1〉 **김복휴 편, 『북인보(北人譜)』, 단국대박물관 소장 연민문고본, 필사본.**
　　청풍 김씨 석증(錫曾)의 아들 광연(光演)과 사위 박평(朴玶), 그리고 광연의 아들 복휴의 가족관계가 밝혀져 있다.

을 크게 확장하기 이전의 수업 기간 동안 받은 교육은 소북 계열 지식인의 범주에 속한 것이었음이 분명하다. 이로써 그가 지닌 사상의 밑바닥에는 다른 어떤 사상적 흐름보다 소북쪽 경향이 우세할 수 있다는 것이 명확해진다. 초정 사상의 원류로 소북 계열, 조금 확대하여 북인을 상정하면, 초정 북학론의 주요 원류는 북인 선배 사상가와 밀접한 관련을 맺고 있다. 북인의 사상적 경향만으로 좁혀 볼 이유는 없으나 초정의 사상적 원류로 북인 계열 사상의 궤적을 점검하는 것은 꼭 필요하다. 그리고 그것이 초정을 넘어 다른 이용후생파 사상가의 사상적 원류를 파악하는 데도 유효하리라고 본다. 그 연원을 멀리 올라가서 먼저 이지함과 이산해(李山海)로부터 살펴본다.

3) 북인(北人) 사상가와 초정

(1) 이지함과 이산해

동시대 인물을 제외하면 초정이 실질적으로 흠모한 사람은 효종 때 화폐 시행에 관여한 종고조부 박수진(朴守眞, 1600~1656) 외에는 토정(土亭) 이지함(1517~1578)이 거의 유일한 인물로 『북학의』에 두 군데 등장한다.

> 토정(土亭) 이지함(李之菡) 선생이 옛날 외국의 상선 여러 척과 통상하여 전라도의 가난을 구제하고자 했는데 선생의 식견이 탁월하고도 원대하다.[20]

> 토정 이지함 선생이 옛날 외국의 상선 여러 척과 통상하여 전라도의 가난을 구제하고자 했는데 선생의 식견이 탁월하여 미칠 수가 없다.[21] 『시

---

20 안대회 옮김(2003), 「배(舟)」, 41면, "土亭嘗欲通外國商船數隻, 以救全羅之貧, 其見卓乎遠矣."
21 외국 배를 불러들여 통상하고 그들의 造船 기술을 배우자는 주장과 토정의 견해를 높이 평가한 것은 이미 「내편」의 「배」 후반부에서 나와 있다. 李圭景은 『五洲衍文長箋散稿』의 「與番舶開市辨證說」에서 초정의 주장을 적극적으로 수용하여 외국 선박과의 통상을 주장하고 있다. "與異國開市交易, 有無相資, 何害之有? 中國與萬邦互相交通, 而貿遷有術, 故大爲公私之利, 家國瞻裕. 而獨我東慮其有構釁招兵, 不敢生意, 故號爲實宇至弱奇

경』에서 "내 옛사람을 그리워하네. 참으로 내 마음을 알고 있으니."라고 말했다.[22]

초정은 이지함에 대해 비슷한 내용을 두 번에 걸쳐 언급하고 있다. 배를 이용하여 외국과 통상하려 노력한 점을 탁월한 시도라고 평가하고 있는데 이는 초정의 핵심적인 주장인 해로통상론(海路通商論)의 선구적 모습이다. 두 번씩이나 언급했다는 사실도 그렇지만, 강남 절강 상선(商船)과 통상하자고 주장할 때 『시경』을 인용하여 극도의 찬사를 보내며 존경하는 마음을 표하고 있다. 차분하거나 건조하게 사실을 밝히는 태도가 아니라 전폭적인 지지와 흠모의 표현인 것이다. 초정은 이지함의 견해와 행위에 찬동하고 영향을 받았다는 사실을 숨기지 않았다. 그는 선배들의 견해를 인용하여 자신의 주장에 설득력을 불어넣기보다는 자신의 견해를 직선적으로 밝히는 경향이 강했다. 그렇기에 이지함에 대한 인용은 이례적이다. 극도의 찬사는 초정의 사상 형성과 깊은 연관성이 있음을 말해 준다.

초정의 사상적 원류로서 이지함은 일련의 동질적 사상가 그룹을 매개하는 존재다. 북학의 상징적 인물로 초정이 존경한 조헌도 실은 이지함을 존경하여 그의 영향을 받은 제자이다.[23] 이지함 자신은 당파와 크

貧之國. 至如麗朝, 宋商朝往夕至, 而未聞有患也. 若與西南蠻舶通市, 則足以富國. 李土亭創言, 柳磻溪議論, 未知如何. 而若言經濟生財之策, 無過此議也. 略爲之辨證焉. 按柳馨遠『磻溪雜識』云: '土亭李之菡嘗言, 我國民貧, 若於南方歲接琉球國洋船數三舶, 可以瞻裕.' 此語誠然. 又曰: '或以爲若通路, 不無後日之慮, 此不然. 地分不甚遠, 如日本·女眞, 則已熟通無可諱, 若琉球西南洋, 則形勢絶遠, 非兵謀可及, 本無可慮. 而況爲國自有其道, 能治其國家, 將遠人慕畏, 豈但諱虛實而已耶.' 此說極是."

22 안대회 옮김(2003), 「강남 절강 상선과의 통상론〔通江南浙江商舶議〕」, 178면, "土亭嘗欲通異國商船數隻, 以救全羅之貧, 其見卓乎, 眞不可及矣! 詩云: '我思古人, 實獲我心!'"

23 김용덕(1977), 48~51면; 신병주(2008), 117~123면.

게 관련이 없으나 북인(北人) 사상가의 학맥을 형성하는 데 크게 기여함으로써 후에는 북인 학맥의 선구자 역할을 하였다.

임진왜란을 전후하여 북인 지식인 그룹에서는 해로무역과 유통경제의 육성을 역설하고, 염전의 개발과 같은 산업육성책, 화폐 유통의 실시, 선진 기술의 도입과 같은 일련의 주장을 벌이는 지식인들이 등장하였다. 이지함을 비롯하여 이산해, 유몽인, 이덕형(李德馨), 김신국(金藎國) 등이 그들인데 모두 인맥과 학맥으로 이지함과 연결되고, 그들의 사유와 행정적 시책을 관류하는 주장은 초정이 주장한 북학론과 맥이 닿아 있다. 이들은 조선 중기 이래 상공업을 중시하는 지적 흐름의 중심축으로서 초정이 상공업을 중시하는 사상을 형성하는 배경에 깊이 연관되어 있다. 이들을 차례로 검토하여 초정과의 관련성을 짚어 본다.

우선 이지함의 경우이다. 한산 이씨인 이지함 집안은 아버지 이치(李穉) 이래 충청도 보령에 세거하였다. 그가 머문 보령 지역은 어업과 염전의 경영이 생활의 수단인 곳이었다. 이지함 일문(一門)이 소금을 굽는 등 수자원의 활용과 외국과의 통상을 주장한 배경에는 보령 지역에 전장을 마련하고 어염과 선박에 접촉한 경제적·환경적 영향이 적지 않다. 한산 이씨가 보령에 터를 잡은 뒤로 소금과 해산물의 무역 등 수산자원을 활용하여 경제력을 증대시켰을 가능성이 매우 높다.[24] 실제로 이지함은 태안 남쪽 안면도 북쪽에 위치한 섬 거아도(居兒島)에서 박을 심어 곡물과 교환하는 사업을 벌였다.[25] 배가 정박할 수 있고 토지도

24 김학수(2010).
25 『승정원일기』인조 3년(1625) 4월 19일 기사, "李聖求以備邊司郎廳言都體察使意啓曰: '忠淸道泰安郡安興鎭前洋, 南距全羅道群山島, 水路六百餘里, 風浪甚險, 故安興以下公私船卜, 致敗於此處者甚多. 而間有一島, 島名居兒, 船可依泊, 土且肥饒, 作故臣李之菡種瓢生穀之處, 欲爲設屯者, 久矣.'"

비옥한 이 섬을 개발하여 배를 통해 유통시킨 것인데 일종의 상업적 농업을 경영한 것이다. 이 사실은 이덕형이 조정에 보고한 내용으로 신뢰할 만한 정보이다.

이지함은 자신이 직접 농사를 짓고 소금을 판매하여 이익을 남겼으므로[26] 분명 염전을 소유했다. 그의 집안과 세교(世交)가 깊은 유몽인은 이지함이 일반 사대부와는 사고나 행동이 유별나게 다른 기인(奇人)이었고, 직접 장사를 하여 몇 해 만에 수만 냥의 재산을 모은 상인과 사업가의 면모를 지녔으며, 그것을 남에게 베푸는 기부 행위도 하였다고 기록했는데[27] 이는 단순한 소문이 아니라 실제로 벌어진 일을 기록한 것이다. 이지함은 그 이후 서해안의 섬을 개발하고 소금을 굽고 빈민을 구제하는 정책 입안자의 상징적 인물로 자리매김되었다.

그런데 그 같은 상업 활동의 주무대가 거의 안면도·제주도·무인도를 비롯한 섬과 바다이고, 선박을 활용하고 있다는 점을 주목할 필요가 있다. 그런 여건과 환경은 이지함과 그의 조카 일족인 이산해, 이덕형 등의 사고에 적지 않은 영향을 끼쳤을 것이다. 특히 이들이 터전을 잡고 있던 지역은 충청도 수영(水營)이 가까이에 있어 수군의 활동상과 선박 문제에 깊은 이해를 얻을 수 있었고, 게다가 수영이 자리 잡은 천수만은 강경 시역과 함께 서해안 해로무역의 중심지인 광천을 끼고 있었다. 이들의 주거환경은 해상무역과 수군의 활동상을 일상으로 접하는 조건을 완벽하게 갖추고 있었던 것이다. 이지함을 비롯해 이산

---

26 정홍명, 『畸翁漫筆』; 『大東野乘』 10권, 527면, "土亭, 卓偉不羈跡也. 其天賦淳良, 孝友出天. 以其先阡傍海, 百年之後, 將有滄桑之變, 躬耕販鹽, 不辭勤苦, 爲移山塡海之計."

27 柳夢寅 저, 柳濟漢 편(1964), 권2, 장8~9, "(李之菡), 之蕃之弟也. 亦奇士也. …… 手自爲商賈以敎民, 赤手贏生, 數年來積鉅萬, 盡散之貧民, 揮袂而去. 入海種瓠, 結子數萬, 剖而爲瓢, 鬻穀幾至千石, 運之京江之麻浦."

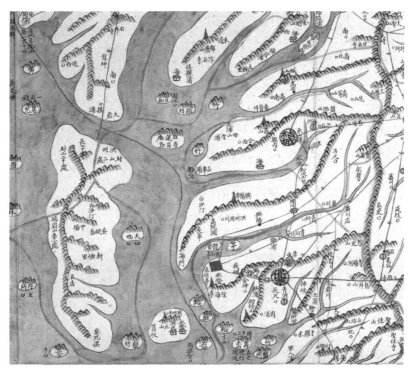

〈자료 2〉 김정호, 『동여도(東輿圖)』, 19세기, 서울역사박물관 소장.
　　　충청도 보령의 수영과 광천, 이지함의 집이 있던 청라동, 거아도 등이 표시되어 있다.

해 등이 해양으로 시선을 돌려 무역과 선박 이용, 염전 개발, 도서(島嶼)
의 개발 등을 주장한 데에는 그들의 주거환경과 경제적 배경이 큰 영
향을 끼쳤다고 보아야 한다.

　특히 이지함이 외국과 해로를 통해 통상하여 전라도의 기근을 해결
하고자 주장한 것은 외국과 적극적으로 통상하자는 제안으로 주목해야
한다. 주지하다시피 조선은 건국 이래 해외와의 적극적인 통상에 나서
지 않았고, 특히 선박을 이용하여 해외로 진출하여 무역하는 법이 없었
다는 점에서 이지함의 주장은 파격적이다. 그 주장은 아무리 간명하다

해도 초정의 핵심적 문제의식을 고스란히 담고 있다. 초정이 그에게 전폭적 지지를 보낸 이유는 그 때문이다.

외국과의 통상을 주장한 내용이 후대에 편찬된 『토정유고(土亭遺稿)』에는 보이지 않는다. 한편 반계(磻溪) 유형원(柳馨遠)의 『반계잡지(磻溪雜誌)』에도 "우리나라 백성은 가난하다. 만약 남쪽 지방에서 해마다 유구(琉球), 남양(南洋)의 배 여러 척과 접촉한다면 넉넉해질 수 있다."[28]라고 하여 『북학의』에 실린 것과 유사한 이지함의 발언이 인용되어 있다. 해외와 통상하자는 이지함의 주장이 확고한 신념으로 면면히 후대에 계승되고 있음을 보여 준다.

이지함은 1573년 포천 현감이 되었을 때 피폐한 포천의 위기를 산업을 일으켜 구해 낼 방안을 강구하여 국왕에게 「이포천시상소(莅抱川時上疏)」를 올렸는데 여기에는 공허하고 상식적인 주장이 아니라 '재물과 곡식 구하기의 어려움〔財穀之艱難〕'을 앞세워 그의 사회경제 사상을 집중적으로 밝히고 있다. 여기서 그는 국토의 자원을 적극적으로 개발하자고 주장하였다.[29]

그는 대지와 바다는 물산의 창고이므로 그것을 개발하지 않고는 나라가 성립할 수 없으며, 농업도 중시해야 하나 은과 옥을 채굴하고 어업과 염전도 경영해야 한다고 주장하였나. 유학에서 질시하는 이익을 구하는 행위를 그는 긍정하였다. 성인(聖人)의 무리도 어염(魚鹽)의 이익

---

28 李圭景, 『五洲衍文長箋散稿』, 「與番舶開市辨證説」, "按柳馨遠『磻溪雜識』云: 土亭嘗言: '我國民貧, 若於南方歲接琉球南洋船數三舶, 可以瞻裕.' 此語誠然."

29 李之菡, 『土亭遺稿』 권상; 『한국문집총간』 36, "陸海者, 藏百用之府庫也. 此則形而下者也, 然不資乎此, 而能爲國家者, 未之有也. 苟能發此, 則其利澤之施于人者, 曷其有極. 若稼穡種樹之事, 固爲生民之根本. 至於銀可鑄也, 玉可採也, 鱗可網也, 鹹可煮也. 營私而好利, 貪贏而嗇厚者, 雖是小人之所喻而君子之所不屑, 當取而取之, 救元元之命者, 亦是聖人之權也. 此非下策乎! 棄此三策, 則其如濟民何?"

을 추구했다는 근거를 내세워 이익의 추구를 의리만큼이나 중요하다고
하였다.[30] 이지함의 주장은 당시 유학자의 일반적 사유와 차별되는데
국토의 적극적 개발과 광산 개발, 상업적 논리는 초정의 주장의 원류로
볼 수 있다.

대저 덕은 근본이고, 재물은 말단이다. 그러나 근본과 말단은 어느 한
가지도 폐지할 수 없다. 근본으로 말단을 제어하고 말단으로 근본을 제어
한 뒤에야 사람의 길이 궁하지 않다. 재물을 만드는 도에도 근본과 말단
이 있다. 농사가 근본이고 소금과 철이 말단이다. 근본으로 말단을 제어
하고 말단으로 근본을 보완한 뒤에야 온갖 쓰임새가 결핍되지 않는다.[31]

이지함은 농업이 중심임을 부정하지 않았으나 공업과 상업을 농업
과 병행하여 발전시켜야 한다고 주장하고 있다. 포천의 경우에는 농업
이 약하므로 말단의 사업을 더 중시해야 한다[32]고 주장하기까지 하였
다. 이익 추구의 정당성을 강변한 그의 말에서 "이용(利用)과 후생(厚生)
두 가지 가운데 하나라도 갖추어지지 않으면 위로 정덕(正德)을 해치는
폐단을 낳는다."라고 주장한 초정의 사유가 감지된다.[33] 이렇게 상업을
중시하고 해상을 통한 무역을 강조한 주장은 통상과 상업, 유통 중시의

---

30 앞의 책, "況義與利, 由人以判. 若使凶人居之, 所謂禮法者, 皆爲利欲矣. 昔者, 王莽誦六
     經, 安石學周官, 何有於義哉? 若使吉人居之, 所謂財利者, 皆爲德義矣. 昔者, 子思先言
     利, 朱子務耀耀, 何有於利哉? 或人妄爲之說, 以沮救民之謀, 天必厭之. 呂尙・膠鬲, 皆爲
     聖人之徒, 且通漁鹽之利. 況今日之民, 呼號於窮餓之水火, 有甚於呂尙膠鬲之時乎!"
31 앞의 책, "大抵德者, 本也; 財者, 末也. 而本末不可偏廢, 以本制末, 以末制本, 然後人道
     不窮. 生財之道, 亦有本末, 稼穡爲本, 鹽鐵爲末, 以本制末, 以末補本, 然後百用不乏."
32 앞의 책, "以抱川之事言之, 則本旣不足, 尤當取末以補之, 此豈得已而不已者乎?"
33 안대회 옮김(2003), 「자서(自序)」, 16~17면, "夫利用厚生, 一有不修, 則上侵於正德."

북학파의 사유를 이끌어 내었다는 선구적 의의가 있다.

이지함 자신은 당인(黨人)으로 행동하지 않았으나 그의 인맥과 학맥은 동인(東人)과 북인(北人)의 영향권으로 확대되었다. 그의 사상은 그를 따라 배운 조카 이산해(1539~1609)에게로 계승된다. 선조 대 정국에서 북인의 영수로 활약한 이산해는 안민(安民)과 부국(富國)에 목표를 두고 경제사상을 전개하였다.[34] 천재라는 평가를 받았지만 전란에 시문을 소실한 터라 남긴 저작이 소략하여 그가 전개한 사유의 실상을 알 만한 자료는 그리 많지 않다. 의례적인 글을 제외하면 1598년에 시폐(時弊)를 해결할 대책을 제시한 세 편의 차자(箚子)가 경세문자(經世文字)로서 주목할 만하다. 그 가운데 군량미를 확보하려는 재정 문제를 다룬 것과 국방의 문제를 다룬 것이 있다. 이산해는 재정의 확충에서 유독 소금을 구워 재정을 확충하는 문제와 주사(舟師)의 확보를 중요한 대안으로 설정하였다. 두 번째 차자에서 이산해는 "대저 식량을 풍족하게 하는 방법은 둔전(屯田)이 근본이고 시대를 구하는 요체로는 소금을 굽는 것보다 다급한 것이 없습니다."[35]라고 주장하여 둔전을 설치하고 소금을 구워서 군량미를 확충하자는 주장을 앞세웠다. 그 두 가지 정책 가운데 이산해가 강조한 것은 소금을 굽는 것으로서, "소금을 굽는 일은 힘은 많이 들지 않으나 효과는 가장 큽니다. 둔전을 일천 경(頃) 설치하는 것이 염조(鹽竈) 수백 개보다 못합니다."[36]라고 하며 다음과 같이 말하고 있다.

앞서 말씀드린 둔전(屯田)을 설치하는 것, 소금을 굽는 것, 백성을 안정

---

34 이헌창(2010), 341~386면.

35 李山海, 『鵝溪遺稿』 권5, 「陳弊箚」, 『한국문집총간』 47, "大抵足食之道, 屯田爲本, 而救時之要, 莫急於煮鹽."

36 앞의 글, "煮鹽一事, 爲功不夥, 而爲效最著, 屯田千頃, 不如鹽竈數百."

시키는 것, 군사를 훈련시키는 것 네 가지 가운데 세 가지는 비변사의 여러 신하들이 아침저녁으로 토론한다면 어느 대책이든 실행할 수 있으므로 어리석은 신의 망녕된 말을 기다리지 않아도 될 것입니다. 그러나 소금을 굽는 일만은 신이 바닷가에서 생장한 탓에 그 요점을 대강 알기에 스스로 농포(農圃)의 지식을 믿고 감히 지리한 말씀을 올렸습니다. 신이 비록 보잘것없으나 어찌 감히 장황한 사설로 성명(聖明)을 속이겠습니까? 만약 신에게 호서의 소금을 감독하는 직책을 하사하신다면 신이 비록 절뚝거리기는 하나 말을 타고 내려가 부축을 받고 해도(海島)의 염정(鹽井) 사이를 왕래할 것입니다.[37]

위 제안의 행간에서 짐작할 수 있듯이 이산해는 염전을 운영해 본 경험이 적지 않았을 것으로 추정된다. 그 점은 비슷한 주장을 한 이지함도 다르지 않았을 것이다. 그는 이렇게 염전 개발을 자신의 체험과 연결시켜 자신감을 가지고 책임지려 하고 있다. 이산해는 이와는 별도로 수군을 육성하자는 제언을 적극적으로 개진하였다.

(2) 유몽인

유몽인(1559~1623)은 북인 당파에 속했으나 붕당에 부정적 태도를 가졌다. 당파적 입장에 충실하기보다는 오히려 당파의 폐해를 비판하고 독립적인 실무 관료로서 활동하였다.[38] 그는 제약에서 벗어나 홀로

---

37 앞의 글, "抑前之所陳屯田也, 煮鹽也, 安民也, 鍊兵也, 四者之中, 其三則備邊諸臣, 朝夕討論, 靡策不擧, 固不待愚臣之妄言. 而如煮鹽一事, 則臣生長海曲, 粗識其要, 自恃農圃之知, 敢獻支離之說. 臣雖無狀, 何敢張皇辭說, 仰誣聖明乎! 如蒙賜臣以湖西管鹽之號, 則臣雖跛蹇, 猶可馱馬下去, 扶曳往來於海島鹽井之間."
38 한명기(1992), 122~125면.

행동하고 판단하는 자유정신을 지닌 인물로서 특정 계보에 얽매이지 않은 독학의 과정과 자득(自得)의 정신을 소유하였다.[39] "나는 혼자다. 오늘날 선비들 가운데 나보다 더 고독한 사람이 있는가? 고독하게 살아가니 친구와의 교유가 어찌 하나에 얽매이랴?"[40]라고 토로하며 사유와 정치노선에서 독자적 행보를 과시하고 있다. 당파를 패거리주의로 비판하고 누가 뭐라 하든 자기 노선을 고수하려는 굳은 의지를 내세웠다. 인생 태도에서도 초정과 비슷한 점이 보인다.

유몽인은 조선 중기의 많은 문인 가운데서도 가장 독창적이고 사적인 비중이 높은 문인으로 역대 문인 가운데 '기(奇)'의 기준에서 첫손가락에 꼽힌다.[41] 더욱이 단순한 문인이 아니라 이 시대에 경세적 사유를 가장 높은 수준으로 펼친 경세가로서 선진적 문물의 도입과 개혁을 강하게 주장하였다. 그의 사유와 의지는 200백 년 뒤의 북학론과 유사한 점이 많고, 특히 초정은 깊은 영향을 받은 것으로 추정된다. 그 배경은 세 가지로 볼 수 있다.

우선 유몽인은 1591년, 1596년, 1609년 세 차례 연행하여 중국을 깊이 있게 체험하고 선진문물에 대한 동경이 매우 강하였다. 이지함을 비롯한 북인 계열 선배 지식인들과 인적 교류를 통해서 사회경제적 관심을 키웠다. 임진왜란을 직접 체험하고 중국을 여행하면서 국제적 관점에서 조선을 객관적으로 볼 수 있는 넓은 시야를 확보하였다. 그는 중국을 여행하며 명나라의 현실과 조선의 국방과 경제와 민생을 병치하여 살펴보았다. 그의 시각이 잘 드러난 작품이 바로 「중주잡영(中州雜

---

39 신익철(2002), 15면.

40 柳夢寅, 『於于集』 권3, 「贈李聖徵〔廷龜〕令公赴京序」; 『한국문집총간』 63, "余獨也. 視今之士, 其有若余獨乎? 以獨而行于世, 交之道豈泥于一乎?"

41 안대회(2005/가을), 184~200면.

詠)」이다.[42] 18수의 7언율시는 성지(城池), 병마(兵馬), 기계(器械), 문장(文章), 장옥(場屋), 은전(銀錢), 여라(驢騾), 전조(田租), 서사(書肆), 가포(街舖), 석회(石灰), 석탄(石炭), 인거(人車), 마경(馬耕), 여마(驢磨), 토각(土刻), 도전(陶甄), 번옥(燔玉)이 그 주제다. 그 주제만으로도 이용후생(利用厚生)의 관점에서 선진문물을 수용하려는 의욕을 드러낸다. 시의 형식을 빈 것이라서 치밀하지는 않으나 그의 의욕과 시선은 충분히 엿볼 수 있다. 초정이「연경잡절(燕京雜絶)」140수를 통해 연행에서 얻은 문명 체험과 문명 수용의 자세를 드러낸 것과 형식과 의도가 비슷하다. 토각(土刻)과 번옥(燔玉)을 제외하곤『북학의』에서 표제로 내세워 다룬 비중 있는 주제를 앞서서 다루었다.

유몽인은 전체적으로 조선과 다른 중국의 풍물을 묘사하였지만 단순한 풍경이 아니라 국방과 경제생활, 사회생활에 관한 보고와 관점을 제시하였다. 특히 화폐 사용을 다룬 은전(銀錢)과 나귀의 활용을 다룬 여라(驢騾), 세금 문제를 다룬 전조(田租), 서점의 개설을 다룬 서사(書肆), 거리를 가득 채운 상가를 다룬 가포(街舖), 수레의 사용을 주장한 인거(人車), 말을 경작에 이용하는 실태를 보고한 마경(馬耕)은 거의 이용후생의 관점에서 중국의 문명 현상을 그리고 있다. 석회(石灰)와 석탄(石炭), 도전(陶甄)은 석회와 석탄의 자원 활용, 벽돌을 구워 사용하는 것을 묘사하고 있다. 모두 그의 이용후생에 대한 열의를 엿볼 수 있다. 이용후생의 관점에서는 초정과 매우 유사한 생각을 표명하고 있는 것이다.

이러한 유몽인의 견해와 주장 이면에는 조선의 현실을 냉정하게 파악하고 열악한 삶의 조건과 위기를 극복하려는 열망이 담겨 있다. 중국의

---

42 변종현(1987), 15~23면; 이승수(2006), 321~355면.

실상을 보여 줌으로써 조선의 열악한 현실을 바꿔보려 하고 있다. 그의 위기의식과 문제의식은 초정의 그것과 상당히 근접해 있다. 연행하는 인사를 보내는 송서(送序)에도 그의 시각이 잘 드러난다.[43] 「송박열지동열부경서(送朴說之東說赴京序)」와 「증별한시랑덕원사상국사은서(贈別韓侍郎德遠使上國謝恩序)」, 「송동지부사정영공곡신자사신서효국어(送冬至副使鄭令公谷神子士信序效國語)」, 「송두봉이양오여성군지완부경서(送斗峯李養吾驪城君志完赴京序)」 등은 그 가운데 대표적인 논설로서 중국에 들어가는 지식인의 자세를 강론하고 있다. 그는 다양한 문제 가운데 군사제도와 경제제도가 가장 문제가 큼을 들어 "군사와 재정 이 두 가지를 고치지 않으면 결국에는 나라가 없어진다."라고 우려하고, "유독 군사와 재정 두 분야는 중국과 조선이 너무 차이가 나므로 마땅히 모두 배워야 좋다. 만약 그 제도를 자세히 물어서 귀국하여 우리나라에 시행한다면 어찌 큰 보탬이 되지 않겠는가?"[44]라고 하여 중국의 군사제도와 경제제도를 배워 조선에 시도해 볼 것을 제안하고 있다.

그는 또한 중국에 그렇게 사행을 많이 감에도 불구하고 중국을 본받아 백성들을 넉넉하게 만들고 나라를 부유하게 만드는 시책 하나를 건의하는 자가 없음을 통탄하며, "중국의 대인에게 나라를 다스리는 법을 배워오라"고 강히게 주문하기도 한다.[45] 그는 중국의 문명과 대비하여

43 이승수(2010), 183~210면.

44 柳夢寅, 『於于集』권3, 「贈別韓侍郎〔德遠〕使上國謝恩序」; 『한국문집총간』 63, "玆兩者我國之政之最難醫, 而亦不容不醫者, 苟不醫, 卒無國, 營公國者所大戚. 今公如中國, 試諦視諸事事, 事事此强彼多, 獨兵財大懸, 宜悉可學. 如細咨其制作, 歸施之我國, 豈非大有補乎哉!"

45 柳夢寅, 『於于集』권3, 「送斗峯李養吾驪城君〔志完〕赴京序」; 『한국문집총간』 63, "今者車軌交結, 腹背相連, 奉表之臣歲四五輩, 滿朝簪紳, 太牛觀周之餘士, 而裕民足國傚中國, 無一士建白而一變之, 哀哉! 彼淵㵫深宮之一人, 玉趾不下於鈥砌, 而其謂爲國, 止於斯已歟耶! 其謂中國, 亦如斯止歟耶! 呼! 我國廟堂之謨, 馬之卵耶! 丁子之尾耶! 龜背之三尺毳耶!

조선의 열악한 현실을 자각하고 그와 동등한 수준으로 향상되기를 갈구하였다.[46] 그 열망과 관점은 18세기 중후반에 북학파가 보여 준 북학에 대한 열망·사상과 거의 간격이 없다. 특히 그 열정은 초정의 수준과 비교해도 차이가 없다.

이렇게 형성된 유몽인의 경세론은 함경도 감사 한준겸(韓浚謙)에게 제안한 「안변삼십이책(安邊三十二策)」으로 체계화되어 전개되었다. 외적으로부터 북방 국경 침략을 대비하여 변경을 안정시킬 서른두 가지 대책을 마련한 것은 그의 경세론이 일시적이거나 즉흥적인 것이 아니라 장기간에 걸쳐 마련한 체계적인 방안이었음을 보여 준다. 32조에 이르는 방대하고 체계적인 대책에는 함경도 지역의 특수성을 감안한 정책과 당시 사회경제 전체의 개혁 방향까지 고려한 정책이 담겨 있다.[47] 크게 보아 변방을 안정시키려는 대민 안정책과 군량과 무기를 확보하고 군사 훈련을 강화하는 군비 강화책, 그리고 그 기반을 이루는 상업과 유통경제를 확대하자는 상업과 유통 진흥책으로 나누어 볼 수 있다.[48]

일일이 거론할 수 없으나 그 가운데 둔전을 확대하자는 광둔전(廣屯田), 은의 채굴을 확대하자는 박채은(博採銀), 철을 채굴하자는 채연철(釆鉛鐵), 어염을 활용하자는 자어염(資魚鹽), 성곽을 보수하자는 선성곽

去乎斗峰公! 學爲國於中國之大人來!"

46 柳夢寅, 『於于集』 권3, 「送冬至副使鄭令公谷神子士信序」; 『한국문집총간』 63, "子豈知東國之人可哀哉! 在東國不自知, 到中國始大覺. 方其縱觀燕都, 飽綺麗, 飫豪奢, 歸循薊關, 道遼陽首山, 始見東方軍馬候使駕者百餘騎, 頭蓬面梨, 衣裳百綻, 牽如羊之駁, 馱編藥之裝, 應對錯其指, 走趨眩其節, 愚陋可哂之狀, 雖同鄕國, 猶怛然駭之. 及夫回次我界, 邊堞無粉, 官庭無瓴, 茅廬無壁, 菹履無底, 女鬢無花, 男脛無襪, 村無列廛, 市無錢幣. 人民之貧覷, 近京尤甚, 試觀坡州, 卽帝都之通州也. 其物産夥尠, 閭里饒膌, 此何如於彼耶? 此不幾瓊宮桂室比蔀屋剝廬, 其可哀之甚也."

47 김홍백(2012), 33~74면.

48 한명기(1992), 132면.

(繕城郭), 말에 관한 정책을 세우자는 수마정(修馬政), 큰 배를 만들어 수송에 이용하자는 작거함(作巨艦), 직업군인을 양성하자는 전토병(專土兵), 화폐를 사용하자는 용전폐(用錢幣), 큰길에 상점을 개설하자는 개노포(開路舖), 각종 가축을 기르자는 양육축(養六畜), 요동식 수레를 사용하자는 사요거(使遼車) 등이 주요한 정책이다.

은과 철의 채굴, 어염의 활용 같은 자원 개발론과 둔전의 확대와 성곽의 보수, 직업군인 제도 확립과 같은 부국강병책, 큰 배의 제작과 유통, 화폐 사용, 상점의 개설, 수레의 사용 등은 이용후생과 상업 유통경제의 활성화 정책이다. 그뿐만 아니라 유통을 통한 물자의 교역이 새로운 부를 창조하므로 외국과 국제무역을 추진하자는 주장도 제기한다.[49] 1610년 중국과 무역하는 중강개시(中江開市)를 폐지하는 것에 반대한 「중강파시변무계사(中江罷市辨誣啓辭)」에서 유몽인은 외국과의 무역이 백성의 풍요를 낳고 국가의 조세수입을 확대한다고 주장한다. 다음은 그 일부이다.

저 중국은 만국과 물화를 유통시키기에 나라가 부강하고 백성이 늘고 잘산다. 왜놈은 작고 추한 존재인데도 오히려 수십 개국과 물화를 유통하여 백성이 넉넉하고 시장이 풍성하기가 중국에 부끄럽지 않다. 다른 이유가 없다. 법규가 조금 너그럽고 금법이 가혹하지 않아서 그렇다. 우리나라는 산천이 비좁고 땅에서 산출되는 것이 많지 않은데 역외(域外)의 물화를 유통하지 않고 좁은 땅의 모자란 물산을 소비하므로 백성이 궁핍하기가 여러 나라의 최하위인 것이 마땅하다.[50]

---

49 한명기(1992), 148~150면.
50 柳夢寅, 『默好稿』 中, 「中江罷市辨誣啓辭」, "彼中國與萬國通貨, 國以富强, 民以殷盛. 倭

이 글을 보면, 유몽인은 국제무역을 활성화하여 국가와 백성의 부유함을 이룬 나라로 중국과 일본을 들고 있다. 앞서 살펴본 이지함의 국제무역론과 발상에서 동일하고, 외국과 적극적으로 교역을 확대하여 풍요로운 백성들의 생활을 도모하고 국가의 부강을 이루자는 초정의 무역론과 기본구도가 동일하다.

이상과 같은 주장을 볼 때 유몽인의 생각은 조선의 가난한 현실에 대한 위기의식과 그 대안 마련, 중국 문명을 배우려는 북학론, 상공업을 중시하는 정책 제안, 이용후생과 국제무역의 강조 등의 측면에서 초정의 사유에 매우 근접해 있다. 다만 양반을 도태시키자는 주장이나 소비의 촉진 등 몇 가지 점은 언급하지 않았다. 이지함으로부터 시작된 북인 지식인의 경세사상과 일관된 제안이 보이면서 초정이 『북학의』에서 제기한 개혁과 개선의 정책안과도 깊은 연관성을 갖고 있는 것이다.

전체적으로 주장의 내용과 학맥·당맥으로 볼 때 유몽인의 생각은 그 선진성이나 개혁성에서 선배 사상가로서 초정이 존경하여 수용할 만한 요소가 많다. 그런데도 초정은 유몽인을 전혀 언급하지 않고 있다. 초정이 유몽인의 저작을 접하고 그 영향을 받았을 가능성은 과연 어느 정도일까? 필자는 그 가능성이 대단히 높다고 판단한다. 유몽인의 저작에 대한 평가가 18세기에 매우 적극적으로 진행되었다. 초정과 친분이 있던 추성관(秋聲館) 이정재(李定載)의 백부인 이규상(李奎象)은 유몽인의 산문을 몹시 좋아하여 그 글을 접하게 된 당시의 사정을 긴 글로 썼다. 초정과 친분이 있던 유만주(兪晚柱) 역시 유몽인 문집을 보

奴小醜也, 而猶通數十諸國之貨, 人民之饒, 市廛之瞻, 不愧於中國字, 無他, 規模稍裕, 苟禁不苟而然也. 我國山川迫塞, 地出無多, 而不通域外之貨, 坐耗偏土之薄産, 宜乎生民之惱(困), 最居諸國之下也."

게 된 기쁨을 일기에서 묘사하고 있다. 그들은 모두 노론 청류(淸流)임에도 유몽인 문학의 가치를 인정하였다.[51] 형암 이덕무와 성대중(成大中) 역시 유몽인의 문장에 대해 논하고 있다. 이를 통해 볼 때 비슷한 시기에 같은 당맥의 초정이 유몽인의 저작이나 사유를 접했을 가능성은 충분하다. 설령 직접 열람하지 않았다고 해도 대강은 이해했다고 보아야 한다.

다만 유몽인은 당시까지 신원되지 않았다. 정조에 의해 1794년 5월에 복관(復官)하고 곧이어 이조 판서를 가증(加贈)하기 전까지 그는 역적이었고 게다가 북인 계열이었기에, 초정이 그를 언급하여 학문적 연원으로 거론하기는 쉽지 않았을 것이다.

(3) 이덕형과 김신국, 기타

유몽인 외에도 이지함과 이산해의 상업과 사회경제관을 계승한 북인 계열의 대신이 출현하였다. 이덕형과 김신국이 그들이다. 이들은 당파로도 서로 밀접한 관계일 뿐만 아니라 인척관계에다 학맥까지도 깊이 연결되어 있다. 우선 이덕형은 이지함의 조카사위이자 이산해의 사위였다. 그는 본래 남인(南人)이었으나 이산해의 사위였기에 정치적으로 남인과 북인 사이를 오갔다.[52] 김신국은 북인(北人)으로 이산해가 존고부(尊姑夫)였고 스승으로 모시고 배웠다.[53] 앞에서 살펴본 것처럼 초정의 스승 김복휴의 고조부이다.

이덕형(1561~1613)은 선조와 광해군 시대를 대표하는 대신의 한 사

---

51 안대회(2005/가을), 93~198면.
52 李建昌, 『黨議通略』, 11면, "李德馨, 本南人, 以李山海壻故, 出入南北間."
53 李肯翊, 『燃藜室記述』 권17, 선조 조 기사본말.

람이다. 그는 이지함의 섬 지역 개발을 모델로 섬을 개발하자고 제안하였다. 1594년 이조 판서로 재직할 때 「진시무팔조계(陳時務八條啓)」를 올려 정책을 제안했는데 ①농업·공업·상업을 장려하여 굶주림을 구제 ②둔전책 시행 ③어염을 비롯한 해산자원을 수송하여 경제를 활성화 ④지형을 이용한 국토 방위 ⑤군사 훈련과 정예병 양성 ⑥도적 방지와 백성 안정 ⑦관료를 오래 복무시킴 ⑧민심 수습의 내용을 갖추고 있다. 그 가운데 상업과 유통 장려책이 담긴 세 번째 제안은 이지함과 이산해, 유몽인의 생각과 상당히 유사하다.

이를 좀 더 상세하게 살펴보면, 삼면이 바다인 조선은 해산물과 소금 자원이 풍부하므로 그것을 판매하면 재정이 충실해진다고 보았다.[54] 중국에서 유안(劉晏)이 소금과 철의 이익을 관장하여 물가를 미리 파악하여 조절하고 경비를 조달한 것처럼 우리나라도 이를 활용하자고 하였다.[55] 소금을 굽는 어민이 이익을 보기 위해서는 유통망이 전국적으로 개설되어야 하므로 그들에게 수십 척의 선박을 제공하여 전국의 강을 통해 각 고을에 공급하면 어민에게도 국가에도 모두 큰 이익을 가져온다고 예측하였다.[56]

---

54 李德馨, 『漢陰文稿』 권8, 「陳時務八條啓」; 『한국문집총간』 65, "我國傅海爲國, 魚鹽甚饒, 取此販賣, 百事皆可濟矣. …… 設官煮造, 販鹽買犁牛, 招集流戶, 勸之農作, 用致豊殖, 若善於殖貨, 則我國之地利, 有不可勝食矣."

55 앞의 글, "劉晏管天下鹽鐵之利, 輒先知四方物價高下, 隨時販賣, 以足經費. 此則只操其利柄, 而善爲運用耳. 今不得操柄運用之要, 擾民榷利, 屑屑而欲收效, 則亦遠矣."

56 앞의 글, "方春夏盛煮之時, 斗米直鹽十餘斗, 麥熟後雨水時, 山郡田家貴鹽如金, 斗牟直鹽數三合. 今宜扶殖鹽戶, 助其器具, 出米數百石, 廣貿鹽石, 滿載累十船. 一則由禮成江沂猪灘, 以入于牛峰·平山之境. 一則由臨津, 以入于安峽·伊川之境. 一則由漢江, 以入于原州·洪川·寧越·淸風之境. 一則由牙山, 以入平澤之境. 一則由恩津松津浦, 沂白馬江以上. 一則歷錦江, 而入于燕岐之境, 一則卸于群山倉近處, 使左右遠近郡縣之民, 皆得以就貿. 而勿論麥豆大小米, 從市直收合, 則民皆騈首爭買, 極以爲便利之. 官家所得米穀, 亦已過累千矣."

이 밖에 그의 제안을 정리하면 다음과 같다. 어살[魚箭]을 이용하여 얻은 물고기를 판매하여 큰 이익을 얻을 수 있고, 또 기계를 만드는 데 쓰는 어교(魚膠)와 미역 역시 막대한 이익을 가져온다. 국가가 이익을 창출할 수 있는 것을 모두 버려두고 있다. 그런데 이익을 창출하기 위해서는 무엇보다 유통 수단인 배의 건조와 이를 운용하는 기술자의 양성을 우선해야 한다. 국가에서 연해 지역의 선장(船匠) 팔구십 명을 찾아 관청에서 자금을 대고 변산과 장연의 목재를 이용하여 배를 백 척 만들어 운행한다면 그들과 관청이 함께 이익을 나눌 수 있다. 소금과 미역을 비롯한 각종 어물을 생산하여 배를 통해 운송하면 공사(公私) 간에 모두 큰 이익을 얻는다.[57] 여기에 은광과 같은 광물을 채굴하여 이익을 극대화한다.

이상에서 이덕형이 제안한 것은 크게 보아 바다에서 얻을 수 있는 소금과 해산물 같은 해산자원의 적극적인 생산과 판매, 그리고 은광과 같은 광물자원의 개발, 그리고 이를 전국적으로 유통하기 위한 운송 수단인 배의 건조이다. 그는 백성의 윤택한 삶과 국가의 재정을 확충하고자 자원 개발과 상업, 유통망의 개척을 주문하고 있다. 그의 논지를 보면 국가를 경영하는 대신의 경세론이 보이는데, 그 내용은 초정이 『북학의』에서 주장한 내용과 상당히 부합한다. 자원을 적극적으로 개발하고 광산을 개발하자는 주장도 그렇고, 유통망의 개선을 통해 국토의 자원을 효율적으로 분배하자는 주장은, 유안을 사례로 들어 지역 간 물

---

57 앞의 글, "然此事必先具船隻, 而又得使船之人, 然後可以行用如意. 竊見京江諸處及京畿海邊使船之人, 失其所業, 依泊各浦及島嶼者, 方且有四五百戶, 而水邊船匠收拾, 則亦可得八九十名. 抄擇其才能者, 官給其糧, 令性巧解事之人, 帶入邊山‧長淵有材木之地, 伐木裝船, 優備百數. 募人分授, 任其行用爲業, 官共其利. 該司及各官侵役之弊, 一切完護禁斷. 鹽藿及魚物興産之時, 具以此取資, 公私兩利矣."

가를 고르게 조정하고 전국 각지의 산물을 상호 유통하여 물가를 하락
시키자는 『북학의』, 「수레」 조항의 주장과 매우 흡사하다.[58] 그런 주장
의 밑바탕에 깔려 있는 의식은 변법과 개혁임을 다음 주장에서 엿볼
수 있다.

이익을 말하는 것은 군자가 선택할 일은 아닙니다. 그러나 국가가 가
난하고 위축되며 어렵고 우환에 쌓인 시점에 평상의 법만을 지키고 경
영을 시도하지 않는다면 굶주린 백성은 재산을 불릴 길이 없고, 훈련받
을 병졸은 군량을 보급받을 형세가 되지 않아 궁핍함이 더욱 심해질 것
입니다.[59]

유보적으로 표현하기는 했으나 백성과 국가는 이익을 추구하지 않
을 수 없고, 그러기 위해서 경영(經營)에 종사하지 않을 수 없다고 하였
다. 그가 말하는 경영이 현재의 경영과 완전히 부합하지는 않으나 상당
히 비슷한 함의를 갖고 있다.

김신국(1572~1657)은 청풍(淸風) 김씨로 소북(小北) 계열이다. 그는
평안도 관찰사와 호조 판서를 지내면서 국가재정을 확충하고 민생의
안정을 우선시하는 등 이용후생 정책을 강조하였다.[60] 인조 3년(1625)

---

58 안대회 옮김(2003), 30~31면, "若如劉晏之置善走者, 則四方物價之貴賤, 可以平準於數
日之內矣. 然而峽人有沈樝梨取酸, 以代鹽豉者, 見蝦蛤醢而爲異物焉. 其竆如此者, 何哉?
斷之曰: '無車之故也.' …… 故嶺東産蜜而無鹽, 關西産鐵而無柑橘, 北道善麻而貴綿布.
峽賤赤豆, 海厭鰱鰽, 嶺南古刹出名紙, 靑山・報恩饒棗林, 江華在京江之口而多柿, 民莫
不用相資而足用也, 顧力不及耳."

59 李德馨, 『漢陰文稿』 권8, 「陳時務八條啓」; 『한국문집총간』 65, "言利之事, 非君子所取,
而國家貧蹙艱虞, 徒守常規, 無事於經營, 則飢民無致産之路, 鍊卒無繼糧之勢, 而窘乏益
甚矣."

60 차은주(1999).

10월 27일 호조 판서로서 국왕에게 올린 차자에 구체적인 내용이 보인다. 우선 국가경비의 절제이고, 다음으로 제시한 것이 화폐 사용이다. 그는 "이제 성신(聖神)하신 전하께서 등극하셨으니, 이용후생(利用厚生)에 있어 옛 제도를 상고하시고 선왕의 뜻을 준행하여 일국에 통용할 화폐를 만들어서 백성의 재산을 부유하게 하고 후세를 행복하게 만드는 것은 지금이 바로 그때입니다."[61]라고 주장하며 이용후생의 실천 방법으로 화폐의 유통을 주장하고, 경복궁 좌우 행랑에 점포를 개설하여 화폐의 유통을 촉진시키자고 제안하였다. 세 번째로는 나라를 부유하게 할 자산인 바다의 이익을 확보하자고 주장하였다. 어살과 염전에 대한 수취제도를 정비하여 국가재정을 확충할 것을 주장하였다.[62]

이는 이지함과 이산해의 견해를 이어받은 것이다. 그 밖에도 김신국은 단천(端川)의 은광을 개발하여 조세수입을 확충할 것을 제안하였다.[63] 이 시기 북인들 가운데 은광 개발에 적극적이었던 인물이 바로 정인홍(鄭仁弘), 이산해, 이덕형, 유몽인 등이었다.[64]

이 밖에도 북인 사상가로는 박수진(朴守眞, 1600~1656)을 들 수 있다. 자는 군실(君實), 호는 사천(斜川)으로 초정이 「응지진북학의소(應旨進北學議疏)」에서 화폐를 실제로 유통시킨 실무자로 언급한 종고조부이다.

---

61 『인조실록』 권10, 인조 3년 10월 27일, "方今聖神御極, 利用厚生, 稽古昔之制, 遵先王之志, 作爲一國之通幣, 以阜民財, 以幸後世, 此其時也."

62 앞의 기사, "其三日收海利. 海之爲物, 其利甚博. 齊楚吳越之富, 甲於天下者, 以其有魚鹽之利也. 我國三面際海, 魚箭·鹽場, 處處相望. 又有漁採之船, 簇立於海中. 苟能善爲規畫, 則富國之資, 實在於此"

63 『인조실록』 권16, 인조 5년 5월 5일, "生財之道, 必以無害於民者爲之, 乃可矣. 採銀一事, 少無害於民, 非若魚鹽與民爭利之比. 國內採銀之地, 莫如端川, 而本郡守令, 年例封進之外, 雖有餘數, 不敢上送者, 嫌其或因此蒙賞故也. 採銀時, 當有差官, 而如不得人, 則莫若使守土之人, 專管責效. 無循舊套, 無避少嫌, 以補國用宜當."

64 차은주(1999), 38면.

당파로는 소북 계열이다. 그는 평소 "나를 등용하면 화폐를 유통시킬 수 있다."라고 주장했는데 효종 6년(1655) 김육(金堉)이 화폐의 유통을 강력하게 추진할 때 그를 실무자로 추천했다. 효종은 그를 평시서직장(平市署直長)으로 임명하여 실무를 보게 했다. 이보다 앞서 1653년에는 만언소(萬言疏)를 효종에게 올리기도 했다.[65]

이상 살펴본 북인, 그중에서도 소북 계열의 주장에는 일정한 맥락이 있다. 군이 요약할 필요도 없이 초정이 『북학의』에서 전개한 이용후생의 핵심적인 사유와 그 맥락이 깊이 닿아 있음을 부정할 수 없다. 그 발상과 주요 내용은 초정에 한정되지 않고 연암을 비롯한 북학파의 그 것과도 관련된다. 배워야 할 문명으로 중국과 일본을 설정하는 개방성과 상공업의 육성, 시장의 개설과 유통망·교통망의 확충에 대한 의지의 구체적 방향 설정을 볼 때, 18세기 중후반의 북학파 사상의 원류로서 이들 북인 계열 학자들의 주장을 꼽을 수 있다.

당연한 사실이지만 『북학의』에서 주요하게 다뤄지고 있는 구체적 사실들은 말할 것도 없고, 그중에서 상대적으로 중요한 비중을 차지하는 벽돌의 도입이나 배와 수레의 제작, 과거제의 폐단 등에 대해서는 위에서 밝힌 북인 지식인 외에도 이항복(李恒福)이나 김육을 포함한 다른 당파 소속 학자들도 언급하였음을 인정해야 한다.[66]

노론 낙론의 심성론은 북학론을 전개할 심리적 지지 기반을 형성시켰을지는 모른다. 다시 말해, 여러 세대 앞선 시기의 북인 계열의 주장

---

65 자세한 내용은 『승정원일기』 효종 7년(1656) 10월 23일자에 나오는 그와 관련한 기사를 참고.
66 그 가운데 주목할 인물은 具棨이다. 그는 17세기 전후의 인물로서 저작은 모두 사라졌으나 관제의 개혁과 과거 제도의 폐단을 다룬 글이 『五洲衍文長箋散稿』의 「散官拯拔辨證說」, 「口錢私議辨證說」, 「科擧私議辨證說」 등에 실려 있다.

도 개방적으로 받아들일 자세를 만들었다고 보는 것이 옳다. 상공업을 중시하고, 이익의 추구를 긍정하며 신분제도를 바꾸고 국제무역, 그것도 '오랑캐'와 평등하게 무역하는 것을 긍정하는 것은 성리학의 논리와는 배치된다. 그렇게 볼 때 초정을 비롯한 이용후생파의 사상적 원류는 북인 계열의 직접적인 주장과 논리에 연결된다고 보는 것이 역사적으로 타당하다.

여기서 이지함 이래 유몽인까지는 그들이 배우고자 한 대상이 명나라로, 초정이 배우려고 했던 청나라와는 경우가 달랐다. 다시 말해, 중화와 오랑캐라는 화이(華夷)의 차별이 있다. 적대적인 나라로부터 배운다는 인식의 장애물을 극복하는 문제가 있었으니 후대인들이 더 고통을 겪었다는 점이 다를 뿐이다. 결국 북학이 노론 낙론의 사상적 특징에서 배태되어 나온 것이라는 주장은 설득력이 없다고 볼 수 있다.

그 점은 다른 측면에서도 입증된다. 17세기에서 19세기까지 연행사를 보내며 쓴 송서(送序)에서 북학의 중요성을 제기한 인물의 당파를 보면 노론을 비롯하여 소론, 남인 등 각 당파에 골고루 분포되어 있다.[67] 청에 대한 적개심이 극에 달해 있던 1676년 남인의 영수 허목(許穆)은 오정위(吳挺緯)에게 중국을 오랑캐가 차지했으나 그래도 성교(聲教)와 예악(禮樂)의 유풍이 남아 있으므로 풍속을 널리 관찰하는 사신의 임무를 잊지 말라고 상기시킨 사례[68]가 보인다.

---

67 안대회(2010).
68 許穆,『記言』권47,「送吳判書使燕京序」;『한국문집총간』98, "今中原陸沈爲夷奴, 然碣石・衡漳, 經紀冀北之地, 禹貢・岐梁之墟, 有聲教禮樂遺風. 況傳說崇禎近事, 當時耆艾父老猶在. 至此言使事, 良爲慨然, 博覽風俗土着, 行國山川道里遠遠, 皆使者職也."

3. 동시대 사상가와의 지적 교류

위에서 북학파와 초정의 사상을 형성한 원류로서 조선 중기 이래 17세기까지의 사상가의 계보와 관련성을 집중적으로 살펴보았다. 논의를 통해서 초정은 주로 북인 사상가를 주축으로 한 선배 사상가들로부터 지적인 자극과 영감을 받았다는 결론에 도달하였다. 특히 초정 사상의 형성에 크게 기여한 사상가들과 인맥과 당맥(黨脈), 사제 관계로 밀접하게 관련을 맺고 있다는 학문적 계보의 실체를 분명하게 밝혀냈다. 초정 사상의 형성을 논할 때 이 부분은 중요하게 취급하는 것이 마땅하다.

그런데 북인 사상가들과의 사상적 연계와 인적 맥락이 발견된다고 해도 초정의 사상은 동시대의 사상적 흐름과 더 큰 관련성을 맺고 있다. 직접적이고 강렬한 관련성은 18세기 이후 사상가와 더 밀접한 것이다. 따라서 초정이 동시대의 선배 및 동년배와 어떤 사상적 공감대를 형성하고 교유했는지를 살펴보는 것이 필요하다.

1) 18세기 사상계의 변혁적 지형

18세기는 조선시대 사상사에서 독특한 지적 자극이 지성계에 불어닥친 시기다. 영조와 정조 시대의 서울 학계에서는 학문적으로 큰 변화가 태동하고 있었다. 유학, 특히 성리학을 학문의 유일한 종주로 삼고 있던 풍토에서 청나라를 통해 전통적인 학문과는 구별되는 새로운 사상들이 급속도로 유입되었다. 그 가운데 대표적인 경향이 바로 서양 학문이었고, 한양에서는 그 학문에 빠져드는 학자들이 출현하였다. 18세기 서울의 한복판에서는 일종의 지식 변혁이 빠르게 진행되고 있었다.

형암 이덕무는 한양에서 진행되는 지적 동향을 황윤석(黃胤錫)에게 다음과 같이 말해주고 있다.

> 근래 서울 안에는 서학(西學)과 수리(數理)를 전문적으로 연구하는 사람들이 있는데 서명응(徐命膺)과 그 아들 서호수(徐浩修)가 그들이다. 또 이벽(李蘗)이 있는데 무인인 이격(李格)의 아우다. 과거를 폐하고 밖에 나오지 않는데 사람됨이 고결하다. 현재 저동(紵洞)에 살고 있다. 또 정후조(鄭厚祚)가 있는데 문관(文官) 정철조(鄭喆祚)의 아우다. 천하지도(天下地圖)의 학문에 전념하고 있다.[69]

형암이 주목한 현상을 전체 학계의 대세로 볼 수는 없지만 그는 유난히 과학과 수학, 지리학을 전문적으로 연마한 과학기술자들이 일으킨 변화를 거론하고 있다. 초정이 말한 것처럼 '사대부란 자들이 송유(宋儒)의 소주(小註) 속에 머리를 처박고 있는'[70] 오랜 전통에서 신흥하는 학문의 태동을 형암은 감지하였다. 소수이기는 하지만 깨어 있는 지식인들은 현실의 모순을 자각하고 변화에 대응하기 마련이다. 서명응과 서호수의 자연과학 학문 연구는 이미 당시부터 널리 알려져 있었다. 초정이 군이 서명응에게 『북학의』의 서문을 받은 것은 학문의 연원이 거기에 닿아 있음을 보여 준다. 이벽 역시 수학을 비롯한 자연과학에 깊은

---

69 黃胤錫, 『頤齋亂藁』 권27, 1778년 1월 26일 기사, "李德懋言, 近日京中, 以西學數理專門者, 徐命膺及子浩修, 而又有李蘗, 卽武人格之弟也. 廢擧不出, 爲人高潔, 方居紵洞. 又有鄭厚祚, 卽文官喆祚之弟也. 專意於天下輿圖之學, 嘗言大淸一統志輿圖固精, 而猶不如大淸會典所載者云."

70 朴長馣 編, 『縞紵集』, 45면, "所謂士大夫, 亦頭出頭沒於宋儒小註中."

연구를 진행하였다. 정후조의 지리학 역시 마찬가지였다. 그의 『사예고(四裔考)』는 지리학 분야의 저서인데 그 안에는 윤선(輪船)의 제작법을 논한 상세한 설명이 있다는 사실이 『오주연문장전산고(五洲衍文長箋散稿)』의 「사예고윤선제도변증설(四裔考輪船制度辨證說)」에 설명되어 있다. 형암이 서울의 첨예한 학문적 변화의 대표적 인물을 들었는데 그들 모두가 초정과 깊은 관련을 맺고 있다.

이들 지식인의 동향은 초정처럼 새로운 학문에 민감한 학자에게 큰 영향을 미쳤다. 그 흐름과는 격리되어 있던 경상도 지역의 지식인들에게까지 새로운 변화의 소식이 전달된 것을 통해 얼마나 급속도로 세상에 전파되었는지 가늠할 수 있다. 상주의 유학자인 이승연(李承延, 1720~1806)은 퇴폐한 학술의 분위기를 정학(正學)으로 바로잡아야 한다고 주장하면서 『천주실의(天主實義)』와 『직방외기(職方外紀)』와 같은 저작이 문인들이나 심심풀이로 들추어 보는 패관소설(稗官小說)에 불과한데도 근래 들어 기호 지역의 총명하고 재능과 언변이 좋은 선비들이 거기에 빠져드는 경향이 있다고 우려하였다.[71] 급격하게 변화하는 기호 지방 지식인들의 지적 동향에 우려를 갖고 그 대안으로 올바른 유학을 강화하자는 주장이다. 전통 학문과 신흥 학문의 대립이 명확하게 대비되고 있는 것이다.

초정은 18세기 한양의 이런 지적 흐름에 다른 누구보다 적극적인 반응을 보인 학자였다. 한 실례를 보면, 『북학의』내편(內篇), 「약(藥)」 조항에서 "유럽 사람은 인간을 네 등급으로 구분하고 상급에 속하는 사람

---

71 李承延, 『岡齋遺稿』, 「明正學論」, 284~297면, "其所謂『天主實義』·『職方外紀』等書, 傳於我東, 而『天主實義』, 藏於秘府, 人無得以見之. 『職方外紀』, 雖行於世, 不過稗官小說, 爲騷人遮眼遣閒之具而已, 安有崇信其說者乎? 近者其書○閣, 其說濫觴畿湖之間, 聰明才辯之士, 往往簧鼓而旚和, 染跡而接踵云, 心竊憂之."

이라야 의학과 도학(道學)을 배운다. 따라서 의학에 정통하지 않을 수 없어 병자의 생사까지도 알아차린다."[72]라며 서양 의학에 관한 정보를 말하고 있다. 그가 파악한 정보는 줄리오 알레니(Giulio Aleni)가 지은 『직방외기』에 나오는 "대학의 학문은 곧 네 개의 과목으로 나누어져 있다. 전공할 과목은 듣는 사람이 스스로 선택한다. 전공과목 가운데 하나를 의과(醫科)라 하는데 주로 질병을 다스려 낫게 하는 방법을 배운다. …… 하나를 도과(道科, 곧 道學으로 神學임)라 하는데 백성의 교화를 일으키는 일을 주관한다."[73]라는 내용을 조정하여 서술한 것이다. 이 한 가지 예만으로 단정할 수는 없으나 이승연이 지목한 학자의 범주에 초정이 결코 빠질 수 없다.

초정은 새로운 지식 풍토를 만들어 간 학자들과 깊은 친분을 유지하며 새로운 학술의 변화를 습득하였다. 초정은 당시 그 누구보다도 동시대 학자들의 지적 동향에 민감하게 반응하였다. 이는 1777년 청나라를 여행하기 전 그가 교유한 인물 60명을 시로 읊은 「희방왕어양세모회인육십수(戱倣王漁洋歲暮懷人六十首)」 61수와 1796년 무렵 청나라 명사들을 읊은 「회인시방장심여(懷人詩倣蔣心餘)」, 「속회인시십팔수(續懷人詩十八首)」 68수의 작품에 잘 나타난다.[74] 그가 시로 읊은 인물 대부분은 전문직인 시식과 예술의 세계를 개척한 학자와 예술가·지성인들이다. 이 작품들은 초정이 얼마나 열성적으로 당파와 신분을 초월하여 각자의 독특한 영역을 개척한 지식인들과 종유하려 했는지 그의 지적 편력

---

72 안대회 옮김(2003), 113면, "凡歐邏巴, 人分四等, 上等方學醫及道學. 故術無不精, 能知死生."
73 줄리오 알레니, 천기철 옮김(2005), "大學乃分爲四科, 而聽人自擇. 一曰醫科, 主療病疾. …… 一曰道科, 主興敎化."
74 안대회(2001b).

을 보여 준다.[75]

그뿐만 아니라 초정은 훈민정음과 기하학 연구에 전념하는 황윤석, 수학자 유금(柳琴)과 앞서 형암이 수학자로 언급한 이벽을 두고 「사도시(四悼詩)」를 지어 애도하고 있다. 그들과 깊은 학문적 교류가 있었음을 드러내는 증거다.[76] 이는 초정이 당시 새로운 지적 흐름을 빠르게 섭취하여 그의 사상을 정립해 나가고 있음을 보여 준다. 초정 사상의 독자성은 충분히 인정되지만 사상의 형성에는 동시대 사상가의 지적 동향을 적극적으로 수용한 노력이 큰 힘이 되었다. 동시대 학자들로서 직접 만나 교유한 인물과, 만나지는 않았어도 인식을 공유한 인물을 중심으로 초정의 사상을 형성하게 된 배경을 살펴보는 이유가 여기에 있다. 이제 초정 사상의 배경으로 작용한 몇 가지 주요한 동시대 사상가와 그룹을 차례로 살펴보고자 한다.

2) 유수원(柳壽垣)과 『우서(迂書)』의 영향

초정 사상의 원류로서 동시대 인물 가운데 가장 큰 영향력을 끼친 사상가로는 소론(少論) 지식인 농암(聾庵) 유수원(1694~1755)을 꼽아야 할 것이다. 그를 통해서 북학과 이용후생의 사상이 결코 노론 낙론의 전유물이 될 수 없음을 알 수 있다.

조선 후기의 경제사상가 가운데 유수원의 상공업진흥론은 초정의 그것과 더불어 가장 선진적이라는 점에 학자들은 이의를 달지 않는

---

75 정민 외 옮김(2010), 상권, 「戱倣王漁洋歲暮懷人六十首」 幷小序, 238면, "余百無一能, 樂與賢士大夫游, 旣與之交好, 又終日矗矗不能已也. 人頗笑其無聞日焉."
76 안대회(2001b).

다.[77] 실학의 경제사상이 도달한 선진성의 정점을 보여 주고 당대의 상업적 현실에 비추어 가장 절실한 개혁안[78]이라는 점이 부각되어 있다. 조선왕조의 전통적 상업관을 탈피하여 근대적 상품화폐경제론을 본격적으로 제기한 중상주의(重商主義) 학자로서 그의 위상은 매우 크다. 유수원과 초정은 각기 18세기 전기와 후기, 또는 영조시대와 정조시대의 혁신적 경제사상가의 대표자로 각인되었다. 그래서 일찍부터 상호 비교되어 연구되었다.

반면에 두 사상가의 관련성, 다시 말해 초정에 대한 유수원의 영향의 문제는 의외로 다루어지지 않았다. 그중 김용덕 교수가 초정은 유수원에서 많은 것을 계승하고 있고 특히 양반상인론은 누구보다도 유수원의 영향이 컸을 것[79]이라고 관련성을 지적하였다.『우서(迂書)』와『북학의』의 북학론이나 서자론(庶子論), 질검론비판(質儉論批判) 등에서 영향관계를 감지할 수 있고,『북학의』에서『우서』를 언급하지 않은 것은 유수원이 역적으로 사형당한 탓이라고 추정하였다.『우서』가 '유포가 상당히 넓었다'는 근거를 대고 초정이 이 책을 보았을 것으로 추정한 것이다.[80] 설득력이 충분한 추정이다.

그 주장 이후에 두 사람의 관련성에 대한 분석이 거의 이루어지지 않았는데 그 이유가 없지 않다. 무엇보다 핵심적 소론 집안 출신인 유수원과 소북 계열의 서자인 초정은 인맥이나 학맥으로 연결되는 고리가 거의 없다. 그 때문에 유수원이 연암이나 담헌에게 미친 영향은 아예 언급조차 되지 않는다. 앞에서 살펴본 북인 사상가들이 인맥과 학맥

---

77 강만길(1971); 한영국(1976); 김용덕(1981b).
78 이헌창(2002).
79 김용덕(1981a), 209~213면.
80 김용덕(1981a), 213면 각주 1)의 논의 참조.

으로 긴밀하게 연결되는 것과 근본적으로 차이가 난다. 게다가 초정이 친근하게 교유한 친교의 범위에 유수원은 포함되지 않아서 섣불리 연결시키기도 어렵다. 「희방왕어양세모회인(戲倣王漁洋歲暮懷人)」 60수에도 그와 연결된 맥락이 보이지 않는다.

그렇다면 초정을 비롯하여 당시 북학파 학자들은 유수원이란 존재와 그 저작을 보지 않았을까? 섣불리 단정 지을 수는 없으나 그 가능성은 매우 희박하다고 본다. 이유는 유수원이 당시 학계와 정치계에서 그 존재가 대단했기에 이들이 이용후생의 사상을 형성해 나가던 1770년대에 그의 존재를 몰랐다는 것은 불가능하다. 소론 준론(峻論) 계열이 몰락한 을해옥사에서 역모 죄로 처단당한 인물 가운데 유수원은 가장 비중이 큰 거물급 '역적'이었다. 그는 정치적 비중보다는 소론의 정신적 지주로서의 비중이 대단히 컸다. 그의 사상은 소론의 경제책략을 대변하는 수준이었다. 직책이 높지 않은 그가 소론 정치가 이광좌(李光佐), 이종성(李宗城), 조현명(趙顯命)의 추천으로 영조를 알현하여 영조로부터 높은 평가를 듣기도 했다. 그에 관한 직접적인 기록은 찾아보기가 힘들지만 필자가 찾은 다음 기록은 소론의 사상적 지주로서 유수원의 위상이 후대에까지 얼마나 대단했는지를 말해 준다. 초정과도 친분이 있었던 노론시파(老論時派) 심노숭(沈魯崇)의 기록이다.

소론들이 말하는 농객(聾客)은 바로 을해년의 역신(逆臣) 유수원(柳壽垣)이다. 처지가 본래 한미하고 문장도 잘하지 못했으나 기국(氣局)과 지려(智慮)만은 남달리 뛰어났다. 영조 갑진년(1724) 이후로 소론에게 일이 있을 때면 반드시 그를 찾아가 판가름하였다. 그는 귀머거리라 남들과 말을 주고받지 못했으나 누워서 허공에 글씨를 쓰면 알아듣지 못하는 것이 없었다. 혹은 입을 벌려 웃기도 하고, 혹은 이마를 찌푸리며 걱정하기도 했

으나 남들은 이유를 몰랐다.[81]

이광좌가 내의원 도제조(都提調)를 맡고 있을 때 종기를 담당하는 의원 백광현(白光玹)을 불러 남소동(南小洞)으로 가서 유헌납(柳獻納, 유수원)의 종기병을 살펴보고 돌아와 보고하라고 하였다. 광현이 남소동 윗골목에 이르렀더니 대여섯 칸 되는 작은 초가집이 있었다. 한 늙은이가 그 방 안에 누워서 등창을 앓고 있었는데 헐떡거리는 모습이 무척 다급해 보였다. 주인이 병의 경중과 약을 써도 되는지를 물었다. 광현이 "종기병은 어떻게 할 방법이 없습니다."라고 하였다. 주인이 "쓸 수 있는 약이 없단 말인가?"라 묻자, 광현이 "어찌 쓸 수 있는 약이 없겠습니까? 다만 어른의 집안 형편이 이러하니 무슨 수로 약을 마련하겠습니까?"라고 하였다. 주인이 "그냥 말이나 해 보게!"라고 하니, 광현이 "우황 몇 근을 물과 섞어 마시고 등에 발라 주십시오. 내일 정오를 넘기면 약도 소용이 없습니다."라고 하였다. 돌아와서 이광좌에게 보고하자 다음 날 또 찾아가서 살펴보라고 하였다. 다음 날 광현이 다시 찾아갔더니 사립문 밖에 화려한 수레가 줄지어 서 있었다. 들어가 보니, 유수원은 몇 개의 동이에 우황과 물을 섞어 마시기도 하고 등에 바르기도 하였는데, 종기가 누그러들어 거의 뿌리가 뽑힌 상태였다. 좌객들은 모두 당대의 명사들이었다. 유수원은 광현에게 "약은 걱정할 필요 없고 병이나 치료하게."라고 말하였다. 단 며칠 만에 종기 병은 완전히 나았다. 종기 치료에 필요한 우황 서너 근은 그 값이 몇천 냥이나 되는데, 낮밤 하루 만에 끌끌 혀만 차고서 구

---

81 沈魯崇, 『孝田散稿』 34책, 「自著實記」, "少論所謂聾客, 卽乙亥逆臣柳壽垣也. 處地本自寒微, 詞華亦無著稱, 氣局智慮有大過人者. 英廟甲辰以後, 自中有事, 必就決之. 耳聾無以語相對, 臥書空, 無不領認. 或開口笑, 或蹙額憂, 他人不知也."

한 것이었다. 광현이 늘그막까지 이 일을 말하며 혀를 찼다. 을해옥사가 일어났을 때 역신 심악(沈䥝)이 처형을 당하면서 유수원과 함께 죽으니 여한이 없다고 했다. 지금까지도 소론들은 그를 배척하지 않고 농객을 일컫는다.[82]

행간에 유수원이 소론 인사들로부터 어떤 대접을 받았는지가 선명하게 드러난다. 심노숭의 저작이 완성된 시기가 1830년이므로 거의 60년이 경과한 시기인데도 그의 존재는 소론들뿐만 아니라 노론들에게까지 인상 깊게 남아 있다. 그런 평가의 배후에는 그의 급진적 사회경제사상이 담겨 있는 『우서』가 있다고 하지 않을 수 없다. 소론의 사회경제사상이 지닌 개혁성과 미래지향성을 상징적으로 보여 주는 이 저작은 을해옥사라는 살육과 공포정치의 두려움 속에서도 그 영향력을 발휘했다. 이 책은 현재까지 장서각과 규장각, 미국의 버클리 대와 일본의 가와이문고〔河合文庫〕, 동양문고(東洋文庫), 개인 소장 2종 등 모두 7종의 필사본이 남아 있는데 중대한 역적으로 몰린 그의 처지를 놓고 볼 때 결코 적은 숫자가 아니다. 이러한 정황으로 볼 때 을해옥사로부터 20년 전후한 시기에 『북학의』를 저술한 초정과 비슷한 사유를 전개한 경세학자가 그의 영향을 받지 않는 것은 불가능하다.

---

82 앞의 글, "李光佐以內局都相, 召腫醫白光玹, 言南小洞柳獻納腫病往視回告. 光玹尋到南小洞上巷, 五六間草蓋小屋, 一老者臥蝸室中, 病疽背, 喘喘急勢. 主人問病輕重藥當否, 光玹曰: '病不可爲矣.' 曰: '無藥可試耶?' 曰: '藥豈全無, 但觀公家, 藥何以爲之?' 曰: '但言之.' 曰: '牛黃數斤餘水調, 口飮背塗. 明日過午, 藥不可及矣.' 歸而告光佐, 光佐言'明日又往見.' 及明, 光玹復之, 柴門外輿軺縱橫. 入見, 數磁盆調牛黃水, 且飮且塗, 病挫銳, 幾拔本, 坐客皆一時名士. 語光玹: '藥不足憂, 病且治.' 數日病得已. 量用牛黃三四斤, 爲錢屢千兩, 一晝夜咄嗟致之. 光玹至老, 說此事嘖嘖. 乙亥獄起, 逆臣沈䥝供與壽垣同歸死, 亦無恨. 至今少論不斥, 言稱聾客."

그 같은 정황은 두 사람의 주장을 상호 비교해 보면 명확해진다. 유수원의 핵심적인 주장은 ① 양반을 상업에 종사시킬 것, ② 상공업을 진흥시킬 것, ③ 사회적 분업을 철저하게 할 것, ④ 상인자본 즉 합과(合顆)상업을 육성할 것, ⑤ 세무행정을 강화하여 세원을 넓힐 것[83]으로 정리할 수 있다. 그렇다면 초정이 유수원으로부터 받은 영향은 주로 어떤 것이 있을까?

첫 번째로 꼽을 수 있는 것은 북학과 이용후생의 제창이다. 북학파처럼 적극적으로 주장하는 수준은 아니지만 유수원은 중국의 과거와 현재의 상태를 언급하며 그들의 제도를 배워야 한다고 주장한다.[84] 그를 북학파이자 이용후생파라고 해서 안 될 이유가 없다. 반면에 그의 저작에서는 국가의 이데올로기나 대명의리론(對明義理論)과 같은 이념이 전혀 언급되지 않는다. 그는 개인과 국가의 빈곤 극복을 목표로 하는 공리주의적 태도를 중심에 놓고 사유를 펼치되 정치적 이념을 전면에 내세우지 않는다. 청나라가 여진족이란 것에 대한 고려도 없다. 그들의 경제와 문화가 배울 만하니 배우자라고 주장할 뿐이다. 유수원은 이념의 문제를 아예 언급하지 않음으로써 이념 문제를 돌파했고, 초정과 북학파는 이념의 허구를 비판하면서 그 문제를 돌파했다. 같으면서도 다른 접근 방식이다.

두 번째로 유수원의 개혁안은 국가제도의 다양한 분야에 걸쳐 있으나 그의 혁신적 개혁안은 상공업진흥론과 재정 문제에 집중되어 있다. 개혁안을 제출한 많은 실학자들이 상공업의 가치를 중시했어도 결국에

---

83 김용덕(1981b); 백승철(2007); 이헌창(2002) 등의 논문 참조.
84 柳壽垣, 『迂書』, 「論變通規制利害」, 208~209면, "或曰: '天下之國, 各有其俗. 我東雖崇尙文教, 號稱小華. 然亦自有國俗鄕風之截然不同於中原者多矣. 今子所論, 則擧欲取用中國之制, 不顧事勢習俗之扞格而不相入, 此愚之所大惑也.'"

는 중농억말(重農抑末)의 기본 틀을 지킨 것과는 전혀 다르다. 이 점에서는 그와 초정의 동질성이 확연히 드러난다.

조선왕조는 성리학의 인성론과 의리론에 기반하여 국가나 개인이 경제적 이익을 추구하는 것을 억눌렀다.[85] 의(義)를 추구하고 이(利)를 배격하는 의리론(義理論)은 개인과 국가의 경제활동에서 산업의 근간인 농업을 중시하고 말단인 상업을 억누르는 중농억말의 이데올로기를 지켜 왔다. 중농무본이 조선왕조의 세전(世傳)하는 가법임을 지적한 연암의 언급에서 그 실상을 짐작할 수 있다.[86] 국가 운영에서도 마찬가지다. 『대학(大學)』 10장에서 "나라의 어른이 되어서 재용(財用)에 힘쓰는 자는 반드시 소인일 것이다〔長國家而務財用者 必自小人矣〕."라든지 "이것은 나라가 이익으로 이익을 삼지 않고 의로움으로 이익을 삼는다는 것을 말한다〔此謂國不以利爲利 以義爲利也〕."라든지 하는 말은 조선왕조 지배집단이 상업과 재정 문제를 다루는 기본 태도를 규정한다. 상품화폐경제의 발전을 일정하게 긍정한 반계도 왕조 경제정책의 근간을 부정하는 논리를 주장하지는 못했다.

그러나 유수원은 달랐다. 문답법으로 논지를 전개하면서 그는 자신의 개혁안이 왕안석(王安石)의 신법(新法)으로 비판받을 수 있다는 것을 여러 차례 말하곤 했다. 그러면서 왕안석처럼 "이재(理財)에만 그렇게 급급한가?"라는 질문을 제기하고 그에 대한 답으로 나라를 지키는 것은 재물이므로 재용(財用)을 버릴 수 없고, 그것이 바로 "내가 역대의 제도를 참작하여 이재(理財)의 법을 상세히 논의하는 까닭이고, 사민(四

---

85 백승철(2007), 626~630면.
86 朴趾源, 『燕巖集』 권16, 『課農小抄』, '諸家總論'; 『한국문집총간』 252, "洪惟重農務本, 實我列聖朝家法."

民)으로 하여금 각기 직업을 나누어 갖게 하여 생재(生財)의 원천(源泉)으로 삼고자 하는 까닭이다."라고 주장하였다. 이것은 초정이 정조로부터 왕안석과 같다는 평가를 들은 것을 연상시킨다.[87] 이재를 논하는 궁극의 목적을 그는 '민산(民産)을 마련하여 국용(國用)을 넉넉하게 하는 것'에 두었다.[88]

이러한 관점에서 유수원은 조선왕조가 문벌 중심으로 국정을 운영하여 사농공상(士農工商)의 사민(四民)이 차별적 위계질서로 고착화되었고, 상공업에 종사하는 자를 천시하므로 상공업이 발달하지 못한다고 보았다. 그 대안으로 사민의 직업에 차별성을 없애고 철저하게 분업화시킬 것이며, 이를 촉진하기 위한 방안으로 양반을 상업에 종사시키자는 주장을 내세웠다. 초정이 양반을 상업에 종사시키자고 「병오소회(丙午所懷)」에서 행한 주장과 매우 유사하다.[89]

유수원이 주장한 구체적 내용은 심도 있는 논의가 필요하지만 그 핵심적인 주장만으로도 초정이 『북학의』에서 펼친 주장에 선행하는 형태로서 대단히 밀접한 관련을 맺고 있다 하겠다. 초정의 주장은 전체가 하나의 독자적 사상으로 정립된 것이나 하나하나를 놓고 보면 그 연원을 조선 후기 선배 사상가의 크고 작은 주장 속에서 사유의 단초를 찾

---

87 정민 외 옮김(2010), 중권, 「利原」, 524~525면, "馨香中途訖, 疲癃孰能起. 呼臣比安石, 玉音猶在耳."

88 柳壽垣, 『迂書』, 2권, 34~35면, "或曰: '熙寧新法之最不善者, 求財甚急也. 今子所論, 亦何其理財之太汲汲歟?' 答曰: '傳曰: 何以守國曰財, 豈有損棄財用, 坐致窮竭, 而曾不能一擧手收拾之理也? 此吾所以參酌歷代之制, 詳論理財之法, 欲使四民分職, 以爲生財之源; 徭役均平, 以祛偏苦之患. 杜私孔而奉公上, 制民産而裕國用也. 何故歐之於熙寧拮克之科乎?'"

89 안대회 옮김(2003), 203면, "수륙의 교통요지에서 장사하고 무역하는 일을 사대부에게 허락하여 입적(入籍)할 것을 요청합니다. 밑천을 마련하여 빌려주기도 하고, 점포를 설치하여 장사하게 하고, 그중에서 인재를 발탁함으로써 그들을 권장합니다. 그들로 하여금 날마다 이익을 추구하게 하여 점차로 놀고먹는 추세를 줄입니다."

을 수 있다. 그 대상 가운데 직접적으로 큰 영향을 끼친 인물이라면 당연히 유수원을 꼽아야 한다.

3) 18세기 지식인의 이용후생론과 초정

반계 이후에도 경세학에 관심을 가진 많은 지식인들이 북학과 이용후생을 주장하며 과거의 학문적 타성을 변혁하려는 노력을 기울였다. 지적 풍토에서 일어난 큰 변화는 초정이 독자적 사유를 정립하는 데 큰 영향을 끼쳤다. 그 가운데 주요한 인물 위주로 검토한다.

17세기는 일본·청과 국제전을 치르면서 외국에 대한 증오가 팽배한 가운데 경직되고 배타적인 이념에 사로잡힌 시대였다. 숭명배청론(崇明排淸論)과 대명의리론(對明義理論), 일본에 대한 복수설치(復讐雪恥)의 적개심이 전 국민의 사유와 감정을 장악하였다. 그런 이념의 사슬에서 벗어나는 것이 요청되어 청나라와 일본에 대한 전향적인 인식이 영·정조 시대에 대두되었는데 그 시초는 이미 숙종 대에 마련되었다. 허목과 김창협(金昌協) 등이 연행사를 보내는 글에서 벌써 변모한 의식의 단초가 보인다. 허목은 1676년에 정치·외교적 문제와는 달리 청나라의 풍속을 살펴야 한다고 사절단에게 주문하여 이념과는 별개로 중국 자체를 연구해야 한다는 시각을 보여 주었다. 그보다 후배 세대인 김창협도 비슷한 논리를 펼쳤다.[90] 그와 비슷한 시기의 최창대(崔昌大, 1669~1720)는 1711년 신묘통신사의 정사 조태억(趙泰億, 1675~1728)을 보내며 쓴 송서(送序)에서 일본에 대한 적대적 태도를 풀어야 한다고 주장하였는데 이는 청에 대한 존주양이(尊周攘夷)의 배격과 같은 궤로 볼

---

90 안대회(2010), 106면.

수 있다.[91] 이렇게 정권의 핵심부에서 점진적으로 중화(中華)와 청나라를 분리하여 보고, 일본을 오랑캐의 시각으로부터 분리하여 사고하려는 노력이 확산되었다. 그 같은 관점은 정치적 이념의 제약에서 벗어나 부국강병과 민생복리의 실리를 챙기려는 태도로 이어졌다.

앞에서 살펴본 것처럼, 17세기 전반기의 북인 사상가들과 18세기 전기의 유수원은 정치적 이념과는 별개로 부국강병을 추구하고 민생복리를 우선하려는 시각을 보여 주었다. 이념의 문제가 첨예하게 정치인과 지식인의 의식을 사로잡았던 17세기 중반 이후에도 미약하나마 북학과 이용후생의 논리가 천천히 지식인들의 의식에 자리를 잡기 시작하였다.

이념이 과잉된 사대부들의 틈바구니에서 실용과 실리를 추구하는 지식인들이 지속적으로 등장하였다. 그들 가운데 일부는 기술의 진보를 경제발전의 축이자 국가운영의 핵심으로 간주하여 학문적 연구의 주요한 대상으로 삼았다. 그들은 기술을 천인이 맡아 하는 천한 일이 아니라 사대부가 맡아서 발전시켜야 할 중요한 분야로 간주하였다. 의식이 전환되고 있었던 것이다. 초정은 그 흐름에서 이론적으로나 실천적으로나 가장 중추적 역할을 담당한 학자였다. 그 지적 흐름이 초정이 이념의 과잉을 비판하고 '지금 필요한 것은 경제이고 기술이다'라고 강하게 주장할 수 있는 길을 만들었다.

그들 가운데 일부 학자들은 과학기술을 학문 연구의 대상으로 삼았고, 또 일부 학자들은 직접 기계와 기구의 제작에 참여하는 등 기술 분야에 남다른 열정을 쏟았다. 대표적인 인물로 과학자이자 수학자로서 천문기기의 제작에도 일가견을 가졌던 정철조가 있는데[92] 그는 기구를

---

91 안대회(2012), 230~231면.
92 정철조의 학문과 생애는 안대회(2011), 17~55면에서 상세하게 다루어지고 있다.

제작하는 데에도 열정을 보였다.

석치는 학문과 교양을 지녔고 기예에 빼어난 재능을 가지고 있었다. 그리하여 무거운 물건을 들어 올리는 인중(引重), 물건을 높이 들어 올리는 승고(升高), 회전하는 물레인 마전(磨轉), 물을 퍼 올리는 기구 취수(取水)와 같은 각종 기계를 마음으로 연구하여 손으로 직접 만들었다. 모두 옛 제도를 본떠 지금 세상에 쓰이도록 시도하였다.[93]

정철조는 천문학 연구의 도구인 천문기계, 일상생활에 필요한 다양한 기계와 벼루도 본인이 직접 제작하였다. 수학과 천문학, 지도학을 전문적으로 연구한 과학자이자 평민 이하 사람의 직업인 기술에 과감하게 직접 종사하였다. 그는 당파가 소북인데도 노론인 김원행(金元行)에게 배웠고 담헌, 연암, 황윤석, 초정 등과 친밀하였다. 초정과는 인간적으로나 학문적으로 가까워서 앞서 말한 회인시에서도 정철조를 다루고 있다.[94] 정철조와 초정의 중요한 공통점은 똑같이 서양 학문에 경도되었다는 것이다. 다음은 1766년 2월 29일 황윤석이 정철조의 내사촌 윤곤(尹琨) 형제로부터 들은 말이다.

외사촌 정철조는 경술생으로 과거 문장을 잘하면서도, 역상산수(曆象算數)의 학문을 전문적으로 공부하여 그 방면에 정통하지요. 마테오 리치가 남긴 학문을 종지(宗旨)로 삼은 지 지금 이십여 년이 되었습니다. 거처

---

93 박종채 저, 김윤조 역(1997), 311면, "石癡文雅, 有絶藝. 凡機轉諸器, 如引重升高磨轉取水之類, 能心究手造, 皆欲倣古試今, 需諸世用也."
94 정민 외 옮김(2010), 상권, 「戲倣王漁洋歲暮懷人六十首」, 249면, "靑銅三百酒人乎, 身後文章笑殺吾. 洞罷洋人儀象志, 開窓岸得海魚圖."

하는 방 하나에는 그가 모은 서양서가 실내를 가득 채우고 있습니다. 아우라 할지라도 그 방에 들어오는 것을 허락하지 않습니다. 스스로 해시계를 제작하여 해 그림자를 측량합니다. 벼룻돌을 잘 다루고 또 그림을 잘 그립니다. 남의 집에 서양서가 있다는 소문을 들으면 안면이 없는 재상 판서라도 반드시 선을 넣어 빌려서 빼내 온답니다.[95]

내사촌이 전하는 모습은 정철조가 상식적인 조선 지식인과 현저하게 다른 지적 면모를 지녔음을 드러낸다.[96] 그의 전언(傳言)에서 주목할 점은 서양 학문을 수용하려는 적극성이다. 서양의 저술을 얻으려는 정철조의 열정은 서양서를 구하려는 초정의 열정을 연상시킨다. 초정은 연행했을 때 서양서를 구하려고 큰 노력을 기울였다.『북학의』내편,「약(藥)」에 "중국에 서양 사람이 쓴 의서(醫書)를 번역한 책이 있다는 소문을 듣고서 내가 그 책을 구하려고 백방으로 애를 썼으나 얻지 못했다."[97]라고 고백하였다. 이 사례로 볼 때 그가 다른 분야의 번역서도 구하려고 애를 썼다는 것을 충분히 짐작할 수 있다.

한편으로 초정은 서양 사정을 파악하는 데 도움을 주는 저작을 구하려고 애썼다. 그의 집에는 청나라 오진방(吳震方)이 편찬한『설령(說鈴)』이란 총서가 소장되어 있어 연암이「서이방익사(書李邦益事)」를 쓰는 데 활용하게 하였다.[98] 이 총서에는 네덜란드가 대만을 공격한 사실을 적

95　黃胤錫,『頤齋亂藁』권27, 1767년 2월 29일 기사, "尹琨甫言, 其外四寸鄭喆祚, 庚戌生, 能科文而專精曆象算數之學, 以利瑪竇遺法爲宗, 今二十餘年矣. 居一室, 所粹西書, 充衍其中. 雖其弟, 不許入也. 自製日晷, 用之測影. 善治硯石, 又工古畵. 聞人家有西書, 雖所不識卿相, 必以蹊徑得而借出."

96　안대회(2011), 20~23면.

97　안대회 옮김(2003), 113면, "余聞中國有翻西洋人醫書者, 求之而不得也."

98　박지원 지음, 박희병 옮김(2005), 85~89면, "『說鈴』·『太平廣記』, 在先家所有. …… 幸

은 저작이 수록되어 있다.

정철조 외에도 새로운 문물의 수입에 적극성을 보인 일군의 학자들이 등장하여 당파와 무관하게 활동하였다. 정철조와 마찬가지로 초정은 당론에 따른 교유와 지식의 폐쇄성을 상당한 정도로 극복하고 있었다. 초정은 소북이었으나 노론과 소론, 남인 출신의 선학(先學)과 큰 제약 없이 영향을 주고받았다. 실상 18세기에 들어 이용후생의 학풍은 특정한 당파의 특정한 관심사가 아니라 그런 당파성을 초월하여 움트기 시작하였다. 초정이 영향을 받았을 것으로 추정되는 몇 가지 실례를 통해 검증해 본다.

첫째로, 노론 당파에서 새로운 기술을 중국으로부터 도입하여 발전을 시도한 흐름이 있다. 권상하(權尙夏, 1641~1721)는 노론 사대신 가운데 한 사람인 민정중(閔鼎重)이 연행에서 돌아와 벽돌을 구워 성곽을 축조하려고 시도한 것을 높이 평가하고 있다.[99] 민정중과 권상하를 비롯한 노론 핵심 지식인들 사이에서 벽돌을 구워 성을 축조하는 것에 관심이 깊었다는 이 증거는 연행을 통해 기술문명의 수용을 시도한 북학의 태도로 이해할 수 있다. 이이명(李頤命, 1658~1722)이 연행의 경험을 살려 『이용편(利用編)』과 『전항식(甎炕式)』을 저술한 것도 북학의 구체적 실천이다. 그 저작들은 다양한 기계의 제작과 새로운 구들장의 제작을 주제로 한 저술이다.[100] 다만 그들은 초정처럼 그것을 학문적 주장으로 승화시켜 주장하지 않았을 뿐이다.

爲我提撕諸公, 以爲急速送來之地爲可."

99　權尙夏, 『寒水齋集』 권8, 「答洪士能[致中]」; 『한국문집총간』 150, "中國之城多以甓不以石, 老峯相公見山海關城築, 還京後使瓦署造甓千餘張, 必爲日後見樣, 蓋其用力小而功效倍蓰, 可試之無疑矣."

100　李英裕, 『雲巢謾稿』, 「甎炕式跋」.

소론도 마찬가지였다. 18세기에 소론 당파에서는 기술의 가치와 선진문물의 수입에 적극적인 지식인이 지속적으로 배출되었다. 앞서 살펴본 유수원이 대표적인 사상가임은 말할 나위가 없고, 그들은 일정한 계보를 가질 만큼 서로 연결되어 있다. 우선 서명응을 비롯한 달성 서씨 가문의 인재 배출을 꼽을 수 있다. 서명응을 사례로 본다면, 조정의 고관이면서 과학자, 기술자로서 그는 실용적 지식의 가치를 중시하였다. 『북학의』 서문에서 "성곽과 주택, 수레와 기물은 어느 것 하나 그에 합당한 규격과 제작법이 없을 수 없다. 규격과 제작법을 제대로 갖추면 견고하고 완전하여 오래 사용할 수 있지만, 그렇지 않으면 아침에 만든 것이 저녁이면 벌써 못쓰게 되어 백성과 국가에 끼치는 폐해가 적지 않다."[101]라며 기술이 지닌 의의를 중시하였다. 초정이 서명응에게서 서문을 받은 배경에는 기술을 중시한 그의 학문적 성향이 있다. 서명응은 농서(農書)인 『본사(本史)』 후서(後序)에서도 밭에다 힘겹게 물을 대는 농부에게 도르래 사용법을 가르쳐 준 자공(子貢)을 높이 평가하면서 "도르래를 쓰면 힘들이지 않고 쉽게 넓은 면적의 논밭에 물을 댈 수 있다. 평소에 농포(農圃)를 열심히 배우지 않았거나 관심이 없었다면 결코 이와 같은 방법을 고안해 낼 수 없다. 공자는 이러한 자공을 꾸짖지 않았다."라면서 기술의 가치를 인정했다. 그는 『고사신서(攷事新書)』를 비롯한 각종 실용서를 편찬하는 데 앞장섰다.[102] 서명응의 사고는 서호수를 거쳐 손자인 서유구에게까지 이어지고, 『해동농서(海東農書)』·『임원경제지(林園經濟志)』를 비롯한 실용서가 이 집안에서 지속적으로 나오게 된다. 초정이 『북학의』를 저술한 첫 연행 때의 부사가 바로 서명

---

101 안대회 옮김(2003), 9~11면.
102 박권수(2012).

70

응의 아들로서 역시 기술과 과학에 관심이 깊었던 서호수였다.

소론 지식인의 북학과 이용후생에 대한 태도는 윤순(尹淳, 1680~1741)의 글에서도 찾아진다. 그는 동지사(冬至使)로 가는 김동필(金東弼)에게 준 편지에서 성곽과 벽돌, 수레, 탈면 등 각종 이용후생과 관련한 기술을 면밀히 살펴서 돌아오라고 당부하고 있다.[103] 소론 지식인들이 중국의 문물을 수용함에 적극적인 태도를 보인 사례는 이광려(李匡呂, 1720~1783)와 홍양호(洪良浩, 1724~1802)에게서 한층 분명하게 보인다.[104]

그중 양명학자인 이광려는 실심실학(實心實學)을 강조하며 선진외국 문물의 과감한 수입과 민생의 개선에 큰 노력을 기울이는 등 경세학(經世學)에 관심이 컸다. 구체적으로는 구황작물인 고구마와 고미(菰米)를 수입하여 전국에 유통시킴으로써 기민을 구제하려고 노력하였고, 벽돌과 수레의 활용을 주장하였으며, 법의학서인 『무원록(無寃錄)』 연구에도 일가를 이루었다. 고구마와 고미의 수입은 「감저(甘藷)」와 「고미고(菰米考)」 6칙(則)에 잘 드러나 있고, 벽돌과 수레의 활용은 「판서 홍양호에게 주는 편지〔與洪判書漢師書〕」와 「벽돌〔燒磚〕」에 잘 드러난다. 앞의 편지는 1782년 10월 홍양호가 연행을 떠나기에 앞서 당부의 글을 부탁하자, 그에 대한 응답으로 주거의 문제를 획기적으로 개선시킬 벽돌의 도입을 제안한 것이다. 후자는 벽돌이 없어서 발생하는 땔감 부족과 산림 황폐화, 생산물 저장의 효율성 및 벽돌 제조 기술로 다른 기술력까지 제고되는 이익을 자세하게 논하고 있다.[105] 이광려는 수레의 제

---

103 尹淳, 『白下集』 권12, 「與金判書〔東弼冬至正使〕」; 『한국문집총간』 192, "抑其細心留眼處, 在城壍雉釂之制・燔甓用車之法, 如木綿之去核彈花・磨舂之播糠下米, 凡百器用之利, 用省力, 皆東國所無, 而非東人膚淺心計可能及者, 一一取法以來, 亦經世之一助."

104 이현일(2007).

105 이현일(2007)에서 구체적인 내용이 설명되고 있다.

조에도 깊은 관심을 가져 이를 담헌, 연암과 함께 논의한 것으로 전해
진다.[106]

이광려의 경세학에 관한 관심은 직접적으로 홍양호에게 영향을 주
어 홍양호가 연행 이후 청나라의 선진적 문물을 수입하는 데 직접적인
영향을 끼쳤다.[107] 그는 당파가 다름에도 담헌·연암과 교류가 있었고,
초정 역시 홍양호와 직간접으로 교감이 있었을 가능성이 있다.

홍양호의 경우는 앞서 이광려로부터 부탁을 받은 대로 연행에서 돌
아와 계묘년(1783, 정조 7)에 국왕에게 「진육조소(陳六條疏)」를 올렸다.
수레의 유통, 벽돌의 도입, 나귀와 양의 목축, 구리의 남용 금지, 털모
자 사용 금지, 중국어 학습의 급히 시행해야 할 여섯 가지 대책을 건의
하였다.[108] 그는 청나라로부터 중화(中華)를 분리하여 보는 중국관을 내
세우고, 이용후생의 제도가 잘 갖추어진 중국으로부터 부국강병과 민
생을 윤택하게 만들 방안을 수용할 것을 주장하고 있다.[109] 홍양호는
초정의 사유와 매우 근접한 주장을 내세웠다. 초정을 언급하지는 않았
고, 직접적으로는 이광려의 요구가 많이 반영되어 있으나 홍양호가 이
를 주장할 때는 이미 『북학의』가 저술되어 유통되던 시기이므로 초정
의 주장에 충분히 공감하여 조정에 대책을 제안했을 것으로 추정된다.
당시 지식인들 사이에 초정의 주장이 펼쳐질 공감대가 일정하게 형성

---

106 박종채 저, 박희병 역(1998), 294면, "李參奉匡呂, 文章奇偉士也. 先君之寓平谿也, 嘗與
    芝溪公聯袂過隣洞, 見人家柴門內有小車, 制頗精工, 就視之. 主人下堂迎笑曰: '君豈非
    朴燕巖乎? 吾乃李匡呂也.'"

107 진재교(1999), 105~108면.

108 洪良浩, 『耳溪集』 권19, 「陳六條疏」; 『한국문집총간』 241.

109 앞의 글, "然地是中華之舊, 人是先王之民, 流風餘俗, 尙有可徵. 至於利用厚生之具, 皆
    有法度. 蓋是周官舊制, 百代相傳, 雖有金火之屢嬗, 華夷之迭入, 而民國之大用, 亘古不
    易, 終非外國之所可及者." "伏乞聖明恕其煩猥, 而留神澄省, 詢于卿士, 採而行之, 則庶
    有補於足國裕民之道矣."

되어 있었던 것이다.

4) 백탑시파(白塔詩派)와의 사상적 교류

초정의 사상이 형성되는 데 직접적으로 큰 영향을 주고받은 지식인 집단은 백탑시파(白塔詩派) 구성원이다. 이우성 교수는 이용후생파의 핵심적 사상가로 담헌 홍대용, 연암 박지원, 형암 이덕무, 영재 유득공, 초정 박제가 등을 꼽고 이들을 연암의 학맥에 속한 연암학파(燕巖學派)로 이해하였다.[110] 이들은 당시 서울의 중심지인 종로의 대사동(大寺洞)을 중심으로 그룹을 지어 활동한 지식인 예술가 동인(同人)이었다. 그러나 그 구성원의 다수는 서족(庶族) 출신의 지식인들로 대략 1766년에서 1779년경까지 활발한 동인 활동을 전개한 문인 그룹이었다. 이 유파의 형성을 주도하고 이론을 담당한 주요한 인물은 연암을 포함하여 형암과 영재, 초정, 이희경(李喜經) 등이었다.[111] 이들의 활동과 사상은 당시 학계에서 매우 독특한 위치를 차지한다.

문학과 사상과 예술 분야에서 일정한 지향을 가지고 활동한 이들은 문학적으로는 소품문(小品文)의 창작에 경도되었고, 사상적으로는 외국의 선진문물을 수용하여 부국강병을 성취하며, 상업과 유통을 중시하고, 청나라·일본과 적극적으로 교류하는 등 조선의 폐쇄성을 극복하여 많은 부문에서 개방적일 것을 주장하였다. 초정은 이 백탑시파에서 핵심적인 위치를 차지하며 동인들과 폭넓은 지식 교류와 교감을 거쳐 독자적인 사상을 형성해 갔다. 초정의 사상을 각 동인의 사유와 서로

---

110 이우성(1982), 14면.
111 안대회(1988), 150~244면; 안대회(2000), 298~325면; 吳壽京(2003), 25~46면.

비교해 보면, 상당히 많은 측면에서 사고를 공유하고 있다. 중요한 사실 위주로 살펴본다면 다음과 같다.

첫 번째로 담헌 홍대용(1731~1783)이다. 그는 1765년 11월부터 6개월간 중국을 여행하고 『연기(燕記)』를 남겼는데, 그의 연행은 중국을 보는 시각의 일대 변화를 동인들에게 제공하였다. 그 이전부터 진행되던 청나라에 대한 인식의 패러다임을 바꾸는 데 결정적인 구실을 하였는데, 백탑시파 구성원들은 다수가 인식을 공유하였다. 연행을 다녀온 담헌이 1766년 여름에 완성한 『회우록(會友錄)』은 동인들이 돌려가며 읽었던 것으로 보이는데 초정은 이 책을 읽고서 중국에 가서 지식인들과 직접 교유하려는 의지를 강하게 갖는다.[112] 초정은 담헌을 다음과 같이 시로 표현하였다.

공무를 처리하다 만 리를 그리워하노니,	朱墨餘閒萬里愁
최고운의 옛 고을에서 중국을 꿈꾸네.	孤雲舊縣夢中州
인생에서 서양 배를 탈 수 있다면,	人生若上西洋舶
장사꾼이 관내후보다 낫겠네.	估客優於關內侯[113]

1777년부터 태인 현감으로 근무하던 담헌이 중국에서 만난 친구를 그리워하는 심경을 묘사하였다. 중국에 갈 수만 있다면, 서양 배를 타고 서양까지 갈 기회를 얻는다면, 군주 곁에 머물러 벼슬살이하는 관료

---

112 정민 외 옮김(2010), 하권, 「與徐觀軒常修」, 318~320면, "『會友記』, 送去耳. 僕常時非不甚慕中原也. 及見此書, 乃復忽忽如狂, 飯而忘匙, 盥而忘洗. 嗟乎! 此誠何地也? ……夫吾與惠甫輩, 則其天性乃能自好中原, 又其所爲, 略略暗合, 此誰敎而孰傳之? 若以我爲勉强學之而然, 豈眞知者哉?"

113 정민 외 옮김(2010), 상권, 245~246면.

〔關內侯〕보다 차라리 장사꾼이 되는 게 더 낫다고 하였다. 시는 담헌의 내면 속 꿈을 묘사했는데 실제로는 초정의 꿈을 대신 표현한 것이다. 그런 꿈을 꾸는 장소가 다름 아니라 고운 최치원이 재직했던 태인 고을 이라는 것도 절묘하다. 중국과 일본뿐만 아니라 서양까지 가려는 적극적 해외 진출의 욕망을 담헌이 자극하고 있음을 또렷하게 보여 준다.

초정이 적극적으로 연행의 의지를 표명하여 연행 이전에 벌써 청나라 지식인에게 서한을 보내는 행위도 담헌을 매개로 한 것이다.[114] 그는 1773년 8월 2일에는 곽집환(郭執桓)에게, 1777년에는 이조원(李調元)과 반정균(潘庭筠)에게 각각 편지를 썼다. 초정이 연행을 하고 중국 지식인과 적극적으로 교유하게 된 직접적인 계기를 만들어 준 것은 담헌이었다.

두 번째로 연암 박지원이다. 그는 초정과 긴밀하게 교유하였고, 특히 경세학의 차원에서는 동인 가운데 초정과 관련이 가장 많다. 기술발전론과 이용후생론, 북학론으로 대변되는 연암의 주장은[115] 초정과 유사한 내용을 갖고 있다. 사상의 형성 과정에서 둘 사이의 교감은 연암의 입을 통해서 다음과 같이 언급되고 있다.

시험 삼아 책을 한번 펼쳐보니 내가 『열하일기(熱河日記)』에 기록한 내용과 조금도 어긋나는 것이 없어 마치 한 사람의 손에서 나온 듯했다. 이 것이 바로 초정이 내게 기쁜 마음으로 선뜻 보여 준 이유이자 내가 흔연히 사흘 동안 읽고도 싫증을 내지 않는 이유다. 아! 이것이 한갓 우리 두 사람이 눈으로 직접 본 것이라서 그렇겠는가? 일찍이 비 내리는 지붕 아

---

114 안대회(2009).
115 이헌창(2005).

래 눈 오는 처마 밑에서 연구한 내용과 술기운이 거나하고 등 심지가 가물거릴 때 맞장구를 치면서 토론한 내용을 눈으로 한번 확인해 본 것이기 때문이다.[116]

　

연암의 언급은 두 사상가의 사상적 동질성이 연행의 결과가 아니라 그 이전에 서로 토론을 통해 형성되었다는 점을 밝혀 준다. 다른 말로 하면, 연암과 초정을 포함한 백탑시파 동인들의 토론이 그들 사상 형성의 주요한 배경임을 밝힌 것이다. 그들의 주요한 발언을 검토하면 그 점이 충분히 확인된다. 서로 분명히 차별성이 있음에도 불구하고 기본 지향과 담론의 대상이 같다는 점에서 그렇다. 다음에 사유의 구조가 유사하고 관심의 대상이 동질적인 사항을 두 가지 거론하여 제시한다.

　

1-1. 박제가, 『북학의』, 「자서(自序)」: 이용(利用)과 후생(厚生)은 둘 중 하나라도 갖추어지지 않으면 위로 정덕(正德)을 해친다. 따라서 공자께서 "백성은 인구를 불리고 풍족하게 해 주며 그다음에 교화를 베풀어라!"라고 말씀하셨고, 관중(管仲)은 "의식(衣食)이 풍족해진 다음에 예절을 차리는 법이다."라고 말했다.[117]

1-2. 박지원, 『열하일기』, 「도강록(渡江錄)」: 이용(利用)이 있은 뒤에야 후생(厚生)이 가능하고, 후생이 있은 뒤에야 정덕(正德)이 가능하다. 쓰임을 편

---

116 안대회 옮김(2003), 14~15면, "試一開卷, 與余日錄, 無所齟齬, 如出一手. 此固所以樂以示余, 而余之所欣然讀之三日而不厭者也. 噫! 此豈徒吾二人者得之於目擊而後然哉? 固嘗硏究於雨屋雪簷之下, 抵掌於酒爛燈灺之際, 而乃一驗之於目爾."

117 안대회 옮김(2003), 「자서(自序)」, 18면, "夫利用厚生, 一有不修, 則上侵於正德. 故子曰: '旣庶矣, 而敎之!' 管仲曰: '衣食足, 而知禮節.'"

리하게 하지 못하고서 삶을 풍요롭게 누릴 수 있는 자는 거의 없다. 삶을 풍요롭게 누리지 못하는 상태에서 어떻게 그 덕을 바로잡을 수 있겠는 가?[118]

2-1. 박제가, 『북학의』, 「기와[瓦]」: 담에 통풍도 시키고 밖을 내다볼 수 있도록 하려면 기와를 두 개씩 서로 합해 쌓아서 저절로 암수가 되게 하면 물결무늬가 만들어진다. 네 개를 합하면 둥근 원통이 되고, 네 개를 서로 등지게 놓으면 노전(魯錢) 모양이 된다. 그리고 두 개씩 합해서 5개를 나열하면 꽃받침 모양이 된다. 그저 기와 하나를 가지고 천하의 온갖 다양한 문양이 만들어진다. 우리 기와는 그것에 미치지 못하는데 그 이유는 다른 데 있지 않고 기와가 크고 규격이 맞지 않은 데 있다.[119]

2-2. 박지원, 『열하일기』, 「일신수필(馹汎隨筆)」: 저 깨진 기와 조각은 천하의 버리는 물건이다. 그러나 민가(民家)의 담에서 어깨 높이 위로는 깨진 기와를 둘씩 포개어 물결무늬를 만든다. 네 개를 모아 둥근 가락지 모양을 만들기도 하고 네 개를 등지고 합해 옛 노전(魯錢)의 모양을 만들기도 한다. 속이 뚫려 영롱하여 안팎이 서로 어리비친다. 깨진 기와 조각을 버리지 않아도 천하의 무늬가 여기에 있다.[120]

---

118 박지원 저, 김혈조 옮김(2009), 1권, 「압록강을 건너며〔渡江錄〕」, 69면, "利用然後可以厚生, 厚生然後正其德矣. 不能利其用而能厚其生, 鮮矣. 生旣不足以自厚, 則亦惡能正其德乎?"

119 안대회 옮김(2003), 「기와[瓦]」, 59~60면, "每於墻壁, 可以通風窺見處, 兩兩相合而積之, 或自相爲元央, 則生波浪之紋, 四合則圜, 四背則如魯錢. 兩合而五列之, 成花瓣. 只此一瓦而天下之至文生焉, 皆我瓦之所不及. 無他, 大而不中規之故也."

120 박지원 저, 김혈조 옮김(2009), 1권, 「馹汎隨筆」, 253면, "夫斷瓦, 天下之棄物也. 然而民舍繚垣肩以上, 更以斷瓦兩兩相配, 爲波濤之紋. 四合而成連環之形, 四背而成古魯錢, 嵌空玲瓏, 外內交映. 不棄斷瓦, 而天下之文章斯在矣."

앞의 두 글은 큰 틀의 사유를 보여 주는 것인데 이용을 통해 후생을 이루고, 후생을 통해 정덕을 완성하자는 논리구조의 동질성을 확인할 수 있고, 뒤의 두 글은 구체적인 견문과 의견 제시로, 기와와 그 조각을 지붕을 덮는 데만 쓰지 않고 담을 장식하는 용도로 활용하자는 발상인데 착안점이 똑같다. 북학과 이용후생을 주장하는 이념과 구체적 사안에서 유사성이 많음을 두 가지 사례를 통해 파악할 수 있다.

이 밖에도 유사한 주제와 관점을 보여 주는 부분은 상당히 많다. 대표적인 것만 들면, 『북학의』 내편, 「약재〔藥〕」에서 서양 약재를 가공하는 법은 『열하일기』, 「금료소초(金蓼小抄)」에서 약재를 다룬 부분과 거의 동일하게 반복되고, 『북학의』 내편, 「종이〔紙〕」에서 중국 종이와 비교하여 조선 종이의 취약성을 거론하고 서위(徐渭)의 말로 입증하는 내용이 『열하일기』에도 매우 유사하게 나온다. 『북학의』, 「존주론」은 『열하일기』, 「일신수필」과 문장 자체가 거의 같아서 연암이 초정의 글을 그대로 가져다 썼다고 볼 수밖에 없다. 당연히 초정의 『북학의』가 연암의 『열하일기』보다 몇 년 앞서 저술되었으므로 저작만 놓고 보면 연암이 초정의 영향을 받았다고 보아야 하지만 그렇게 경직되게 판단할 수없다.

세 번째로 이희경(1745~1805 이후)이다.[121] 백탑시파 동인 가운데 초정과 학문적으로 가장 유사한 동인은 이희경이다. 『북학의』 외편에 그의 글 「농기도서(農器圖序)」와 「용미차설(龍尾車說)」 두 편이 부록으로 첨부된 것만 봐도 알 수 있다. 이희경의 학문은 이용후생과 북학으로 집약할 수 있다. 젊은 시절 개량한 농기구를 소개하고, 저명한 화가인

---

121 이희경의 학문적 특징은 吳壽京(2003), '綸菴 李喜經', 47~128면; 이희경 지음, 진재교 외 옮김(2010), 255~284면 참조.

동생 이희영(李喜英)을 시켜 그림까지 첨부한 『농기도(農器圖)』를 편찬한 데서 그의 관심이 드러난다. 1780년에는 강원도 홍천에 들어가 직접 농사를 지으며 구전법(區田法)을 시험하여 몇 배의 수확을 거두는 등 실천적으로 농법을 연구하였다. 1788년에는 연암과 함께 와서(瓦署)에서 벽돌 수십만 개를 만드는 실무를 담당하였다.

이희경은 다섯 차례 연행을 하면서 벽돌과 수차의 제도를 비롯한 기술의 진보상을 관찰하고 돌아왔다. 그는 1805년에 『설수외사(雪岫外史)』를 편찬하였는데 평소에 관심을 지니고 중국을 여행하며 관찰한 것 가운데 궁궐, 성곽, 수레, 배, 주택, 농업, 잠업, 목축, 공장(工匠), 기용(器用) 등을 기록하였다. '그중 백성들에게 편리하여 본받을 만한 것들을'[122] 채택하여 이용후생의 관점을 적용하였다. 이처럼 편리하게 사용할 수 있는 기구와 제도를 직접 제작하거나 설명하여 유용한 기술의 도입과 조선 사대부의 의식 변화를 일깨우고 있다. 그 점에서 그는 초정과 사상적으로 가장 접근한 지식인이다.

이희경은 백성들이 윤택하게 살려면 기용(器用)을 사용하여 효과를 빨리 보아야 하므로 성인(聖人)들은 기구를 만들었다고 주장하고[123] 이용후생을 위한 기술은 성인의 본래적 사무의 하나임을 강조하였다. 즉, 고대의 성인들은 현재 공장(工匠)이 하는 도구의 제작을 직접 수행하여 집 짓는 일과 수레와 배의 제작에서부터 농사와 도자기 어업까지 직접 맡아했다고 했다.[124] 이희경은 천직으로 굳어진 기술이 본래 천직이 아

---

122 이희경 지음, 진재교 외 옮김(2010), 13~14면, "凡山川謠俗·宮關城郭·舟車第宅·農桑畜牧·工匠器用, 無非先王之遺制也. 其中可效可法便利生民者, 首編多所記之."

123 이희경 지음, 진재교 외 옮김(2010), 138면, "器用者, 將以利其所爲而速得功效也. 是以聖人爲民製造, 賴及萬世者."

124 이희경 지음, 진재교 외 옮김(2010), 107면, "是以伏羲軒轅神農堯舜禹湯文武之君, 刱造器用, 親行工匠之事. 上自宮室舟車, 以至耕稼陶漁, 莫不究其物理, 作爲制度, 教之生民,

니라 성인의 업무였다는 사실을 일깨워서 사대부들의 인식의 전환을 요구하였다. 그 점은 초정이 누누이 강조한 점이다.

이희경은 농기구를 비롯하여 벽돌 만드는 다양한 기술을 논하였다. '세상의 이용후생의 도 가운데 벽돌의 효과가 최고'[125]라고 하면서 벽돌 굽는 방법을 세세하게 소개하였다. 그는 인간의 본성은 정교하지 않은 물건을 천시하기 때문에 기교를 추구하는 것이 기술의 본질임을 강조하여[126] 정교한 기술의 발휘를 주장하였다.

또한 이희경은 중국과 일본이 기술에서 앞서 있고, 또 그들은 기술을 발전시킬 자세가 되어 있음을 부러워하였다. 그는 하나의 사례로 도자기의 채색법을 알지 못하던 일본인이 중국까지 가서 뇌물을 주어 방법을 배워 오고, 그래도 잘 안되자 만금을 주어 강남의 자기 굽는 장인을 초빙한 뒤 일본 자기가 천하에 유명해진 일을 들고 있다. 그는 "일본에는 진정 사람이 있다."[127]라고 하면서 기술의 진보는 이러한 의욕에 의하여 가능하다고 하며, 조선이 이러한 태도를 가질 것을 요구하였다. 이어서 그는 "멀리 가서 묻는 것을 부끄러워하지 않고 그 방법을 배운다면, 나라를 다스리는 데 무슨 어려움이 있겠는가? 이제 만약 그런 물건을 좋아하면서도 배우지 못하고, 그를 꺼리며 따르지 않는다면 이것은 자멸하는 것이다."[128]라고 하였다. 이 말은 조선의 치자와 사대

垂示千古."

125 이희경 지음, 진재교 외 옮김(2010), 117~118면, "凡世間利用厚生之道, 甓之功爲最, 玆記燔法, 以資後用."

126 이희경 지음, 진재교 외 옮김(2010), 157~158면, "且物不精, 則人必賤之, 故百工究法, 務售奇巧."

127 이희경 지음, 진재교 외 옮김(2010), 156~163면, "寔如此言, 日本果有人矣."

128 이희경 지음, 진재교 외 옮김(2010), 156~163면, "不恥遠問而能學其法, 則於爲國何有哉? 今若好之而不能學, 忮之而不能從, 是自盡也."

부를 향한 질타이다. 그는 진보된 기술을 수입하여 자국의 기술 수준을 높임으로써 부강한 나라를 만들고자 노력한 지식인이었다.

『북학의』와 『설수외사』는 관심을 가진 내용과 시각이 대단히 유사한 부분이 많아 구체적으로 점검하면 수십 군데에 달한다. 예컨대 수레와 도자기를 논한 대목, 도량형의 통일과 중국어를 공용어로 하자는 주장 등은 거의 한 사람의 의견처럼 보인다. 일일이 거론하기 어려울 만큼 이들의 관심과 시각이 유사한 것은 백탑시파 동인으로서 상호 영향을 깊이 주고받았음을 입증한다.

이 밖에 형암 이덕무와 영재 유득공을 비롯한 다수의 동인들이 있는데 그들은 경세학에 대한 관심과 의견의 표명이 상대적으로 약하다. 그러나 청나라와 국가의 빈곤, 외국을 보는 시각 등 여러 측면에서 관점을 공유한다. 하나의 사례를 들면, 담헌의 『회우록』을 형암이 재편집한 『천애지기서(天涯知己書)』에 형암이 평을 달았는데 거기에서 의식의 한 면이 드러난다. 중국을 오랑캐라고 비하하는 과도한 국수주의적 태도를 비판하고 중국 지식인과의 교유를 소망하며, 중국의 학문을 중시하는 태도[129]가 보이는데 이는 초정과 유사한 관점이다. 또한 형암은 중국과 통상이 잘 이루어지지 않는 점을 거론하면서 일본은 중국의 강남과 통상이 활발하여 명말의 골동서화와 각종 서적, 약재가 일본의 나가사키에 폭주하여 오사카의 기무라 겐카도와 같은 장서가가 3만 권의 서책을 소장하는 점을 부러워하였다. 직접적으로 통상을 강조한 것은

---

129 李德懋, 『靑莊館全書』 권19, 「雅亭遺稿 11」, 書5, '趙敬菴〔衍龜〕';『한국문집총간』 257, "東國人無挾自恃, 動必曰中國無人, 何其眼孔之如豆也. …… 世俗所見, 只坐無挾自恃, 妄生大論, 終歸自欺欺人之地. 只知中州之陸沉, 不知中州之士多有明明白白的一顆好珠藏在袋皮子, 只獨自喃喃, 曰虜人夷人, 何其自少乃爾. 其爲不虜不夷人者, 行識見識, 果如中州人乎不也? 鄙人不敢窺執事學業之造詣, 而獨此慕中原一段, 足爲海東人豪. 何者? 稱吳西林·嚴鐵橋, 曰先生, 何其眞也! 何其壯也!"

아니지만 그의 의식은 역시 초정의 관점과 유사하다.[130] 또한 그는 조선은 검소하다고 볼 수 없고 단지 가난할 뿐이라는 의식을 표명하고 오히려 당시 국토의 8분의 1에 불과한 신라가 더 잘살았다는 의식을 표명하고 있다.[131]

형암이 위에서 표명한 의식은 초정이 「강남 절강 상선과의 통상론〔通江南浙江商舶議〕」에서 통상을 강조하려고 제기한 논리와 매우 흡사하다. 우리의 문견과 문화가 발달하지 못한 것을 "오로지 외국과 통상이 없는 데 이유가 있다."[132]라고 한 주장과 닮아 있는 것이다.

5) 연행사와 해행사의 영향

초정의 『북학의』는 중국의 선진문물을 배워 조선의 발전을 추진하려는 욕구로 넘친다. 여기에 학습해야 할 주요한 대상으로 일본도 포함된다. 그러나 학습의 대상이 중국과 일본에 한정된다고 볼 수는 없다. 그는 중국의 학습을 하나의 모델로 하여 일본과 서양으로 나아가는 단계적 발전의 과정을 취하고 있다. 통상 차원에서는 현실적으로 추진이 가능한 중국, 일본과 먼저 통상하고 그다음으로 서양으로까지 확대하자는 난계적 주진을 주장한다.

---

130 李德懋, 『靑莊館全書』 권63, 「天涯知己書」; 『한국문집총간』 259, "炯菴曰, 我國不以水路通貨, 故文獻尤貿貿, 書籍之不備與不識三王事者, 全由此也. 日本人通江南, 故明末古器及書畫書籍藥材, 輻湊于長碕. 日本蒹葭堂主人木世肅, 藏秘書三萬卷, 且多交中國名士, 文雅方盛, 非我國之可比也."

131 앞의 글, "炯菴曰, 東國非尚儉, 全係貧耳. 新羅時土産有大小花魚·牙錦·朝霞錦·白氎布等名, 今皆不見. 當時國富民庶, 可知也."

132 안대회 옮김(2003), 「강남 절강 상선과의 통상론〔通江南浙江商舶議〕」, 175~178면, "然而國朝四百年, 不通異國之一船. 夫小兒見客, 則羞澀啼哭, 非性也, 特見少而多怪耳. 故我國易恐而多嫌, 風氣之貿貿·才識之不開, 職由於此."

중국의 배하고만 통상하고 해외의 많은 나라와는 통상하지 않는다고 했는데 이것은 일시적인 임시변통하는 책략에 불과하고 정론(定論)은 아니다. 국력이 조금 강성해지고 백성들의 생업이 안정을 얻은 상황에 이르면 마땅히 차례대로 다른 나라와도 통상을 맺어야 한다.[133]

중국을 넘어 단계적으로 외국과 교역을 확대하자는 초정의 주장을 통해서 그의 북학이 단순하게 중국 문물의 수입에만 국한된 것이 아님을 볼 수 있다. 문물을 수용하고 외국과 통상을 확대하려는 구상의 최종적 목표는 일본과 서양까지 확대되어 어떤 나라와도 자유롭게 통상하여 부국강병을 이루는 데 있었다. 그가 중국에 가서 서양 서적과 정보를 적극적으로 찾아다닌 행위도 그의 지향이 중국에만 머물지 않았음을 확인시켜 준다.

그러한 태도는 당시 지성인들의 구상 속에서는 거의 찾아지지 않는 독특하고도 신선한 구상이다. 서양에 대한 정보 자체가 제한적으로 유입되던 시대에 그런 구상이 가능한 것은 초정의 정보력 덕이다. 그 정보력은 초정의 주변을 둘러싼 국제적 감각을 지닌 인물들로부터 얻어진 것이다. 그 자양분을 공급한 대다수 지식인은 연행(燕行)과 해행(海行)을 다녀온 사절단과 그 수행원이었다. 그들의 견문이 담긴 연행록과 해행록 역시 영향을 끼쳤다. 초정이 그들과 그들의 저작으로부터 많은 정보와 시각을 섭취하였음은 분명하다.

초정이 비슷한 시대의 연행사로부터 받은 영향 가운데에는 담헌으로부터 받은 것이 가장 큰데 이는 이미 앞에서 살펴보았다. 그다음으로

---

133 안대회 옮김(2003), 178면, "只通中國船, 不通海外諸國, 亦一時權宜之策, 非定論. 至國力稍强, 民業已定, 當次第通之."

는 김창업(金昌業, 1658~1721)과 이기지(李器之, 1690~1722)를 꼽을 수 있다. 초정은 직접적으로 그들을 언급하지 않았으나 초정과 친밀한 학자들은 김창업과 이기지의 연행록을 자주 언급하였다. 담헌이 김창업과 이기지의 연행을 자주 언급한 사실을 연암도『열하일기』, 「황도기략(黃圖紀略)」에서 거론하였고,[134] 형암도 두 사람의 연행록을 본 기록을 남겼으므로[135] 초정이 그들이 남긴 연행록을 보지 않았을 가능성은 거의 없다.

두 사람의 연행록은 그들이 견문한 사실을 화이론(華夷論) 이념으로 인한 프리즘을 왜곡시키지 않은 채 충실하게 묘사하려는 태도를 보인다. 청나라에 대한 극도의 증오감이 있던 시대에는 충실한 묘사 자체도 쉽지 않았다. 형암이 그들의 연행이 지닌 의의를 담헌 이전에 청나라 인사들과 대화를 나눈 유일한 사례라고 평가한 것도 화이론의 관점에서 벗어나 새로운 변화를 내포했다는 점을 포착한 것이다.

초정은 특히 이기지의 연행록으로부터 적지 않은 암시를 받았으리라 추정된다. 이기지의 연행록이 지닌 특징은 다음과 같다. 이기지는 특별히 중국의 건축물에 지대한 관심을 기울여 그의 『일암연기(一庵燕記)』는 건축물 탐방이 중심이 된 연행록이라고 말할 수 있을 정도이다. 그 점에 대해서는 이규경을 비롯한 학자들이 이미 지적하였다. 이기지

---

134 박지원 저, 김혈조 옮김(2009), 3권, "우리나라의 선배들로 김가재(金稼齋)와 이일암(李一菴) 같은 이들은 모두 식견이 탁월하여 후세 사람들로서는 따를 수 없는 바요, 더구나 중국을 옳게 본 데도 처줄 바가 없지 않다. …… 가재는 건물이나 그림에만 상세하였고, 일암은 더욱이 그림과 천문 관측의 기계에 자세하였으나 풍금(風琴) 이야기에는 미치지 못했다."
135 李德懋,『青莊館全書』권19, 「雅亭遺稿 11」, 書5, '趙敬菴〔衍龜〕';『한국문집총간』257, "我國自羅麗以來, 至于百餘年前, 往往交結中國人士, 書札頻繁, 情意懇款, 此昭代盛事也. 今則防禁至嚴, 不可以外交也. 六十年來, 金稼齋·李一菴以後, 無多聞焉."

는 가는 곳마다 건물 내부의 구조와 배치에 대해 상세하게 기록하였다. 높은 지대에 올라가 해당 지역의 전체적인 구도와 지형을 파악하고, 해당 지역의 군사적·경제적인 문제를 서술하였다. 그리고 단순히 아름다운 건물을 감상하는 것에 머물지 않고 건물의 효율성에 관심을 기울였다.[136]

삼신(三信)은 내가 자기의 집을 보고 싶어 하는 줄 알아차리자 나를 끌어 집을 두루 구경시켜 주었다. 그 집은 오량집 또는 칠량집인데 일자로 된 들보가 일곱 개로 중앙으로 나 있어 모두 남북의 문으로 관통하였다. 바깥 대문에서 바라보면 일곱 채의 집을 곧게 통과하여 마치 팔괘의 곤괘(坤卦)의 형상이다. 남북에 있는 문의 좌주에는 모두 긴 캉을 설치했고, 캉의 가장자리에는 옷장을 놓아두었는데 그 길이가 높이와 같았다. 탁자 위에는 화병(畵甁)을 많이 놓아두고 공작새의 꼬리를 꽂았다. 그 나머지 기완은 너무 많아 다 기록하지 못한다. …… 일곱 채의 집의 좌우에도 별실과 사당이 많이 있었으나 다 보지 못하였다.[137]

이기지는 집의 구조에 깊은 관심을 표명하고 있다. 이는 하나의 사례에 불과하다. 그는 가는 곳마다 성곽과 주택, 사찰, 도관, 천주당, 사묘, 태학 등의 건물 하나하나의 구조와 실내를 상세하게 묘사하고 있다. 그 궁극적 목적은 관광보다는 그것을 배우고자 하는 의지로 해석할

---

136 김동건(2008).

137 李器之, 『一庵燕記』, 251면, “三信知余欲觀渠家舍, 引余遍看其家. 其家五梁或七樑, 一字者七而當中, 皆通南北門. 自外門望之, 直通七重屋, 狀若八卦之坤. 南北門之左右皆設長炕, 炕邊皆置衣龕, 長與層齊, 卓上多置畵甁, 挿孔雀羽. 其他器玩多不可盡記. …… 七重屋之左右, 亦多別室及廟堂, 而不可盡看.”

수 있다. 그는 10월 14일에는 시장을 찾아가 원근에서 몰려드는 진괴한 물건을 구경하기도 하고,[138] 마부들이 질서를 지키지 않고 배를 타는 장면을 보고 중국과 조선을 비교하여 개탄하기도 하였다.[139] 목축, 산천, 선박, 벽돌 사용, 혼사, 의복 등 다양한 관찰의 내용을 보이는데, 전체적으로 조선과 다른 중국의 풍속과 물질 문화를 세세히 관찰하고 비교하여 서술하되 자신의 의견 개진을 주저하였다. 그가 바라보는 시선에서 초정의 선행하는 형태를 다수 확인할 수 있다.

김창업 이후 이기지는 중국을 보는 시각이 전개되는 데 큰 영향을 끼쳤다. 그것은 바로 이념을 개입하지 않고 견문한 사실을 꼼꼼하게 밝히는 태도다. 김창업도 이기지도 충실한 묘사를 넘어서 중국을 배워야 할 문명의 나라로 제시하지는 않는다. 초정처럼 북학과 이용후생을 표어로 설정하지 못하고 있는 것이다. 아직 과감하게 하나의 논리로 만드는 단계에 이르지 못하였다. 그러나 이기지의 태도는 그 이후 중국 문명을 보는 북학파의 시선 확장에 크게 기여하였다.

연행사와 함께 통신사로부터 받은 정보도 초정에게 큰 영향을 미쳤다. 『북학의』에서는 일본의 기술 발전과 사회제도에 대한 언급이 적지 않게 나오는데 거의 모두 배워야 할 대상으로 설정하고 있다. 일본을 멸시하는 통념을 거부하며 일본을 다시 봐야 한다는 시각을 제기하는 한편, 통념과는 달리 여러 측면에서 일본이 우리보다 수준이 높다고 주장하였다. 크게 보아 일본의 기술수준이 조선보다 낮고, 일본의 학술이 상식과 달리 수준이 높으며, 일본의 제도가 배울 만한 점이 많다

---

138 李器之, 『一庵燕記』, 344면, "每月初四日十四日二十四日開市, 而遠方珍異之物多積云, 故欲一觀也."
139 李器之, 『一庵燕記』, 258면, "我國馬夫輩, 不計船之大小, 一竝擁上船上, 皮鞭亂下, 亦不能禁. 只此一事, 人之局量大小懸絶. 我國之終古服事中國固也."

는 점을 여러 항목에서 기술하고 있다. 그 가운데 초정은 다음과 같이 지적하고 있다.

> 일본의 풍속은 온갖 기예(技藝)에서 천하제일이라는 호칭을 얻은 사람이 있으면 비록 그의 기술이 자기보다 꼭 낫지 않다는 점을 분명히 알고 있다 하더라도 반드시 그를 찾아가서 스승으로 모신다. 그리고 그가 평하는 좋다 나쁘다는 말 한 마디를 가지고 자기 기술의 경중(輕重)을 판단한다. 이것이 기예를 권장하고 백성들을 한 가지 기예에 집중하게 하는 방법이 아닐까?[140]

> 일본의 주택은 구리기와, 나무기와의 차등은 있으나 집 한 칸의 너비와 창호의 치수는 위로는 왜황(倭皇)과 관백(關白)에서부터 아래로는 서민에 이르기까지 차이가 없다. 예를 들어 한 집에서 부족한 것이 있으면 사람들은 모두 그것을 시장에 나가 사 온다. 만약 이사라도 하면 장지문, 탁자 같은 등속이 부절(符節)을 합한 듯 서로가 맞는다. 『주관(周官)』에서 서술한 제도가 도리어 바닷속 섬에 가 있을 줄을 생각지도 못했다.[141]

각각 「자기〔磁〕」와 「주택〔宮室〕」 항목에서 언급한 내용으로 일본의 기술과 제도에 대해 상당히 긍정적인 시선을 제시한다. 같은 시선이 이희경의 경우에는 보다 한층 강하게 표명된다.[142] 문제는 이런 시각이

---

140 안대회 옮김(2003), 63면, "日本之俗, 凡百工技藝, 一得天下一之號, 則雖明知其術之未必勝於己, 而必往師之. 視其一言之褒貶, 以爲輕重. 此其所以勸技藝・專民俗之道歟!"
141 안대회 옮김(2003), 70면, "日本宮室, 有銅瓦・木瓦之等, 而其一間之濶狹・窓戶之尺數上自倭皇・關白, 下至小民無異. 假如一戶有闕, 則人皆貿之於市, 如移家, 屏障・牀卓之屬, 若合符節. 不意『周官』一部, 却在海島中也."
142 자기만 해도 비슷한 내용과 시각이 이희경의 『설수외사』의 도자기를 다룬 기사에 자세

형성되는 데 기여한 정보와 시각을 어떻게 얻었는가 하는 점이다. 여기에는 일본통신사 사행에 참여한 서족(庶族) 계층 지식인의 정보와 식견이 큰 영향을 끼쳤다고 하지 않을 수 없다. 초정이 속한 서족 계층 지식인들은 통신사에 서기(書記)나 제술관(製述官)의 직책으로 반드시 참여하여 크게 활약하였는데 초정이 직접 관련을 맺고 있는 인물만 해도 성대중(成大中), 원중거(元重擧), 남옥(南玉), 이봉환(李鳳煥) 등 상당히 많은 사람이 있다. 이들은 사행 경험을 통해서 외국과 적극적으로 통상해야 하고 외국으로부터 선진문물을 배워야 한다는 인식을 드러내 보였다.

그 가운데 1764년 일본에 서기(書記)로 다녀온 성대중(1732~1809)은 우리가 되놈이니 왜놈이니 멸시하는 청나라와 일본 사람들에게서 배울 점이 많다는 점을 제기하고 그 근거로 자기가 체험한 일본 여행을 제시하였다.[143] 그는 임진왜란의 트라우마에서 벗어나 외국과 건설적 관계를 만들어야 한다고 보았다.[144] 그는 1776년 진하사(進賀使)의 부사(副使)로 가는 서호수와 서장관(書狀官)으로 가는 신사운(申思運)에게 각각 송서(送序)를 써 주었는데 학술과 예법, 전제, 융정(戎政), 천문, 성율 같은 분야에서 채택할 만한 장점이 있다면 오랑캐라도 배워 우리나라의 낮은 수준을 향상시켜야 한다고 주장하였다.[145] 일본과 중국의 사행 기

하게 나온다. 다른 기사에서도 이희경은 일본의 기술에 대해 매우 우호적인 시각을 드러낸다.

143 成大中, 『靑城集』 권8, 「書金養虛杭士帖」; 『한국문집총간』 248, "中州之人重意氣, 遇可意者, 不擇疎戚高下, 輒輸心結交, 終身不忘, 此其所以爲大國也. 吾嘗觀日本, 其人亦重交遊尙信誓, 臨當送別, 涕泣汍瀾, 經宿不能去. 孰謂日本人狡哉? 愧我不如也, 況大國乎!"

144 손혜리(2010), 332~335면; 안대회(2012), 230면.

145 成大中, 『靑城集』 권5, 「送徐侍郞〔浩修〕以副价之燕序」; 『한국문집총간』 248, "我國制度, …… 而猶未復於古道. 學術或精於派而疏於源, 禮儀或綜於細而略於大, 田制雜乎貊

회를 자강(自强)하는 계기로 활용하자는 그의 주장은 북학과 이용후생의 필요성을 개진하였다.[146] 성대중은 일본의 체험을 통해 중국의 문물을 배워야 한다는 인식의 확장을 일구어 냈다. 앞서 이기지가 오랑캐의 땅에서 현상만을 충실하게 묘사한 차원에 머무른 채 청나라의 문물을 배워야 한다는 주장까지 나아가지 못한 반면, 성대중은 일본을 통해 중국과 일본의 선진적 문물을 비록 오랑캐일지라도 배워야 한다는 북학을 주장하는 데까지 나아갔다. 북학의 주장에서는 그가 분명 초정이나 연암보다도 앞서서 제기한 것이다.

18년 연상으로서 초정이 존경했던 성대중은 시기적으로도 초정의 연행보다 앞서 일본을 다녀왔고, 북학과 이용후생의 관점을 제기한 시점도 앞서 있었다. 다만 그는 명료하고 선언적인 북학 아젠다를 표방하지 않고 기본적인 관점을 제시하였다. 초정이 북학론을 펼치는 데에는 그로부터 깊은 영향이 있었다. 일본통신사 사행단에 참여한 서족 신분의 선배인 이봉환이 서명응을 통신사 정사로 보내는 글에서도 그 같은 지적 경향을 감지할 수 있는데,[147] 이를 통해서 사행단이 북학과 선진 문물의 수용에 있어 적극적인 영향을 끼쳤다는 사실을 충분히 공감할 수 있다.

성대중과 함께 초정에게 깊은 영향을 끼친 지식인은 원중거(1719~1790)다. 그 역시 성대중과 함께 일본에 다녀왔고, 여행을 통해 일본에 대한 이성적이고 분석적인 견해를 표출하였다. 일본을 여행한 뒤 내놓은 보고서가 바로 『화국지(和國志)』 3책과 『승사록(乘槎錄)』 5책이고,

---

道, 戎政泥乎戚法. 以言乎星象則測候未精, 以言乎聲律則樂器未備, 此豈非列聖之未遑而有待於今王者歟? 夫集天下之禮樂而折衷之, 是之謂大成, 如其可采, 夷亦進之."
146 안대회(2010), 106면.
147 안대회(2012), 213~215면.

일본에서 교유한 시인의 시를 엮은 것이 바로『일동조아(日東藻雅)』다. 이 3종의 저작은 당시 일본의 문화와 풍토, 지리와 문학을 충실하게 기록하였다. 이 저작들과 원중거의 견해는 초정에게 직접적인 영향을 주었다.[148]

우선『북학의』, 「녹봉」 항목에 원중거의 일본 체험이 등장한다. 조선의 녹봉이 일본 관료에 비해 아주 적다는 지적에 부끄러움을 느꼈다는 원중거의 경험을 들어 녹봉제도의 개선을 촉구한 것이다.『북학의』에 등장한 원중거의 경험은『승사록』권2에 나온다. 이 밖에도 초정의 사유에 직간접으로 연결된 내용이 그의 사행록에 나타난다. 중요한 것을 보면, 일본의 시문이 조선인이 무시할 수 없을 정도로 우수하다는 인식과 일본의 정세와 문물을 예리하게 살펴야 한다는 주장, 일본이 높은 수준의 문명을 이루리라는 예측을 꼽을 수 있다. 원중거가 예측한 일본의 문물과 문명에 대한 기대, 그리고 일본이 이룬 정치적 안정에 대한 분석과 인정은『화국지』, 「인물(人物)」 조에서 확인된다.

6) 그 밖의 영향

이상에서 논의한 것 외에도 초정이 영향을 받았을 것으로 추정되는 동시대의 학술적 동향은 여러 가지가 있다. 간단하게 검토하면 다음과 같은 것을 꼽을 수 있다. 먼저 초정은 주변 국가와 주고받은 표류민의 존재에 깊은 관심을 가지고 있어서 그들의 동태를 깊이 이해하였다. 이는『북학의』, 「배〔船〕」에서 바다에 표류하다 바닷가 고을에 정박하는 외국인을 통해 선박제도와 기술을 습득하자고 제안한 것에서 확인된

---

148 박채영(2009); 신로사(2005).

다. 초정은 주변 국가 표류민의 활용을 외국기술을 습득하는 현실성 있는 방안의 하나로 제시하고 있다. 그리고 이는 초정만의 관심사가 아니라 북학파의 주요한 관심사였다. 연암이 중국에 표류했다 돌아온 조선 사람의 행적을 기록한 「서이방익사(書李邦益事)」와 형암이 표류한 중국인과 대화하려고 노력한 일이 여기에 해당한다.

표류에 관해 초정이 얻은 정보와 인식은 그 이전에 만들어진 송정규(宋廷奎, 1656~?)의 『해외문견록(海外聞見錄)』과 정운경(鄭運經, 1699~1753)의 『탐라문견록(耽羅聞見錄)』이 가장 두드러진 저작이다.[149] 이들이 초정에게 영향을 끼쳤을 가능성이 높다.

한편으로 초정이 영향을 받았을 것으로 보이는 다양한 지적 흐름 가운데 무시할 수 없는 점을 들면, 경세학(經世學)과 기술 분야에 관심을 기울여 연구하고 저술 활동을 전개한 평민 지식인의 대두다. 18세기에는 중인이나 평민 등 사대부 계층 밖에서 지식 활동을 하는 사람들이 점차 증가하는데, 그들 가운데 일부가 이념의 질곡과 과잉에서 벗어나 실용적 지식의 계몽에 시선을 돌리고 있었다. 그리하여 기술과 실용에 관심을 집중하여 단행본 저술을 남기거나 논설문을 쓰기도 하였다. 초정의 주변에 포진한 서얼 신분의 학자들이 정치적 이념의 문제보다 경세학이나 기술학과 관련한 연구를 많이 전개한 것처럼 이념에서 벗어난 문제에 큰 관심을 기울였다. 정치에 적극 참여한 양반 신분의 학자들이 명분에 휩싸여 이념이 과잉되고 정치와 당론에 지성의 능력을 집중한 반면, 그들은 현실에 유용하게 쓰일 실용적인 학문의 경향을 보인 것이다.

그러한 학문 경향을 보인 인물로 어의(御醫)를 지낸 의원 이시필(李時

---

149 김용태(2012), 295~331면; 정운경 편, 정민 역(2008), 11~39면.

弼)과 무인으로서 군사 관련 기술서인『상두지(桑土志)』를 편찬한 이덕리(李德履)를 꼽을 수 있다. 그 가운데 내의원 의관 이시필(1657~1724)이 18세기 전반에 저술한『소문사설(謏聞事說)』은 중요한 의미가 있다.『소문사설』에는 그가 중국에서 견문하거나 일부 사람들이 창안한, 실생활에서 쓸모 있게 사용할 만한 각종 실용 도구의 제작법이 실려 있다. 특히 온돌을 개량하는 문제를 논한「전항식(甎炕式)」과 다양한 기구를 제작하는 방법을 기록한「이기용편(利器用篇)」, 그리고 벽돌 제작법을 상세하게 기록한「제법(諸法)」이 기술서로서의 가치를 높인다. 더욱이 다양한 기구를 설명하고 그 기구를 그림으로 그렸다는 점에서 색다르다.[150] 도설식(圖說式) 기술서로서 18세기 이후 기술에 대한 관심을 촉발하는 저작으로서 의의가 작지 않다. 이 저작은 실무자의 입장에서 즉시 활용할 수 있는 구체적인 지식과 기술에 관심을 두고 새로운 문물을 수입하였던 실상을 잘 보여 준다.[151]

　　저자인 이시필은 앞서 살펴본 이기지가 연행했을 때 의관으로 동행했던 자이므로 이용후생에 관한 관심을 공유했을 가능성이 충분하다. 특히 어떤 이념이나 주장을 강하게 드러내지 않고 현실을 있는 그대로 드러내 보이려는 태도가 같다. 이원과 상교, 역관, 중앙부처 기술직 관료 등이 실제적인 분야와 지식에서 다양하고 전문적인 견문과 지식, 견해를 펼치는 점이『북학의』의 특징과 여러모로 비슷하다.

150　이 자료를 학술적으로 처음 소개한 것은 李盛雨(1981)이다.
151　이시필 저, 백승호 등 옮김(2011), 41면.

4. 초정 사상이 후대에 끼친 영향

이상에서 살펴본 바와 같이 초정은 조선 후기에 면면히 흐르는 사상의 전개 과정에서 동시대에 분출된 지적 열망을 자양분 삼아 자신의 독특한 경제사상을 정립하였다. 초정은 그 시대의 지적 분위기에서 성장하여 당시의 지적 한계를 넘어서는 모습을 보여 주었다. 그는 주저하지 않고 그 시대 금기를 넘어서며 '북학'이라는 매우 강렬한 언어를 내세워 해로통상론과 상공업발전론, 기술발전론과 이용후생론, 북학론을 제기하였다. 그보다 한 세대 앞서서 유수원이 그와 가장 유사하게 체계적으로 주장하였고, 동시대에 연암과 이희경도 큰 줄기에서는 비슷한 주장을 내세웠으나 초정처럼 명료하고 선언적인 주장을 정립하지는 못했다. 초정을 급진적이라고 평가하고 과도하다고 평가하는 것은 그만큼 그의 주장이 선명하고 강렬한 것이었음을 말해 준다. 당시에도 그를 '당괴(唐魁)'니 '당벽(唐癖)'이니 하는 말로 지목하여 그의 사상에 선동적 측면이 있음을 비판하였다. 그런 비판은 주로 중국 문물의 수용에 맞추어진 것이었다.

그동안 학계에서는 초정의 사상이 형성된 배경에 대한 언급은 적으나마 있었으나 그가 끼친 영향에 대해서는 논의가 부족하였다. 대체로 초정의 사상이 급진적이고, 그가 정책에 가담할 지위를 지니지 못했으며, 서족이란 신분의 한계 탓으로 동시대와 후대에 끼친 영향이 없거나 미약했다는 의견이 지배적이었다.[152] 그의 정책 제시는 좌절된 것으로 파악하고 있다. 그러나 필자는 이에 대해 수긍하지 않는다. 초정의 사

---

152 이헌창(2011), 228~235면.

상은 몇 가지 측면에서 동시대와 후대 사상가에게 큰 영향을 끼쳤다고 파악한다. 다음에 간략하게 이 문제를 점검한다.

첫 번째로 그가 후대에 끼친 사상적 영향의 깊이는 무엇보다 그의 사상이 집약된 『북학의』의 사본이 적지 않게 남아 있다는 사실을 통해서 확인할 수 있다. 이 책은 간행되지는 않았으나 현재 20여 종 이상의 사본이 전해진다. 초정 친필본을 비롯하여 연암이 본 것으로 추정되는 『삼한총서(三韓叢書)』본, 서유구가 본 것으로 추정되는 자연경실장본(自然經室藏本), 그리고 후지스카 구장본 등 그 내용과 편차가 조금씩 다른 사본이 현재까지 남아 있다. 200년 동안 여러 이유로 소실된 점을 감안해도 이 정도 사본이 남아 있다는 것은 『북학의』가 상당한 독자를 확보한 사상서라는 점을 말해 준다.[153]

두 번째로 초정의 사상이 정치와 사회 쪽에서 구체적으로 실현되었다는 명확한 표지는 없다. 그러나 정조 시대에는 초정을 비롯한 북학론자들이 주장한 벽돌의 도입이 일부 축성과 가옥 건축에 시행되었다. 정조가 1795년에 안양에 만안교(萬安橋)라는 석축 다리를 세운 것은 『북학의』 내편의 「다리」 조항에서 제안한 것을 구현한 것처럼 보인다. 구체적인 제도와 기구의 제작, 농법 등이 실시되었는지는 명확하게 따지기 어렵다. 그러나 일반적으로 중국을 비롯하여 외국의 문물을 수용하자는 북학의 주장은 18세기 후반 이후 대세로 굳어졌다.[154] 물론 북학이 대세로 굳어졌다고 해서 정치와 사회의 근간을 바로잡는 긍정적인 구실을 했다고 보기는 어렵다.

---

153 필자는 현존하는 『북학의』 사본을 모두 모아 교감하고 역주하여 『정본북학의(定本北學議)』를 2013년 상반기에 출간하고자 한다. 각 필사본의 차이를 분석한 논문도 따로 준비하고 있다.
154 안대회(2010), 93면.

세 번째로 초정의 사상은 동시대와 그 이후 학술사에서 동의를 얻는 방향으로 거듭 영향을 끼쳤다. 아마도 초정의 영향은 이 부분에서 가장 크게 부각될 것이다. 이를 중심으로 살펴본다.

우선 앞에서도 언급한 것처럼 초정이 『북학의』에서 주장한 내용은 바로 연암의 『열하일기』에 상당수 반영되었다. 연암은 자신의 말과 초정의 말이 같다고 하였으나 실제로는 『북학의』에 있는 내용을 거의 그대로 가져온 것이 적지 않다. 글자 하나 틀리지 않은 부분을 놓고 연암이 초정의 글을 표절했다고 말하는 것이 가능한지 당시 상황으로 볼 때 주저되기는 하나 초정의 사유가 먼저 저술되고 일반에 공개된 것은 분명하다.

홍양호의 주장도 그렇다. 앞서 살펴본 1783년에 국왕에게 올린 「진육조소(陳六條疏)」의 주장 가운데 핵심을 이루는 것은 초정이 『북학의』에서 전개한 주장과 매우 유사하다. 직접적으로는 이광려의 요구가 반영된 것이나 이미 5년 전에 완성되어 세상에 알려진 『북학의』의 내용이 영향을 미쳤을 가능성이 크다. 『북학의』는 관료나 지식인들 사이에 상당히 널리 알려졌다. 홍양호는 『북학의』의 주장을 국왕이나 관료들 사이에서 공감을 끌어낼 수 있도록 상대적으로 온건하고 실현 가능한 방향으로 조정하여 제안했다고 평가할 수 있다.

다음으로 그보다 한 세대 후 사람으로서 여항인인 서경창(徐慶昌, 1758~?)의 경세학 주장도 초정의 사상과 관련이 있다고 보인다.[155] 비변사 등 중앙부처의 실무관료였던 그는 「무비설(武備說)」을 지어 국방의 문제를 논했는데 「총론(總論)」, 「과강(科講)」, 「취재(取才)」, 「목전(木箭)」, 「경함(輕艦)」, 「소차(小車)」의 내용으로 구성하였다. 그는 수레와

---

155 송만오(2002), 329~351면.

배의 사용이 국방에서 매우 중요한 관건이라고 주장하였다. 수레의 경우 조선의 현황에 맞게 작은 수레 소차(小車)를 만들어 먼저 사용하되 평상시에는 민간용으로 사용하고 유사시에는 군용으로 사용하자고 주장하였다.[156] 그는 수레 제작에 필요한 구체적인 규격까지 제시하였다. 이 주장은 초정의 「병론(兵論)」과 매우 흡사하다. 그 밖에도 고구마 재배 확대를 주장하였고, 국가재정의 현안을 상세하게 논하여 「전군조삼 폐설(田軍糶三弊說)」을 자세하게 논하였다.

그 끝에 '생재(生財)'의 6개 조목을 통해 국가재정의 확충 방안을 제시하고 있다. 기본 관점은 모두 국가재정의 확충이 곧 양병(養兵)이라는 입장에 서서 논했다. 이를 들면, ① 유휴농지를 둔전으로 개발하여 양병할 것, ② 제언(堤堰)을 수축하여 홍수해 예방, ③ 국가의 재정을 금광·은광의 개발로 확충, ④ 소금을 해상운송으로 원활하게 수송, ⑤ 지방 관아의 속전(贖錢) 활용, ⑥ 국가재정을 국제무역으로 보전하되 해태와 소가죽의 경우를 설명하고 이를 군수물자의 문제로 연결시키고 있다. 전체적인 대책 방향이 재정문제와 국방을 상호 연결시켜 보는 초정의 시각과 관련되므로 초정으로부터 영향을 받았을 것으로 추정한다.

직접적으로 초정의 영향을 받은 사상가로는 다산(茶山) 정약용(丁若鏞)과 그의 제자 이강회(李綱會), 그리고 서유구와 이규경 등이 있다. 다산은 초정과 규장각 관원으로 같이 근무하며 시문을 주고받았고, 그 무렵에 『북학의』를 읽었다. 다산이 이용후생의 사상을 정립하는 데 초정은 큰 영향을 끼쳤다. 그는 『경세유표(經世遺表)』 제2권, 「동관공조(冬官工曹)」에서 이용후생을 담당한 이용감(利用監)이란 부서를 설치하여 각

156 徐慶昌, 『學圃軒集』, 「武備說」, '小車'; 『한국문집총간』 속105, "其在軍務, 不可謂少補. …… 在平時而教用於民間, 當亂時而取用於軍中, 則其爲公私之緊器, 孰有切於此者乎?"

종 기계와 도구의 제작을 주관할 것을 제안하였다. 이 제안은 그가 밝히고 있듯이 초정의 『북학의』와 연암의 『열하일기』에서 제안한 이용후생의 주장을 정책에 반영하고자 한 결과이다. 구체적 내용을 봐도 그렇지만 그 핵심적인 의도를 밝힌 서문에서 "이용감을 개설하여 북학의 방법을 논의하여 부국강병을 도모하고자 하니 이는 가볍게 여길 수 없다."[157]라고 하여 초정이 주장한 북학과 이용후생을 통해 부국강병으로 나아가는 핵심적 주장을 국가기구로 구현하려고 시도하였다.

그뿐만 아니라 다산은 『북학의』에 개진된 각론을 충실하게 계승하고 있다.[158] 그가 주장한 기술에 관한 주요한 주장을 들어 본다. 그는 삼면이 바다로 둘러싸인 조선이 선박 기술이 발달해야 함에도 불구하고 오히려 중국이나 일본을 비롯한 외국의 선박 기술에 훨씬 뒤처지는 것으로 파악하였다.[159] 그 대안으로 표류선을 이용하여 기술의 개선을 제안했다. 표류한 지역의 지방관이 주관하여 선박의 제도를 조사하고 그림으로 그려서 보고하며, 조정에서는 이용감 소속의 관리를 파견하여 상세히 조사하게 한 후 표류선과 똑같은 선박을 제작하게 한다면 외국에서 배워 오는 것과 같은 효과가 있다고 보았다.[160] 그의 제안은 초정이 표류민을 활용하여 기술을 전수받자고 제안한 것과 똑같다.

---

157 丁若鏞, 『與猶堂全書 1』, 『詩文集』 권12, 「邦禮艸本序」; 『한국문집총간』 281, "開利用之監, 議北學之法, 以圖其富國强兵, 斯不可易也."

158 안대회(2005/10).

159 丁若鏞, 『與猶堂全書 5』, 『牧民心書』, 奉公六條, 「往役」; 『한국문집총간』 285, "見善而遷, 小事皆然. 今海外諸國, 其船制奇妙, 利於行水. 我邦三面環海, 而船制朴陋, 每遇一漂船, 其船制圖說, 各宜詳述, 材用何木, 舷用幾版, 長廣高庫之度, 低仰軒輊之勢, 帆檣蓬綷之式, 櫂櫓椳柁之狀, 油灰艌縫之法, 翼板排濤之術, 種種妙理, 宜詳問而詳錄之, 以謀倣傚."

160 이는 『牧民心書』, 奉公六條, 「往役」과 『經世遺表』 권2, 冬官工曹 事官之屬, 「典艦司」에 모두 나온다. 김문식(2003), 129~162면.

초정이 다산에 끼친 영향은 다시 다산의 제자인 이강회(1789~?)로 전파되었다. 전라도 강진의 학자인 이강회는 다음 네 가지로 요약되는 주장을 펼쳤다. 이용후생의 실천, 국방의 중시, 주요 산업 생산물자의 자국 생산과 기술의 독립, 문호의 개방과 유통의 주장[161]인데 여기에는 초정의 주장에서 영향을 받은 측면이 매우 많다. 그 점은 1818년 11월에 쓴 「운곡선설(雲谷船說)」 발문에서 본인의 입으로 밝혀진다.

> 지난날 선왕조(先王朝) 때 연암(燕巖) 박공(朴公)이 지은 『열하일기』와 초정(楚亭) 박공(朴公)이 지은 『북학의』는 무릇 성의 축조, 벽돌 제조, 맷돌, 윤기(輪機) 등의 제도에 관해서 논한 바가 상당히 자세하여 실용(實用)의 문장이라 할 만하다. 저 두 분의 현자는 외이(外夷)에 태어나 상국을 흠모하였다. 논하여 저술한 저서는 나라를 걱정하고 세상을 개탄하는 말 아닌 것이 없다. 두 분은 도를 논한 분들이라 말해도 좋다. …… 이 책은 문순득의 말에서 출발하여 내 손에서 완성되었다. 이 책의 내용이 비록 지극히 어리석고 졸렬하지만 『열하일기』와 『북학의』에서 듣지 못한 것과 『무비지(武備志)』·『형천(荊川)』에서 보지 못하던 것이다. 따라서 이와 같이 마음을 기울이고, 정성을 들여 글을 완성하여 경제(經濟)에 관한 뜻을 붙인다.[162]

이강회는 경제에 관한 학문을 하는 모델로 연암과 초정의 저작을 분

---

161 안대회(2005/10), 289~316면.

162 李綱會 지음, 김형만 외 옮김(2004), 「雲谷船說」 跋文, "在昔先朝時, 燕巖朴公撰『熱河記』, 楚亭朴公制『北學議』, 凡築城燒甓碾磨輪機之制, 所論頗詳, 可以爲實用之文矣. 彼二賢生於外夷, 欽慕上國, 其所論纂, 莫非憂國嘆世之言也. 如二公者, 亦可以論道矣. …… 是書也, 出之文言, 成之吾筆, 雖極愚拙, 『熱河』·『北學』之所未聞, 『武備』·『荊川』之所未睹, 故潛心硏精, 如是成篇, 以寓經濟."

명하게 제시하였다. 그들로부터 받은 영향의 깊이를 보여 주는데 그중에서도 특히 초정의 영향을 많이 받았다. 이 점은 문호의 개방, 유통의 중요성을 역설한 「제차설(諸車說)」에서 일본의 문물이 문호 개방 덕분이라면서 "박초정(朴楚亭)의 『북학의』는 헐뜯을 수 없다."[163]라고 언급한 대목에서 분명히 드러난다. 이렇게 다산과 이강회의 사상을 통해서 초정의 사상이 동시대와 후대의 사상가에게 매우 큰 영향을 끼쳤음을 알 수 있다.

초정의 영향은 서유구와 이규경의 사상에서도 거듭 확인할 수 있다. 먼저 서유구는 초정의 『북학의』에서 전개된 북학론의 핵심적 주장을 긍정하면서, 인간의 일상생활을 편리하고 윤택하게 향유하는 학문으로 확대 발전시켰다. 18세기의 이용후생파가 제기한 학문적 주장은 실제로 19세기의 서유구에 의해 본격적으로 구체화되고 집대성되었다.[164] 서유구의 『임원경제지(林園經濟志)』에서는 우리나라 저서 가운데 『북학의』가 가장 많이 인용되는 원전의 하나다. 그 가운데 하나의 실례를 들어, 초정과 서유구의 두 저서에서 고구마 재배 확대를 논한 부분만을 발췌하여 적시하면 다음과 같다.

고구마는 구황(救荒) 식물로 제일가는 곡물이다. 둔전관(屯田官)을 시켜 특별히 심게 하는 것이 옳다. 또 살곶이벌이나 밤섬 등지에 많이 심는 것도 좋겠다. 또 백성들에게 자유롭게 심도록 권유하는데 심은 그해부터 잘 번식하므로 아무 걱정이 없다.[165]

---

163 李綱會 지음, 김형만 외 옮김(2004), 「諸車說」, "朴楚亭『北學議』不可毀也."
164 안대회(2006), 50~56면.
165 안대회 옮김(2003), 247면, "甘藷爲救荒第一, 宜令屯田官別種之. 又於箭串·栗島等處, 可以多種. 又勸民自種, 當年內不患不繁."

나는 고구마도 이러한 (호숫가나 강가의 모래)땅에 심어야 좋다고 생각한다. 우선 2월·3월에 흙이 쌓여 가장 높이 올라간 곳을 가려서 진흙을 골라내어 높은 두렁을 만든다. 장마가 질 때 물이 도달한 경계를 살펴서 한두 척 더 높게 만들고 두렁 위에 알뿌리 채소를 심는다. 7월 장마가 걷힐 때 넝쿨을 잘라 낮은 땅에 넓게 꽂으면 곱절의 수확을 거둘 수 있다. 박제가가 『북학의』에서 '살곶이벌이나 밤섬 등지에 고구마를 많이 심을 수 있다'고 말한 것도 이런 점을 보았기 때문이다.[166]

서유구는 먼저 『북학의』를 인용하고 나서 자신의 생각을 첨부하고 있다. 유휴농지를 활용하여 고구마를 재배하자는 주장에 동조하는데 여러 곳에서 초정의 주장에 찬동하거나 비판하고 있다. 서유구가 윤택한 일상생활을 위해 이용후생을 강조하는 사상적 기본 틀은 초정을 비롯한 선배 북학파 학자들로부터 계승된 것이라고 보아야 한다.

이규경의 경세학은 기본적으로 이용후생에 있는데, 그의 사유를 형성하는 데 초정을 비롯한 북학파의 사상이 큰 영향을 미치고 있다. 『오주연문장전산고(五洲衍文長箋散稿)』에는 『북학의』가 다섯 대목에서 인용되고 있어 일단 소재로서도 초정의 주장을 인정한다. 나아가 구체적인 활용보디 초징의 개방적 태도와 이용후생론이 이규경이 가진 사유의 기본 틀과 유사하다는 점에서 무시하지 못할 영향을 미쳤다.

이상에서 살펴본 것을 통해 초정이 동시대와 후대에 끼친 영향은 과소평가할 수 없다. 초정은 18세기 후반과 그 이후에 해로통상론과

---

166 徐有榘, 『林園經濟志』, 「晚學志」 권3, '고구마(甘藷)' 조 제2항 '적합한 토양(土宜)' 안설(按說), "余魏種藷亦宜用此地. 先於二三月, 擇最高仰處, 挑起淤泥, 作爲高垺. 視潦年水至之限, 令高一二尺, 種卵于垺上. 七月潦收, 又剪藤廣揷于低下之地, 則當得倍收. 朴齊家北學議云, '箭串·栗島等地, 可多種藷.' 亦有見乎此也."

상공업발전론, 기술발전론과 이용후생론, 북학론을 주장하며 조선 사회를 근본적으로 개혁하여 부국강병을 통해 부강한 나라를 만드는 데 목표를 두었다. 초정의 다양한 주장은 후대의 여러 사상가들이 제각기 적극적으로 수용하여 그들의 경세학을 전개하는 데 활용하였다.

5. 맺음말

초정은 『북학의』를 통해서 18세기 조선이 당면한 위기를 극복할 방법을 제시하였다. 그는 전통적인 학자들이 논리적이고 온건하게 자신의 주장을 펼치던 관례를 따르지 않고 대단히 도전적이고 선언적인 주장을 펼쳤다. 그의 주장에는 그 이전이나 동시대의 많은 사상가들과 공유한 대책도 있고, 그 스스로도 받아들여지지 않을 것이라고 진단했던 근본적이고 급진적인 개혁안도 있다.

20대 후반 젊은 사상가가 꿈꾸었던 새로운 사회의 모습이 그의 저작에는 관류하고 있다. 그의 주장에는 다른 사상가가 미처 발언하지 못했던 독특하고 획기적인 것이 적지 않다. 그 점에서 초정의 사상은 그 시대의 정보와 조건에서 출현하기 힘든 선진적이고 혁신적인 정책안이라는 평가를 받고 있다. 초정은 어떻게 그렇게 참신한 주장을 젊은 나이에 그토록 자신에 찬 목소리로 내놓을 수 있었을까?

위에서 살펴본 내용에서 볼 수 있듯이, 그의 사상은 평지돌출한 생경한 것이 아니라 멀게는 조선 중기 학자들의 사상에서부터 단초를 보이고, 동시대의 수많은 학자들과 견문과 생각을 공유한 결과라는 사실을 알 수 있다. 이 글에서는 초정의 인맥과 학맥, 그리고 당파의 문제를 통해서 그가 북인 사상가의 정통적인 학맥에 속하고, 조선 중기 이래 경세학 분야에서 일련의 사상가가 보인 이용후생의 사상적 세례를 받았음을 다양한 자료를 통해 입증하였다.

그뿐만 아니라 18세기에 들어 전개된 지적 변혁의 중심에서 활약한 다양한 학문적 자극을 섭취하여 새로운 사상으로 일구어 냈음을 차례로 살펴보았다. 분석을 통해서 초정 사상이 형성된 계보와 과정을 계통적으로 이해할 근거를 마련하였다. 그리고 초정 사상이 동시대와 그 이후 사상계에 미친 영향의 실상도 서술하였다. 초정이 체계화시킨 사상을 조선 후기 지성사의 맥락 속에서 이해한다면 그의 사상이 지닌 지성사적 위치와 독창성을 더 깊이 들여다볼 근거가 마련된다고 하겠다.

『參 考 文 獻』

『승정원일기』, 한국고전번역원 사이트.

權尙夏, 『寒水齋集』, 『한국문집총간』 150, 민족문화추진회.

朴長馣 編, 『縞紵集』(『楚亭全書』 제3책), 亞細亞文化社, 1992.

朴齊家, 『貞蕤閣集』, 『한국문집총간』 261, 민족문화추진회.

_____ 저, 안대회 옮김(2003), 『북학의』, 돌베개.

_____ 저, 정민·이승수·박수밀 외 옮김(2010), 『정유각집』, 돌베개.

박종채 저, 김윤조 역(1997), 『역주 과정록』, 태학사.

_____ 저, 박희병 역(1998), 『나의 아버지 박지원(過庭錄)』, 돌베개.

朴趾源, 『燕巖集』, 『한국문집총간』 252, 민족문화추진회.

_____ 지음, 박희병 옮김(2005), 『고추장 작은 단지를 보내니』, 돌
베개.

_____ 저, 김혈조 옮김(2009), 『열하일기』 1·2·3, 돌베개.

_____ 저, 신호열·김명호 옮김(2012), 『연암집』(개정판), 돌베개.

徐慶昌, 『學圃軒集』, 『한국문집총간』 속105, 민족문화추진회.

徐有榘, 『林園經濟志』, 필사본 영인, 보경문화사, 1983.

成大中, 『青城集』, 『한국문집총간』 248, 민족문화추진회.

沈魯崇, 『孝田散稿』 33·34책, 「自著實記」, 연세대 도서관 소장 사본;
안대회 외 옮김, 「自著實記」, 휴머니스트, 2013(예정).

俞晚柱, 『欽英』, 서울대 규장각, 1997.

柳夢寅, 『於于集』, 『한국문집총간』 63, 민족문화추진회.

_____, 『默好稿』, 鮎貝房之進 영인, 朝鮮印刷株式會社, 1937.

_____ 저, 柳濟漢 편(1964), 『於于野談』, 萬宗齋.

柳壽垣 저, 한영국 옮김(1982), 『迂書』, 『고전국역총서』, 민족문화추
　　　진회.

尹　淳, 『白下集』, 『한국문집총간』 192, 민족문화추진회.

李綱會, 『柳菴叢書』・『雲谷雜著』, 문채옥 소장 필사본.

_____ 지음, 김형만 외 옮김(2004), 『雲谷雜著』, 신안문화원.

李建昌, 『黨議通略』, 朝鮮光文會, 1912.

李圭景, 『五洲衍文長箋散稿』, 한국고전번역원 사이트.

李肯翊, 『燃藜室記述』, 한국고전번역원 사이트.

李器之, 『一庵燕記』(성균관대 대동문화연구원 편, 『燕行錄選集補遺』 상),
　　　성균관대 출판부, 2008.

李德懋, 『青莊館全書』, 『한국문집총간』 257・259, 민족문화추진회.

李德馨, 『漢陰文稿』, 『한국문집총간』 65, 민족문화추진회.

李山海, 『鵝溪遺稿』, 『한국문집총간』 47, 민족문화추진회.

李承延 저, 이창섭 옮김(1997), 『岡齋遺稿』, 후손가.

이시필 저, 백승호 등 옮김(2011), 『소문사설, 조선의 실용지식 연구
　　　노트』, 휴머니스트.

李英裕, 『雲巢謾稿』, 서울대 규장각 소장 사본.

李之菡, 『土亭遺稿』, 『한국문집총간』 36, 민족문화추진회.

이희경 지음, 신재교 외 옮김(2010), 『북학 또 하나의 보고서, 설수외
　　　사(雪岫外史)』, 성균관대 출판부.

丁若鏞, 『與猶堂全書』, 『한국문집총간』 281~286, 민족문화추진회.

정운경 편, 정민 역(2008), 『탐라문견록─바다밖의 넓은 세상』, 휴머
　　　니스트.

정홍명, 『畸翁漫筆』(『大東野乘』 10권), 朝鮮古書刊行會, 1911.

許　穆, 『記言』, 『한국문집총간』 98, 민족문화추진회.

洪良浩, 『耳溪集』, 『한국문집총간』 241, 민족문화추진회.

黃胤錫, 『頤齋亂藁』, 『韓國學資料叢書』, 한국학중앙연구원.

줄리오 알레니 저, 천기철 옮김(2005), 『직방외기(職方外紀)』, 일조각.

김용덕(1977), 『조선후기사상사연구』, 을유문화사.

신병주(2008), 『이지함평전』, 글항아리.

안대회(2000), 『18세기 한국한시사연구』, 소명출판.

_____(2001a), 『한국 한문학의 미학과 분석』, 연세대 출판부.

_____(2011), 『벽광나치오』, 휴머니스트(『조선의 프로페셔널』 개정판, 2007).

吳壽京(2003), 『연암그룹 연구』, 한빛.

李盛雨(1981), 『韓國食經大全』, 향문사.

이헌창(2011), 『박제가-조선시대 최고의 경제발전안을 제시한』, 민속원.

진재교(1999), 『耳溪 洪良浩 文學硏究』, 성균관대 출판부.

한영우 외(2007), 『다시, 실학이란 무엇인가』, 푸른역사.

강만길(1971), 「조선후기 상업의 문제점-迂書의 상업정책분석」, 『한국사연구』 6, 한국사연구회.

김도환(1998), 「北學思想과 洛論의 관계」, 『韓國學論集』 32, 한양대 한국학연구소.

김동건(2008), 「李器之의 『一庵燕記』 硏究」, 韓國學中央硏究院.

김문식(2003), 「정약용의 대외 인식과 국방론」, 『茶山學』 4, 다산학술문화재단.

김영진(2011), 「조선후기 黨派譜 연구-『北譜』를 중심으로」, 『한국학논집』 44, 계명대 한국학연구원.

김용덕(1981a), 「朴齊家의 經濟思想-奇籍의 先覺者」, 『진단학보』 52,

진단학회.

_____(1981b), 「유수원의 상업론」, 『한국사』 14, 국사편찬위원회.

김용태(2012), 「표해록의 전통에서 본『해외문견록』의 위상과 가치」, 『한국한문학연구』 48, 한국한문학회.

김인규(2005), 「重峰 趙憲 改革思想의 실학적 특성」, 『동양철학연구』 41, 동양철학연구회.

김학수(2010), 「고문서를 통해 본 아계-후곡 가문의 사회경제적 기반」, 『아계 이산해의 학문과 사상』, 지식산업사.

김홍백(2012), 「유몽인의 안변삼십이책 연구」, 『민족문학사연구』 48, 민족문학사학회.

문석윤(2012), 「湛軒의 哲學思想」, 『담헌 홍대용 연구』, 사람의 무늬.

박권수(2012), 「규장각 소장『攷事新書』에 대하여」, 『규장각』 36, 서울대 규장각 한국학연구원.

박채영(2009), 「현천 원중거의 통신사행록 연구 : 『승사록』과 『화국지』를 중심으로」, 이화여대 석사학위논문.

백승철(2007), 「조선 후기 실학의 상공업사상」, 『한국실학사상대계-경제사상편』, 한국국학진흥원.

변종현(1987), 「어우 유몽인의 한시 연구」, 연세대 석사학위논문.

손혜리(2010), 「성대중의 사행체험과 일본록」, 『한문학보』 22, 우리한문학회.

송만오(2002), 「徐慶昌의 인물과 사상 : 특히 그의 生財論과 『種藷方』의 편찬을 중심으로」, 『역사학연구』 19, 전남사학회.

신로사(2005), 「원중거의 『화국지』에 관한 연구 : 그의 일본인식을 중심으로」, 성균관대 석사학위논문.

신익철(2002), 「유몽인론-분방한 기질의 탈속적 문인」, 『나 홀로 가는 길』, 태학사.

안대회(1988), 「白塔詩派의 硏究」, 『열상고전연구』 창간호, 열상고전
　　　연구회.

＿＿＿(2001b), 「朴齊家 詩의 사물·인간·사회」, 『18세기 조선지식
　　　인의 문화의식』, 한양대 출판부.

＿＿＿(2005/가을), 「奇로 해석한 문학, 李奎象의 奇論」, 『문헌과 해
　　　석』, 문헌과해석사.

＿＿＿(2005/10), 「다산 제자 李綱會의 利用厚生學―船說·車說을 중
　　　심으로―」, 『한국실학연구』 10, 한국실학학회.

＿＿＿(2006), 「林園經濟志를 통해 본 徐有榘의 利用厚生學」, 『한국
　　　실학연구』 11, 한국실학학회.

＿＿＿(2009), 「초정 박제가의 연행과 일상속의 국제교류」, 『동방학
　　　지』 145, 연세대 국학연구원.

＿＿＿(2010), 「조선 후기 燕行을 보는 세 가지 시선―燕行使를 보내
　　　는 送序를 중심으로」, 『한국실학연구』 19, 한국실학학회.

＿＿＿(2012), 「임란 이후 海行에 대한 당대의 시각―通信使를 보내
　　　는 문집 소재 送序를 중심으로」, 『정신문화연구』 129, 한국학
　　　중앙연구원.

유봉학(1982), 「北學思想의 형성과 그 성격」, 『韓國史論』 8, 서울대
　　　국사학과.

이상익(1996), 「洛學에서 北學으로의 사상적 발전」, 『哲學』 46, 한국
　　　철학회.

이승수(2006), 「유몽인의 연행체험과 중국인식」, 『동방학지』 136, 연
　　　세대 국학연구원.

＿＿＿(2010), 「燕行路의 文明路的 위상 검토, 그 의의와 한계―17세
　　　기 초 柳夢寅의 산문을 중심으로」, 『한국언어문화』 41, 한국언
　　　어문화학회.

이우성(1982), 「實學硏究序說」, 『한국의 역사상』, 창작과비평사.

이헌창(2002), 「유수원과 박제가의 상업진흥론」, 『한국실학연구』 4, 한국실학학회.

_____(2005), 「燕巖 朴趾源의 경제사상에 관한 연구」, 『咸陽文化』 6, 咸陽文化院.

_____(2010), 「아계 이산해의 경제사상과 그 역사적 의의」, 『아계 이산해의 학문과 사상』, 지식산업사.

이현일(2007), 「이광려의 實心實學과 經世學」, 『민족문학사연구』 35, 민족문학사학회.

조성산(2006), 「조선 후기 낙론계 학풍에 대한 연구 현황과 전망」, 『오늘의 동양사상』 14, 예문서원.

차은주(1999), 「16~17세기 金盡國의 정치경제사상」, 동국대 석사학위논문.

한명기(1992), 「柳夢寅의 經世論 연구」, 『한국학보』 67, 일지사.

한영국(1976), 「농암 유수원의 정치경제사상」 상, 『대구사학』 10, 대구사학회.

| 楚 亭 |

楚亭의 利用厚生思想과 富國論

이헌창(李憲昶) | 고려대학교 경제학과 교수

1. 머리말

2. 경제에 관련된 개념들

   1) 경세제민(經世濟民)

   2) 이용후생(利用厚生)

   3) 기타 개념

3. 이용후생사상의 구조

   1) 시장론

   2) 무역론

   3) 기술론

   4) 자본재의 확충론

   5) 소비의 후생론

   6) 부국론

   7) 초정 경제사상의 세계사적 위치

4. 이용후생사상의 연원

   1) 중국 고대 경제사상과 왕패(王覇) 종합

   2) 조선인 사상가의 영향

5. 맺음말

1. 머리말

필자는 초정(楚亭) 박제가(朴齊家)의 경제사상과 경제정책론을 고찰한 다음, 그가 근대세계에 문호를 개방하기 이전의 조선에서 경제를 가장 잘 이해하고 경제발전에 가장 유효한 정책안을 제시하였다고 평가한 바 있다.[1] 초정의 경제정책론은 부국론(富國論)으로, 그 바탕의 사상은 이용후생사상(利用厚生思想)으로 집약될 수 있다.[2] 이처럼 초정의 경제사상이 탁월한 점은 오래전부터 지적되어 왔는데, 그 학문적 방법론에서 진전된 점에도 주목할 필요가 있다.

첫째, 초정은 중국 여행기를 학술적 논의의 저술로 집필하고자 했다고 생각된다. 『북학의(北學議)』에 나오는 글들은 조선시대의 다른 중국 여행기와 달리 수필체나 일기체가 아니라 논설문이고 학술적인 성격을 띠고 있다. 이 점과 관련을 가지겠는데, 개항 전에 수백 종의 해외 견문기가 있지만, '학(學)'과 '의(議)' 자가 들어가는 것은 『북학의』가 유일하다. 초정이 만약 오늘날식 표현을 구사할 줄 알았다면, 그의 주저인 『북학의』를 『북학에 관한 연구』라고 하였을 것이다. 『맹자(孟子)』에 나오는 '북학'은 북쪽의 선진국을 배운다는 동사의 '학'이지만, 『북학의』의 '북학'은 중국학 내지 선진국학이라는 명사의 '학'으로 이해해도 무방하지 않을까 생각된다.

둘째, 초정은 경제에 관련된 개념들을 잘 활용하여 자신의 사상을 정

---

1 이헌창(2005 · 2006; 2011a).
2 李佑成(1963).

립하였다. 슘페터(Joseph A. Schumpeter)는 과학적 노력의 산물인 경제 분석이 오직 그리스에서만 시작되었다고 보았다. 아리스토텔레스는 '자신의 개념들을 개념 장치, 즉 분석도구(分析道具)들의 체계로 조립할' 수 있었지만, 중국에서는 경제현상의 관찰과 토론이 있었으나 과학적인 분석이 나타나지 않았다고 평가하였다.[3] 『북학의』는 과학적 분석을 달성하지는 못했으나, 개념의 구사에서 그것에 접근하려는 싹을 보여 주었다.

이 글은 초정의 학문 방법론을 고찰하면서 그의 경제사상에 관한 이해를 다음과 같은 방식으로 진전시키고자 한다. 첫째, 초정의 경제사상에 대한 이해를 개념사적 접근으로 진전시킨다. 달리 말해, 초정 자신의 경제사상을 어떠한 한자어 개념을 사용하여 전개하였는지 고찰한다. 둘째, 초정이 구사한 개념을 활용하면서 그의 이용후생사상의 구조에 대한 이해를 진전시키고자 한다. 초정이 사용한 개념 중에 오늘날 경제의미에 가장 접근한 것은 이용후생이었다. 셋째, 초정의 이용후생사상의 연원을 탐구하고자 한다. 종전에 그 탁월한 점은 충분히 거론된 반면, 그 사상적 연원에 대한 탐구는 불충분하였다. 초정이 조선 경제를 개혁하는 방안이자 부국을 도모하는 대책을 선구적으로 제시하였기 때문에, 김용덕은 초정을 '기적의 선각자'로 평가했다.[4] 그런데 초정의 이용후생사상이 결코 기적처럼 하늘에서 떨어지거나 땅에서 솟아오른 것이 아니라, 그것이 출현할 만한 사상사적 배경을 가지고 있었음을 이 글에서 보여 주고자 한다.

초정이 한자어 개념을 사용한 것 자체가 한자문화권의 유산을 활용

---

3 Schumpeter(1954), p. 53 · 58, "…… Aristotle …… also coordinated his concepts into a conceptual apparatus, that is into a system of tools of analysis……."

4 김용덕(1981), 153~156면.

하였음을 드러낸다. 이 글에서는 초정이 기존의 한자어 개념을 단순히 활용하는 데 그치지 않고 그 내용을 심화하여 근대적인 것으로 접근시켰음을 보여 주고자 한다. 그리고 기존의 이용후생사상을 흡수하고 용해하여 가장 수준 높게 정립하였음도 보여 줄 것이다. 초정의 이용후생사상은 국제무역을 중심으로 하는 시장의 발전과 기술의 발전을 통해 부국을 도모하는 사상이라고 볼 수 있겠다.

2. 경제에 관련된 개념들

이 절에서는 초정이 'economy'라는 개념에 해당하는 용어를 구사한 방식을 살펴본다. economy의 번역어로서 오늘날 사용하는 경제는 한자어 '경제'와는 다르다. 주류적 견해에 의하면, 번역어로서 경제학이란 후생복지를 낳는 재화와 서비스의 생산·소비를 위한 자원의 효율적 관리를 다루는 학문이며, 생산·분배·소비 행위를 조정하는 시스템을 경제라고 정의할 수 있다. 먼저 political economy의 번역이 이루어졌고, 그다음 economy의 번역어가 정해졌다. 일본과 중국에서는 이재학(理財學)이라는 번역어가 경제학이라는 번역어를 위협한 적이 있었다. 일본에서는 그 밖에 제산학(制産學), 이학(利學) 및 이용후생학(利用厚生學)이라는 번역어가 나오기도 했다. 중국에서는 더욱 다양하게 부국학(富國學), 자생학(資生學), 평준학(平準學), 생계학(生計學), 계학(計學) 등의 번역어가 나오기도 했다. 조선의 『한성순보(漢城旬報)』 19호(1884. 4. 1)에는 국재론(國財論)이라는 번역어가 나온다.[5] 이러한 'economy'의 번역어

---

5 이헌창(2008b). 필자는 이 논문을 전면 보완한 저서인 '경제와 경제학의 개념사'를 집필

로 오른 한자어 중에 초정은 경제, 이용후생, 이재 및 평준을 비중 있게 사용하였다. 이에 그 용례를 살펴본다. 초정은 경제에 관련된 핵심 용어를 구사하면서 그 개념의 내용을 풍성하게 하였는데, 이러한 개념의 진전은 바로 그의 경제사상의 심화로 연결되었다.

1) 경세제민(經世濟民)

'economy'의 번역어로 등장한 용어 가운데 한자문화권에서는 '경제'가 가장 널리 사용되었다. 본고에서는 번역어 경제와 구별하기 위해 한자어 '경제'에는 따옴표를 붙인다. 초정도 '경제'라는 용어를 자주 사용하고 중시하였다.『북학의』를 포함한『정유각집(貞蕤閣集)』을 검색하면 '경제'가 10회 나오는데, 그중 1회는 중국 고증학자 진전(陳鱣)이 사용한 것이고, 9회는 초정이 사용하였다. 같은 의미의 한자어인 '경세(經世)'는 5회 나온다.

한자어 '경제'는 경세제민(經世濟民) 또는 경국제민(經國濟民)의 준말로서 '국가를 다스리고 인민을 구제한다'는 뜻이다. 그것은 도덕적 교화, 경제 안정 등을 포괄하는 유교의 정치 이상을 나타낸다. 유학은 자기 수양의 수기(修己)와 남을 다스리는 치인(治人)을 추구하는데, 경제란 유학의 실천적 목표인 치인에 해당한다. 치인의 과제를 경세제민보다 잘 보여 주는 한자어를 찾기는 어렵다. 그래서 economy에 꼭 맞는 한자어를 가지지 못한 한자문화권의 지식인들은 경제라는 한자어를 이해하고 체득한 다음에 나아가 오늘날 의미하는 경제에 뜻을 두게 되었다. 이 점은 초정에게도 마찬가지여서 그는 economy의 후보로 오른 한자어

중이며 한림과학원에서 출간될 예정이다.

중에 경제를 가장 많이 사용하고 가장 먼저 사용하였다. 경세제민은 치국(治國)과 같은 의미이지만, 인민을 구제한다는 '제민'이라는 용어를 통해 민생 안정을 위한 물질적 욕구의 충족에 중요한 의의를 명시적으로 부여한다는 점에서 오늘날 경제의 개념으로 접근할 소질을 내장(內藏)하고 있었다.

초정은 27세 때인 1776년(영조 52)에 쓴 자기 소개서인 「소전(小傳)」에서 "어려서는 문장의 말을 배우더니, 장성해서는 '경제' 학술을 좋아하게 되었다."라고 했다.[6] 술(術)이란 학문의 체계에 이르지 못한 담론을 의미하지만, 초정이 단순한 수사학을 배우는 데에 그치지 않고 '경제' 학술을 탐구하게 되었던 점에도 유의할 필요가 있다. 진전은 초정의 저서인 『정유고략(貞蕤稿略)』의 서문을 쓰면서 초정이 "경제를 담론하기를 좋아하여 일찍이 『북학의』를 지었다."라고 했다.[7] '경제'는 한자문화권 지식인의 중요한 담론 대상이었던 것이다.

초정의 경제사상을 훌륭하게 드러낸 『북학의』, 「시정(市井)」에서 "산택(山澤)의 토산물의 이익을 모두 개발하지는 못하여 '경제'의 방도가 모두 잘되지는 못하고 있다."라고 했다.[8] 초정은 「병오소회(丙午所懷)」에서 "중국의 흠천감(欽天監)에서 역서를 만드는 서양인들이 모두 기하학에 밝고 이용후생의 방도에 정통하니" 이들을 초빙하여 과학기술을 배우면 "몇 년이 지나지 않아 경세의 인재가 풍부해질 것이다."라고 했다.[9]

---

6 『貞蕤閣集』文集 2, 「小傳」, "幼而學文章之言, 長而好經濟之術, 數月不歸家, 時人莫知也."
7 『貞蕤閣集』文集 1, 「序」, "其天性, 樂慕中朝, 好譚經濟, 曾著北學議二卷."
8 『北學議』, 「市井」, "今我國方數千里, 民戶非不多也, 土産非不備也. 山澤之利不盡出, 經濟之道未盡善也, 日用之事, 廢而不講. 見中國之宮室・車馬・丹青・錦繡之盛, 則曰'奢侈已甚.'"
9 『北學議』, 「丙午正月二十二日朝參時 典設署別提朴齊家所懷」(앞으로 「丙午所懷」로 약

초정은『북학의』가 이용후생의 방도를 설명하여 '경제'를 실현하는 저술이라고 생각했다고 보아야 한다. 이희경(李喜經)은 「농기도서(農器圖序)」에서 군주를 보좌하여 '경제'를 실현할 수 없으므로, 농사를 지으면서『농기도(農器圖)』1권을 만들었다고 했는데,[10] 초정이 이 글을『북학의』에 첨부한 까닭은 그것이 경세제민에 이바지한다고 보았기 때문일 것이다.

초정이 지식인이자 치자인 사(士)로서 자신의 목표를 '경제'로 삼았음은 자신과 가까운 인물이 추구한 바를 '경제'로 평가한 다음의 글들에서 드러난다. 초정은 천주교도가 되었다가 1786년 사망한 이벽(李蘗)을 추모하는 시에서 그가 '경제'에 뜻을 둔 것을 평가하였다.[11] 그는 벗인 이희경이 "본시 '경제'의 재주를 품고도 갈옷 입고 빈 골짜기에 남아 있구나." 하며 안타까워했다.[12] 양구 현감으로 부임하는 집안 조카에게 '평생 경제를 공부하였으니' 인민의 가난을 구제하라고 했다.[13] 초정이 담헌(湛軒) 홍대용(洪大容, 1731~1783)의 정자에서 지은 시에 의하면, 담헌은 언제나 수학책을 보고 있고 그의 집에는 진실로 '경제'가 있

칭), "臣聞中國欽天監造歷西人等, 皆明於幾何, 精通利用厚生之方. 國家誠能授之以觀象一監之費, 聘其人而處之, 使國中子弟, 學天文躔次鍾律儀器之度數, 農桑醫藥旱澇燥濕之宜, 與夫造瓴甓, 築宮室城郭橋梁, 掘坑銅, 取卝玉, 燔燒琉璃, 設守禦火礮, 灌漑水法, 行車裝船, 伐木運石, 轉重致遠之工, 不數年, 蔚然爲經世適用之材矣."

10 『北學議』, 李喜經, 「農器圖序」, "余命本畸嶇, 又乏才識. 旣不足以上佐明君, 經濟一世, 將欲老死畎畝, 惟農業是務."

11 『貞蕤閣集』詩集 2, 「四悼詩 李德操」, "晉人尙名理, 淸譚亂厥世. 德操議六合, 何嘗離實際. 匹夫關時運, 破屋志經濟. 胸中大機衡, 四海一孤詣."

12 『貞蕤閣集』詩集 2, 「壬寅春季之六 携綸菴李君登弼雲眺杏花 小飮于山底園屋走筆」, "君本經濟才, 被褐在空谷. 誓將携手隱, 學圃裁花木."

13 『貞蕤閣集』詩集 2, 「送楊口族侄」, "牧民無大小, 小猶千戶統. 況當此歉歲, 官事理宜綜. 峽監險必輪, 船粟出必埋. 點丁籍無虛, 舞文姦不縱. 平生學經濟, 願與君子共. 吾民日憔悴, 尤宜敎而用. 甲科非興學, 鉤鉅豈止訟. 耕桑法俱廢, 先須講蠶種. 勞人失地力, 弊原吾窃恐. 安危有黃閣, 諫諍足侍從."

다고 했다.[14] 한자어 '경제'는 원래 국가 관리를 의미하는데, 조선에서는 홍만선(洪萬選)이 1715년 편찬한 『산림경제(山林經濟)』부터 가정관리라는 의미로도 사용되었는데, 담헌에 대해서는 가정관리라는 의미로 '경제'를 사용한 것으로 보인다.

초정의 셋째 아들인 박장암(朴長馣)이 펴낸 『호저집(縞紵集)』 권1은 1778년 제1차 중국행의 직전에 초정이 중국 지식인 이조원(李調元)에게 보낸 답장인 「답우촌서(答雨邨書)」를 수록하였는데, 여기에 "문은 경제에 붙어야 한다〔文附經濟〕."라는 구절이 있다. 이 책의 한영규 논문에 소개된 「답우촌서」는 『정유각집』에 수록되어 있지는 않다. 그 구절 다음에 "민생이 날로 궁핍해짐을 슬퍼하고 많은 동지들이 군색한 것이 가여워, 중국의 제도를 배워 토실을 쌓고 수차를 만들고 비용을 줄이면서 수확을 늘리고자 한다〔哀民生之日乏 憫同志之多窘 欲學中國之制 築土室 造水車 省費而厚斂〕."라는 구절이 나오는데, '경제'의 내용을 구체화한 것으로 보인다.

이처럼 20대부터 논하기를 좋아한 '경제' 학술은 오늘날 의미의 경제정책론을 중심적인 내용으로 삼았다. 초정 이전부터 조선 후기 '경제'의 논의에는 오늘날 의미의 경제 내용의 비중이 높아지고 있었다. 그래서 한자어 '경제'는 번역어 경제의 뜻에 점차 접근하고 있었다.[15] 초정의 주저(主著)인 『북학의』가 시장과 기술의 발전을 통해 인민 생활 수준의 향상을 도모하려는 정책론을 제시한 점에서, 초정은 '경제'라는 한자어가 economy의 개념에 접근하도록 진화하는 데에 기여하였다.

---

14 『貞蕤閣集』詩集 1, 「洪湛軒茅亭次原韻」, "一遇餘杭士, 常觀數理書. 遠遊忘俗隘, 尙友罕交踈. 家有眞經濟, 身無妄毀譽. 醉鄕容素髮, 肉食代寒蔬. 熱手堪羞炙, 靑雲不藉噓."
15 이헌창(2009), 45~56면.

2) 이용후생(利用厚生)

『정유각집』에서 이용후생은 4회 나오는데, 한 번은『북학의』에 대한 연암(燕巖) 박지원(朴趾源)의 서문에서이다. 다른 하나는 초정의 자서(自序)이고, 나머지는『북학의』에 나온다. 초정의 저작을 검토하면, 자신의 학문적 지향으로서 '경제'라는 용어를 즐겨 사용하다가 1778년 완성한 『북학의』의 서문에다 "이용(利用)과 후생(厚生) 중에 하나라도 소홀하면 위로 정덕(正德)을 해친다."라고 하여 이용후생이라는 용어를 처음 저작집에 남겨 놓았다.[16] 앞서 언급하였듯이, 제1차 중국행의 직전에 쓴 「답우촌서」에서 초정은 학문이 '경제'를 목표로 삼아야 한다면서, 중국의 선진적인 제도와 기술을 도입하고 효율을 추구하여 생활수준을 향상해야 한다는 문제의식을 토로하였던 것이다.『북학의』외편의 「농잠총론(農蠶總論)」에서도『서경(書經)』에 나오는 '정덕이용후생'이라는 구절을 인용하고 있다. 초정은 첫 중국 여행의 직후에 '경제'의 포부를 이용후생으로 구체화하였던 것이다. 연암도 1780년 중국을 다녀온 여행기인 『열하일기(熱河日記)』의 「도강록(渡江錄)」에서 "이용한 후에야 후생이 될 것이고, 후생이 이루어진 후에야 정덕을 이룰 수 있다[利用然後可以厚生 厚生然後正其德矣]."라고 했다. 그는 또한 1781년『북학의』서문에다 "이용후생의 도구가 갈수록 곤궁한 상태에 놓여 있다."라고 했다.[17] 그래서 초정, 연암 등의 공부 그룹은 이용후생학파라고도 불린다. 이용

---

16 『北學議』, 「北學議自序」, "夫利用厚生, 一有不脩, 則上侵於正德, 故子曰: '旣庶矣而敎之.' 管仲曰: '衣食足而知禮節.' 今民生日困, 財用日窮, 士大夫其將袖手而不之救歟? 抑因循故常, 宴安而莫之知歟?"

17 『北學議』, 朴趾源, 「北學議序」, "吾東之士, 得偏氣於一隅之土. 足不蹈函夏之地, 目未見中州之人. 生老病死, 不離疆域. 則鶴脛烏黑, 各守其天, 蛙井鷦枯, 獨信其地. 謂禮寧野, 認陋爲儉. 所謂四民, 僅存名目, 而至於利用厚生之具, 日趨於困窮. 此無他. 不知學問之道也."

후생학파는 북학을 통해 이용후생을 도모하고, 이용후생사상에 의거하여 북학을 하였던 점에서 북학파라고도 불린다.

널리 알려진 바와 같이, 이용후생이라는 용어는 『서경』에 나오는 "아! 황제여 생각하소서. 덕(德)은 정치를 선하게 하고 정치는 인민을 기름〔養民〕에 있으니, 수(水)·화(火)·금(金)·목(木)·토(土)·곡식이 잘 닦여지며, 정덕·이용·후생이 조화롭게 이루어지며"라며 우(禹)가 순(舜) 임금에게 한 말에서 유래하였다. 이 구절에 대해 채침(蔡沈)은 이용이란 공업기술과 상업을 발전시켜 인민의 경제활동을 효율적으로 도모함을 말하고 후생이란 의식주를 풍족히 하여 생활수준을 향상함을 의미한다고 풀이하였다.[18] 경제학의 현대적 정의가 후생복지를 낳는 재화와 서비스의 생산·소비를 위한 자원의 효율적 관리를 다루는 학문이라면, 경제를 가장 잘 표현하는 한자어는 이용후생이다. 기술과 시장의 발전을 위한 초정의 논의는 '이용'에 해당한다. '후생'은 경제적 삶을 넉넉히 하는 것, 곧 소비생활의 향상을 주요한 내용으로 삼지만, 의술을 통한 건강의 증진, 그리고 문화적으로 풍요로운 삶도 포함한다. 결국 이용후생은 오늘날 용어로 기술, 경제 및 문화를 포괄한다. 초정이 사용한 용어로 기술은 '기예(技藝)', 문화는 '문명(文明)'에 접근하는데, 경제에 해당하는 용어는 없다. 문화적 재화와 서비스의 생산과 소비, 그리고 효율적인 기술의 선택도 경제 행위에 해당하므로, 이용후생은 번역어 경제에 매우 가까운 용어이다. '이용'이 되면, '후생'은 도모된다. 정덕(正德)과 이용후생이 도모되면, 경세제민이 실현된다. 한자어

---

18 『書經』 虞書, 「大禹謨」, "禹曰 於帝念哉, 德惟善政 政在養民, 水火金木土穀 惟修, 正德 利用厚生 惟和."; 蔡沈의 集傳, "利用者 工作什器 商通貨財之類, 所以利民之用也. 厚生者 衣帛食肉 不飢不寒之類, 所以厚民之生也. …… 通功易事 以利其用, 制節謹道 以厚其生."

'경제'는 정덕과 이용후생을 포괄하는 내용인 것이다. 앞서 언급하였듯이, 초정은 이용후생의 방도에 정통한 서양인을 초빙하여 과학기술을 배우면 '경제'가 실현될 것으로 보았다.

일반적으로 후생의 중심 내용을 경제생활로 보는데, 초정은 경제적 후생을 한층 중시하였다. 그는 「농잠총론」에서 빠르게 생산하는 것, 곧 생산성의 향상이 '이용'이고 의복과 식량이 넉넉한 것, 곧 생활수준의 향상이 '후생'이라고 보았다.[19] 초정은 이용후생이 자원을 효율적으로 사용하고 생활수준을 향상시키는 것이라고 정의함으로써 이를 오늘날의 경제 개념에 더욱 접근시켰다. 초정이 '경제'라는 용어를 즐겨 사용하다가 『북학의』의 지향을 그보다 구체적인 내용을 의미하는 '이용후생'으로 잡게 된 것은 경제 문제를 더욱 중시하게 되었음을 드러낸다. 초정은 중국 여행을 통해 조선의 빈곤을 절감한 후에 가난이 문화를 위축시키고 범죄를 증가시킨다고 인식하게 됨으로써, 경제 문제를 더욱 중시하게 되었다.[20]

초정이 이용후생의 내용으로서 경제를 중심에 두었지만, 문화를 무시한 것은 아니었다. 그의 글에 '문명'이라는 표현이 자주 나온다. 중국 고전에서 유래된 '문명'의 원래 뜻은 문채가 밝게 드러난 것이다. 고려 말부터 조선 유학자들이 사용한 '문명'이란 유교적 도(道)가 잘 구현되고 유교적 교화가 잘 이루어진 상태를 의미했다.[21] 초정에게서 '문명'이란 개념은 유교적 도와 교화라는 굴레를 벗어 버린다. 초정은 북경 거

---

19 『北學議』, 「農蠶總論」, "我國, 都城數里之外, 風俗已有村意. 蓋其衣食不足, 貨財不通, 學問喪於科擧, 風氣限於門閥. 見聞無由而博, 才識無由而開也. 若是而已, 則人文晦而制度壞, 民日衆而國日空. 故書曰: '正德利用厚生惟修.' 大學傳曰: '生財有大道. 爲之者疾.' 疾之云者, 用之利也. 生之厚者, 衣食足也."

20 이용후생의 내용에 대해서는 이헌창(2011a), 114~116면을 인용하여 재정리하였다.

21 노대환(2010), 51~58면.

리에서 각종 골동품과 서화를 보고 이러한 것들이 인간 내면의 지혜를 살찌우고 하늘로부터 받은 인생을 마음껏 발휘하게 한다고 보았다. 그런데 조선에서는 이러한 것이 인민에게 아무 이익이 되지 못하니 전부 불태우자는 말이 나오고 천하의 보배가 모두 천대를 받으니 "점차 세련되고 우아한 '문명' 세계로부터 자신을 차단시켜 버린다."라고 개탄하였다. 조선에서는 책장사가 한 권의 책을 가지고 여러 달이나 사대부 집을 두루 돌아다녀도 제대로 팔지 못하는데, 중국의 한 서점에서 주인이 매매 문서의 정리에 잠시도 쉴 틈이 없는 것을 보고, 초정은 중국이 '문명'의 본고장이라고 생각하였다.[22] 여기서 초정이 말하는 '문명'이란 오늘날 의미로는 문화에 접근하는 개념이다. 그것은 이용후생을 구성하는 한 요소이었다. 초정은 물질적으로 풍족할 뿐만 아니라 정신적으로도 윤택한 삶을 추구하였는데, 이것이 바로 후생인 것이다. 초정보다 이용후생의 개념 내용을 풍성하게 한 인물을 찾기는 어렵다.

3) 기타 개념

'political economy'의 번역어로서 경제학과 가장 치열하게 경합한 한자어는 이재학(理財學)인데, 초정의 저술에서 '이재'는 한 번 발견된다.

---

22 『北學議』, 「古董書畫」, "琉璃廠左右十餘里, 及龍鳳寺開市等處, 驟看之, 璀璨輝映, 不可名狀者. 皆彝鼎·古玉·書畫·奇巧之屬, 其實眞品, 亦罕見矣. 然而天下之累鉅萬財, 皆聚於此, 賣買者終日無間斷. 或云: '富則富矣. 而無益於生民, 盡焚之, 有何虧闕?' 其言似確而實未然. 夫靑山白雲, 未必皆喫着, 而人愛之也. 若以其無關於生民, 而冥頑不知好, 則其人果何如哉? 故鳥獸·蟲魚之名物, 尊罍·彝爵之形制, 山川四時書畫之意, 易以之而取象, 詩以之而托興. 豈其無所然而然哉? 蓋不如是, 不足以資其心智·動盪天機也. 我國之人, 學不出科擧, 目不踰疆域. 藏經之紙, 以爲浣也, 栗色之爐, 以爲汚也. 駿駿然自絕于文明都雅之域. …… 嘗入一書肆, 見其主人, 疲於買賣文簿, 暫時無隙. 我國之書儈, 挾一書遍歷士大夫家, 往往數月而不售. 吾於是, 知中國之爲文明之藪也."

『북학의』의 「재부론(財富論)」에서 "이재를 잘하는 사람은 위로는 천시(天時)를, 아래로는 지리적 이점을 잃지 않고 가운데로는 사람을 잘 활용한다."라고 하면서 그 내용을 구체화하였다. "밭 갈고 씨 뿌리는 방법이 잘못되어 비용이 많이 들었는데도 수확이 적다면 이것은 지리적 이점을 놓치는 것이다."라고 한 데에서 드러나듯이, 비용·편익 분석을 하였다. "기구의 이용은 효율을 위주로 하는데, 남들이 하루에 할 일을 나는 1～2달 걸려 한다면 이것은 천시를 잃는 것이다."라고 한 데에서 드러나듯이, 최대의 편익을 추구하였다. "상인이 교역을 하지 않고 놀고먹는 자들이 날로 많아진다면 이것은 사람을 활용하지 못하는 것이다."라고 한 데에서 알 수 있듯이, 기회비용을 고려하였다.[23] 초정이 이재를 한 번만 사용하고 그것도 '이재를 잘하는 사람[善理財者]'이라고 기술한 것은 이재에 대해 당시의 부정적인 관념을 의식하였기 때문일 것이다. 종래 '이재'는 국가재정을 확충한다는 의미로 주로 사용되었고 그래서 인민에 대한 수탈을 초래할 수 있다는 점에서 경계의 대상이었다. 초정은 이재의 내용을 농·공·상인의 경제효율화로 채웠던 점에서, '이재'의 개념을 진전시키는 데에 가볍지 않은 기여를 하였다. 이러한 이재에 대한 설명에서 드러나듯이, 초정이 제시한 경제개혁론의 원칙은 비용·편익 분석을 통해 효율을 추구하는 경제합리주의였다. 한자문화권에서 초정 식으로 '이재' 개념의 진전이 확산되었더라면, 'political economy'의 번역어로서 이재학과 경제학의 경합 양상이 달라졌을지도 모른다.

초정이 이 이재에 대한 설명을 담은 글의 제명인 「재부론(財富論)」은 'political economy'의 번역어가 될 자격을 갖춘 용어이다. 그런데 중국

---

23 『北學議』, 「財富論」, "善理財者, 上不失天, 下不失地, 中不失人. 器用之主利, 人可以一日, 而我或至於一月·二月, 是失天也. 耕種之無法, 費多而攻少, 是失地也. 商賈不通, 遊食日衆, 是失人也. 三者俱失, 不學中國之過也."

에서는 '국부론'이, 조선에서는 '국재론'이 번역어로서 거론되기는 하였으나, '재부론'이 번역어로 거론되지는 않은 것으로 보인다. '재부'라는 용어가 사용되지 않은 것은 아니나 널리 사용되지 못했기 때문이다. 초정은 「재부론」이라는 제목의 경제론을 집필한 점에서 경제학 개념사에 기여한 셈이었다.

『대학(大學)』 전문(傳文) 10장에 나오는 '생재(生財)'는 유학 경제사상의 핵심 용어이다. 이것이 'political economy'의 번역어로 거론된 적은 없는 것 같으나, 일본에 유학한 중국인이 1903년에 편찬한 근대 개념어 사전인 『신이아(新爾雅)』에서는 생재의 개념을 좁혀서 생산에 해당하는 용어로 풀이하기도 하고, 재화의 교환·생산·저장을 포괄하는 용어로 보기도 했다. 초정은 「농잠총론」에서 이 『대학』에 나오는 '생재'의 방도가 이용후생을 실현한다고 인식하였다.[24] 빠르게 생산하는 것, 곧 생산성의 향상이 이용이고 의복과 식량이 넉넉한 것, 곧 생활수준의 향상이 후생이라고 보았던 것이다. 초정은 생재를 생산이라는 좁은 의미에 접근하여 사용한 것 같은데, 성호(星湖) 이익(李瀷)은 『곽우록(藿憂錄)』, 「생재(生財)」에서 생재를 소비 등도 포함하는 넓은 의미로 풀이한 바 있다.[25]

량치차오(梁啓超)가 'political economy'의 번역어로서 거론한 바 있는 '평준(平準)'도 『북학의』에 나온다. '평준'이란 정부가 물자의 매매와 운송을 통하여 물가의 평준화와 안정을 도모하는 일을 의미한다. 『북학의』 내편, 「거(車)」와 진북학의편(進北學議篇)의 「거구칙(車九則)」에서는 "만약 유안이 잘 달리는 사람을 대기해 놓았던 것처럼 한다면, 사방의 물가는 수일 내로 고르게 조정될 것이다〔若如劉晏之置善走者 則四方

24 주19).
25 이헌창(2012a), 217면.

物貨之貴賤 可以平準於數日之內矣〕."라고 했다. 유안(劉晏, 718~780)은 뛰어난 경제적 업적으로 유명한 당나라의 고위 관료로서 조운(漕運), 염법(鹽法), 세제(稅制) 및 상평(常平)의 네 방면에 업적을 남겼다. 그는 상평과 조운을 통해 물가를 고르게 하여 안정시키는 것을 중요한 정책 목표로 삼았다.[26] 이처럼 물가를 고르게 하는 평준 정책은 한나라 때의 중요한 경제정책이어서 상홍양(桑弘羊)의 제안으로 평준관을 두었고 사마천(司馬遷)의 『사기(史記)』에는 「평준서(平準書)」가 있다. 『한서(漢書)』, 「식화지(食貨志)」에는 관중(管仲)이 물가를 고르게 하는 평준책을 제안하여 성과를 거둔 사실을 기록하였다.

초정은 이러한 평준 정책론을 교통의 발전을 통해 시장 통합을 도모하는 정책론으로 발전시켰다. 중국의 수레 기술을 배우자고 주장한 「거」와 「거구칙」에는 유안을 언급한 다음에 흥미로운 사례가 나온다. 산골 사람이 아그배를 담가서 식초를 얻고 그것을 소금이나 메주의 대용으로 사용할 정도로 가난하였는데, 이것은 수레가 없어서 재화가 잘 유통되지 못해 물가의 지역 간 편차가 심하기 때문이라고 초정은 단언하였다. 초정은 교통의 낙후가 물자의 지역적 편재(偏在)와 가격 차를 낳고, 그럼으로써 소비생활이 악화되고 산업이 위축된다고 인식하였던 것이다. 교통의 발달로 거래 비용이 절감되면, 유통이 활발해지고 물가가 평준화되어 소비자가 이익을 보고 생산이 촉진되어 생산자도 이익을 보게 되는 것이다. 그래서 그는 수레 사용 등 교통 개선책을 적극 주장하였다. 이것은 '교통 발달→시장 통합→자원의 효율적 배분→후생의 증대'라는 경제원리를 훌륭하게 파악한 내용이다. 중국의 역사서에 나오는 '평준'은 정부의 물가규제 정책인 반면, 초정은 교통과 시

---

26 胡寄窓(1963/1978), 389~400면.

장의 발전을 통해 물가를 고르게 하고자 주장함으로써, '평준'을 시장 통합이라는 의미로 이해하였다. 문호 개방 이전에 중국 고대의 평준 사상을 초정보다 더 잘 발전시킨 인물을 찾기는 어려울 것이다.

연암은 조선의 산업이 위축된 것은 사(土)가 실학을 하지 않은 탓이라고 보았고, 사가 명농(明農)·통상(通商)·혜공(惠工)의 이치에 관한 실학에 종사하여 농·공·상업을 진흥해야 한다고 주장하였다.[27] 흥미롭게도 초정의 저술에 명농, 통상 및 혜공이 모두 나온다. 사가 명농·통상·혜공의 이치에 관한 실학에 종사하여야 한다는 생각은 이용후생 학파가 공유하였던 것으로 보인다.

초정의 저술에 '명농'은 다섯 번 나온다. 중국에 가기 전에 지은 「주행잡절(舟行雜絕)」에서는 '명농천재의(明農千載意)'라고 하여 농업 발달을 도모하려는 포부를 내세우고 있다. 그는 영평 현령으로 재직하면서 1799년 정조에게 바친 「응지진북학의소(應旨進北學議疏)」에서 "주공(周公)의 명농을 본받아, 백성들을 굶주리지도 춥지도 않게 하는 것이 왕정(王政)의 첫 번째 의의이다〔法周公之明農 以使斯民 不飢不寒 爲王政第一義〕."라고 천명하였다. 우리가 초정을 농본주의로부터 벗어났다고 하는 것은 그가 통상·혜공도 명농에 못지않게 중시하였기 때문이다. 초정이 『북학의』에 넣은 이희경의 「농기도서(農器圖序)」에서는 '명농리(明農利)'라고 하여 명농의 의미를 구체화하였다.

초정의 저술에는 '통상(通商)'이 일곱 번, '혜공(惠工)'이 한 번 나온다. 「통강남·절강상박의(通江南浙江商舶議)」에는 통상이 세 번 나오는 가운데, 한 번은 혜공과 함께 나온다. 「통강남·절강상박의」의 첫머리에는 "우리나라는 영토가 작고 인민이 가난하므로, 지금 힘껏 농사짓

---

27 朴趾源, 『課農小抄』, 「諸家總論」.

고 어진 인재를 기용하고 상업을 원활하게 하고 공업에 혜택을 줌으로써〔通商·惠工〕 국가의 이익을 모두 개발하여도 부족할까 걱정되니, 반드시 원격지상업에 종사하여야 재화가 증식되고〔貨財殖〕 온갖 쓸 만한 물건이 만들어진다."라고 했다.[28] 국내뿐만 아니라 멀리 외국과 교역하는 것이 재화를 증식하는 일이라고 하였는데, '화식(貨殖)'은 '평준'과 더불어 『사기』의 편명으로 나온다. 이 글에서는 "통상에는 반드시 수로를 귀하게 여긴다〔通商者又必以水路爲貴〕."라고 하였는데, 「거」와 「거구칙」에서는 '육로의 통상'이라는 말이 반복된다. 「통강남·절강상박의」에서는 '통상박(通商舶)', 「병오소회(丙午所懷)」에서는 '통상고(通商賈)'라 하여 '통상'을 구체화하는 용어가 나온다.

이처럼 한자어에는 'economy'의 번역어가 될 만한 용어들이 풍부하다. 그 대부분은 중국 전국시대 이전에 나온 용어이다. 한자 문화권에서는 고대부터 경제에 관한 담론이 활발하였던 것이다. 그런데 한자 문화권에서의 경제 담론은 거의가 치자(治者) 내지 국가경제의 관점에서 이루어진 것이고, 민간 관점에서의 담론이 부족하다. 지금까지 제시한 용어는 모두 치자의 관점에서 제기된 것이다. 치자의 관점이 가장 명확하게 드러난 개념은 '경제'이다. 사(士)가 명농·통상·혜공의 실학을 하는 것도 치자의 관점이다. 유럽에서도 경제학의 어원이 'political economy'인 데에서 드러나듯이, 경제학이란 치자의 국가경제 관점에서 출발하였다. 그런데 기원전 4세기 전반에 그리스의 크세노폰이 저술한 『가정관리론(*Oikonomikos*)』이 가정경제에 관한 담론인 데에서 드러나듯이, 유럽에서는 일찍부터 민간경제에 관한 담론이 발달하였다. 이 점이 경제학

---

28 『北學議』, 「通江南·浙江商舶議」, "我國, 國小而民貧. 今耕田疾作, 用其賢才, 通商惠工, 盡國中之利, 猶患不足. 又必通遠方之物而後, 貨財殖焉, 百用生焉."

이 유럽에서 먼저 출현한 근원을 이루었다.

이용후생, 이재, 생재, 명농·통상·혜공은 원래 치자(治者)의 정책 목표로 사용된 용어인데, 민간의 경제행위로 해석해도 가능한 한자어였다. 초정은 '이재'에다 민간의 경제효율화라는 내용을 부여하였고, '평준'도 정부의 물가 정책을 벗어나 시장통합이라는 의미로 이해하였다. 초정은 이용후생, 이재, 평준 등의 한자어에 분석적 의미를 부여함으로써 경제학 개념사에 기여하였다. 나아가 이러한 개념들을 활용하여 경제사상을 풍성하게 하였다.

3. 이용후생사상의 구조

초정의 경제사상을 보여 주는 개념은 '경제', 이용후생, 이재, 생재, 평준 등인데, 그중에서 그의 풍성한 경제사상을 포괄적이면서 구체적으로 설명하는 개념은 이용후생이다. 초정은 시장과 기술의 발전을 통해 생산의 증대를 도모할 뿐만 아니라 이렇게 해서 증대한 소득으로 소비생활의 향상을 도모하고자 했다. 전자는 '이용'이고, 후자는 '후생'이었다. 이것은 부민·부국책이었다. 그 내용을 분해하여 설명해 보자.[29]

1) 시장론

초정은 다음의 『북학의』, 「시정(市井)」에서 사치재 등의 소비가 시장과 기술의 발전을 촉진한다는 탁월한 인식을 제시하였다. 그는 조선이

---

29 이 절의 1)·2)·3)·6)은 이헌창(2011a)을 발췌하여 정리하고 보완한 것이다.

검소함을 지나치게 숭상함이 시장을 위축시키고 기술발전을 저해한다고 보아, 사치를 무조건 배격하고 검소함만을 고집하던 당시의 보편화된 가치관을 비판하고, 소비시장의 확대를 통해 생산의 자극과 기술의 발전을 도모하자고 주장하였다.

중국이 사치로 망한다고 하면, 우리나라는 반드시 검소함으로 인해 쇠퇴할 것이다. 왜 그런가? 물건이 있음에도 불구하고 쓰지 않는 것을 검소함이라고 하지, 자기에게 없는 물건을 스스로 끊어 버리는 것을 일컫지는 않는다. 지금 나라 안에는 구슬을 캐는 집이 없고, 시장에는 산호의 값이 없다. 또 금과 은을 가지고 가게에 들어가도 떡을 살 수 없다. 어찌 그 습속이 참으로 검소함을 좋아해서 그러하겠는가. 오직 물건을 이용하는 방법을 모르기 때문이다. 이용할 줄 모르니 생산할 줄 모르고, 생산할 줄 모르니 인민이 날로 궁핍해지는 것이다. 대저 재물은 비유하자면 우물과 같아서, 퍼내면 채워지고 이용하지 않으면 말라 버린다. 비단을 입지 않기 때문에 나라 안에 비단을 짜는 사람이 없다. 그래서 길쌈과 바느질이 쇠퇴해졌다. 그릇이 비뚤어지는 것을 개의하지 않으므로 교묘함을 일삼지 않아, 나라에 공장(工匠)과 질그릇 굽는 곳, 대장간이 없어서 기예(技藝)도 사라졌다. 심지어 농업이 황폐해져 농부는 농사하는 방법을 놓치고, 장사는 이익이 박해 실업한다. 그러니 사민(四民)이 모두 곤궁하여져서 서로 도울 길이 없다.[30]

---

30 『北學議』, 「市井」, "夫中國固以奢而亡, 吾邦必以儉而衰, 何也, 夫有其物而不費之謂儉, 非無諸己而自絶之謂也, 今國無採珠之戶, 市無珊瑚之價, 持金銀而入店, 不可以買餠餌, 豈見俗之眞能好儉而然歟, 特不知所以用之之術耳, 不知所以用之, 則不知所以生之, 不知所以生之, 則民日窮, 夫財譬則井也, 汲則滿, 廢則竭, 故不服錦繡, 而國無織錦之人, 則女紅衰矣, 不嫌窳器, 不事機巧, 而國無工匠陶冶之事, 則技藝亡矣, 以至農荒而失其法, 商薄而失其業, 四民俱困, 不能相濟."

당시 유학자는 정교하고 화려한 공예품을 기기음교(奇技淫巧)로 비난하였는데, 초정은 고급품과 사치품의 생산이 기술발전에 이바지한다고 보았던 것이다. 이것은 경제발전에 대한 정확한 이해이자 조선의 문제점에 대한 예리한 인식으로 판단된다. 필자는 이 구절을 시장이 경제발전의 동력이라는 맥락으로 이해하여, "분업을 낳는 것은 교환의 힘이므로 분업의 범위는 늘 시장의 크기에 의해 제한된다."라는 애덤 스미스(Adam Smith)의 유명한 명제에 상통한다고 지적한 바 있다.[31] 분업의 심화도 기술 발전의 일환으로 볼 수 있다. 우물의 비유를 포함한 이 구절은 시장의 발견, 나아가 경제의 발견이라고 평가할 만하다.[32]

시장 원리를 훌륭하게 파악한 초정은 또한 유수원(柳壽垣)처럼 사회적 분업의 이점을 잘 인식하였다. 그는 벽돌을 자급하면 된다는 견해에 대해 전문성과 효율성이 떨어진다고 논박하였다. 『북학의』, 「벽돌[甓]」에서 "인민의 일용품은 반드시 서로 도움을 주고받으면서 쓰여야 한다〔民生日用 必相資而行〕."라고 하면서 벽돌을 예로 들어 가마, 석회, 수레 등을 만드는 장인이 나누어서 제조해야 한다고 했다. 일본에서는 주택을 구성하는 부품의 표준화가 이루어져 부족한 부품을 시장에서 편리하게 조달할 수 있으니, 이상적인 『주례(周禮)』의 제도가 갖추어져 있다고 칭찬하였다.[33]

다음에 살펴볼 무역론도 시장론에 포함된다.

---

31 Smith(1776), Book I, Chapter III, "As it is the power of exchanging that gives occasion to the division of labor, so the extent of this division must always be limited by that power, or, in other words, by the extent of the market."
32 이헌창(2011a), 127~129면.
33 이헌창(2011a), 129~130면.

2) 무역론

초정은 『북학의』를 탈고하기 얼마 전에 지은 「효좌서회(曉坐書懷)」에서 "육지의 재화가 연경(燕京)에 통하지 않고 해상(海商)이 일본으로 건너가지 못하니, 비유하면 들판의 우물이 긷지 않아 말라짐과 같다〔陸貨不通燕 海賈不踰倭 譬如野中井不汲將自渴〕."라고 하였다. 이 시는 『북학의』, 「재부론」에도 인용되어 있다. 이 비유에서 드러나듯이 『북학의』, 「시정」에서 말한 우물, 곧 소비시장이 마르지 않도록 역할을 하는 주된 원천은 국제무역이었다. 시장 발전을 주도할 영역은 외국 시장인 것이다. 애덤 스미스가 수상 운송의 발달, 그 연장선에서 세계 무역의 전개를 통한 시장의 확대가 생산성을 향상시키는 효과를 중시하였다면, 초정은 해로 무역의 활성화를 통한 시장의 확대를 기본 동력으로 하여 기술의 발전과 생산의 확대를 도모하고자 하였다. 초정의 시장론은 국제무역론에서 빛을 발하고 완성되었다고 하겠다.

초정은 1786년 정조에게 제출한 정책 건의안인 「병오소회」에서 "우리나라의 큰 병폐는 가난입니다. 가난을 무엇으로 구제할 것인가 하면 중국과 통상하는 길뿐입니다〔當今國之大弊曰貧 何以捄貧 曰通中國而已矣〕."라고 하였는데, 이것이 그의 핵심저인 정책안이다. 조선은 작고 가난하여 국내 산업을 육성하여 이익의 원천을 다 개발하여도 부국을 이루기가 힘들다. 그런데 조선은 삼면이 바다이고 중국과 가까워 중국과 해로로 무역하는 이점이 크다. 중국과 육로로 무역하지만, 해로 수송이 육로보다 10배 이상 편리하다고 보았다. 그런데도 조선 건국 이래 400년 동안 해로 통상을 위해 다른 나라로 배 한 척도 가지 않았다는 것이다.[34]

---

34 『北學議』, 「通江南·浙江商舶議」.

이것은 조선의 경제 문제에 대한 정확한 진단이었다. 조선 국가는 민간 선박이 외국에 가는 것을 금지하는 해금(海禁)을 시행하였다. 중국과는 조공(朝貢) 사절에 수반된 육로무역만 허용하였고, 지정된 항구에 오는 일본인과의 무역만 허용하였다. 서양에 대해서는 일체의 교류를 금지하는 쇄국정책을 채택하였다. 쇄국정책은 넓은 의미의 해금정책에 포함될 수도 있다. 그런 점에서 중국을 비롯하여 서양 국가들과도 해로로 통상하자는 초정의 주장은 단순한 무역육성론이 아니라 해금·쇄국제도를 폐지하여 나라의 문호를 여는 개국통상론이었다. 이 글에서 군자로 간주되는 사족에게 상업을 장려하여 '날로 이익을 추구하게 하여〔使之日趨於利〕' 놀고먹는 폐단을 없애자고 제안하였는데, 초정은 이익 추구의 경제적 동기를 유교 도덕의 구속으로부터 해방하고자 하였던 것이다.

초정은 근대 무역이론을 만들지는 못하였지만, 무역 이익을 잘 이해하였다. 그는 우리나라는 영토가 작은 반도여서 "반드시 원격지상업에 종사하여야 재화가 증식되고 온갖 쓸 만한 물건이 만들어진다."라고 하였다. 지금은 무명을 입고 백지(白紙)에 글을 써도 물자가 부족하지만, 배로 무역을 하면 비단을 입고 죽지(竹紙)에 글을 써도 물자가 남아돌 것이라고 전망하였다. 일본이 중국과 통상한 이후 경제와 문화의 번창을 이룬 것도 그의 해로무역 육성론의 논거로 활용되었다.[35]

초정은 해로무역의 두절이 검소함의 숭상과 관련이 있고, 검소함을 미덕으로 삼는 풍조로 기예(技藝)가 없어지고 소비시장이 위축되어 인

---

35 같은 글, "我國, 國小而民貧. 今耕田疾作, 用其賢才, 通商惠工, 盡國中之利, 猶患不足. 又必通遠方之物而後, 貨財殖焉, 百用生焉. …… 我國, 三面環海. 西距登萊, 直線六百餘里, 南海之南, 則吳頭·楚尾之相望也. …… 故知今之衣綿布·書白紙而不足者, 一通舶則被綺紈·書竹紙而有餘矣."

민이 날로 궁핍해지고 있다고 판단하였다. 그래서 초정은 외국무역의 활성화를 기본 동력으로 하여 기술의 발전과 생산의 확대를 도모하고 자 하였던 것이다. 그런 점에서 그는 무역입국론자였다.

초정은 무역 활성화를 통해 경제적 이익을 추구하는 데에 그치지 않고 사상적 폐쇄성의 극복과 문화의 발달을 기대하였다. 조선인은 "풍속과 기상이 우둔하고 재능과 식견이 확 트이지 못하였는데 그것은 오로지 외국과 통상을 하지 않은 데에 기인한다."[36]라고 보았다. 그래서 중국과 해로로 무역하면 "배·수레·궁실·집기와 같은 편리한 기구를 배울 수 있고 천하의 서적도 들어올 것이니, 습속에 얽매인 선비들의 편벽되고 고루한 소견은 저절로 타파될 것이다."라고 전망하였다.[37] 초정의 해로무역론은 오랑캐로 간주하던 청나라로부터 선진 문물을 배우자는 북학의 이념에 직결되는 것이었다.

3) 기술론

초정은 "중국 흠천감(欽天監)에서 역서(曆書)를 꾸미는 서양 사람이 모두 기하학에 밝고 이용·후생의 방법에 정통하다." 하므로, 이들을 초빙하여 과학과 기술을 배우면 "수년이 지나지 않아 세상의 경륜에 알맞게 쓸 수 있는 인재가 울창해질 것이다."라고 주장하였다. 여기서 과학과 기술이 이용후생의 핵심적인 방도로서 인식되며, 외국 선진 기

---

36 같은 글, "故我國易恐而多嫌, 風氣之貿貿. 才識之不開職有於此."
37 『北學議』, 「丙午所懷」, "使登萊之船, 泊於長淵, 金復海蓋之物, 交於宣川, 江浙泉漳之貨, 集于恩津礪山之間, 則嶺之綿, 湖之苧, 西北之絲麻, 可化爲綾羅織罽, 而竹箭白硾狼尾昆布鰒魚之産, 可以爲金銀犀兕兵甲藥餌之用矣. 舟楫車輿宮室器什之利可學矣. 天下之圖書可致, 而拘儒俗上福塞固滯織之見, 可不攻而自破矣."

술의 도입으로 이용후생의 방도가 잘 정립되면, 경세제민이 이루어질 것이라고 본 것이다. 과학·기술과 이용후생과 '경제'의 관계가 설정되었음이 주목된다.[38] 초정은 영평 현령으로 있으면서 종두법을 시행하여,[39] 과학·기술의 활용으로 이용후생 내지 '경제'에 이바지하는 실천을 하였다. 『북학의』 내편은 중국 기술에 관한 정밀한 보고서인데, 초정은 자신이 과학을 탐구하려고 생각하였던 것 같지는 않다.

초정은 중국에 처음 가기 직전 이조원에게 '농업과 공업의 기술' 등을 두루 관찰하고 배우기를 간절히 바라는 편지를 보낸 바 있다.[40] 그는 『북학의』에서 중국의 다양한 기술을 소개하면서 그 도입을 주장하였다. 'technology'의 번역어로서 기술에 해당하는 한자어인 '기예(技藝)'가 초정의 저술에는 자주 나온다. 초정이 기술육성론을 전개하는 곳에

---

38 같은 글, "臣聞中國欽天監造歷西人等, 皆明於幾何, 精通利用厚生之方. 國家誠能授之以觀象一監之費, 聘其人而處之, 使國中子弟, 學其天文蹠次鍾律儀器之度數, 農桑醫藥旱澇燥濕之宜, 與夫造飯甕, 築宮室城郭橋梁, 掘坑銅, 取卄玉, 燔燒琉璃, 設行禦火礮, 灌漑水法, 行車裝船, 伐木運石, 轉重致遠之工, 不數年, 蔚然爲經世適用之材矣."

39 丁若鏞, 『茶山詩文集』 권10, 文集, 「種痘說」. 崔益翰이 자신의 호인 滄海란 이름으로 『동아일보』 1940년 2월 29일부터 3월 5일까지 총 4회에 걸쳐 연재 발표한 「種痘術과 鄭茶山先生」에 「種痘說」에 나오는 내용이 소개되어 있다. 다산이 1799년 입수하여 초정에게 전해 준 중국의 저서 『種痘方』의 내용은 제너(Edward Jenner)가 1796년 처음 실험한 牛痘法이 아니라 그 이전에 중국, 유럽, 터키 등지에서 시행되던 人痘法이었다. 이 인두법이 조선에서 확산되었다는 기록을 보지 못했는데, 예방을 위한 인두 접종 때문에 도리어 천연두에 걸려 죽는 사람이 종종 있는 부작용 때문으로 생각된다.

40 『貞蕤閣集』 文集 4, 「與李羹堂」, "저는 부디 하늘이 저의 충심을 헤아려서 말을 모는 보잘것없는 지위라도 중국 사절단에 따라갈 수 있게 해 주기를 희망합니다. 그래서 중국 산천과 인물의 장대함, 궁실·수레·선박의 제도, 그리고 농업과 공업의 기술을 두루 마음껏 관찰할 수 있기를 바랍니다. 배우고 보고 싶은 것을 일일이 서면으로 작성하여 선생님께 여쭙고 싶습니다. 그러면 돌아와 일생을 농부로 지내다 죽더라도 여한이 없겠습니다.〔身爲屬國之布衣, 名托上都之龍門, 不朽之榮, 比它尤當萬萬. 雖然齊家, 庶幾天察其衷, 得隨歲貢, 備馬前一小卒. 使得縱觀山川人物之壯, 宮室車船之制, 與夫耕農百工技藝之倫? 所以願學而願見者, 一一筆之於書面, 質之於先生之前. 然後雖歸死田間, 不恨也. 先生以爲如何?〕"

는 '기예'라는 용어를 긴요하게 활용하였다. 초정의 수준 높은 시장 이해를 보여 주는『북학의』, 「시정(市井)」에서는 고급품 시장이 위축되어 '기예'가 사라져서 상업이 위축되고 사민이 모두 곤궁해졌다는 예리한 기술론이 나와 있다.[41] 기술의 발전은 부국뿐만 아니라 강병에도 기여한다는 것이다.[42] '백공기예(百工技藝)'의 낙후를 극복하기 위해서는 중국을 배울 따름이라고 했다.[43] 중국뿐만 아니라 일본의 기예도 배우자고 했다. 일본에서는 기예가 뛰어난 공장(工匠)이 가르치고 기술의 평가를 하는데, 이것은 인민을 한 가지 기술에 전념하도록 권장하는 방도라했다.[44] 낙후된 기술의 극복 방안은 북학론으로 연결되는 것이다. 표류된 외국 선박으로부터 외국 기술을 배울 수 있다고 했다.[45] 외국 무역이 기술 이전을 낳을 것이라는 초정의 인식은 예리하다.[46]

기술을 중시하는 초정의 관념은 신분제와 과거제의 개혁론으로 연

---

41 『北學議』, 「市井」, "夫財譬則井也. 汲則滿, 廢則竭. 故不服錦繡, 而國無織錦之人, 則女紅衰矣. 不嫌窳器, 不事機巧, 而國無工匠陶冶之事, 則技藝亡矣. 以至農荒而失其法, 商薄而失其業. 四民俱困, 不能相濟."

42 『北學議』, 「兵論」, "兵必寓於民生日用之內, 而後豫而不費. 車非爲兵也, 而用車, 則自然之輜重行焉. 甓非爲兵也, 而用甓, 則萬民之城郭具焉. 百工技藝畜牧之事非爲兵也, 而三軍之馬, 攻戰之器械, 不備不利, 則不足以爲兵矣. 一爲今之計, 莫如急行車・造甓, 善其畜牧, 勸其鄕財, 董其百工技藝. 然後減國之兵數, 有給而無徵, 向之逃者必來, 而托者必願."

43 『北學議』, 「宮室」, "民生而目不見方正, 手不習精巧. 所謂百工技藝之流, 亦皆此中之人焉, 則萬事荒陋, 遞相傳染. 方是之時, 雖有高才明智之士, 此俗已成, 無由而破之矣. 然則將若之何? 不過曰, 學中國而已. 今都城第宅, 往往華侈, 而其廳堗, 無平置棋局者. 必用碁子, 庋其一脚."

44 『北學議』, 「瓷」, "日本之俗, 凡百工技藝, 一得天下一之號, 則雖明知其術之未必勝於己, 而必往師之. 視其一言之襃貶, 以爲輕重. 此其所以勸技藝・專民俗之道歟?"

45 『北學議』, 「船」, "若有漂人, 來泊沿海諸邑, 船中, 必有帶來船匠, 及他技藝人. 卽其候風留住之間, 亟令巧工, 倣學其制, 盡其術而後, 方許其歸可也. 今不徒不學, 或有棄船陸還者, 卽令該地方, 焚其舶, 不知何義."

46 『北學議』, 「通江南・浙江商舶議」, "如是則不待自往, 而彼亦自來. 我乃學其技藝, 訪其風俗, 使國人廣其耳目, 知天下之爲大, 井蠅之可恥. 則其爲世道地, 又豈特交易之利而已哉."

결된다. 그는 뛰어난 기술자를 사(士)로서 대우하여야 기예가 발전할 수 있다고 보았다.[47] 중국에 가기 전인 1777년 증광시(增廣試)에 응시하여 제출한 답안지인『북학의』,「정유증광시사책(丁酉增廣試士策)」에서는 사(士)의 시험을 도덕지사(道德之士), 문학지사(文學之士) 및 기예지사(技藝之士)로 나누어 치르게 하자고 했다.『북학의』,「과거론(科擧論)」에서는 '박학기예의 무리'를 과거로 등용하지 못하는 현실을 비판하였다.[48]

초정의 '기예'론은 전문성을 중시하는 '벽(癖)'론으로 연결된다. 초정은「백화보서(百花譜序)」에서 전문적 기예를 익힌 편벽된 인물을 높이 평가하였다.

벽(癖)이 편벽된 병을 의미하지만, 전문적 기예를 익히는 자는 오직 벽을 가진 사람만이 가능하다. …… 벌벌 떨고 게으름이나 피우면서 천하의 대사를 그르치는 위인들은 편벽된 병이 없음을 뻐기고 있다.[49]

18세기에는 수집벽, 화벽(畫癖) 등의 특정한 취미, 학술, 예술, 기술에 대해 도를 넘어 탐닉하고 추구하는 사대부(士大夫) 마니아들이 속속 등장하였고, 이러한 현상은 중인에 이어 평민에까지 확산되었다. 초정이 이러한 취향의 '벽'을 가진 마니아만이 전문적 기예를 익힐 수 있

---

47 『貞蕤閣集』文集 4,「謝鄭吏議〔志儉〕求見李吉大書」, "承諭. 有向者, 以巧藝事求之勤, 而不薦李生吉大, 見訝於執事者. 吉大於齊家, 友焉耳. 當責以士, 不當責以藝. 進人於執事, 亦當進以古之道, 不當進以技藝者之賤."

48 『北學議』,「科擧論」, "昔歐陽公, 爲蘇軾, 退試期. 夫明知其賢, 則爲之退試期而收之. 今也在科擧之中, 則明知其不可用而取之, 如時藝之類是也. 在科擧之外, 則明知其可用而不用, 如博學技藝之流是也. 古之科擧也, 將以取人, 今之科擧也, 將以限人."

49 『貞蕤閣集』文集 2,「百花譜序」, "夫癖之爲字, 從疾從辟, 病之偏也. 雖然, 具獨往之神, 習專門之藝者, 惟癖者能之. …… 彼伈伈泄泄誤天下大事, 自以爲无病之偏者."

다고 본 점에 주목하자.[50] 공자(孔子)는 "군자가 그릇처럼 국한되어서는 안 된다."라고 하여,[51] 유교 문화에서는 전문가가 존중되지 않았다. 조선에서는 유교가 강한 영향력을 행사한 데다가 도시화·상업화가 진전되지 못하여 중국과 일본에 비해서도 전문가에 대한 존중도가 낮았다. 초정의 '벽'론은 전문성과 기술을 존중하는 관점으로 이어질 수 있다는 점에서 의의가 있다. 초정은 중국을 너무나 좋아하여 '당벽(唐癖)'으로 비판받기도 했지만, '벽' 성향이 있었기에 경제전문가가 될 수 있었다.

4) 자본재의 확충론

청나라 시대 중국이 유럽에 비해 자본재가 부족한 사실은 종종 지적되어 왔는데, 차명수는 초정이 조선이 가난한 원인의 하나로서 중국보다도 수레, 벽돌 등 자본재가 빈약한 점을 제시하였다고 지적한다.[52] 당시 조선시대 사람처럼 초정은 시장[市]이나 기술[技藝]이라는 개념을 가졌지만, 자본재라는 개념을 알지는 못하였다. 초정은 시장의 확대와 기술의 발전을 가난의 극복을 위한 기본 방안으로 삼았는데, 자본재의 확충도 하나의 중요한 방안으로 보았음은 분명하다. 『북학의』에는 중국과 달리 조선에 널리 보급되지 않은 재화, 그리고 중국보다 품질이 열등한 재화가 다수 소개되어 있는데, 그것들은 소비재뿐만 아니라 생산재도 포괄하였다. 『북학의』에서 기사 제목으로 나온 재화 중에 생산

---

50 정민(2003); 안대회(2005).
51 『論語』, 「爲政」, "君子不器."
52 Cha(2012).

재는 수레, 배, 수고(水庫), 소, 말, 나귀, 안장, 거름, 서양의 용미차(龍尾車) 등 수차(水車) 등이다. 도로와 교량의 개량, 하천의 준설 등은 사회간접자본의 확충이다. 벽돌은 건물과 성곽의 용도로 거론되는데, 건물은 사업용의 생산재가 될 수도 있다. 문호 개방 이전에 조선이 중국에 비해 자본재가 부족하고 그 성능이 떨어지는 점을 지적한 사람은 많지만, 초정처럼 포괄적인 자본재명을 지적하고 그 성능을 세밀하게 고찰한 사람은 없다.

초정은 『북학의』, 「농잠총론」에서 조선이 소비재 부족 등으로 중국보다 가난한 현실을 지적하고, "오늘날 최우선의 계책은 농사법과 양잠법을 모두 개선하는 것이며 그런 후에야 중국과 수준이 같아질 것이다."라고 했다. 농업 기술의 발전이 빈곤을 극복할 최우선의 과제라는 것이다. 그리고 날마다 사용해야 할 생산재로서 곡물 가공에 필요한 양선(颺扇)과 돌방아〔石杵〕, 수리에 이바지하는 수차, 씨뿌리기에 사용하는 호종(瓠種), 김매기에 편리한 입서(立鋤), 파종에 필요한 곰방매·써래·녹독(碌碡), 양잠과 직물 생산에 필요한 잠박(蠶箔)·잠망(蠶網)·소차(繅車)·직기(織機)·교차(攪車), 그리고 탄궁(彈弓)을 중국으로부터 도입하자고 했다.[53]

이처럼 초정은 중국의 효율적인 자본재를 도입하여 널리 보급하자고 주장하였다. 초정의 강조점은 자본재의 결핍 그 자체라기보다는 중국의 효율적인 자본재의 도입을 통한 생산성의 향상을 도모하자는 것

---

53 『北學議』, 「農蠶總論」, "然則爲今之計者, 莫如先從農之族類, 與蠶之高曾而盡改之. 然後可以與中國絫矣. …… 惟其日用而不可闕者, 器凡十數. 有颺扇焉, 一人扇之, 則萬石之舂不難簸矣. 有石杵焉, 萬斛之種, 不難鑿矣. 有水車焉, 能水乾地, 亦旱水地. 有瓠種焉, 蒔不勞踵矣. 有立鋤焉, 耘不病僂矣. 櫌耙者, 所以破塊也. 碌碡者, 所以均種也. 有蠶箔·蠶網·繅車·織機之制焉, 一歲之絲不難治矣. 有攪車焉, 人日核八十斤. 彈弓亦同."

이어서, 결국 기술발전론에 포괄될 수 있는 내용이었다. 조선에도 같은 용도의 생산재가 있지만, 중국의 것이 훨씬 생산성이 높다는 것이다. 예컨대 조선의 교차는 두 사람이 하루에 목화씨 4근을 뽑아내어 한 사람이 하루에 4근의 솜을 탈 수 있는 반면, 중국의 교차는 한 사람이 하루에 80근을 탄다는 것이다.

초정이 조선에 결핍된 생산재로 거론한 대표적인 것은 수레라 할 수 있다. 조선이 중국과 달리 수레를 이용하지 못하는 원인을 당시 사람은 산천이 험준한 탓으로 돌렸는데, 초정은 중국 사람이 오랜 동안 개량하고 연구한 성과가 축적된 수레 제작법을 솜씨가 좋은 장인이 학습하여 도입한다면 수레가 통행할 수 있다고 보았다. 수레의 효율성이 높아지면, 그 경제성이 생긴다는 주장이다. 그리고 "수레가 다니면 길은 저절로 만들어진다〔車行則路自成〕."라고 보았다.[54] 수레라는 생산재와 도로라는 사회간접자본을 관련지어 파악하였던 것이다. 그리고 수레라는 생산재의 확충이 물가를 평준화하고 시장을 통합시켜 생산을 촉진시키고 소비자 후생을 증가시킨다고 보았다. 요컨대 초정의 생각은 자본재 확충론을 기술발전론 및 시장발전론과 유기적으로 관련지우면서 주장한 점에서 평가할 만하다.

5) 소비의 후생론[55]

『북학의』, 「농잠총론」에 나오는 다음 글은 맬더스(T. R. Malthus) 세계의 생존비 수준에 머문, 18세기 후반 조선의 서민 대중의 소비생활을 잘

---

54 『北學議』, 「車」.
55 이헌창(2011b)에 수록된 내용을 재정리하였다.

보여 준다.

　우리나라는 모든 분야에서 중국에 미치지 못한다. 다른 것은 굳이 말할 필요조차 없거니와 그 가운데 저들이 먹고 입는 것의 풍족함을 가장 당해 낼 수 없다. 중국 인민은 비록 외진 마을의 소호(小戶)라 해도 대개 여러 칸의 광을 소유하고 있다. …… 우리나라의 소민(小民)은 모두 아침저녁 먹을거리조차 없는 생계를 꾸려가고 있다. 열 가구 사는 마을에는 하루 두 끼를 해결하는 자가 몇 집 되지 않는다. 어려울 때를 대비하여 준비한 곡물이란 것도 옥수수 몇 자루나 마늘 수십 개를 초가집 벽에 달아 놓은 데에 불과하다. …… 우리나라 시골 농부는 한 해에 무명옷 한 벌도 입지 못한다. 누구나 태어난 이래 침구가 무엇인지 구경하지 못하고 이불 대신 멍석을 깔고 그곳에서 아들과 손자를 기른다. 아이들은 10세 전후가 될 때까지 겨울·여름 할 것 없이 벌거숭이로 다닌다. 그러니 모두 이 천지 사이에 가죽신이니 버선이니 하는 것이 있는지도 모른다. …… 우리나라에는 도시에 사는 소녀도 맨발을 드러내 놓고 다니기 일쑤요 그런 행색을 부끄러워할 줄조차 모른다. 새 옷이라도 걸치면 뭇사람이 눈을 휘둥그레 뜨고 혹시 기생이 된 것이 아닌가 하고 의심한다.[56]

---

56 『北學議』, 「農蠶總論」, "我國, 旣事事不及中國, 他姑不必言, 其衣食之豊足, 最不可當. 中國之民, 雖荒村小戶, 率皆灰築, 數間之庫, 不用斛包, 直輸穀于中, 或全庫·或半庫, 或環簞于屋, 中如大鍾, 高接于梁梯而下之, 多者可百斛, 小者不下二三十斛, 往往一室之內, 有數堆焉. 我國小民之生, 皆無朝夕之資, 十室之邑, 日再食者不能數人, 其所謂陰雨之費者, 不過蜀黍數柄·番椒數十, 懸之于蒜屋烟煤之中而已, 中國之民, 率皆服錦繡·寢氊毹, 有牀有榻, 耕夫亦不脫衣, 皮鞋束脛, 叱牛於田, 我國村野之民, 歲不得木綿一衣, 男女生不見寢具, 藁席代衾, 養子孫於其中, 十歲前後, 無冬無夏, 裸體而行, 更不知天地之間有鞋襪之制焉者 皆是也, 中國邊裔之女, 無不傅粉揷花, 長衣繡鞋, 盛夏之月, 未嘗見其有跣足焉. 我國都市之少女, 往往赤脚而不恥, 着一新衣, 衆已睽睽然疑其爲娼也."

초정은 이러한 가난의 극복을 중심적 문제의식으로 삼았다. 그는 "물건이 있음에도 불구하고 쓰지 않는 것을 검소함이라고 하지, 자기에게 없는 물건을 스스로 끊어 버리는 것을 일컫지는 않는다."라고 하여, 가난과 검소를 구분하였다.[57] 검소함을 숭상하기보다 윤택한 삶인 후생을 추구하는 초정은 사치와 검소로 양분하는 당시의 보편화된 소비관을 극복하자고 했던 것이다.

초정은 재화뿐만 아니라 서비스의 소비도 중시하였다. 그는 문화적 서비스를 중시하였다. 초정은 북경 거리에서 각종 골동품과 서화를 보고 이러한 것들이 인간 내면의 지혜를 살찌우고 하늘로부터 받은 인생을 마음껏 발휘하게 한다고 보았다. 그런데 조선에서는 이러한 것이 인민에게 아무 이익이 되지 못하니 전부 불태우자는 말이 나오고 천하의 보배가 모두 천대를 받으니 "점차 세련되고 우아한 문명 세계로부터 자신을 차단시켜 버린다."라고 개탄하였다. 중국의 수도와 시장의 길가에는 곳곳마다 연극을 벌이고 여기에 중화 문화가 보존되어 있는데, 연극을 관람하면서 잡희(雜戲)라고 업신여겨서는 안 된다고 했다.[58] 초정과 연암은 검약과 사치라는 이분법적 소비문화 담론을 벗어나 '세련되고 우아하여' 높은 효용을 주는 소비문화를 목표로 삼았다. 이들이 지향한 부민관에 상응하는 소비관이었다.

6) 부국론

초정에 관한 최초의 본격적인 연구에서 김용덕은 초정에게서 "북학

57 『北學議』,「市井」, "夫有其物而不費之謂儉, 非無諸己而自絶之謂也."
58 『北學議』,「古董書畫」·「場戲」.

의 정신과 목적은 단적으로 말하면 구빈(救貧)에 있었다."라고 보고 그의 사상을 '구빈부국책(救貧富國策)'으로 규정하였다.[59] 초정의 부국론은 조선시대 경제사상사에서 어떠한 위상을 가지는가?

법가(法家)는 국가재정의 충실화를 위주로 삼은 부국강병론을 견지한 반면, 유가(儒家)는 민생이 안정된 안민(安民)을 실현한 위에서 국가재정이 풍족한 부국을 추구하였다. 법가나 유가 모두가 안민과 부국을 정책 목표로 삼지만, 법가에게는 군주를 높이는 것이 우선적이고 절대적인 목표인 반면, 유가는 일반적으로 민생 안정을 재정 충실화보다 상위의 가치에 두었다. 삼국시대 이후 유학사상이 도입됨에 따라 안민 이념이 천명되고, 고려를 건국한 태조는 부국안민의 목표를 제시하기에 이르렀다. 조선은 고려의 이러한 기본 경제정책 이념을 계승하여 발전시켰다. 조선 전기에 정착, 심화된 주자학은 이재(理財) 행위를 강하게 경계하여 경제정책의 소극화를 낳았으나, 왕도적(王道的) 안민론을 반박할 수 없는 신념 체계로 정착시킨 기여가 있다. 왕도적 안민론이란 인의(仁義)라는 유교 도덕을 기본 가치로 삼고 경제적으로 민생안정에 주력하는 정책론이다. 임진왜란을 기점으로 왕도적 안민론이 분화되어 한편에서는 주자학만 존숭하여 도덕지상주의＝안민지상주의를 지향하는 학풍이, 다른 한편에서는 실용적이고 개방적인 자세로 다양한 사상을 수용하면서 도덕과 공리의 조화를 추구하고 안민부국을 지향하는 학풍이 병존하였다. 김육(金堉)은 안민부국 이념에 입각하여 대동법(大同法)의 전국적 보급에 기여하였다. 실학은 안민부국론을 계승해서 발전시켰다. 조선 초의 경제정책 이념은 지배층 위주로 국가재정의 충실화를 도모하는 부국론의 성격을 가졌으나, 안민과 부국을 더

---

59 김용덕(1961), 3 · 21면.

높은 차원으로 종합한 안민부국론은 국리민복(國利民福)을 도모하는 것이었다.[60]

김육 등의 안민부국론은 민생의 안정을 실현하고 그런 기반 위에서 국가재정의 충실화를 도모하는 데에 머물렀으나, 초정은 기술과 시장의 발전으로 경제성장을 이루고 그것을 통해 생활수준의 향상과 재정의 충실화를 도모하는 부국론을 제시하였다. 시장과 기술의 발전을 도모하는 이용론은 인민의 경제력에 직결되는 것이었고, 그의 후생론은 인민 소비생활의 향상론이었다. 지금의 경제학 용어로 표현하면, 초정은 경제성장을 통한 생활수준의 향상을 주된 목표로 삼은 부국론을 가졌다. 초정의 이용후생사상은 이러한 부국론에 귀결된다고 볼 수 있다.

애덤 스미스의 『국부론(The Wealth of Nations)』은 국부의 개념과 그 결정 원리를 먼저 설명하였으나, 초정의 저술에는 부국(富國), 국부(國富), 부민(富民) 및 민부(民富)라는 용어가 발견되지 않는다. 그렇지만 인민이나 나라의 부라는 표현은 나온다. 그것은 조선의 가난과 대비되어 나오기도 한다. 안민부국론에서 '부국'은 기본적으로 인민의 경제력이라기보다는 국가재정을 의미하는데, 초정에게는 어떠한가? 『북학의』, 「농잠총론」에서 "옷과 식량이 부족하고 재화가 유통되지 않아 …… 인구는 날로 늘어나는데 국(國)은 날마다 비어 간다."라고 할 때에는, 국가재정이 고갈되어 간다는 의미로 보인다.[61] 『북학의』, 「재부론」에서는 태평시대에 전쟁이 없고 사치하지 않음에도 불구하고 '나라의 빈곤이 더욱 심해지는[國之貧也滋甚]' 기본 이유를 낮은 토지생산성

---

60 안민부국론의 진전에 관해서는 이헌창(2007), 36~38면 참조.

61 『北學議』, 「農蠶總論」, "我國, 都城數里之外, 風俗已有村意. 蓋其衣食不足, 貨財不通, 學問喪於科擧, 風氣限於門閥. 見聞無由而博, 才識無由而開也. 若是而已, 則人文晦而制度壞, 民日衆而國日空."

등 기술 수준에서 찾았다. 이것은 단순히 재정 빈곤의 원인이라기보다 국가 전반의 경제력에 관한 논의인 것이다. 『북학의』, 「병오소회」에서 국가의 가난을 중국 무역으로 구제하자고 주장하고 자신의 정책을 10년간 사용하면 온 나라의 세금을 감면할 수 있고 관리의 녹봉을 증액할 수 있고 집들이 화려해질 것이고 사람들이 말과 수레를 타고 다닐 수 있다고 예견하였을 때, 국가의 가난이란 단순한 국가재정의 문제가 아니었다.[62] 민간 주도의 국제무역으로 이러한 가난을 구제하게 되면, 인민이 부유해질 수 있고 나아가 국가재정이 충실해진다. 초정은 『북학의』, 「벽(甓)」에서 조선이 고식적인 대처로 기술이 낙후되어 "인민이 곤궁하고 재물이 고갈되었다〔民窮財竭〕."라고 했는데, 인민의 곤궁을 탈피함이 그의 경세론의 지상 과제였다.

초정이 『북학의』 집필을 마무리하기 직전에 지은 「효좌서회(曉坐書懷)」에는 "안빈(安貧)이 보물에 달려 있지 않으니 경제생활의 방도가 날로 힘들어잠을 걱정하노라〔安貧不在寶 生理恐日拙〕."라는 구절이 있다. 이 구절이 나오는 시의 앞 수는 황금 및 명주(明珠)와 같은 보물보다 인민의 일상생활에 필요한 식량 및 거름과 같은 소비재·생산재가 더욱 귀중하다는 내용이다. 황금 및 명주와 같은 보물이 국가재정을 충실하게 할 수는 있겠으나, 그보다 소중한 것은 민생 안정을 이루는가 아니면 가난하게 지내는가의 여부를 결정하는 식량 및 거름과 같은 소비재·생산재라고 초정은 천명한 것이다. 이 내용은 귀금속을 중시하는 중상주의를 비판하고 인민의 소비 수준 향상을 역설한 애덤 스미스의 경제사

---

62 『北學議』, 「丙午所懷」, "當今國之大弊曰貧, 何以捄貧? 曰通中國而已矣. 今朝廷馳一介之使, 咨於中國之禮部, 曰: '貿遷有無, 天下之通義也. 日本琉球安南西洋之屬, 皆得交市於閩浙交廣之間, 願得以水路通商賈, 比諸外國焉.' 彼必朝請而夕許之矣."

상과 통하여 흥미롭다. 초정이 애덤 스미스의 국부(wealth of nations) 개념에 해당하는 용어를 사용하지는 않았지만, 인민의 소비 수준을 기본 가치로 삼는 관념을 가지고 있었던 것이다.

초정의 저술에서 '안민(安民)'은 세 번 발견된다. 「효좌서회」에 나오는 시 가운데 두 수가 인용되는 『북학의』, 「재부론」에서는 "민생의 안정〔安民〕은 보물에 달려있지 않다〔安民不在寶〕."라고 하여, '안빈(安貧)'이 아니라 '안민'으로 표현되어 있다. 1798년에 제출한 「응지진북학의소(應旨進北學議疏)」에서 현민(縣民)이 '안거낙업(安居樂業)'하기를 바란다고 했는데, 이것도 안민론이다. 인민 대중이 절대 빈곤에 머물고 기근이 일상적인 맬더스 시대에 민생 안정의 안민이 지속적으로 실현되는 상태는 사실상 부민을 실현한 것과 같은 의의를 가졌다.[63]

이처럼 초정 경제정책론의 기본 목표는 인민이 잘사는 것이다. 인민이 부유해지면 문화도 발달하고 재정이 저절로 충실해진다. 재정이 충실하면 국방도 강화되는 것이다. 경제적으로 부국론이고 군사까지 포함하면 부국강병론이며, 문화적으로도 선진국을 지향하였다. 앞서 언급하였듯이, 초정의 이용후생론은 단지 경제적으로 풍족한 삶에 그치지 않고 문화적으로 풍요로운 삶도 목표로 삼았다. 그래서 초정은 서적, 연극 등과 같은 문화적 재화와 서비스의 소비도 중시하였다. 초정은 부유하고 문화가 번창하여 이용후생이 구현되는 문명국을 지향하였던 것이다. 부유해지면 문화가 번창하므로, 여기서 근본적인 과제는 가난의 극복이다. 그런 점에서 『북학의』의 핵심 내용은 부국론이라 하겠다.

초정은 부국책뿐만 아니라 강병책의 유효한 방안도 제시하였다. 『북학의』, 「통강남·절강상박의」에서는 해로무역의 활성화를 부강의 방도

---

63 이헌창(2012a), 212~215면.

로 보았다. 초정의 탁월함은 국리민복의 부국론을 토대로 하는 강병책을 제시한 점이다. 초정은 「병론(兵論)」에서 인민 생활을 풍족하게 하면서 강병을 실현하는 유효한 방안을 제시하였다. 그는 "군사란 반드시 인민의 일상생활 속에서 운영되어야만 모든 일이 미리 준비되고 비용도 적게 든다."라고 보았다. 그래서 군사력을 강화하는 "당면한 계책으로는 급히 수레를 통행하게 하고 벽돌을 만들며, 목축을 잘하도록 하고 또한 지방 재력가(鄕財)가 형성되도록 권장하며 여러 가지 공업기술을 발휘하도록 감독해야 한다."라고 주장했다. 수레는 보급을 위해, 벽돌은 성곽에, 목축은 말의 조달에 필요하며, 공업기술이 발전해야 정예한 무기가 생산되고 지방 재력가가 형성되어야 군 장비를 갖춘 병사가 늘어난다는 것이다.[64] 수레, 벽돌, 목축, 공업기술은 인민의 일생생활과 밀접히 관련되어 초정이 부국을 도모하기 위해 중시한 것이기도 하다. 결국 인민이 부유해야 나라가 부유하고, 그러면 군사력이 강화될 수 있다는 것이다. 목축업이 소를 길러 농사의 성패를, 말을 길러 군대의 성패를 좌우하고 식생활에도 중요하다고 하였듯이, 초정은 경제력을 군사력과 결부하여 파악하였다.[65] 「효좌서회」에서 신라는 수레와 배로 경제발전을 도모하였을 뿐만 아니라 그것을 고구려와 당나라에 대항하는 데에 활용할 수 있었다고 한 것에서 알 수 있듯이, 부국책에 결부된 강

---

64 『北學議』,「兵論」, "兵必寓於民生日用之內, 而後豫而不費. 車非爲兵也, 而用車, 則自然之輜重行焉. 甓非爲兵也, 而用甓, 則萬民之城郭具焉. 百工技藝畜牧之事非爲兵也, 而三軍之馬, 攻戰之器械, 不備不利, 則不足以爲兵矣. …… 爲今之計, 莫如急行車・造甓, 善其畜牧, 勸其鄕財, 董其百工技藝. 然後減國之兵數, 有給而無徵, 向之逃者必來, 而托者必願."

65 『北學議』,「畜牧」, "牧畜者, 國之大政也. 農在養牛, 兵在練馬, 庖廚之事, 在猪羊鵝鴨. 今人, 都不講此, 食必牛肉, 馬必有牽, 羊無私畜. 驅四五豕者, 穿耳而行, 猶患其奔突. 而御獸之道日窮. 御獸之道窮, 而國遂以不富强矣. 無他, 不學中國之過也."

병책은 『북학의』 집필 시점에 마련되고 있었다.[66]

7) 초정 경제사상의 세계사적 위치

초정의 경제사상은 이용후생론 또는 국리민복의 부국론으로 집약될 수 있다. 그것은 세계 경제학사에서 어떠한 위치에 있는가? 세계사적으로 부국론의 발전은 다음 3단계로 나누어 볼 수 있겠다. 제1단계는 지배층이 국내 권력의 강화, 그리고 대외적 방어와 공격을 위해 국가재정을 충실하게 하는 것이다. 그것은 부국강병책이란 용어로 표현될 수 있다. 제2단계는 중상주의 시대의 부국론이다. 17세기 전후 유럽에 나타난 경제사상의 사조는 중상주의(Mercantilism)라 불리고 있다. 중상주의는 간단히 정의되기 어려우나, 부국강병을 추구하고 경제적 번영을 국력의 전제 조건으로 간주하고 경제발전을 달성하는 중요한 수단을 국제무역과 제조업의 발달로 보았던 특성에 대해서는 학계의 폭넓은 동의를 얻고 있다. 이론적인 면에서 중상주의자는 경제를 하나의 체제로 보고 시장기구의 이해를 진전시켰다.[67] 이 중상주의의 부국론은 단순한 국가재정 차원의 문제가 아니라 국가경제력 전반에 관련된다. 제3단계는 애덤 스미스의 『국부론』에 제시된 국리민복의 부국론이다. 이 책에서는 한 나라 국민이 연간 소비하는 생활필수품과 편의품의 크기가 후생의 수준인데, 그것은 1인당 연간 생산물에 의해 결정되고(서문) 노동생산성을 증진하는 최대 요인은 분업이며(제1권 제1장) 분업은 시장의 크기에 의해 제한된다고(제1권 제3장) 하여 국부의 개념과 결정 요인을

---

66 이헌창(2011a), 153~155면.
67 Magnusson(1994).

이론적으로 제시하였다.

법가의 부국론은 제1단계의 범주에 포함된다. 유가의 부국론은 중상주의처럼 국가경제력 전반을 고려하는 단계에 이르지는 못하였으나, 인민 경제생활의 안정을 근본 가치로 삼는 점에서는 오히려 중상주의보다 강점을 가지지 않는가 생각된다. 경제성장을 통한 생활수준의 향상을 주된 목표로 삼은 초정의 부국론은 제3단계의 부국론과 통한다. 초정의 부국론은 유가의 부국론을 발전시켜 애덤 스미스의 국리민복의 부국론에 접근시켰다고 하겠다. 검소와 사치라는 이분법적 소비문화 담론을 벗어나 윤택한 삶인 후생을 추구하여 국리민복의 부국론을 제시한 초정 경제사상의 선진성은 과소평가되어서는 안 된다. 초정이 『북학의』를 저술하기 2년 전에 『국부론』을 출간한 애덤 스미스는 중상주의 체제가 권력자의 이해관계에 따라 국가재정만 중시하여 인민의 복지 증진을 저해한 점을 비판하고 소비가 생산활동의 주된 목적이어야 한다고 주장하였다. 일반 소비자의 복지에 바탕을 둔 경제학은 1인당 생산의 지속적인 성장 없이는 성립하기 어려웠으며, 조선보다 훨씬 선진적인 서유럽에서도 애덤 스미스의 경제학은 선구적인 의의를 가졌다.[68]

그리고 초정의 학문방법론에도 평가할 점은 있다. 머리말에서 언급하였듯이, 『북학의』에 나오는 글들은 조선시대의 다른 중국 여행기와 달리 수필체나 일기체가 아니라 논설문이며 학술적인 성격을 띠고 있었고, 『북학의(北學議)』라는 저서명 자체가 선진국학을 정립하려는 지향을 드러낸다. 초정은 27세 때에 쓴 자기 소개서인 「소전(小傳)」에서 "어려서는 문장의 말을 배우더니, 장성해서는 '경제' 학술〔經濟之術〕을

---

68 McCants(2012), pp. 86~87.

좋아하게 되었다."라고 하여, 단순한 수사학을 배우는 데에 그치지 않고 '경제' 학술을 탐구하고자 했다.

그런데 초정의 학술 수준은 동시대 유럽은 물론이고 고대 그리스의 아리스토텔레스에도 미치지 못함을 자각할 필요가 있다. 『북학의』는 국부(國富)에 대한 개념 규정이 명확하지 않고 분석적인 이론이 없다는 심각한 한계를 가졌다. 고대 그리스어로는, 아리스토텔레스의 『정치학(Politics)』이 이론적 체계를 가진 지식 영역인 episteme(knowledge)라면 크세노폰의 『가정관리론』은 그런 학문 수준에 이르지 못한 기술적 논의인 techne(art)였는데, 초정도 언급한 '경제지술'의 '술(術)'은 techne(art)에 상응하는 한자어였다. 전근대 중국에서뿐만 아니라 조선시대에도 '경제학' 또는 '경제지학'뿐만 아니라 '경제지술'이라는 용어가 사용되었다.[69] 문호 개방 이전에 동아시아의 '학(學)'은 법칙을 다루는 이론체계를 갖춘 근대 학문의 수준에는 도달하지 못하여서 science로 번역되기는 어렵다. 문호 개방 이전에 '경제학'의 '학'은 '경제지술'의 '술'과 같은 차원의 담론이었다. 그것은 고전학파 경제학의 political economy라는 사회과학에는 미치지 못하였고, 크세노폰의 『가정관리론』과 같은 수준의 담론(discourse)이었다. 문호 개방 이전의 동아시아에서는 이론적 체계를 가진 지식 영역인 episteme(knowledge)와 그런 학문 수준에 이르지 못한 기술적 논의인 techne(art) 사이의 개념적 분화가 나타나지 않았는데, 그것은 크세노폰의 『가정관리론』에 상응하는 가정관리의 담론은 있었으되, 아리스토텔레스의 『정치학』에 상응하는 학문이 성립하지는 못하였기 때문일 것이다.

19세기 이전에는 엄밀한 의미의 중상주의가 유럽 외에서는 나타나

---

69 이헌창(2009), 50~51면.

지 않았으나, 그 초보적 형태 내지 그 지향은 여러 나라에서 찾아볼 수 있다. 문호 개방 이전의 중국에서는 제나라를 춘추시대 패자(覇者)로 만든 관중의 정책이 유럽 중상주의 정책에 접근하며, 중상주의적 부국론을 가장 잘 제시한 저서는『관자(管子)』로 보인다. 거대 통일제국을 이룬 진나라 이후 대부분의 시기에서 동아시아의 절대강자였던 중국은 유럽 중상주의 정책을 추진할 필요가 크지 않았던 것이다. 그래서이겠지만, 구미 사상의 영향을 받은 위원(魏源, 1794~1857) 이전에『관자』보다 중상주의적 부국론을 더 발전시킨 저술을 찾기 어렵다. 송·원나라는 무역 이익의 추구에 적극적이어서 중상주의에 가까운 정책을 추진하였으나, 그것을 합리화하는 경제이론이 성립하지는 않았다.

고구려가 망한 이후부터 강화도조약까지 한국은 중국과의 사대 외교를 통해 평화를 도모하였으므로, 중상주의적인 부국책을 도모할 필요가 크지 않았다. 개항 이전 한국사에서 중상주의적 정책 지향은 없었던 것으로 보이나, 그럼에도 불구하고 중상주의를 지향하는 사상이 없었던 것은 아니다. 임진왜란을 당한 서애(西厓) 유성룡(柳成龍)은 "직업군인제, 다변화된 세입 기반, 전문성을 가진 관료제, 굳건한 국민층 등에 기반을 둔 강한 국가를 수립하기 위한 개혁안을 제시하고 그렇게 개혁된 국가 체제로 국제무역을 포함한 상업 육성, 국영 수익사업의 추진 등에 의해 국력 강화를 위한 경제발전을 도모했던 점에서, 중상주의의 뚜렷한 체계를 제시하지는 못했으되 그 지향성 내지 싹을 보여주었다."[70] 초정의 무역육성론 역시 중상주의 사상에 통한다.

치열한 내전의 시대인 전국시대를 경험한 후에 맞이한 막번(幕藩)체제 아래 평화의 시대에서도 영국(領國)간 경제적 경쟁논리가 작용하였

---

70 이헌창(2008a), 160면.

으므로, 도쿠가와 일본은 중국과 조선보다 중상주의적 사상이 발달하였다. 가이호 세이료(海保靑陵, 1755~1817)는 '부번(富藩)'의 비책이 번간 교역을 통해 금을 흡수하는 것이라고 보았고, 혼다 도시아키(本多利明, 1743~1820)는 유럽 정보의 영향을 받아 농촌의 피폐를 해결하는 방안으로 국내개발론과 외국무역론을 제시하였고, 사토 노부히로(佐藤信淵, 1769~1850)는 외국무역뿐만 아니라 해외 식민지 확보도 제안하였다.[71]

이상에서 보면, 초정의 경제사상은 분석적인 이론의 면에서 유럽 중상주의에 못 미치나, 국리민복의 부국론을 제시한 점에서 그것을 넘어서는 면을 가지기도 했다. 초정이 이렇게 진전된 부국론을 내세울 수 있었던 것은 유교 도덕에 입각한 왕도와 경제합리주의의 공리를 중시한 패도를 잘 종합하였기 때문인데, 이 점은 다음 절에서 언급할 것이다. 유교의 정책론은 위민과 민본을 중시하였지만, 이재의 경제합리주의를 경시하였기 때문에 경제안정책을 넘어서는 유효한 경제발전책을 제시할 수 없었다. 그 반면 『관자』의 패도는 공리의 경제합리주의에 입각하여 경제발전에 유효한 풍부한 정책론을 담았으나, 군주와 국가를 높이고 인민을 낮추는 점에서 유교에 비해 약점을 가졌다. 초정은 이용후생을 도모하여 인민의 가난을 구제한다는 투철한 위민 의식에 입각하면서도 관자 이상으로 공리의 경제합리주의 사상을 발전시켜 국리민복의 부국에 유효한 대책을 제시할 수 있었다. 초정의 이용후생론은 문호 개방 이전 동아시아가 성취한 최고의 경제정책론이라고 평가하고 싶다.

---

71 杉原四郎・逆井孝仁・藤原昭夫・藤井隆至(1990), 1편 3장.

4. 이용후생사상의 연원

1) 중국 고대 경제사상과 왕패(王霸) 종합

초정의 혁신적 경제사상은 중국 고대 경제사상과 조선시대 경제사상의 자양분을 흡수한 것이었다. 초정이 '경제', 이용후생 등과 같은 한자어 개념을 활용하여 경제사상을 전개한 자체가 중국 사상의 영향을 드러낸다. '경제'와 이용후생은 유가 사상의 핵심 개념인 것이다. 그래서 「북학의자서」에서 『서경』의 구절을 "이용과 후생에서 하나라도 갖추어지지 않으면 위로는 정덕을 해친다〔夫利用厚生 一有不脩 則上侵於正德〕."라고 재해석하고, 『논어(論語)』에서 경제를 중시한 구절인 "백성이 많아진 다음에 그들을 가르쳐라〔旣庶矣而敎之〕."라는 공자의 말을 인용하였다.

이러한 구절은 어떠한 의미를 가지는가? 중국 고대 경전인 『서경』 우서(虞書), 「대우모(大禹謨)」에는 '정덕이용후생'으로 나와 있어서 '정덕'을 우선 과제로 삼았음을 알 수 있다. 통치자는 도덕을 바르게 잡은 다음에 이용을 도모하여 후생을 실현해야 한다는 것이다. 이러한 순서는 유학의 표준적인 관점이다. 유학의 체계를 잘 보여 주는 『대학』에 의하면, 도덕이 근본인 '본(本)'이고 재화는 지엽말단인 '말(末)'이라고 했다. 당연히 '본'을 먼저 힘쓴 다음에 '말'을 추구해야 하는 것이다. 유학은 수기치인(修己治人)의 학문이라고 하는데, 치인에서는 도덕적 교화가 근본 과제이고 재화를 다루는 경제적 과제는 부차적인 과제였다. 이익 추구에 대해 부정적인 관념은 주자성리학에서 특히 강하였다. 주자(朱子)에 의하면, 경제적 동기인 물욕(物欲)은 천리(天理)로부터 부여받은 인성을 타락시키므로, 그 인성을 온전히 하기 위해서는 자기 수양[修己]을 통하여 사욕(私欲)을 없애야 한다. 주자학에서 경제윤리의 핵심은 물욕 내지 사리(私利)의 제거였다. 그래서 주자성리학의 지배력이 강했던 조선시대에는 이익 추구의 경제적 동기를 도덕적으로 규제하고 상업을 억제하려는 관념이 특히 강하였다. 유학의 경전에는 소극적인 경제관을 보여 주는 구절뿐만 아니라 적극적인 경제관을 보여 주는 구절이 있는데, 초정이 인용한 공자의 말씀은 후자의 대표적인 예이다. 이것을 「북학의자서」에서 초정이 인용한 것은 유학의 적극적 경제관을 계승하겠다는 선언으로 볼 수 있다. 나아가 초정은 『서경』에 나오는 '정덕이용후생'의 순서와 달리 '이용후생'이 '정덕'의 전제조건이라고 봄으로써 유학의 경제사상을 더욱 적극적으로 재정립하고자 했다.

초정은 유학의 경제사상을 재정립하는 데에 『관자』를 활용하였다. 그래서 「북학의자서」에서 유학 경전의 두 구절을 인용한 다음 "옷과 식량이 넉넉해야 예절을 안다[衣食足而知禮節]."라는 관중의 말씀을 덧붙였다. 초정은 첫 중국 여행을 마치고 서울에 도착한 1778년 7월 1일과 『북학의』의 집필을 마무리한 9월 29일 사이의 어느 날 새벽에 「효좌서회」 7수(首)를 지었는데, 그중 특히 중시하여 『북학의』, 「재부론(財富論)」에 재수록한 2수는 관중을 다시 거론한다. 고구려와 당을 물리친 신라의 강한 군사력은 충실한 재정에 힘입었고, 재정이 충실했던 것은 교통의 발달로 외국무역과 국내 유통이 활발해졌기 때문이라는 것이다. 여기서 기원전 645년까지 제나라 재상인 관자뿐만 아니라 기원전 6세기 제나라 재상을 역임한 안자(晏子)도 거론하였는데, 초정은 부국강병에 성공한 제나라의 역사를 통해 부국책을 탐구하였던 것이다.[72]

_____

72 『貞蕤閣集』詩集 2, 「曉坐書懷[七首]」,

이처럼 초정 경제사상의 확립을 보여 주는 「효좌서회」에서 관자가 경제적 업적을 성취한 인물로 나오고,『북학의』경제사상의 핵심을 보여 주는 「북학의자서」의 구절 중에『관자』의 구절이『서경』및『논어』의 구절과 더불어 나오는 것은『관자』가『북학의』의 경제사상에 중대한 영향을 미쳤음을 드러낸다. 사실『북학의』의 경제사상에 가장 가까운 그전의 저술을 찾는다면『관자』일 것이다.『관자』는 중국 전근대에서 경제사상의 풍부함이나 수준으로 보아 가장 높은 평가를 받는 거작이다.[73]『북학의』와 상통하는『관자』의 사상을 살펴보자.『관자』제1편, 「목민(牧民)」은 나라를 다스리는 '국송(國頌)'으로부터 시작하는데, 그 첫 단락의 내용은 경제정책이 성공해야 예절을 알고 법을 잘 준수하여 군주의 명령이 잘 지켜진다는 것이다. 이것은 경제가 국가정책의 근본임을 천명한 것으로, 「북학의자서」에서 나오는 관중의 말은 여기서 나왔다.『관자』제5편, 「승마(乘馬)」에서는 정치의 대원칙을 제시한 내용 중에 '시자화지준야(市者貨之準也)'라는 구절이 나오는데, 시장은 재화의 가격을 결정하여 자원을 배분하는 기구라는 현대 관념에 통하는 것으로 보여 흥미롭다.[74] 게다가 시장이 잘 돌아가면 물자를 절도 있게 사용하게 되므로, "시장으로 그 나라의 정치가 잘되거나 못되거나를

"신라는 바닷가에 위치하고 지금의 8분의 1에 불과하였지.
고구려가 왼쪽에서 침범할 때 당은 오른쪽에서 출병하였는데,
창고에 곡식이 넉넉했기에 군량미를 잘 대 주어 실수 없었지.
그 원인을 꼼꼼히 연구하니 배와 수레를 사용한 데에 있었다네.
배로 외국과 통상할 수 있고 수레로 말과 노새를 편하게 하였다.
이 두 가지를 다시 사용하지 않는다면, 관중이나 안자인들 방법 있겠나.
〔新羅處海濱, 八分今之一. 句驪方左侵, 唐師由右出. 倉庾自有餘, 犒饋禮無失. 細究此何故, 其用在舟車. 舟能通外國, 車以便馬驢. 二者不可復, 管晏將何如.〕"

73 胡寄窓(1962/1983), 288・366~367면.
74 胡寄窓(1962/1983), 351면에서는 '상품의 가치를 결정하는 장소'로 해석되었고, 자이위중(2010), 90면에서는 '재화 수급 상황의 지표'로 해석되었다.

알 수 있고 재화가 많은가 적은가를 알 수 있다.”라고 했다. 그래서 시장 일에 힘쓰는 ‘무시사(務市事)’를 한 항목으로 잡았으며, “시장이 없으면 인민의 일용품이 부족해진다(無市則民乏).”라며 사방 30리마다 있는 취(聚)마다 시장을 두도록 하였다. 그런데 시장이 재화를 많거나 적게할 수는 없다. 그래서 생산을 증대하는 방도를 설명하면서 사치하면 재물을 낭비하는 반면, 검소하면 생산활동이 부진하므로, 검소와 사치를 조화롭게 추구하면 경제가 잘 돌아갈 것이라고 했다. 동아시아에서는 『북학의』이전에 시장의 기능과 검소의 부작용을 이보다 잘 정리한 글은 찾기 어려울 것이다. 『관자』에서는 “백성이 이익을 좇음은 물이 낮은 곳으로 흐르는 것과 같다(民之從利也 如水之走下).”라 하여, 이익 추구 본성을 갈파하였고, “이익이 있는 다음에야 재화가 유통할 수 있고, 그런 다음에야 나라가 이루어진다(利然後能通 通然後成國).”라고 하여, 경제합리적 정책을 발상하였다.[75]

그런데 초정이 관자의 정책론을 그대로 따른 것은 아니었다. 초정은 법가나 『관자』와 마찬가지로 사리(私利)를 추구하는 인간 본성을 인정하여 공리(功利)를 중시하지만, 유가의 이념에 입각하여 ‘안민(安民)→부민(富民)→부국’을 실현하려는 민본(民本)의 관점에서 민간의 사리추구를 방임하는 정책론을 전개하였다. 이에 비해 법가와 『관자』는 사리 추구의 본성이 국가 이익과 반할 수도 있는 것으로 보아 국가의 이익을 증대하도록 도모하기 위해 어떻게 관리해야 하는가 하는 문제의식에서 접근하였다. 그래서 『관자』의 「치국(治國)」에서는 “나라를 다스리는 방도는 반드시 부민을 우선해야 한다. 인민이 부유하면 다스리기 쉽고 가난하면 다스리기 어렵다.”라고 하여 ‘부민’은 ‘치국’을 위한 수

---

75 김필수 · 고대혁 · 장승구 · 신창호 옮김(2006), 31 · 73~78 · 482 · 740면.

단으로 간주되었다. 그 반면 공자와 맹자는 안민 내지 부민의 실현을 통한 위민 내지 애민(愛民)을 절대적 정책 이념으로 삼았다. 유가는 인민을 귀하게 여기고, 관자는 법가처럼 군주 본위의 관점에서 정치를 논하였는데,[76] 초정은 위민의 유가 관점을 따랐던 것이다. 또한『관자』에는 상업을 억제하고 사치를 금지하자는 구절이 나오지만,[77] 초정은 상업을 적극 장려하고 사치가 기술발전을 낳는 효능을 적극 평가하였다. 초정은『관자』보다 진전된 경제사상을 보여 주었던 것이다.

『관자』에는 군주와 법령의 중시, 중농억상 등 법가사상뿐만 아니라 인민과 예의와 종족제도의 중시 등 유학과 통하는 부분도 있었다.[78] 공리에 접근하는『관자』와 법가의 문제의식에도 차이가 있어서,『상군서(商君書)』와『한비자(韓非子)』는 공리를 반드시 상벌과 연계해서 논의하지만,『관자』는 상벌과 동시에 예의염치(禮義廉恥)라는 유가적 방식을 함께 결합한 형태로 인민을 관리하는 방법을 제시하였다. 그래서 초정은『관자』를 받아들였지만, 법가 이념을 받아들이지는 않았다.[79] 「북학

---

76 蕭公權(1998), 338~340면.
77 周世輔(1971), 11~12면.
78 巫寶三(1989), 3~4면.
79 2012년 6월 8일 실시학사의 학술회의에서 필자의 논문에 대해 이봉규 선생은 다음과 같이 지적하였다. "『관자』와『상군서』등에서 功利의 추구를 인간의 본성으로 이해할 때, 거기에는 어떤 역사적 맥락, 곧 전쟁 수행 등에 필요한 국가재정을 확보하기 위해 인민을 어떻게 관리하고 이용해야 하는가 하는 문제의식이 담겨 있습니다. 법가 내지 잡가류에서 …… 본성적으로 사익과 사적 편리를 추구하기 때문에 국가의 이익과 반하는 방향으로 행동하는 특성을 지닌 존재로 인민의 본성을 이해하고, 그러한 습성을 국가의 이익을 증대시키는 방향으로 돌리기 위해 어떻게 관리해야 하는가 하는 문제의식에서 접근하는 공리 관념입니다. 이것은 인민에 대하여 공리 자체를 인민이 향유해야 할 가치로 긍정하는 것이 아니라, 관리하지 않으면 안 되는 위험한 요소로 이해하는 문법입니다. 이 문제의식을 두고 법가서 사이에는 차이가 존재합니다.『상군서』와『한비자』등에는 공리를 반드시 賞罰과 연계해서 논의하지만,『관자』는 상벌과 동시에 禮義廉恥라는 유가적 방식을 함께 결합한 형태로 인민을 관리하는 방법을 제시합니다.

의자서」에서 관중이 말했다는 "옷과 식량이 넉넉해야 예절을 안다〔衣食足而知禮節〕."라는 말은 『관자』 제1편, 「목민(牧民)」의 첫 단락에 나오는 "창고가 차야 예절을 알고 옷과 식량이 넉넉해야 영욕을 안다〔倉廩實則知禮節 衣食足 則知榮辱〕."라는 구절을 축약한 것이다. 유가에서는 국가의 창고가 충실한 것보다 인민의 경제생활이 넉넉한 것이 근본적인 의의를 가졌기 때문에, 의도적으로 표현을 바꾼 것으로 생각된다. 앞으로 언급하겠지만, 이렇게 변형된 표현은 초정 이전에도 사용되었다.

『관자』는 『맹자』처럼 관시(關市)를 감독하되 무역세를 거두지 말라고 하고 외국 상인을 특별히 대우하라는 등을 주장한 점에서 전근대 중국에서 '순수하게 경제적 관점에서 공개적으로 국제무역을 장려한' 유일한 저술로 평가되나,[80] 『북학의』의 예리한 무역관에는 못 미친다. 관자는 제나라의 자유방임적 중상주의 정책을 국가통제적 정책으로 변경하였는데,[81] 『관자』는 시장경제의 중요성과 국가 개입의 필요성을 동시에 강조하여 '국가주도하의 시장경제'를 지향하였다고 평가되기도 한다.[82] 초정은 『관자』보다도 더욱 자유방임적이고 시장 중시적인 정책으

따라서 『관자』를 긍정적으로 수용하는 것이 곧 법가를 긍정적으로 수용하는 것은 아닙니다. 예의염치로 나아가기 위한 恒産을 확보하는 차원에서 이익을 추구하는 것에 관해 긍정되는 맥락이라면 그것은 유가의 문법이지 법가의 문법이 아닙니다. 『상군서』와 『한비자』는 모두 국가의 이익에 반하는 인민의 사익 추구를 억제하기 위해 인민이 최저수준의 생계를 유지하도록 관리해야 한다는 입장이기 때문입니다. 발표문에서, 초정의 경우 인민의 생활수준을 향상시키고 산업의 수준을 향상시켜 국부를 자연스럽게 간접적으로 증대시키는 방식으로 자신의 경세론을 전개하고 있음을 밝혔는데, 이것은 법가와 상반되는 관점입니다." 필자는 이 지적을 통해 유가, 『관자』 그리고 법가의 경제사상의 차이점을 더욱 명확히 파악하게 되었고, 초정의 왕패병용의 의의를 더욱 잘 이해할 수 있게 되었다.

80 胡寄窓(1962/1983), 349~350면.
81 蕭公權(1998), 386~387면.
82 자이위중(2010), 142·148면.

로의 전환을 주장하였다. 이 점은 마찬가지로『관자』의 사상을 중시하면서도『관자』보다도 국가제도를 통제적인 방향으로 설계한 유배기 이후의 다산(茶山)과는 대조적이다.[83]

조선 후기 실학자들은『주례(周禮)』를 중시하였는데, 초정의 저술에서『주례』보다 많이 인용된 저서를 찾기는 어렵다. 초정의 저술에『주례』라는 명칭은 9번 나오는데, 그중 3번은 서명응(徐命膺)이「북학의서(北學議序)」에서 거론한 것이다. 서명응은 성곽(城郭)·실려(室廬)·차여(車輿)·기용(器用)을 설명하는 고전으로서『주례』를 거론하였다. 그에 의하면, 초정은 북경에 가서 중국의 성곽, 주택, 수레, 수공업품 등을 마음껏 관찰하면서 "이것이야말로 명나라의 제도구나. 명나라의 제도는 또한『주례』의 제도구나."라면서 감탄하였다.[84] 그것이『주례』의「고공기(考工記)」에 나오는 기술과 같았다는 의미일 것이다. 초정의 글에는『주례』가 6번 나오는데,『북학의』,「거(車)」에는『주례』의『고공기』에 나오는 수레의 제도도 소개되고 있다.

초정의 저술에는 '주관(周官)'이라는 용어도 5번 나온다. 그중 가장 주목되는 것은 일본에서는 주택을 구성하는 부품의 표준화가 이루어져 부족한 부품을 시장에서 조달할 수 있으니,『주관』에서 서술한 이상적인 제도가 갖추어져 있다고 칭찬한 내용이다.[85] 그는 일본이 오랑캐 중

---

83 이헌창(2012b), 43~44면.
84 『北學議』,「北學議序」, "城郭·室廬·車輿器用, 莫不有自然之數法. 得之則堅完悠久, 失之則朝設夕弊, 害民國不細. 今觀周禮, 塗廣有帆, 堂脩有尺. 車轂, 三其輻則不泥, 屋茸, 一其峻則易溜. 以至金錫之劑量, 韋革之緩急, 絲之漚·漆之髹, 莫不謹書該載. …… 朴齊家次修, 奇士也. 歲戊戌, 隨陳奏使入燕, 縱觀其城郭·室廬·車輿·器用. 歎曰: '此皇明之制度也! 皇明之制度, 又周禮之制度也.' 凡遇可以通行於我國者, 熟視而竊識之. 或有未解, 復博訪以釋其疑. 歸而筆之於書, 爲北學議內外編."
85 『北學議』,「宮室」.

에 가장 변화하고 주관의 제도를 잘 받아들였다고 평가하였다.[86]

초정은 『주례』에 나오는 「고공기」를 4번 거론하였다. 「동관(冬官) 고공기」는 『주례』의 39~42권에 걸쳐 나오는 마지막 부분이다. 이 부분은 사라져서 한나라 때에 당시 일을 기억하는 사람으로 하여금 기록하게 했으니, 한나라의 기술 수준이 담겨 있다고 하겠다. 기술을 경시한 유교 문화권에서 이것은 기술에 관한 유일한 고전으로서 기술학 지식에 목마른 동아시아의 지식인들에 의해 중시되었다. 초정은 "「고공기」를 평생 담론하기를 상당히 즐겼다."라고 했다.[87] 「고공기」는 수레바퀴 기술자인 윤인(輪人), 수레를 만드는 기술자인 여인(輿人), 이어서 수레의 끌채를 만드는 주인(輈人)으로부터 시작하는데, 『북학의』도 「거(車)」로부터 시작한다. 경세치용학파를 이어받은 다산 정약용(丁若鏞)은 『주례』를 통하여 주로 국가제도를 참조하였는데, 초정 등 이용후생학파는 주로 기술을 배우고자 하였다. 『주례』는 『관자』보다도 국가통제적이었는데, 다산은 『주례』를 통해 국가통제적 정책 이념을 정립하였던 반면, 초정은 그런 국가통제적 정책 이념에 관심을 가지지 않고 기술과 사회적 분업을 중시하는 『주례』의 정신을 취사선택하였던 것이다.

이처럼 초정은 유학과 관자 사상을 선택적으로 수용하면서 자신의 경제사상과 경제정책론을 정립하였는데, 이것은 유학의 왕도(王道)와 관자의 패도(覇道)를 종합하는 셈이었다. 유학자는 일반적으로 왕도적 안민책을 추구하고 부국강병책을 패도라 하여 경계하였다. 패도는 유교 도덕을 기본 가치로 삼지 않고 군사력의 우위를 중시하였다. 유학자

---

86 『貞蕤閣集』 詩集 2, 「日本芳埜圖屛風歌」, "詎但繁華雄百蠻, 頗憐制度能周官."

87 『貞蕤閣集』 詩集 5, 「定平」, "異哉無車國千里, 万馬誰憐瘡背死. 平生頗喜談考工, 眼明驅車定平始. 草草作輪尖其轂, 以轅爲軛仍曲木. 蒙元遺制固可歎, 猶能載重踰山麓. 聞道海西亦行車, 今之議者徒紛如. 難破悠悠一俗字, 卻憶天門曾獻書."

는 부국강병책이 인의라는 유교 도덕과 민생 안정을 해칠까 우려하였다. 초정은 "앉아서 왕도와 패도를 담론하기는 쉽지만 당장에 쌀과 소금을 마련하기 어렵네."라고 하였는데,[88] 왕도와 패도의 오랜 논쟁이 생산적이지 못하고 경제 대책이 근본적으로 중요함을 지적한 것이다. 그가 「발해고서(渤海考序)」에서 유득공(柳得恭)이 왕도와 패도의 전략을 엿보았음을 평가한 데에서 드러나듯이, 초정은 왕도와 패도의 병용을 지향하였다.[89] 앞서 언급하였듯이 초정은, 인민의 이용후생에 이바지하여 인민의 가난을 구제한다는 투철한 위민 의식에 입각하면서도 『관자』이상으로 공리의 경제합리주의 사상을 발전시켜, 국리민복의 부국론을 정립할 수 있었다. 달리 말해 초정은 인민의 이익에 복무하는 유학의 왕도 이념을 구현하기 위해 공리를 중시하는 관자의 패도론을 적극 도입하였던 것이다. 이러한 변증법적 종합은 근대적 시각으로도 평가할 만하다.

초정이 『사기』와 『한서』에 나오고 당나라 유안이 잘 활용한 평준(平準)의 정책론을, 교통의 발전을 통해 시장 통합을 도모하는 정책론으로 발전시켰음은 2절에서 언급한 바 있다. 『북학의』, 「통강남·절강상박의」에서는 '평준'과 더불어 『사기』의 편명에 나오는 '화식(貨殖)'이라는 용어가 사용되었다. 『사기』에서 경제의 내용을 담은 두 편명이 모두 『북학의』에 나오는 셈이다.

---

88 『貞蕤閣集』詩集 2, 「田舍遣悶」, "界尺淵淵響, 高歌宿醉殘. 坐談王覇易, 立辨米鹽難. 風雨季俱往, 山川日以寒. 撥灰還獨笑, 佳句到無端."

89 『貞蕤閣集』文集 2, 「渤海考序」, "吾友柳君惠風, 博學工詩, 嫻於掌故, 旣撰廿一都詩注, 以詳域內之觀, 又推之爲渤海考一卷. 人物郡縣世次沿革, 組縷織悉, 錯綜可喜, 而其言也, 歎王氏之不能復句麗舊疆也, 王氏之不復舊疆, 而雞林樂浪之墟, 遂貿貿焉自絶於天下矣. 吾於是有以知前見之相符, 而歎柳君之才能審天下之勢, 闖王覇之略. 又豈特備一國之文獻, 與鄭隆禮汪楫之書, 挈其長短而已哉? 故序而論之如此."

『관자』,『주례』및『사기』는 사공 내지 공리를 중시하였으나, 주자는 그것에 대한 유교 도덕의 철저한 우위를 관철하고자 했다. 조선시대 유학자는 거의가 주자학을 충실하게 받아들였으나, 초정은 경제적 동기 내지 공리를 유교 도덕의 속박으로부터 해방시키고자 했다.

그렇다고 해서 초정이 유교 도덕이나 왕도 정책이념을 내버린 것은 아니었다. 그는 「북학의자서」에서 "옷과 식량이 넉넉해야 예절을 안다."라고 천명하면서 이용후생에 미흡하면 정덕을 해친다고 했고, 이용후생사상을 정립하는 시점에 지은 「효좌서회」에서는 "지나치게 가난하면 도둑이 많아진다."라고 했다. 초정은 경제가 유교 도덕에 속박되지 않는 독자적 가치를 가지면서 오히려 도덕 실현의 전제 조건의 성격이 강한데도, 조선의 엘리트와 정부가 이용후생의 경제를 경시하는 문제점을 지적하였던 것이다. 초정이 중국 고대의 사상을 공부하여 적극적인 경제사상을 가지게 되었는지, 아니면 조선과 중국의 현실로부터 터득한 견해를 중국 고대의 저명한 저서로 합리화하고자 했는지는 분명하지 않은데, 문헌 공부와 현실 탐구가 상호작용하여 얻은 산물일 수도 있다.

초정이 1778년 제1차 중국행의 직전에 중국의 지식인 이조원에게 보낸 「답우촌서」에는 "정초(鄭樵)와 고염무(顧炎武)의 학문을 사모하였다〔慕鄭漁仲顧寧人之爲學〕."라고 했다. 정초는 박학하여 제도사를 집대성한 삼통(三通) 중 하나인 『통지(通志)』를 집필하였으며, "시는 뜻이 아니라 소리에 그 본질이 있다〔詩在於聲 不在於義〕."라는 시론을 남겼다. 명말청초 경세치용학파의 거장인 고염무는 '경제'에 뜻을 둔다면 마땅히 공부해야 할 인물이다. 『정유각집』에는 정초가 두 차례, 고염무가 한 차례 나오며, 그에 거론된 중국 학자가 적지 않다. 정조 대 이용후생 학파들은 당시까지의 수많은 중국 학자를 탐구하였을 터인데, 이들에 관한 종합적인 연구는 앞으로의 과제이다.

2) 조선인 사상가의 영향

(1) 북인 사상가의 영향과 유몽인

초정은 제1차 중국 여행을 마친 지 3개월 만에 집필한『북학의』내편, 「선(船)」에서 토정(土亭) 이지함(李之菌)이 일찍이 "상선(商船) 수척으로 외국과 무역하여 전라도의 가난을 구제하자."라고 주장한 사실을 언급하고 탁견이라며 높게 평가하였다〔土亭嘗欲通外國商船數隻 以救全羅之貧 其見卓乎遠矣〕. 초정은 중국에 가기 전에 토정의 저술을 읽고 적극적 무역관을 가지고 있었기에, 중국에 가서 배의 제도를 면밀하게 관찰하고 해로무역론을 발전시켰다고 판단된다. 토정의 주장은『북학의』외편, 「통강남·절강상박의」에서 다시 언급된다.

초정이 그의 해로무역 육성론의 사상적 연원으로 언급한 인물은 토정뿐이지만, 다른 인물의 무역론으로부터 영향을 받았을 가능성은 있다. 토정은 화담(花潭) 서경덕(徐敬德, 1489~1546)을 스승으로 삼았고 이익 추구의 인정(人情)을 용인하는 화담의 관념을 잘 확충하였다. 그런 점에서 초정의 경제사상은 화담을 연원으로 하는 북인(北人)의 경제사상과 연결된다. 초정의 집안도 당시 소수 당파인 소북(小北)에 속하였다. 광해군 때에 주도권을 장악한 북인계 관료들은 의리명분론에 별 관심을 보이지 않고, 국방과 경제문제에 중점을 두었다. 이들은 상업을 중시하여 은광의 개발, 금속화폐의 통용 등을 주장하였다.

북인인 유몽인(柳夢寅, 1559~1623)의 상업진흥책은 유수원이나 초정과 대등한 수준이었다. 그는 경학을 깊이 탐구하면서 기본적으로 고문(古文)을 중시하여 주자성리학 중심의 학문 경향과는 일정한 거리를 두었으며, 이단으로 여겨지는 학문도 포용하는 자세를 지녔는데, 북인의 특징적인 이러한 학문 경향은 적극적 상업정책론과 관계가 있다.[90] 임진왜란의 와중인 1593년에 유성룡의 건의로 조선 정부는 국경인 중강에서 무역시장을 열어 군량과 말을 사들였는데, 전쟁이 끝난 1601년에 "금령을 위반하면서 무역하여 쟁란(爭亂)을 일으킨다."라는 이유를 들어 명나라에 그 폐지를 요청하였으나,[91] 요동 지방의 경제적 타격을 우려한 명나라가 반대하였다. 그러다 조선 정부는 1610년에 간상배(奸商輩)의 비리를 없앤다는 명목을 다시 들어 중강개시(中江開市)를 폐지하였다.[92] 유몽인은 중강개시를 폐지한 것을 비판하면서, 중국과 일본이 활발한 무역 덕분에 부강해진 반면, 규모가 작고 자원이 빈약한 조선은 해로무역을 하지 않아 가난해졌다고 보았다. 그는 1593년 중강개시가 열리기 전후에 중국 사행을 다녀오면서 요동 지방이 경제적으로 발달하고 관세 수입이 증가한 것을 목격하고 무역육성론의 논거로 삼았다. 요동 경제의 관찰에 입각하여, 무역을 육성하면 금속화폐 통용책도 성공할 수 있을 것이라고 보았다. 일본 정보는 1607년의 일본 사절단을 통해 얻었을 것이다. 그는 조선의 인민이 전반적으로 가난한 까닭은 농업이 근본이라는 사실만 알고 상업이라는 말(末)로써 보조할 줄 모르기 때문이라고 했다. 유몽인은 "인민을 잘살게 하고 나라를 잘 다스리려면 반드시 농업과 상업이 서로 도와야 한다."라고 하였는데, 이런 진전된 상업관이 무역육성론을 낳았다고 하겠다.[93] 이것은 북인 이

---

90 韓明基(1992).
91 司譯院 編, 『通文館志』 권3, 事大上, 開市.
92 한명기(1988), 210~211면.
93 柳夢寅, 『默好稿』, 「中江開市辨誣啓辭」, "自古裕民治國之道 必本末相資, 衆下所欲 何可盡防之哉? …… 中國與萬國通貨, 國以富强, 民以殷富. 倭奴小醜也, 以流通數十諸國之貨,

지함과 상통하는 견해이며, 초정과 흡사한 주장이다. 초정 이전에 무역 부진이 조선의 가난을 낳은 것을 유몽인처럼 명확히 제시한 사람은 없었다.

반계(磻溪) 유형원(柳馨遠)은 「교역설(交易說)」에서 유구(琉球)·남양(南洋)과 교역하여 민부(民富)를 증진하자는 토정의 견해를 지지하고, 서양인이 시장을 관사(館舍)로 삼아 각국인을 접대하는 것 등을 지적하면서 외국인에 대해 개방적인 자세를 가질 것을 촉구하였다.[94] 초정이 반계의 이러한 주장을 언급하지는 않았지만, 공교롭게도 반계도 북인 출신이었다.

초정은 자신의 무역육성론에 가장 접근한 유몽인의 저술을 읽었을까? 그가 교유한 담헌과 연암은 노론이고, 서호수(徐浩修)·서유구(徐有榘)는 소론이었으며, 그가 첫 번째 연행을 가도록 도와준 채제공(蔡濟恭)은 남인이었다. 당시 이용후생학파의 인물들은 당색을 막론하고 사상적으로 통하면 교유하였던 것이다. 그래서 초정은 당인(黨人) 의식이 강하지는 않았으나, 당시의 문화 풍토에서 당인 의식이 전혀 없을 수는 없었다. 초정은 「응지진북학의소(應旨進北學議疏)」에서 김육이 수레 운행과 동전(銅錢) 유통에 힘쓴 일을 거론하면서 그의 종고조인 박수진(朴守眞)이 동전 유통 사무를 주관하였다고 언급했다. 1655년 영돈녕부사 김육은 박수진이 계려(計慮)가 많고 능력이 있지만 과거에 급제하지 못해서 직위가 없으므로 재능을 펼치지 못한다는 평판을 받고 있으므로, 상평관전낭청(常平管錢郎廳)으로 임명하고 평시관(平市官)의 일을 겸직

人民之饒 市廛之瞻 不愧於中國者, 規模稍裕, 呵禁不苟而然也. 我國山川迫塞, 地出無多, 而不通域外之貨, 座耗偏土之薄産, 宜乎民生之困, 最居諸國之下也."

94 이헌창(1999), 90~91면.

시켜 시민을 지휘하고 계책을 세워 동전을 통행시키게 하자고 제안하여 관철시켰다. 박수진은 서울 사람으로서 몹시 가난하였고, 상평관전 낭청에 천거된 지 얼마 지나지 않아 병들어 죽었다.[95] 이처럼 대단하지도 않은 종고조를 김육과 더불어 「응지진북학의소」에서 거론한 자체가 초정이 가문 의식을 가졌음을 드러낸다. 유몽인은 인조반정 후에 무고(誣告)로 처형을 당하여 그의 적극적 무역육성론은 계승되기 어려웠겠지만, 초정은 같은 북인인 유몽인의 저술을 읽었을 가능성이 있다. 유몽인의 억울함은 1794년에 풀렸는데, 그런 분위기로 그의 저술이 읽히는 데에 유리한 환경이 조성되었다. 이상으로 보건대 초정의 무역육성론은 조선 사회가 중국과 일본의 충격을 받으면서 진전시킨 무역론의 정점에 위치한 것이다.

(2) 사행록(使行錄)의 정보

초정의 진보적 경제사상에 있어 최초의 주요한 국내 원천이 임진왜란 전후 북인의 사상이었다면, 그다음 원천은 중국과 일본에 사신으로 왕래한 인물의 여행기였다. 유몽인이 중국 여행과 일본사절단의 견문을 통해 무역육성론을 정립하였으니, 첫 번째 원천과 두 번째 원천은 연계되어 있다. 일본을 다녀온 통신사들은 처음부터 일본이 조선보다 경제적으로 훨씬 풍족한 사실을 보고하였다.[96] 일본과의 국교 교섭이 타결된 1607년 첫 통신사의 부사(副使)로서 일본을 다녀온 경섬(慶暹)은 여행기의 마지막에 일본의 제도·법령·풍속을 정리하는 가운데 시장이 발달하고 물자가 풍부하고 외국무역이 활발하다는 사실을 지적하였

---

95 『효종실록』 6년 12월 11일 辛酉; 13일 癸亥.
96 김문식(2009), 189~191면.

다.[97] 1624년 일본에 다녀온 강홍중(姜弘重)은 『동사록(東槎錄)』, 「문견총록(聞見總錄)」에서 일본의 "인민이 부유하고 물자가 풍부함은 우리나라가 비교할 바가 아니다[其居民之殷富 物色之雄盛 殊非我國比也]."라고 보고하였다. 그는 12월 18일 일본의 무역이 활발하다고 들은 말을 기록하였으나, 무역 발달을 경제 번영에 연결시키지는 않았다. 이어서 유몽인의 무역육성론이 제기되었다.

일본은 1612~1641년간에 걸쳐 쇄국체제를 확립하여 무역이 급격히 위축되었다. 그 영향도 있었겠지만, 무역 발달이 경제적 번영을 낳는다는 유몽인의 인식은 초정 이전에는 더 진전되지 않았다. 인조반정 이후 화이(華夷) 의식과 주자성리학의 영향력이 강화된 탓도 있겠다. 그러한 가운데 나가사키(長崎)를 통한 무역에 주목한 조선인은 없지 않았다. 예컨대 1719년 일본에 간 신유한(申維翰)은 『해유록(海游錄)』 9월 4일 조에서 일본이 여러 국가와 무역을 하여 번창하고 풍요하다고 했다.

1763~1764년간의 통신사행(通信使行)은 조선 후기 11번째의 사절로서 일본의 수도 에도(江戶)까지 간 마지막 사행이었다. 이 사행이 남긴 여행기는 가장 많았을 뿐만 아니라 일본에 대한 이해 수준이 가장 높았다. 이때 서기(書記)로 일본에 다녀온 성대중(成大中, 1732~1812)과 원중거(元重擧, 1719~1790)는 이덕무(李德懋, 1714~1793)와 친분을 가진 서얼 지식인이었다. 성대중은 『일본록(日本錄)』이란 사행록을 남기고 일

---

97 慶暹, 『慶七松海槎錄』 7월 17일, "거리는 사방이 반듯하고 여염이 즐비하며, 市廛에는 物貨가 수북이 쌓였다. 중국 및 南蠻·南般·琉球 등의 나라와 서로 무역하여 아무리 멀어도 통하지 않는 곳이 없다. 關東의 여러 州 및 石見·丹後·長門 등의 주에는 금과 은이 많이 생산된다. 중국의 銅錢도 또한 시장에서 통용한다. 그래서 장사꾼이 사방에서 모여들고 나라가 풍족하다.[街衢方正, 閭閻櫛比. 市廛之間, 物貨堆積. 中國及南蠻南般琉球等國, 互相行貨, 無遠不通. 關東諸州及石見丹後長門等州, 多產金銀, 亦取天朝銅錢, 行用於市. 以此商賈四集, 國中富裕.]"

본 사행록을 집대성한『해행총재(海行摠載)』를 편찬하였다. 원중거의 사행록인『승사록(乘槎錄)』과『화국지(和國志)』는 일본을 종합적으로 깊이 있게 다룬 책으로, 신숙주(申叔舟)의『해동제국기(海東諸國記)』와 더불어 조선시대 일본에 관한 가장 수준 높은 보고서로 평가된다. 원중거가 이들 책을 저술한 연대는 사행을 마치고 돌아온 해인 1764년에서 정조가 등극하는 1776년 이전으로 추정된다. 원중거는『화국지』, 「시문지인(詩文之人)」에서 "나가사키로 중국과 서적이 통한 이래 지금은 집집마다 글을 읽고 사람마다 붓을 잡고 있으니, 십수 년이 지나면 비루하다고 얕잡을 수 없을지 모른다."라고 하면서 '바다 가운데 문명의 고장[海中文明之鄕]'이라고 했다. 그런데 이단(異端)에 사로잡혀 주자학 등 학문 발달의 기회를 놓치고 있어서 안타깝다고 했다. 일본의 무역 발달이 문화 발달을 낳았다는 인식은 무역론의 진전으로 평가할 수 있는데, 정사(正使)인 조엄(趙曮)도 그러한 견해를 공유하였다. 조엄도 일본의 학문이 천 년간 오염된 풍습 때문에 갑자기 변혁되기는 어렵다고 보았다.[98]

　1763~1764년의 통신사행, 특히 원중거의 사행 경험은 북학론의 형성에 기여하였다. 형암(炯菴) 이덕무는 일본으로 가는 원중거 등에게 써 준 시에서 일본에 대한 관심과 지식을 피력하였고, 사행에서 돌아온 원중거와 많은 내화를 나누었다. 형암은 통신사절을 수행하여 일본에 다녀오기를 갈망하였으나, 그럴 기회를 가지지 못하였다. 그럼에도 불구하고『청령국지(蜻蛉國志)』등 일본에 관한 많은 기록물을 남겼다.[99] 초정은 형암을 통해 원중거와 성대중을 알게 되었던 것으로 보이는데,

---

98　趙曮,『海槎日記』六月 十八日 戊戌, "盖聞長崎島通船之後, 中國文籍多有流入者. 其中有志者 漸趨文翰, 比戊辰(1748)酬唱頗勝云."
99　河宇鳳(1989), 제2장 Ⅲ. 李德懋의 日本觀.

다 같은 서얼 지식인인지라 형암을 만난 지 얼마 지나지 않아 교유하게 되었을 것이다. 초정이 연암보다 형암을 1~2년 전에 만났으므로, 담헌의 중국 여행기를 보기 전에 원중거와 성대중의 일본 견문록을 보았을 것이다. 초정은 1777년 지은 「희방왕어양세모회인60수(戲倣王漁洋歲暮懷人六十首)」[100]에서 교제하기를 희망하는 학자들 중에 중국인 8명뿐만 아니라 일본인 5명도 포함하였다. 그도 형암처럼 일본을 체험하기를 갈망하였으나 뜻을 이루지 못하였음이 분명하다. 이 시에서 초정은 20번째 인사로 담헌이 중국뿐만 아니라 서양의 문물도 동경한 것을 읊고, 그 다음번에 원중거가 일본을 잘 관찰한 것을 기렸다. 당시 초정에게 중국 지식의 주된 원천이 담헌이었다면, 일본의 경우는 원중거였던 것이다.

일본을 깔보는 선입관에 사로잡힌 대부분의 사행록과는 달리 원중거의 책은 객관적인 자세로 일본의 장점도 충실히 수록하였다. 원중거는 일본의 학문을 평가하였다 하나, 이토 진사이(伊藤仁齋) 및 오규 소라이(荻生徂徠)와 같은 고학파 유학자들을 이단으로 분류하였고 그들의 학설에 대해서 비판적이었다. 원중거는 소라이 학파의 농학대(瀧學臺)와 논쟁하며 그에게 오규 소라이의 장단점을 잘 판단하여 취사선택할 것을 권하였다.[101] 일본에 다녀오지 않은 이용후생학파 중에 일본에 대한 기록을 가장 많이 남긴 형암도 일본이 중국 서적을 수입하여 학문을 발달시켰으나, 주자학의 입장과 기준에서 일본 학문을 조선보다는 낮은 수준으로 평가하였다. 담헌과 연암은 일본에 대한 관심이 깊지 않았다.[102]

---

100 『貞蕤閣集』詩集 1에 나온다.
101 元重擧, 『長門癸甲問槎』卷2.
102 河宇鳳(1989; 1994).

그런데 초정은 「희방왕어양세모회인60수」에서 농학대에 대해 "이토 진 사이의 『동자문(童子問)』을 강독하여 마쳤으니 어찌 이학(理學)을 조선에 양보하리〔講罷伊藤童子問 何曾理學讓朝鮮〕."라 하고, 축상(竺常)에 대해 "『사기』와 『한서』를 바로 좇아 중원을 능가했지〔直追班史駕中原〕."라고 했다. 초정은 중국에 가기 전에 이미 주자학의 관점에서 벗어나 일본의 학문 발전을 높게 평가하였던 것이다.

후진국으로 간주되던 일본이 문화적으로 발달하였다는 사실은 전통적 화이관(華夷觀)의 극복에 기여하였다. 조선인은 일본에 대해 중국만큼의 관심을 가지지는 않았지만, 청의 지배로 문화가 후퇴하였다고 간주된 중국과는 달리 원래부터 후진국으로 간주된 일본의 문화 발달에 더욱 강렬한 충격을 받았을 것이다. 나아가 일본의 문화 발달의 동인인 무역 발달을 재평가할 수 있게 되었다.

원중거는 『화국지』, 「기용(器用)」에서 수공업품이 정밀하다고 평가하였으며, 「잠직(蠶織)」에서 설면(雪綿)을 잣는 법이 극히 섬세하고 실이 고르다고 하였으며, 「주즙(舟楫)」에서 일본의 선박 제조 기술을 자세히 보고하면서 "저들 배의 정교함은 내가 생각하건대 천하에서 일본만 한 곳이 없을 것이다."라며 감탄하였다.[103] 이러한 정보에 힘입어 초정은 일본의 기술까지 배우자는 이용후생사상을 발전시킬 수 있었을 것이다. 그런데 원중거는 일본의 활발한 무역이 문화 발달을 낳았다고 평가하면서도 조선의 무역 육성을 의도하지는 않았다. 그는 조·일 간 교역 물품이 너무 많아 관소(館所)가 시장이 되어 버릴 정도여서 창피한 노릇이니 무역을 억제해야 한다고 주장하였다.[104] 그는 무역육성론자가 아

---

103 원중거 지음, 박재금 옮김(2006), 323·326·343면.
104 河宇鳳(1994), 1259면.

니었던 것이다.

북학파 성립의 제1차 계기는 원중거의 일본 견문록이고, 제2차 계기는 담헌의 중국 견문록이었다. 원중거를 통해 일본 문명의 자극을 먼저 받았기에, 담헌을 통한 중국 문명의 자극을 한층 깊게 수용할 수 있었다. 이 두 계기를 통해 중국과 일본에 대한 이해가 심화되는 가운데 이루어진 1778년 초정의 연행과 1780년 연암의 연행으로 『북학의』와 『열하일기』가 탄생함으로써 북학론이 확립된 것이었다.[105] 원중거와 담헌은 일본과 중국의 국내외 상업이 활성화된 데에 주목을 하였지만, 상업육성론을 주장하지는 않았다. 초정과 연암은 중국보다 가난한 조선의 실상에 대해 문제의식을 강렬히 가지고 그 극복 수단으로 무역 등 상업진흥을 내세우게 되었던 것이다. 『북학의』 내편, 「약(藥)」에는 "일본에서는 외국의 약재를 수입할 때에 약재를 잘 분간하는 명의를 엄선하며, 중국에서는 서양인의 의학 서적을 번역한 것이 있다는 말을 듣고 그것을 구하려고 했으나 얻지 못하였다〔日本交易外國藥材 極擇檢藥 名醫 余聞中國 有翻西洋人醫書者 求之而不得也〕."라는 구절이 있는데, 이 것은 초정의 이용후생사상이 중국과 일본의 충격을 함께 받은 사실을 드러낸다.

(3) 이용후생학파(=북학파)의 공동 연구

초정은 첫 중국 여행을 마치고 1778년 7월 1일 서울에 돌아왔으며, 경기도 바닷가 고을인 통진(通津)의 농가에서 9월 29일 『북학의』 집필을 마무리하였다. 그사이 어느 날 새벽에 떠오른 생각으로 「효좌서회 (曉坐書懷)」 7수(首)를 지었는데, 그 한 수는 다음과 같다.

---

105 이헌창(2011a), 61면.

육로로 재화가 연경을 통하지 않고,	陸貨不通燕
바다 상인은 일본 땅을 넘나들지 못하네.	海賈不踰倭
비유하면 들판에 우물이 있는데,	譬如野中井
물 긷지 못하면 저절로 고갈되는 격.	不汲將自渴
민생 안정의 여부는 보물에 달려있지 않으니,	安貧不在寶
경제생활의 방도가 날로 힘들어짐을 걱정하노라.	生理恐日拙
지나치게 검소하면 인민이 즐거워 않고,	太儉民不樂
지나치게 가난하면 도둑이 많아진다네.	太寠民多竊

여기서 나라가 가난한 것은 무역이 부진한 탓이고, 그것은 우물물을 긷지 못한 것처럼 부의 원천을 활용하지 못한 것이라고 했다. 가난하면 도둑이 많아진다고 한 것은 경제 문제가 도덕성을 결정하는 요인임을 천명한 것이다. 이것은 초정의 핵심적 경제사상이다. 그리고 그는 당시 누구나 중시하는 검소 관념을 비판하였다. 앞서 언급하였듯이, 이 시에서 금 및 명주와 같은 보물이 국가재정을 충실하게 할 수는 있겠으나, 그보다 소중한 것은 민생 안정을 이루는가 아니면 가난하게 지내는가의 여부를 결정하는 식량 및 거름과 같은 소비재·생산재라고 보았다. 초정은 인민의 소비 수준을 기본 가치로 삼는 관념을 가지고 있었다. 이 시점에서 『북학의』에 제시된 경제사상이 확립되었던 것이다.

초정이 제1차 연행에 다녀온 지 불과 3개월 만에 『북학의』를 집필한 것은 사전 공부가 되어 있었기 때문이다. 이용후생학파 공동의 연구가 이루어졌던 사실은 연암의 「북학의서」의 다음 구절에서 엿볼 수 있다.

내가 이 책을 한번 펴 보니, 나의 『열하일기』와 조금도 어긋난 것이 없어, 이는 마치 한 솜씨에서 나온 것이라고 의심할 만하다. 나는 몹시

기뻐하여 사흘 동안이나 읽었으나 조금도 싫증이 나지 않았다. 이것은 우리 두 사람이 눈으로 직접 본 뒤에야 알게 된 것인가? 아니다. 우리는 일찍이 비 오는 지붕, 눈 날리는 처마 밑에서 연구하고, 술기운이 거나하고 등 심지가 가물거릴 때까지 맞장구를 치며 이야기했던 것이다.[106]

초정은 1778년 중국에 가기 이전에 개방적인 자세로 중국과 일본의 견문록을 공부하고 백탑시파(白塔詩派)의 인물들과 함께 논의하면서 『북학의』에 나오는 이용후생의 북학론을 대부분 갖추게 되었던 것으로 보인다. 그래서 이조원에게 보낸 편지에 의하면, 중국에서 관찰하고 학습할 내용을 완벽히 인지하고 있었던 것이다. 이 점은 연암도 마찬가지였을 것이다. 초정에게 1778년 중국 여행은 이전의 생각을 체험으로 확신시켜 주고 해로무역 육성론처럼 명확하지 못한 견해를 구체화하는 기능을 하였을 것이다.[107]

초정과 연암의 경제사상은 상통하는 바가 많았다. 앞서 언급하였듯이, 연암은 사(士)가 명농(明農)·통상(通商)·혜공(惠工)의 이치에 관한 실학에 종사하여 농·공·상업을 진흥해야 한다고 주장하였는데, 『북학의』는 바로 명농·통상·혜공의 이치에 관한 실학의 저서라 하겠고, 명농·통상 및 혜공의 용어를 수록하였다.

연암은 상업이 물자를 유통하는 기능뿐만 아니라 나아가 민부(民富)와 재정을 증진하는 수단이라고 인식하였다.[108] 연암도 초정처럼 상업

---

106 朴趾源,「北學議序」, "試一開卷, 與余日錄, 無所齟齬, 如出一手. 此固所以示余, 而余之所欣然讀之, 三日而不厭者也. 噫! 此豈徒吾二人者, 得之於目擊而後然哉? 固嘗研究於雨屋雪簷之下, 抵掌於酒爛燈炧之際, 而乃一驗之於目爾."

107 이헌창(2011a), 71~72면.

108 박종채 지음, 박희병 옮김(1998), 78면.

의 기능을 적극 평가하였던 것이다. 연암도 부의 증진 방안으로 해로무역과 국내 교통의 발전을 중시하였다. 연암은 고려와 일본에서 해로무역이 문화 발달을 낳았던 반면 조선에서는 해로무역의 두절이 문화 발달을 저해하였음을 다음과 같이 지적하였다.

고려 때는 송의 장삿배들이 해마다 자주 예성강에 닿았으며, 백화(百貨)가 몰려들었다. 고려 왕은 예절을 차려서 대우했으므로, 당시에 서적들은 훌륭히 갖추어졌고, 중국의 기물(器物)로서 안 들어온 것이 없었다. 우리 조선은 뱃길로 중국 남방과 통상을 하지 못하므로 문헌에는 더구나 캄캄하며, 삼왕(三王)의 일을 몰랐던 것도 모두 이 때문이다. 그러나 일본은 강남(江南)과 통하므로, 명나라 말년에 고기(古器)와 서화와 서적과 약료가 나가사키에 폭주하여, 지금의 겸가당(兼葭堂) 주인 목씨홍공(木氏弘恭)의 자는 세숙(世肅)인데, 3만 권의 책을 가지고 중국의 명사와도 많은 교제가 있다고 한다.[109]

『열하일기』의 「허생전(許生傳)」에 의하면, 허생은 돈을 버는 방법에 대한 질문을 받고 "이건 가장 알기 쉬운 일일세. 우리 조선은 배가 외국과 통하지 못하고 수레가 국내에 두루 다니시 못하는 까닭으로, 온갖 물건이 이 안에서 생겨 곧 이 안에서 사라져 버리곤 하지 않나." 하고 응답하였다. 연암은 1792년 화폐대책을 개진한 「하김우상서별지(賀金右相書別紙)」에서 국부(國富)를 증대하는 방법은 조선의 배가 외국에 가고

---

109 朴趾源, 『熱河日記』, 「銅蘭涉筆」, "高麗時, 宋商舶頻年來泊於禮成江, 百貨湊集. 麗王待之以禮, 故當時書籍大備, 中國器物無不來者. 我國不以水道通南貨, 故文獻尤貿貿, 不識三王事者全由此也. 日本通江南, 故明末古器書畵書籍藥料輻輳于長崎島. 今兼葭堂主人木氏弘恭字世肅, 有書三萬卷, 多交中國名士云."

수레가 국내에 다니게 하는 일이라고 했다. 국제무역이 거액의 이익을 낳음에도 불구하고 배로 외국에 통하지 못하여 재물이 축적되지 못하는 현실을 연암은 개탄하였던 것이다.

형암에 의하면, 조선은 해로로 통상하지 않기 때문에 문헌이 더욱 희귀하지만, 일본은 강남(江南)과 통상하여 명나라 말기의 고기(古器)·서화(書畵)·서적·약재 등이 나가사키에 가득 차 있고, 그 문아(文雅)가 조선보다도 성대하였다.[110] 형암은 외국무역을 촉진하려면 국산품의 품질을 높여야 함을 지적하였다.[111] 형암이 초정과 연암에 앞서 일본에 관심을 가졌던 만큼 원중거 등으로부터 일본 정보를 가장 먼저 흡수하여 무역진흥론을 정립하였던 것으로 보인다. 일본의 해로무역이 문화 발달에 기여하였다는 1763년 통신사행의 견해는 이용후생학파에게 수용되었으며, 이용후생학파는 이들 사행의 무역론을 진전시켰다.

연암은 초정과 마찬가지로 중국의 수레를 자세하게 관찰하고 그 도입을 주장하였으며, 교통의 개선으로 시장통합이 진전될 수 있다는 전망을 제시하였다. 그는 지역 간 가격 차와 물화 편재가 심한 것은 운송력이 미약한 때문이고 나라가 가난함은 수레가 통행하지 않기 때문이라 보았다. 시장통합이 진전되면 농공업 생산을 촉진하고 소비의 편의를 도모하여 인민과 나라가 부유해질 수 있다는 것이다.[112] 이것은 초

---

110 李德懋, 『靑莊館全書』 권63, 「天涯知己書」, 筆談條.

111 金柄夏(1984), 89면.

112 朴趾源, 『熱河日記』, 「馹汛隨筆」, 「車制」, "중국에도 劍閣 아홉 굽이의 험한 棧道와 太行과 羊腸처럼 위태한 재가 없는 것은 아니지만 역시 수레가 가지 못하는 곳이 없다. …… 이러므로 중국의 재화가 풍족할 뿐더러 한곳에 지체되지 않고 골고루 유통함은 모두 수레를 사용한 이익이다. …… 영남 어린이는 새우젓을 모르고, 관동 백성은 아가위를 절여서 장 대신에 쓰고, 서북 사람은 감과 柑子의 맛을 분간하지 못하며, 바닷가 사람은 새우나 정어리를 거름으로 밭에 내건만 서울에서는 한 움큼에 한 푼씩 하니 이렇게 귀함은 무슨 까닭일까. 이제 六鎭의 삼베와 평안도의 明紬, 영·호남의 닥종이

정의 주장과 흡사하다.

연암은 1791년 8월에 한성부 판관(判官)으로 임명되었는데, 그해가 흉작이어서 전국의 곡물상이 오강(五江)에 모여들어 서울의 곡물값이 오른 것을 이용해 이익을 추구하였고, 부자들도 곡물을 비축하여 값은 점점 더 폭등하였다. 당시 재상은 시중의 곡물 가격을 억제하는 한편 곡물의 매점매석을 막아야 한다는 건의안을 제출하기에 앞서 의견을 수렴하였다. 연암은 다음과 같은 견해를 개진하였다. 관에서 가격을 고정하면 상인이 이익을 얻을 수 없게 되어 가격을 조절하는 시장 기능이 마비된다. 그러면 농민과 수공업자가 더욱 곤궁해진다. 상인이 싼 곳의 물건을 사다가 비싼 곳에다 파는 행위는 실로 넘치는 것을 덜어 내어 부족한 데다 보태 주는 이치이다. 지금 가격을 고정하고 매점매석을 막으면, 서울의 상인은 장차 곡물을 다른 곳으로 옮기고 서울로 오던 곡물상이 다시 경강(京江)으로 들어오지 않아 서울의 식량 사정은 더욱 어려워질 것이다. 백성이 곡물을 비축하는 이점도 있는데, 금년에 곡물을

와 황해도의 솜·쇠, 충청도 서해안 內浦의 생선·소금 등은 모두 인민 생계에서 어느 하나 없지 못할 물건들이며, 충청도 청산·보은의 천 그루 대추와 황해도 황주·봉산의 천 그루 배아 전라도 흥양·남해의 천 그루 귤·유자, 임천·한산의 천 이랑 모시와 강원도의 천 통 벌꿀들은 모두 일상생활에서 교역해 써야 할 것인데도, 이제 이곳에서 천한 물건이 저곳에서는 귀할 뿐더러 그 이름만 알고 실지로 보지 못함은 어찌된 까닭일까. 그것은 오로지 멀리 운송할 힘이 없기 때문이다. 사방으로 겨우 몇천 리밖에 안 되는 나라에 인민의 살림살이가 이다지 가난함은, 한 말로 표현한다면 수레가 국내에 다니지 못한 까닭이라 하겠다.〔中國固有釖閣九折之險, 太行羊腸之危, 而亦莫不叱馭而過之. …… 所以中國之貨財殷富, 不滯一方流行貿遷, 皆用車之利也. …… 嶺南之兒不識蝦鹽, 關東之民沉樝代醬, 西北之人不辨柿柑, 沿海之地以鯸鮪糞田, 而一或至京, 一掬一文, 又何其貴也. 今夫六鎭之麻布 關西之明紬 兩南之楮紙 海西之綿鐵 內浦之魚鹽 俱民生日用而不可闕者也. 靑山報恩之間千樹棗 黃州鳳山之間千樹梨 興陽南海之間千樹橘柚 林川韓山千畦苧枲 關東之千筒蠻蜜 爲民生日用, 而莫不欲相資而相生也. 然而此賤而彼貴, 聞名而不見者, 何也. 職由無力而致之耳. 方數千里之國 民萌産業 若是其貧, 一言而蔽之, 曰車不行域中.〕"

모두 내다 팔게 하였다가 내년에 또 다시 흉년이 들면 어찌하겠는가. 정부가 이 견해에 따라서, 거듭 흉년이 들었지만 큰 문제는 없었다 한다.[113] 연암의 제안은 오늘날 시장이론에 부합한다. 그는 1791년 12월에 안의(安義) 현감에 제수되어, 다음 해 1월에 임지에 도착한다. 문호개방 이전에 초정만큼이나 시장을 잘 이해한 인물이 연암이며, 이들보다 시장을 더 잘 이해한 인물을 찾기는 어려울 것이다.[114]

초정의 적극적 경제사상은 관자의 사상에 연유한 바가 있는데, 『북학의』 서문을 쓴 서명응은 왕패(王覇) 논쟁에서 왕도를 중시하는 사람이 『관자』를 폄하하여 왔지만 천하를 경영하려면 『관자』를 결코 무시해서는 안 된다고 했다. 연암은 『과농소초』에서 관자를 비중 있게 다루었다.[115] 이용후생학파는 『관자』에 관심을 가지고 논의하였던 것으로 보인다. 다산이 『관자』를 중시한 것은 앞서 언급하였다. 실학에 미친 『관자』의 영향을 종합적으로 고찰하는 연구가 요망된다.

이러한 시장 인식의 진전을 개인 역량으로만 돌려서는 안 된다. 17 · 18세기에 시장이 뚜렷이 성장하는 가운데 위정자의 시장 기능에 대한 이해가 진전되었다. 그 현저한 예를 들면, 1664년 조정의 논의에서 옥당(玉堂)의 장선징(張善澂)은 서울 시장은 '모든 물건이 모여드는 곳이어서 제값을 주면 물건이 다리가 없이도 다 몰려오니' 백면지(白綿紙)와 같은 정부 수용 물자를 각 읍에 배정하지 말고 시장에서 조달하자고 건의하였다.[116] 오늘날에도 시장 기능을 이렇게 요령 있게 집약하기란 쉽지 않

---

113 박종채 지음, 박희병 옮김(1998), 76~78면.
114 이헌창(2005)에서 연암의 경제사상을 정리하고 초정의 경제사상과 비교한 바 있다.
115 심경호(2007), 382~385면.
116 『현종실록』 5년 3월 丙子, "京中卽百物輸委之地, 有價則物皆無脛而至. 臣意則, 白綿紙價 詳定之外 量宜添給, 自京貿得, 則民弊自祛, 而亦無害於國事矣."

다. 그런데 시장을 규제하려는 사상은 뿌리가 깊어서 영조는 쌀값을 정부가 정하려고 하였으나, 결국 시장에 가격조절 기능을 맡기는 방향으로 정책을 선회하였다.[117] 영조를 계승한 정조는 시장 기능에 대한 이해가 깊어졌음을 다음의 전교(傳敎)에서 엿볼 수 있다.

서울의 수많은 인구가 배불리 먹는 것은 곡식값이 비싼가 싼가에 달려 있다. 그 원천은 세 가지니 공(貢)·시(市)·상(商)이다. 며칠 전에 대간의 말이 있어서 유사(有司)에게 단단히 타일러 곡식값이 뛰어오르는 것을 금하게 하였으나, 효과가 없을 것이라고 생각한다. 대저 무역의 방도에서는 동전과 곡식이 다 같이 화폐[貨泉]이지만, 그것이 풍부한가 부족한가에 따라 서로 보배가 되기도 하고 쓸모없게 되기도 한다. 조정에서 마땅히 물가 안정에 힘쓰려면 백천(百川)을 도도히 흐르듯이 해야 하는데, 그 방법은 그 근원이 되는 물을 인도하는 데 불과할 뿐이다. 대저 공미(貢米)를 억지로 시중(市中)에 들어오게 하더라도 공물 납부를 직업으로 하는 자는 바야흐로 자신도 먹고살 겨를이 없으니, 시세를 비록 상인보다 더 쳐주지 않더라도 저자[市]에 앉아서 장사하는 자들이 어디에서 쌀을 얻을 수 있겠는가? 상인은 먼 곳에서 배와 수레로 실어 와 헐값에 사들이고 비싸게 파는 이익이 있는 연후에야 곡물을 수집하고 배포한다. 이제 금령을 내려 그 이익을 막는다면, 배와 수레로 한강을 건너 서울로 향하던 자들이 장차 허둥지둥 배와 수레를 돌려 돌아갈 것이니, 틀린 계책이다. 그들이 폭주하고 서울에 이르도록 방임하는 것은 비유하자면 마치 1만 곡(斛)의 곡식이 저자에 있는 것과 같다. 한 시장의 가격이 이미 고르게 되면 나라 전체의 식량이 저절로 넉넉해질 것이니, 이런 정사는 옛사람이 방(榜)을

---

117 한상권(2000), 267~268면.

걸어 쌀값을 올린 뜻이다.[118]

이 견해는 앞서 언급한 연암의 주장과 놀라울 정도로 흡사하다. 1791
년에 흉년을 맞아 서울의 식량 수급 대책으로 연암이 제시한 정책론을
정조가 수용한 것으로 보인다. 그렇다고 해서 연암의 선진적인 주장을
수용할 정도로 정조의 시장관이 진전되어 있었음을 놓쳐서는 곤란하다.
개항 이전에 시장 기능에 대한 이해가 가장 깊었던 임금은 정조일 것이
다. 1791년 초에는 좌의정 채제공의 제안으로 육의전을 제외한 시전의
난전금지권을 폐지하여 사상(私商)과 더불어 자유롭게 매매하는 통공발
매(通共發賣) 정책인 신해통공(辛亥通共)이 이루어졌는데, 그 중요한 취
지가 시장 기능을 제한하는 도고(都賈)를 막아 물가를 안정시켜 서민을
보호하려는 것이었다.[119] 정조 대 조정에서는 시장 기능에 대한 이해가
높아져 신해통공과 같은 시장 친화적인 정책이 채택되었던 것이다. 위
의 정조 전교에서도 『북학의』에서처럼 '평준'이란 용어가 나오는데, 그
평준 정책이념은 중국 한(漢) 대처럼 시장 규제적이 아니라 시장 친화적
이었던 것이다. 정조가 1791년 전교보다 14년 전에 나온 『북학의』의 영
향을 받았다고 보기는 어려우므로, '평준'을 시장 친화적인 물가안정책

---

118 『정조실록』 16년 8월 庚寅, "敎曰: 都下千萬家八口十口之哺飽, 在於斗價升直之貴賤.
而其寶有三, 曰貢, 曰市, 曰商. 近日有臺言, 飭有司, 禁其刁踊, 而竊以爲行不得. 夫貿遷
之方, 錢與穀, 均之爲貨泉, 隨其豊乏, 互爲珠糞. 朝家當務平準之, 則要令百川滔滔, 而其
術不過曰導其源頭活水而已. 大抵貢米, 雖使勒歸於市中, 業於貢者, 方自食之不暇, 市價
雖使無加於商, 坐售於市者, 何從而得米? 至於商, 資舟率車遠服, 賈販賤而賣貴, 利然後
趨, 積然後散. 今也設爲禁而塞其利, 利塞矣, 舟車之渡漢水向終南者, 其將望望然回棹而
返轅, 積之云乎, 是左計也. 任渠輻輳, 任渠京坻, 譬如萬斛在市, 一市之價旣平, 一邦之食
自足. 此政古人揭榜增米價之意也. 聞都民艱食之苦, 耿耿念念, 詢玆鳩穀之要. 廟堂知此
意, 敷辭申告, 坊曲聞風爭集, 俾都民有足食之效."
119 『정조실록』 15년 1월 庚子.

의 이념으로 삼는 관념이 확산된 것으로 보인다. 18세기 후반에는 사회 전반적으로 시장에 대한 이해가 진전되는 가운데 이용후생학파의 핵심 구성원인 초정과 연암이 가장 높은 이해 수준에 도달하고, 그것이 조정의 시장 이해를 진전시키도록 작용하여 따라서 시장 친화적인 정책이 추진되었던 것으로 판단된다.

18세기 후반 조선 사회에서 시장에 대한 이해가 진전하는 것은 경제 현실의 반영이었다. 1785년 좌승지 유의양(柳義養)은 서울에서의 연간 쌀 소비량은 18세기 말에 백만 석 정도인데, 호조 관할 각종 창고와 여타 관청에서 방출하는 쌀이 모두 20만 석 미만이며, 재경지주(在京地主)의 지방 농장에서 수취해 오는 추수곡이 20만 석 정도였다 했다고 기록되어 있다.[120] 그렇다면 나머지 60만 석 정도는 상품으로서 서울로 유입되었을 것이다. 쌀·콩과 무명 이외에 조세로 유입되는 소비물자는 소량이었으므로, 17세기 대동법 시행 이후 서울의 소비물자는 압도적으로 시장에 의존하여 배분되었던 것이다.

정조는 즉위하던 1776년의 교서(敎書)에서 "지금 국가 재정[國用]이 고갈을 고하고 인민의 살림살이[民産]가 텅 비었으니, 민국(民國)을 생각하면 나도 모르게 한밤중에 침상을 서성이게 된다."라고 했다. '산'은 재산 생업(生業) 등을 의미하는데, 여기서는 살림살이라는 말이 적합한 번역어라 생각된다.[121] 그 후 민산에 대한 논의가 진전되었는데, 1778년에 정조는 인정문(仁政門)에 나아가 대고(大誥)를 선포하면서 자신이

---

120 『承政院日記』正祖 9年 9月 9日, "左承旨柳義養曰, 都下人民 今爲二十萬餘口, 而日 計二升, 則一年當食百萬石米. 而目今地部所管諸倉, 及他餘公家所出米穀, 零零注合, 終不滿二十萬石. 私家穀物, 則士大夫富少貧多, 家家所謂秋收之輸入城中者, 都不滿二 十萬餘石米矣."

121 『정조실록』卽位年 4월 辛亥, "今國用告乏, 民産如罄, 言念民國, 不覺中夜繞楊."

추구할 기본 정책을 민산, 인재, 융정(戎政) 그리고 재용(財用)이라는 네 가지로 집약하였다. "인민의 생산수단을 제도로써 마련하는 데에는 반드시 경계(經界)를 바르게 하는 데로부터 출발한다."라는 맹자의 가르침을 제시하면서 균전(均田)과 양전(量田)이 행해지지 못하여 인민이 열심히 농사지어도 식생활이 어려운 현실을 한탄하였다. '산(産)'은 생업을 도모하는 재산인 생산수단으로 풀이할 수 있으며, '제(制)'는 동사로서 제도화하다는 의미도 가진다. 그리고 "공업과 상업은 말무(末務)이나 인민이 이에 의뢰하여 의식을 넉넉히 하니, 오히려 이용후생의 밑천이다."라고 하여 진전된 상공업관을 보여 주었다. 이어서 산림과 어업의 이익을 말하였다.[122] 민산을 중시함은 유학의 가르침으로 조선시대의 공통된 정책 이념이지만, 이것을 첫 번째 정책 목표로 내세우고 그 내용을 구체화한 군주는 정조가 처음이라 생각된다. 고종 때인 1880년 이후에야 부국강병을 위한 근대화 정책이 추진되면서 이보다 진전된 정책이 제시되었던 것이다. 이 대고가 나온 지 한 달 후에 연행에서 돌아와 3달 동안 집필한 초정의 『북학의』는 정조의 첫 번째 정책 목표인 민산의 대책이라고 평가할 수 있다. 그것도 '말무'인 상공업의 진흥을 통해 '이용후생의 밑천'을 삼는 대책이라고 하겠다.

이처럼 초정의 이용후생사상은 연암과 정조의 그것과 상통하는 바가 크지만, 그 차별성을 놓쳐서는 안 된다. 연암은 "「허생전(許生傳)」을 통

---

122 『정조실록』 2년 6월 壬辰, "御仁政門, 受朝參, 宣大誥曰 '…… 目凡有四, 曰民産也, 曰人材也, 曰戎政也, 曰財用也.' 儀經曰 '凡厥正人, 旣富方穀.' 制民産, 必自經界始. 上古井田之法, 尙矣. 惟是名田一事, 寔爲近古. 秦・漢以來未嘗行之. 至于我東, 壤地褊小, 而山谿居多, 井界難設, 而豪右竝呑, 自在祖宗盛際, 均田量田之議, 格而不行, 蓋以習俗難更, 群囂噂沓. 噫! 民之食, 惟在於服勤稼穡, 而人不能各有其田, 雖欲致力, 烏可得乎? 工商, 末務也, 民賴以裕衣食, 則猶爲利用厚生之資, 而以言乎川澤之利, 濱海之地, 數罟不入, 非欲以時也, 乃民力竭, 而國稅重也."

하여 해로무역이 부를 증진하는데 배로 외국에 통하지 못하여 재물이 축적되지 못하는 현실을 개탄하였고 해로무역이 문물을 발달시키는 점을 지적하였던 점에서, 해로무역 육성론자로 보아야" 하지만, "해로무역의 적극적 육성방안을 글로 남기지 않았다." 그의 소설 주인공인 허생이 해로무역으로 번 은화의 일부를 바다에 버리고 무역 활동을 그만둔 것은 사(士)가 '명농통상혜공'의 실학을 탐구해야지 상업에 종사할 것까지는 없다고 보았기 때문이다. 연암은 이익 추구 관념의 옹호와 농본주의 극복에서 초정만큼 철저하지는 못했다.[123] 정조는 영조의 정책을 계승하여 서울의 상업을 지탱하는 공인(貢人)과 시전(市廛)상인의 고충을 적극 처리하였으며,[124] 1789년에 이전하는 수원읍을 시전과 장시의 설치를 통해 상업도시로 건설하고자 하였고, 1791년의 신해통공을 통해 도시 서민의 생활 안정을 위해 육의전(六矣廛)을 제외한 시전의 난전 금지권을 폐지하고 도시 상업의 자유를 넓혔다. 이처럼 정조의 상업정책은 진전되었으나, 양반의 상업 종사를 장려하고 해로무역을 육성하는 초정의 제안을 채택하지는 않았다. 정조의 생각은 연암보다도 전통적 경제사상에 가까웠기 때문이다. 정조는 "이재의 방도는 균평(均平)하게 함이 최상이고 균평하게 하는 방도는 단지 용도를 절약하는 데 있으며 용도를 질약하는 요점은 수입을 헤아려 지출하는 데에 지나지 않는다. 진실로 별달리 생재(生財)의 방도를 추구한다면 경비의 용도는 더욱 넓어지고 폐단은 더욱 불어나니, 예로부터 백성을 수탈(收奪)하여 재물을 축적하고서 그 나라가 망하지 않는 경우는 없었다."라고 했으며,[125]

123　이헌창(2005), 127~130 · 138~148면.
124　한상권(2000), 276~280면.
125　『정조실록』 1년 5월 丙子, "理財之道, 莫如均平, 均平之道, 只在節用, 節用之要, 無過於量入爲出. 苟求別般生財之道, 則用益廣而弊益滋, 自古未有聚斂積財, 而不亡其國者也."

또한 민산에 관계되는 최우선의 과제는 '재해(災害)와 결실(結實)의 등급 구분'이라고 했다.[126] 그의 기본 관념은 당시의 일반 관료와 다를 바 없었다. 그래서 정조는 해로무역의 육성 등 초정의 적극적인 정책안을 이해하면서도 수용할 생각은 없었던 것이다.[127]

이용후생학파 인사들 사이에 인식의 공통점이 컸고, 이용후생사상은 그들의 공동 연구를 통해 형성되었으나, 초정 이외에 무역의 성쇠가 국가의 빈부에 영향을 미친다는 유몽인의 인식을 넘어선 사람은 없었다. 원중거와 형암, 연암 등은 일본이 활발한 해로무역으로 조선의 학문 수준에 접근하고 있다고 보았던 반면, 초정은 조선이 해로무역을 활성화하면 선비의 사상적 고루함을 극복할 수 있다고 하여 더욱 적극적으로 평가하였다.

무역의 경제적 효과에 대한 유몽인의 예리한 인식이 초정 이전에 더 진전되지 못하였던 것을 어떻게 설명해야 할까? 첫째, 일본이 쇄국정책을 추진하게 되어 일본에서 무역의 효과를 파악하기가 어렵게 되었다. 둘째, 임진왜란의 충격으로 적극적인 경제관이 형성되었다가, 그후 평화의 시대로 전환함에 따라 경제관이 소극적으로 변한 점도 작용하였다.[128]

그러면 어떻게 초정만이 유몽인을 능가하는 무역론을 구상할 수 있었을까? 초정이 중국에 가기 전에 이미 주자학에 구애받지 않고서 일본 문명을 평가한 데에서 드러나듯이, 그는 새로운 관점에서 원중거뿐만 아니라 그전의 사행록을 검토하였을 것이다. 앞서 언급하였듯이, 초정

---

126 『정조실록』 1년 5월 丙子, "民産之所係, 莫過於災實之分等."

127 이헌창(2011a), 213~221면.

128 이헌창(2008a).

은 같은 북인인 유몽인의 저술을 읽었을 가능성이 있다. 요컨대 초정의 무역육성론은 조선 사회가 중국과 일본의 충격을 받으면서 진전시킨 무역에 대한 이해의 정점에 위치한 것이다.

(4) 기타의 원천

제나라의 『관자』 등의 부국강병책을 조선에서 구현해 본 대표적인 인물은 임진왜란기의 서애(西厓) 유성룡이었다.[129] 서애는 1583년에 올린 「북변헌책의(北邊獻策議)」에서 중국과의 국경 지방에 무역 시장을 열면, 식량 조달에 이바지하여 남부의 곡물을 국경 지방으로 수송하는 번거로움을 덜 수 있다고 건의한 바 있다. 임진왜란이 발발하여 기근이 극도에 달하자, 서애는 기근을 구제하기 위한 식량 조달책으로 의주 맞은편의 중강에서의 무역을 추진하였다. 중강개시(中江開市)는 1593년 12월부터 시작되었는데, 서애는 그것이 기근의 구제에 크게 기여하였다고 평가하였다. 그는 또한 양국 간에 면포와 곡물의 상대가격 차이가 매우 커서 무역 이익이 많았다는 점에도 주목하였다. 서애의 건의에 의하여 시작된 중강개시는 이후 조·중 간 항구적인 국경 무역의 선구가 되었다. 그는 중강개시를 통해 국경무역을 제도화하였을 뿐만 아니라, 제염업을 육성시키고 어염선세를 통해 재정을 충실하게 하고자 했다. 1595년 서애는 조정에서 "옛날 태공(太公)이 상업을 권장하고 제염업·어업의 이익을 개발하였기 때문에 제(齊)나라가 부강했습니다."라고 역설하였고,[130] 1596년에는 "태공이 제나라를 다스릴 때에 어염(魚鹽)의 이익을 말했었고, 당나라의 유안(劉晏)도 소금으로 이익을 얻어 그 나

---

129 이헌창(2008a).
130 『선조실록』 28년 6월 壬寅.

라를 부강하게 하였습니다."라고 역설하였다.[131] 서애는 조선시대 부국론의 발전에서 중대한 기여를 한 인물이었던 것이다. 그런데 평화의 시대가 도래하면서 그의 부국강병책은 거의가 폐기되었다. 서애의 사상은 초정과 상통하는 점이 적지 않고, 서애가 중시한 제나라의 인물과 유안을 초정도 역시 거론하였는데, 초정의 저술에는 서애가 발견되지 않는다. 초정의 저술에 나오지 않는 인물이라고 해서, 그가 초정의 사상에 영향을 주지 않았다고 속단할 수는 없다. 초정이 저명한 경세가인 서애의 사상과 정책론을 몰랐을 가능성은 낮으므로, '경제'에 뜻을 둔 초정이 서애의 영향을 받았을 가능성은 배제할 수 없다.

초정은 왕패병용론자라고 할 수 있는데, 그전에 왕패병용을 주장한 유명한 인물이 성호 이익이었다.[132] 성호는 역사 현실적으로 유가의 왕도정치만으로는 나라를 보전하기 어려우므로, 법가의 부국강병책이 필요하다고 했다. 성호의 사상에는 이용후생의 공리론(功利論)이 있는 것으로 평가되는데, 성호가 패도를 수용할 때 경제합리주의보다 중시한 것은 형벌의 법치였다. 성호는 상앙이 진나라의 부국강병을 이루었음을 평가하면서도 그의 변법이 '오로지 흥리(興利)를 위주하고', '그 본령(本領)이 재리(財利)에서 벗어나지 않았던' 점을 비판하기도 했다. 상앙의 부국강병책이 인의를 외면하고 사리(私利)를 추구하였기 때문에, 진나라가 망하고 말았다는 것이다. 또한 왕안석의 변법이 재리(財利)를 버리고 인의에 충실하였더라면 성공하였을 것이라고 아쉬워하였다.[133] 성호는 패도도 필요하다고 보면서도 그것을 경계하는 유학의 관

131 『선조실록』 29년 6월 甲寅.
132 이헌창(2012a).
133 李瀷, 『星湖僿說』 권26, 經史門, 「商鞅亡秦」; 권27, 經史門, 「王安石」; 권27, 經史門, 「商鞅變法」, "鞅則不然 專以興利爲主 刻薄爲急 所以終敗也."

넘으로부터 탈피하지는 못하여, 유학을 기본으로 하고 법가를 참조하는 왕패병용론을 제시하였다. 반면에 초정은 유가와 관자를 변증법적으로 종합하는 왕패병용론을 제시하였다. 초정은 성호와 달리 흥리를 위주로 하여 성호보다 적극적으로 패도를 수용하였다. 초정의 저술에는 성호가 언급되지 않은 것으로 보인다. 그런데 이용후생학파 인사는 대부분 『성호사설(星湖僿說)』을 학습하였다고 하며,[134] 초정은 성호학파의 이벽을 추모하는 시에서 그가 '경제'에 뜻을 두고 높은 학식을 가진 것을 평가한 바 있다.[135] 그러니 이용후생의 공리를 중시하여 패도를 말(末)의 차원에서라도 도입하자는 성호의 사상에 초정이 영향을 받았을 가능성은 배제할 수 없다.

문호 개방 이전에 경제사상을 가장 수준 높게 제시하고 농본주의를 극복한 상업진흥론을 제시한 인물은 초정과 농암(聾菴) 유수원(1694~1755)이었다. 두 사람 모두 양반층의 상업 종사를 역설하였다. 유수원의 상업진흥론은 사회적 분업의 심화론으로 집약될 수 있는데, 초정도 그러한 주장을 하였다. 초정의 해로무역 육성론이 시장 발달을 낳을 수 있는 수요 측면이라면, 유수원은 분업의 발달, 대상인의 육성 등 시장 발달을 낳을 수 있는 공급 측면을 주로 다루었다. 이 두 사람의 경제정책론은 왕도적 안민책의 틀을 넘어서 부국강병책을 지향하였다.[136] 초정은 「북학의자서」에서 경제가 중요하다는 관점을 관중이 말한 "먹고 입는 것이 넉넉해야 예절을 안다[衣食足而知禮節]."라는 구절로 표명하였는데, 유수원의 『우서(迂書)』 권8, 「논상판사리액세규제(論商販事理額

---

footnote
134 鄭寅普, 「湛軒書序」.

135 주 11).

136 이헌창(2002).

稅規制)」에서도 바로 그 구절이 나온다. 18세기 이전까지 그 구절을 사용한 것으로 한국고전번역원 DB에서 검색되는 다른 인물은 고상안(高尙顔), 신경(申暻), 박지원, 성종인(成種仁) 및 정조뿐이다. 성종인과 정조의 말은 모두『홍재전서(弘齋全書)』에서 나온다. 정도전(鄭道傳)이『경제문감(經濟文鑑)』에서 '의식족이지예의(衣食足而知禮義)'라는 표현을 사용했다. 유수원, 정조, 연암, 초정 모두가 '이용후생'이라는 용어도 사용하였는데,『관자』는 18세기 이용후생사상의 형성에 영향을 주었다고 보아야 한다.

　『관자』에 나오는 "창고가 차야 예절을 알고 옷과 식량이 넉넉해야 영욕을 안다〔倉廩實 則知禮節 衣食足 則知榮辱〕."라는 구절은『사기』의 「화식열전(貨殖列傳)」과『한서』의 「식화지(食貨志)」에도 나올 정도로 중국에서는 유명한 구절이다. 그런데 중국의『사고전서(四庫全書)』를 검색하면 황종염(黃宗炎, 1616~1686)이 찬(撰)한『주역상사(周易象辭)』와 1680년경 편찬된『일강서경해의(日講書經解義)』에 '의식족이지예의(衣食足而知禮義)'라는 표현이, 육롱기(陸隴其, 1630~1692)가 찬한『사서강의곤면록(四書講義困勉錄)』에 '의식족이지예절(衣食足而知禮節)'이라는 표현이 나오는 데에 그쳤다. 이런 표현은 중국에서도 활발히 사용되지 않았는데, 중국에서 조선보다 앞서 이런 표현을 사용한 용례가 있는지, 중국에서의 사용이 유수원과 초정에 영향을 주었는지는 지금으로서는 분명하지 않다.

　연암과 초정이 사용했던 '통상혜공(通商惠工)'이라는 용어는『우서』권7, 「논외방파지공비(論外方派支公費)」에서도 나온다. 한국고전번역원 DB에서 초정, 연암 및 유수원 외에 이 용어를 사용한 글을 검색하니,『율곡선생전서(栗谷先生全書)』권3, 「옥당진시폐소(玉堂陳時弊疏)」·김우옹(金宇顒)의『동강선생문집(東岡先生文集)』권9, 「진시무16조차(陳時務十

六條箚)」·홍우원(洪宇遠)의『남파선생문집(南坡先生文集)』권9, 「통정대부수강원도관찰사정공행장(通政大夫守江原道觀察使丁公行狀)」그리고『반계수록(磻溪隨錄)』권7, 전제후록고설상(田制後錄攷說上), 「무농(務農)」이었다. 유수원은 초정과 연암이 사용했던 '명농(明農)'이라는 용어도『우서』권10, 「논변통규제이해(論變通規制利害)」에서 사용하였다. 물론 '명농'을 사용한 인물은 '통상혜공'보다 훨씬 많았는데, 이 용어를 모두 사용한 인물은 소수였다. 이처럼 초정과 유수원은 사상적으로, 그리고 사용 용어에서도 공통점이 많았다.『사고전서』를 검색하니, '명농'은 274권에서 334개이고 '통상혜공'은 105권에서 107개였으나, 연암처럼 '명농통상혜공'이란 표현을 사용한 것은 나오지 않는다. 이 용어는 중국의 영향을 받았으나, 그 용어에 구현된 실학사상에 조선이 기여한 바도 있는 것이다.

초정은 유수원을 자신의 저술에서 언급하지 않았다. 초정이 6세 때에 대역죄로 처형당한 유수원의 저술을 보지 못한 것일까? 아니면 보고도 언급하지 않은 것일까? 유수원은 1755년 처형당하기 이전에 소론의 유명한 논객이었고 1830년경에도 '소론이 그를 배척하지 않고 농객(聾客)이라 일컬었으니', 후자일 가능성이 높다.[137]『우서』의 필사본이 6종 남아 있다고 하는데, 18세기 후반에 그 필사본을 보았을 가능성이 가장 높은 집단은 소론 개혁파와 이용후생학파일 것이다. 중국 제도의 학습을 통하여 조선의 제도를 개혁하자는『우서』는 북학론의 선구라고도 평가할 만하여, 북학파들의 연구 대상이었을 가능성이 있다.

초정은『북학의』서문에서 자신의 북학 정신이 최치원(崔致遠)과 조

---

137 老論時派 沈魯崇의 회고록인『孝田散稿』, 「自著實記」에 나오는 내용으로, 이 책에 수록된 안대회의 논문에서 제시된 내용이다.

헌(趙憲)에서 유래하였음을 밝혔지만, 이들로부터 경제사상의 영향을 받은 흔적은 찾기 어렵다. 초정은 막상 자신이 경제사상과 정책론을 개발하는 데에 도움을 받은 인물을 그의 저술에서 잘 드러내지 않았다. 다산과 서유구는 국내외 학자의 글을 충실하게 인용한 후에 자신의 견해를 조심스럽게 제시하였지만, 초정은 그런 글을 소화하고 용해하여 저술하는 스타일을 취했기 때문으로 생각된다. 그래서 초정 사상의 원류를 논증하기는 어렵다.

5. 맺음말

『북학의』는 경제사상으로 탁월할 뿐만 아니라 경제에 관련된 개념들을 잘 활용한 학술적 논설문들을 모아 둔 데에 주목할 필요가 있다. 초정은 경제에 관련된 개념을 잘 활용하여 시장론·기술론·소비론 등을 수립하고, 그것을 종합하여 부국론을 제시하였다. 초정 경제사상을 잘 표현하는 '이용후생'은 부국론의 토대를 이루는 개념인 것이다. 『북학의』의 논설문들은 경제 개념의 엄밀성에서 근대적 수준에는 미흡하고 개념의 조합 장치를 통한 분석적 서술이 미약하고 학술적 체계로 구성되지 못한 한계를 가진다. 그런 점에서 근대적 학문 수준을 성취하였다고 볼 수는 없겠지만 경제에 대한 통찰, 경제사상과 경제정책론의 내용, 다양한 경제 관련 개념 등에서 근대적 사유 내지 학문으로 발전할 잠재성을 보여 주었다.

초정의 탁월한 경제사상은 본인의 예리한 지적 능력뿐만 아니라 그것을 가능케 한 학문적 토양에도 힘입었다. 중국 고대에 이미 형성된 한자 용어는 초정의 경제사상에 활용될 풍부한 개념들을 제공하였다.

초정은 이러한 경제적 개념을 단지 활용하는 데에 그치지 않고 그 내용을 더욱 풍성하고 깊게 만들었다. 그리고 초정이 경제사상을 정립하는 데에 도움을 받은 중국과 조선의 사상가들이 적지 않았다. 중국과 일본의 여행기도 중대한 자극이었다. 초정은 이러한 다양한 유산을 흡수하고 용해하여 자신의 경제사상을 정립하였다. 그의 해로무역 육성론을 보더라도 이는 중국과 일본의 여행기를 공부하고 조선 선학의 주장을 참조하고 중국 여행의 체험을 통해 다져진 신념이었다. 이상의 사실뿐만 아니라 초정의 이용후생사상이 북학파 공동연구의 결실에 크게 힘입은 점에서도 알 수 있듯이, 초정의 탁월한 이용후생사상은 18세기 조선에서의 문화 역량의 성숙을 반영한다.

參 考 文 獻

『管子』.

『論語』.

『大學』.

『史記』.

『書經』.

『承政院日記』.

『朝鮮王朝實錄』.

『周禮』.

『通文館志』.

『漢書』.

慶　暹, 『慶七松海槎錄』.

朴齊家, 『北學議』.

＿＿＿, 『貞蕤閣集』.

＿＿＿ 저, 정민・이승수・박수밀 외 옮김(2010), 『정유각집』 상・
　　　중・하, 돌베개.

박종채 지음, 박희병 옮김(1998), 『나의 아버지 박지원』, 돌베개.

朴趾源, 『熱河日記』.

元重擧, 『長門癸甲問槎』.

＿＿＿ 지음, 박재금 옮김(2006), 『와신상담의 마음으로 일본을 기
　　　록하다 : 和國志』, 소명출판.

柳夢寅, 『默好稿』.

柳馨遠, 『磻溪隨錄』.

李德懋, 『靑莊館全書』.

李 瀷, 『星湖僿說』.

丁若鏞, 『茶山詩文集』.

趙 曦, 『海槎日記』.

김필수・고대혁・장승구・신창호 함께 옮김(2006), 『관자』, 소나무.

김문식(2009), 『조선후기 지식인의 대외인식』, 새문사.

노대환(2010), 『문명』, 小花.

이헌창(2011a), 『조선시대 최고의 경제발전안을 제시한 박제가』, 민
  속원.

河宇鳳(1989), 『朝鮮後期 實學者의 日本觀 硏究』, 一志社.

한명기(1988), 『임진왜란과 한중관계』, 역사비평사.

蕭公權 著, 崔明・孫文鎬 譯(1998), 『中國政治思想史』, 서울대 출판부.

자이위중 지음, 홍순도・홍광운 옮김(2010), 『國富策』, 더숲.

巫寶三(1989), 『管子經濟思想硏究』, 中國社會科學出版社.

周世輔(1971), 『管子經濟政策與民生思想』, 臺北:幼獅書店.

胡寄窓(1962/1983), 『中國經濟思想史 上』, 上海人民出版社.

_____(1963/1978), 『中國經濟思想史 中』, 上海人民出版社.

杉原四郎・逆井孝仁・藤原昭夫・藤井隆至(1990), 『日本の經濟思想四
  百年』, 日本經濟評論社.

金柄夏(1984), 「李德懋의 經濟思想」, 『經營經濟』 17, 계명대 산업경영
  연구소.

김용덕(1961), 「貞蕤 朴齊家 硏究－第二部 : 朴齊家의 思想」, 『史學硏
  究』 10, 한국사학회.

_____(1981), 「朴齊家의 經濟思想－奇籍의 先覺者」, 『진단학보』 52,
  진단학회.

심경호(2007), 「조선후기 지성사와 제자백가」, 『韓國實學研究』 13, 한
　　국실학학회.

안대회(2005), 「18세기 마니아〔癖〕의 세계와 그 현대적 의미」, 『디지
　　털과 실학의 만남』, 신규장각 엮음, 이지앤.

李佑成(1963), 「18세기 서울의 都市的 樣相－燕巖學派・利用厚生學
　　派의 成立背景」, 『鄕土서울』 17, 서울시사편찬위원회.

이헌창(1999), 「磻溪 柳馨遠의 經濟思想에 관한 연구」, 『朝鮮時代史
　　學報』 10, 조선시대사학회.

＿＿＿(2002), 「柳壽垣과 朴齊家의 商業振興論」, 『韓國實學研究』 4,
　　한국실학학회.

＿＿＿(2005) 「燕巖 朴趾源의 경제사상에 관한 연구」, 『咸陽文化』 6,
　　咸陽文化院.

＿＿＿(2005・2006), 「朴齊家 경제사상의 구조와 성격」, 『韓國實學
　　研究』 10・11, 한국실학학회.

＿＿＿(2007), 「총론 : 한국경제사와 유학사상」, 『韓國儒學思想大系
　　經濟思想編』, 한국국학진흥원.

＿＿＿(2008a), 「서애 류성룡의 경제정책론」, 『류성룡의 학술과 사
　　상』, 태학사.

＿＿＿(2008b), 「Political Economy와 Economics의 개념 변천과 번역」,
　　고려대 경제연구소 Discussion Paper No. 0807(http://ideas.
　　repec.org/p/iek/wpaper/0807.html).

＿＿＿(2009), 「『林園經濟志』의 경제학」, 『진단학보』 108, 진단학회.

＿＿＿(2011b) 「조선시대 銀 유통과 소비문화」 『明清史研究』 36, 명
　　청사학회.

＿＿＿(2012a), 「星湖의 安民富國論」, 『성호 이익 연구』, 사람의 무늬.

＿＿＿(2012b), 「茶山 정약용의 國家制度論에 관한 一考察」, 『韓國實

學研究』23, 한국실학학회.

정 민(2003), 「18, 19세기 조선 지식인의 '벽'과 '치' 추구 경향」, 『18
　　세기 연구』5 · 6, 한국18세기학회, 태학사.

河宇鳳(1994), 「元重擧의 日本認識」, 『韓國史學論叢』(下), 李基白先生
　　古稀紀念韓國史學論叢刊行委員會.

韓明基(1992), 「柳夢寅의 經世論 연구」, 『韓國學報』67, 일지사.

한상권(2000), 「영조 · 정조의 새로운 상업관과 서울 상업정책」, 『서
　　울상업사』, 태학사.

Cha, Myung Soo(2012), *State Famine Relief as a Cause of the Great
　　Divergence*, Naksungdae Institute of Economic Research Working
　　Paper 2012-05.

Magnusson, Lars(1994), *Mercantilism*, London and New York : Routledge.

McCants, Anne E. C.(2012), *Public Welfare and Economic Growth*,
　　Economic History of Developing Regions 27(1).

Schumpeter, Joseph A.(1954), *History of Economic Analysis*, Boston:
　　George Allen & Unwin.

Smith, Adam(1776), *An Inquiry into the Nature and Causes of the Wealth
　　of Nations*.

楚亭의 都市的 感性과 創新的 글쓰기

한영규(韓榮奎) | 성균관대학교 국어국문학과 교수

1. 머리말

2. 초정의 도시적 감성과 사유의 다원성

3. 초정의 글쓰기 자세와 창신성(創新性)

4. 맺음말

1. 머리말

근대 이후 우리 학계에서 실학 혹은 실학파에 대한 여러 논의가 다양하게 진행되어 왔다. 논자에 따라 실학의 개념과 실학파를 어떻게 평가할지에 대해서는 숱한 차이점이 존재한다. 최근에는 실학 개념 자체에 대한 새로운 논의도 활발히 시도되고 있는 형편이다. 그러나 여러 논의의 불일치에도 불구하고, 실학파가 조선 후기 사회를 변화시키려 했던 의지와 창의적 상상력에는 대체로 동의한다고 판단된다. 이 논문의 기본적인 문제의식은 초정(楚亭) 박제가(朴齊家)의 개혁론과 문학을 관통하는 기저에는 그의 '도시적 감성'이 자리하고 있다는 인식에 기초를 두고 있다. 일찍이 이우성 교수는 「18세기 서울의 도시적 양상－연암학파·이용후생학파의 성립배경」이라는 논문에서 실학과 도시성의 문제를 집중적으로 거론한 바 있다.[1] 본 논문은 선학의 성과를 계승하면서, 이를 보다 현재적 입장에서 해명해 보고자 한다. 즉 초정의 도시적 감성이 『북학의(北學議)』의 개혁론뿐 아니라 그의 시문(詩文)의 성격을 파악하는 핵심적 잣대라는 점을 보다 다양한 자료를 활용하여 규명해 보고자 한다.

초정은 연암그룹 중에서도 이용후생을 통한 부국론(富國論)을 주장한 개혁적인 이론가이면서, 동시에 시문(詩文)의 성취 또한 심미적으로 탁월하다는 평가를 받는다. 그러나 그의 혁신적 경제사상과 문학적 성취가 서로 어떻게 조응되는지에 대해서는 여전히 선명하지 못한 점이

---

1 이우성(1963).

존재한다. 즉 초정의 경제론, 문예 주장, 실제의 시문 창작 사이의 상호 연관이 불분명한 채 개별적 특성만이 부각되어 온 측면이 있다.

아아, 저는 어떤 사람일까요! 27년간 자라나 거북이처럼 움츠려 살다가 하루아침에 대인군자의 넘치는 칭찬을 두루 받으니 추운 골짝에 봄이 돌아오고 마른 나무에 꽃이 핍니다. 철석 간장인들 감읍하지 않을 수 있겠습니까! 저는 우활한 선비로 시대와 맞는 게 없고 성정도 너무 비장하여, 가을과 겨울 즈음에 이르면 온갖 감정이 몰려드는데 가족과 벗들도 알지 못합니다. 어렸을 때 호를 초정(楚亭)이라 했는데, 초정이라 함은 초인(楚人)의 이소(離騷)를 읽는 사람입니다. 문장은 깊은 조예가 없어 감히 예원의 여러 어른과 장단을 견줄 수 없고, 또한 후세에 전해지고 아니고를 마음에 두지 않아 때때로 붓을 들어 대략 뜻을 보일 정도입니다. 시는 억지로 지어서는 안 되며 문장은 경제와 같이 가야 한다고 생각하여, 개연한 마음으로 정초(鄭樵)와 고염무(顧炎武)의 학문을 사모하였습니다. 민생이 날로 궁핍해짐을 슬퍼하고 동지들이 대부분 가난한 것이 가여워, 중국의 제도를 배워 토실을 쌓고 수차를 만들며 비용은 줄이되 수확은 두터이 함으로써 한 고을의 풍속을 옮겨 벗들의 삶이 어긋남이 없게 하는 것이 오랜 고심입니다.[2]

---

2 朴長馣, 『縞紵集』 권1, 「答雨邨書」; 李佑成 편(1992) 하, 34~35면, "嗟呼, 不佞誠何人哉! 竈處蠹居二十七年, 一朝被大君子吹噓剪拂, 無所不至, 寒谷廻春, 枯木生華. 雖有鐵腸, 寧無感泣. 不佞迂士也, 與時無當, 性又多悲, 每於秋冬之際, 百畢交集, 雖家人朋友, 莫能相解. 幼時號曰楚亭, 楚亭云者, 讀楚人之騷者也. 至於文章, 尤無深造, 固不敢與藝苑諸公爭長較短, 亦未嘗以傳與未傳, 置諸胸中. 時時命筆, 略見其志. 自以爲詩不强作, 文附經濟, 慨然慕鄭漁仲·顧寧人之爲學. 哀民生之日乭, 憫同志之多窘, 欲學中國之制, 築土室, 造水車, 省費而厚斂, 移風俗於一鄉, 庶朋友之無違, 此夙夕之苦心也." 초정이 이조원에게 답장으로 보낸 이 편지는 『정유각집』에 포함되어 있지 않다.

1777년경 연행 사절 편에 이조원(李調元, 1734~1803)의 편지를 받고 초정이 보낸 답장의 일부이다. 무엇보다 "시는 억지로 지어선 안 되고 문장은 경제와 부합되어야 한다[詩不强作 文附經濟]."라는 초정의 인식이 주목된다. 이는 20대 후반까지 초정 자신이 취한 시문 창작의 태도와 향후의 진로에 대한 결의를 동시에 밝힌 것으로 해석된다. 초정이 위에서 힘주어 말했듯이, 그의 경세론과 시문 창작 그리고 청대 문사와의 교유는 불가분의 관계로 얽혀 있다. 경세론과 문학론의 상관성을 염두에 두면서, 이 논문은 초정 글쓰기의 기본 논리와 실제적 양상을 검토해 보기로 한다. 특히 기존의 초정 연구에서 충분하게 해석되지 못한 부면에 보다 초점을 맞추고자 한다. 첫째, 초정의 사상과 문학을 배태한 연원으로서 그의 사우(師友) 관계를 다시 검토한다. 둘째, 초정의 사유와 문학에 투영된 명·청(明淸)의 영향을 재조명한다. 셋째, 그의 창작 가운데 검토가 미흡했던 유기(遊記)·제문(祭文) 등을 분석하여 초정의 문학 성향을 새롭게 해명한다. 넷째, 이용후생파로서의 초정이 19세기의 실사구시파 실학자와 어떤 연관을 지니는지에 대해 검토해 보고자 한다.

한편 이우성 교수의 논문 「18세기 서울의 도시적 양상」 이래,[3] 초정 등이 포함된 이용후생학파의 성립을 서울의 상업·유통과 연관시키는 연구가 현재까지 지속되어 왔다. 이와 더불어, 1990년대 이후 실학파를 비롯하여 18~19세기의 문인들이 명·청의 문예를 일정하게 호응·소통한 측면도 부각되었다.[4] 초정에 한정해 말할 경우 그의 도시적 감성은 18세기 서울에서 싹튼 것이면서도 동시에 연행을 통해 알려진 명·

---

3 이우성(1963), 26~64면.
4 안대회 편(2003); 강명관(2008).

청의 문화로부터 계발받고 자극받은 결과이기도 하였다. 즉 연행 사절이 경험한 심양·통주·북경 등 도시의 번화상을 설명하는 언어가 18세기 서울을 그려 낼 때에 쉽게 활용되었다. 형암(炯菴) 이덕무(李德懋)는 「성시전도시(城市全圖詩)」를 지으면서 명말청초의 『제경경물략(帝京景物略)』을 유념하며 시를 지었다고 밝힌 바 있다.[5] 요컨대 형암과 초정 등 이용후생학파의 도시적 감성은 일국적인 것이면서도 또한 중국과 소통하며 형성된 동아시아적인 성격을 아울러 지녔다.

최근 서구에서 문명과 도시의 상관성을 연구하는 학자들의 견해는 18세기 서울의 도시성 문제에도 많은 시사점을 제공한다. 미국의 사회학자 로버트 파커(Robert Parker)는 "위대한 도시는 항상 문화의 용광로였다. 도시가 중심이 되어 온 분명하면서도 미묘한 상호 작용으로부터 새로운 인간과 사회 유형이 나타났다."라고 진단한 바 있다.[6] 이러한 시각을 확장하여, 리처드 플로리다(Richard Florida)는 경제적 번영이 '창조적 인물군'과 긴밀한 관련이 있으며, 특정 도시에 있어서 경제적 번영의 필수 요소로 기술(技術, Technology), 인재(人才, Talent), 관용(寬容, Tolerance)이 핵심적이라고 지적하였다. 여기서 '관용'이란 개방성과 포용성 그리고 다양성을 지칭한다.[7] 필자는 초정의 글쓰기의 성취를 거론하는 데 있어 도시와 문명의 관계에 주목하면서, 초정의 문예적 성취를 그의 도시적 감성과 18세기 서울의 특징과 관련하여 해명해 보고자 한다.

---

5 李德懋, 『靑莊館全書』 권20, 「城市全圖 七言古詩一百韻」, "願將此圖替無逸, 昇平恒若不足恃. 吾王聖明不忌危, 惕慮詎必臣言俟. 肯堂孟責在貽燕, 佇看綿綿垂福祉. 『帝京景物』 『急就篇』, 竊效斯文愧下俚."

6 리처드 플로리다 저, 이원호 외 역(2008), 43면.

7 리처드 플로리다 저, 이원호 외 역(2008), 56면.

2. 초정의 도시적 감성과 사유의 다원성

18세기 중후반의 서울은 상업과 수공업의 발달로 인해 이전 시기와는 비할 바 없는 발전의 면모를 보였다. 이러한 도시적 분위기는 당시 서울 출신 문인들에게 자극을 주어, 실학의 한 유파로서 이용후생학(利用厚生學)의 성립을 보게 되었다. 홍대용(洪大容), 박지원(朴趾源), 박제가와 같은 실학파 문인들의 생활·의식·기분은 널리 서울의 도시 서민층에 연결되어 있었으며, 유통 위주의 경제론은 당시 소상품 생산자들의 시장 확대의 욕구를 대변해 주었다.[8] 초정은 서울 성중에서 나고 자라 도시적 감성을 지니고 있었고, 이 점은 그의 문예와 학문 활동에 있어서 중요한 기조로 작용하였다.

숲과 계곡, 샘물과 바위의 아름다운 경치만 하더라도, 어찌 여기를 버리고 다른 곳을 구하겠는가? 더구나 서울은 정치와 교화가 시행되는 곳이요 인물이 사방에서 모여드는 곳이니, 벼슬아치와 벌열의 집안, 인물과 누대, 수레와 선박과 재화의 번성함과 친척과 벗들과 문헌의 수요가 모두 이곳에 모여 있음에랴![9]

초정은 도성의 번화한 문화뿐 아니라 서울을 둘러싼 산천도 사랑하였다. 초정의 도시적 감수성은 여러 층위에서 연원한 것이지만, 우선

---

8 이우성(1982), 26~64면.
9 「送李定載往公州序」; 정민 외 역(2010) 하, 112면, "雖有林壑泉石之觀, 其何以捨此而他求乎, 而況王城治化之所出, 四方之所輻輳, 其仕宦閭閻之族, 人物樓臺舟車貨財之盛, 與夫親戚友朋文獻之徵, 悉聚於此."

인적 교유의 측면에 주목해 본다.

초정은 서울에서 의기가 투합하는 인물들과의 사귐에 큰 의의를 부여하였다. 그는 자신이 '백무일능(百無一能)'이지만 어진 인물들과의 만남과 교유에는 온종일 마음을 쏟아 그만둘 수 없다고 하였다.[10] 이 시기 새로운 인간 유형의 출현과 결집, 그리고 상호 간의 활발한 소통은 이전과 비할 바 없는 성세를 이루었다. 연암(燕巖) 박지원을 중심으로 한 이덕무·유득공(柳得恭)·이서구(李書九) 등과의 '백탑청연(白塔淸緣)' 시절의 사귐이 대표적인 경우이다. 그런데 연행 이전, 20대 후반까지의 초정의 인적 교유는 그 편폭이 매우 광범하여, 보다 새로운 조명이 필요하다. '연암그룹의 핵심 일원' 등 초정에게 붙여진 기존의 언명과는 별도로 초정의 사우 및 교유는 매우 다원적 양상을 띠었다. 세 가지 경로를 통해 이 문제에 접근해 본다.

우선 초정과 이진(李進)·이덕무·윤가기(尹可基) 등 선배 서자 문인들과의 연속성이 주목된다.

서자들인 이덕무와 박제가는 당시에 시로 명성이 있었다. 선군(先君) ─심낙수(沈樂洙)─께서 그들이 지은 시를 보시고 탄식하며 말씀하셨다. "영조 말년에 이런 일종의 삿된 짓을 하는 이용휴(李用休)·이봉환(李鳳煥) 같은 무리들이 있었다. 서류들이 그들을 본받아 마침내 이 지경에 이르렀으니 여기서 풍기를 볼 수 있다. 이들은 입에 올릴 가치조차 없지만, 사대부 자제들이 이들을 본받고 있다. 그러니 세도를 생각건대 작은 걱정거리가 아니다."[11]

---

10 「戲倣王漁洋歲暮懷人六十首 幷小序」; 정민 외 역(2010) 상, 238면, "余百無一能, 樂與賢士大夫遊. 旣與之交好, 又終日矗矗不能已也. 人頗笑其無開日焉."

이덕무·박제가·윤가기 등은 함께 시문과 글씨로 지금 조정에 내각 검서관으로 뽑힌 바 있으며, 모두 현감을 지냈다. 이들은 모두 이진(李進)의 시법을 본받았다.[12]

형암과 초정이 연암을 알게 된 것은 1768년 무렵으로 추정된다. 이로부터 형암과 초정이 연암그룹의 핵심 성원이 된 것은 주지의 사실이다. 그러나 이규상과 심낙수의 말처럼, 이미 이봉환·이명계(李命啓) → 이진 → 이덕무·박제가·윤가기로 이어지는 서류 문인 계보가 형성되어 있었다.[13] 초정은 20대 후반, 이용휴와도 일정하게 교유하고 있었다고 판단된다. 1777년의 회인시 연작에서 이용휴를 읊은 바 있다. 그런데 이용휴 및 이봉환 부류의 문학 경향은 기궤(奇詭)와 첨신(尖新)을 위주로 하고 있었고, 또 이러한 경향성은 명말 공안파의 문학론과 긴밀하게 연관된다. 명대의 개성주의적 문학론에 대한 초정의 관심 역시 이들 서류 문인과의 연관 속에서 새롭게 검토할 필요가 있다.

둘째, 초정이 스승이라 밝힌 김복휴(金復休, 1724~1790)와의 연관성에 대한 해명이 필요하다. 김복휴는 초정이 어려서부터 평생토록 스승으로 받든 인물이다. 사간(司諫) 벼슬을 지낸 김복휴는 자가 명도(明道), 호는 기백재(己百齋)이며, 본관은 청풍이다. 청풍 김씨는 조선 중엽 이래 명가로서 소론계와 소북계가 이름을 날렸는데, 김복휴는 소북계열로서 후추(後瘳) 김신국(金藎國, 1572~1657)의 5세손이다. 그는 어머니

---

11 沈魯崇 편, 『積善世家』 권5, 「先父君日記」, "庶類李德懋·朴齊家有時名. 先君見其所爲, 歎曰: 英祖末, 有爲此一種一邪誕如李用休·李鳳煥之徒也. 此輩祖之, 遂至於此, 可以見風氣. 此輩無足言, 士大夫子弟效之, 非世道小憂也."

12 李奎象, 『幷世才彦錄』; 민족문학사연구소 역(1997), 109면, "具以詩文與筆, 選當宁朝內閣檢書官, 皆縣監. 俱來李進法."

13 강명관(2008), 327면.

가 밀양 박씨로서 초정과는 먼 친척이 되는 사이이기도 하였다. 김복휴는 1757년 문과에 장원으로 급제한 이래 황해도사, 지평, 정언, 이조정랑, 장령, 집의, 강원도사, 고산찰방, 사간 등의 버슬을 지냈다. 1775년에는 전라도 홍양으로 유배되어 반 년을 보내고 풀려났다. 김복휴는 외아들 김희우(金熙宇, 1748~1775)가 요절하는 등 가정의 불운을 겪었다. 그는 해배 이후 복직되어 1788년까지 사헌부 사간으로 재임했으므로, 초정이 검서관으로 있던 10여 년간은 함께 조정에서 활동하였다. 두 인물 간의 깊은 정의(情誼)는 초정이 남긴 제문을 통해 가늠할 수 있다.

모년 모월, 제자 박제가는 약간의 음식을 갖추어 놓고 사간(司諫) 김공(金公)의 영전에 곡하며 아룁니다. 옛날 제가 어릴 적에 공께서는 이웃집에 사셨습니다. 그저 이웃이 아니라 집안끼리의 혼인으로 대대로 돈독했습니다. 공께서는 자주 우리 집에 가족들과 함께 와 밥을 드셨으니, 노복들은 주인과 다름없이 생각하고 아이들은 스승과 같다고 여겼습니다. 옛날 제가 아버님을 여의고는 공의 사랑을 듬뿍 받았습니다. 어리석다 나무라지 않으시고 모르는 게 있으면 잘 이끌어 주셨습니다. 그 후 떨어지거나 멀리 살기도 하여 늘 문하에 있지는 못하였습니다. 서른 살이 되시도록 슬픈 일은 많고 기쁜 일은 적었는데, 제가 이를 갈 무렵 공께서 과거에 급제하심을 보았습니다. 저는 장성했지만 공의 행로는 막히고 꼬였습니다. 저 탐욕스런 벼슬아치들은 이익 좇는 일에만 눈이 밝으니, 누구만 못해서 빛이 가려진 것이겠습니까? 지난날 제가 왕명을 받들고 한 해에 두 번 연경에 갈 적에(1790), 공이 마침 집을 얻으려 하시기에 제 집을 비워 오시게 하였습니다. 공께서 저를 맞아 주시리라 생각하면서 옛 추억에 잠겨서 즐거웠지요. 하지만 문에 들어가선 울음을 터트렸으니, 공께선 이미

돌아가시어 무덤 속에 드셨습니다.[14]

이 외에도 초정은 김복휴 생전에 그를 그리워하는 시를 남긴 바 있다.

그 옛날 죽마 타고 놀던 시절엔,	憶昔騎竹年
가까운 이웃에서 살고 계셨네.	婆娑在隣曲
어머니는 세상에 살아 계신데,	猶及夫人世
숙부 백부 공보다 먼저 뜨셨지.	諸父先公逝
자손들 모습도 들쭉날쭉해,	阿孫貌參差
나더러 책을 함께 읽으라셨네.	詔余來伴讀
집 옮겨 함께 지냄 허락하시니,	移家許同僦
새 복 나눠 주심을 기뻐했다네.	志喜分新祿
어느덧 삼십 년이 흘러갔지만,	居然三十載
마음과 눈 속에는 또렷하여라.	依依在心目
이별 뒤 반겨 주는 사람은 없고,	別離少眼青
공명은 귀밑머리 함께 시든다.	功名凋鬢綠
'완구(宛丘)'의 시편을 읊조리다가,	却誦宛丘詩
자하(子夏)의 곡소리에 깜짝 놀라네.	翻驚子夏哭
옛 마을 아닌 곳에 와서 묵으니,	來宿非故里
빈 골짝엔 발소리도 끊기었구나.	跫音斷空谷

---

14 「祭金司諫復休文」; 정민 외 역(2010) 하, 427면, "維年月日, 受業朴齊家謹具菲奠, 哭于故司諫金公之靈曰: 昔我孩矣, 公居與鄰. 匪直也鄰, 世篤姻親. 公數我寓, 挈家以炊, 僕不異主, 兒不異師. 藐余其孤, 寔受公撫, 弗我以蒙, 有昏斯牖. 載離載漚, 不常厥徙. 中三十載, 多戚少喜, 齒之方毁, 見公登第. 我須且星, 公猶寒滯. 彼宦之腴, 趨避蓋巧, 誰之不如, 掩此華藻? 往余銜命, 歲再朝燕, 公適謀僦, 虛屋以延. 謂公我迓, 驪然道故, 入門其呰, 旣鬼而墓."

별빛 달빛 밤 창문에 비치어 들고,	星月覽夜窗
솔바람 띳집 위로 불어 가누나.	松濤駕茅屋
빈방서 내 스승께 절 올리니,	虛堂拜我師
이 외로움 달랠 길 없네.	無以慰幽獨
고단함 그 누가 씻어 주려나,	伶俜孰開蒙
그 은혜 마음속에 맺혀 있는데.	唧恩結心腹
청산의 풀빛은 하마 묵었고,	青山艸已宿
옥 같은 이 분을 애타게 그리네.	悵望人如玉[15]

'빈방에서 절을 올린다'고 한 구절 등을 통해 볼 때, 이 시는 김복휴가 홍양에 유배되어 있던 1775년 전후에 지어진 듯하다. 초정은 이 시에서 자신을 성장시킨 스승을 그리워하고 유배 중인 스승에 대해 안타까운 마음을 토로하고 있다. 1790년, 영락한 스승이 머물 곳이 없다는 기별을 받고 자신의 집으로 모시려 주선을 했고, 자신의 집에서 직접 스승의 장례를 치르려 했으나 법도에 맞지 않아 실행하지 못했다고 하였다.[16] 이러한 시와 제문을 통해 김복휴라는 인물이 초정에게 스승으로서 큰 비중을 지니고 있었음을 확인할 수 있다.

그런데 기존의 연구에서 김복휴와 조정 사이의 관계에 대해서는 거의 검토되지 못하였다. 이는 김복휴에 대한 자료가 남아 있지 않았기 때문일 것이다. 그런데 최근 김복휴의 저술인 『기백재일기(己百齋日記)』, 『서소유적(書巢遺蹟)』, 『영주복사록(瀛洲鵬舍錄)』 등이 고려대 도서관에

---

15 「宿壺嗣呈金司諫〔復休〕」; 정민 외 역(2010) 상, 234면.
16 「祭金司諫〔復休〕文」; 정민 외 역(2010) 하, 427~428면, "我舘我殯, 禮亦非偶. 欒欒孫子, 若余之幼. 有顧其垣, 身後攸廬. 維旁有田, 宛其我墟, 林無舊枝, 巷無舊人."

204

남아 있는 것이 확인되었다. 모두 소략한 내용으로 되어 있어, 초정과의 연관성이 충분하게 해명되는 것은 아니지만 보다 진전된 논의는 가능하다. 『기백재일기』는 1748~1749년의 일을 기록한 일기이며, 『서소유적』은 선대 인물에 대한 행장 등을 모아 놓은 문집 형태의 저술이고, 『영주복사록』은 유배지인 전라도 흥양에서 지은 시집이다.

김복휴의 행적에서 가장 흥미로운 사실은 담헌(湛軒) 홍대용과 함께 연행했던 김재행(金在行)과 관련된 부분이다. 청음(淸陰) 김상헌(金尙鉉)의 후손인 김재행은 뛰어난 식견을 지니고 있었으나 서족이어서인지 연행(1765) 이후 별다른 활동이 확인되지 않았다. 그런데 『영주복사록』을 보면, 1775년을 전후하여 김재행이 전라도 흥양에서 현감 벼슬을 지냈으며, 이때 이곳으로 유배 온 김복휴와 시를 창수하며 활발하게 종유하였다.[17]

김재행이란 인물은 초정에게 각별한 선배이기도 하였다.[18] 초정은 1773년 무렵 「양허당기(養虛堂記)」를 지어 김재행이 연경에서 엄성(嚴誠) 등과 나누었던 천애지기(天涯知己)의 교유를 특기한 바 있다.

대저 허는 실의 반대이다. 오직 군자는 실학에 힘쓸 뿐, 어찌 허를 숭상하겠는가? 하지만 장자(莊子)는 "사람에게 빈 구멍이 없으면 여섯 가지 감각 기관이 서로 거역하며 다투게 된다."라고 말했다. 그대는 유독 저 산과 물을 보지 못했는가? 흐르는 것은 절로 흐르고 우뚝 솟은 것은 절로 솟아 있어 사람과는 무관한 것처럼 보인다. 그러나 바야흐로 저녁 이내가

---

17 金復休, 『瀛洲鵩舍錄』, 「元月十三夜 與主倅金老在行 共登南山樓」・「上元夜 又與主倅金老上南樓 煮鍋共賦」・「贈金在行」・「次金生在行還京□李生韻五首」.
18 정민 외 역(2010) 하, 182~183면, 「養虛堂記」; 이광호(1993); 강혜선(2005).

피어나고 봄 물결이 퍼져 나갈 때, 이를 바라보면 기쁨이 충만하고 부러움이 일어나게 된다. 이 마음으로 속됨을 고칠 수 있고 욕심을 줄일 수 있으니 허를 기르는 뜻이 여기에 있다 하겠다. 이러한 때에 그 마음이 비어 있지 않았다면 그만이지만, 비어 있다면 선생이 반드시 받아들인 바가 있을 것이다. 하늘도 이와 같으니 허를 기르지 않을 수 없다. 허를 기르는 것은 하늘을 보존하는 것이다. 만 리 밖에서 벗을 사귀어 그 사람을 다시 볼 수 없는데도 종신토록 오매불망 잊지 못하는 것은, 요즘 사람들의 관점으로 보면 어찌 이른바 먼 것을 힘쓰고 가까운 것을 소홀히 하여, 비어 있어 쓸모 없는 것이 아니겠는가? 그러나 그의 시를 외우고 그의 글을 읽으면 슬픔이 끊임없이 사무쳐 나와 옆에서 보는 사람조차 말없이 흐르는 눈물을 손으로 훔치며 차마 떠나지 못하게 되니 이는 어째서인가? 우도(友道)가 천성에 뿌리를 두고 있기 때문이다.[19]

초정은 이 기문에서 김재행의 당호인 '양허(養虛)'의 의미를 설명하면서, 산수(山水)가 사람과 무관해 보이지만 이를 바라보면 기쁨이 충만해지므로 욕심을 줄이고 속된 마음을 고칠 수 있다는 논리를 폈다. 즉 허를 기르는 것은 천성을 보존하는 길이라고 하였다. 이어 김재행이 연행에서 육비(陸飛)·엄성 등을 한 번 만나보고 그 뒤 종신토록 잊지 못

---

19 「養虛堂記」; 정민 외 역(2010) 하, 183면, "夫虛者, 實之反也. 惟君子, 實學是楸, 何虛之足尙? 雖然而莊生云: '人無空虛, 六鑿相攘.' 獨不見夫山水乎? 彼流者自流, 而峙者自峙, 宜若無干於人矣. 方其夕嵐出而春波渙, 則望之莫不森然而喜, 油然而美之者. 惟此心也. 可以醫俗, 可以寡欲, 養虛之義, 於是乎在矣. 方斯時也, 其心不虛則已, 虛則先生必有所受之矣. 天也若是乎, 不可不養其虛, 養其虛者, 全其天也. 夫結友於萬里之外, 不可復見之人, 而猶終身寤寐而不敢忘者, 由今觀之, 豈非所謂騖遠忽近, 虛而無用者耶? 然而誦其詩, 讀其書, 纒綿悱惻, 至使旁觀之輩, 潸然出涕, 摩挲而不忍去者, 何也? 友道之根乎天性故也."

하는 것은 실속 없는 일처럼 보이지만, 그들의 시문을 읽으면서 느끼는 우정의 마음은 천성에 뿌리를 둔 것이라고 말하였다. 산수 자연에서 느끼는 심미감, 멀리 떨어진 청대 문사와의 우정의 추구 같은 것은 곧 허(虛)를 기르는 일이고 이는 천성과 부합한다는 초정의 논리는 매우 기발하다. 무엇보다 『북학의』에서 펼친 서화고동(書畵古董)이란 청산과 백운과 같아서 일견 민생에 무익한 듯 보여도 사람들이 다 좋아하고 또 슬기를 트이게 하므로 가치가 있다는 논지가 20대 초반의 「양허당기」에서부터 이미 분명하게 서 있었던 것이다. 즉 초정은 북경 유리창의 서화고동 시장의 번화상을 목도하기 이전부터 그런 생각을 분명하게 지니고 있었다. 초정은 자신의 논리를 강조하기 위해 「양허당기」의 도입부에서 "허(虛)는 실(實)의 반대이다. 오직 군자는 실학에 힘쓸 뿐, 어찌 허를 숭상하겠는가?"라는 의문을 의도적으로 제기하였다. 이어 장자(莊子)의 말과 산수 자연의 예를 증거로 들며, 허를 기르는 것이 천성에 부합한다고 하였다. 종국에는 김재행의 천애지기(天涯知己)의 마음 또한 양허(養虛)이며 천성과 부합한다고 귀결 지었다. 요컨대 인간이 지닌 다층적 욕망을 매우 포괄적으로 긍정한 것이다. 초정은 물질적·제도적 차원의 이용후생뿐 아니라, 정신적·심미적 층위의 욕망 역시 천성에 부합하는 것으로 보았다. 과거의 시각에서 허영적인 것으로 분류되었을 욕망에 대해, 김재행의 당호를 매개로 새로운 가치 부여를 시도했던 것이다. 그 뒤 초정은 1777년작 1차 회인시에서 선배 김재행에 대해 우뚝한 선비인데도 발신하지 못하고 근심과 술로 소견하는 삶을 안타까워하였다.

연경에서 벗과 종유한 지 이미 십 년,　　　　　日下追遊已十霜
우뚝한 선비 한 분 동방에 누워 있네.　　　　峻嶒一士臥東方

유유히 평생의 결심 저버리지 않은 채,   便便不負平生腹

시수(詩愁)와 주향(酒香)으로 나날을 보내네.   半是詩愁半酒香 [20]

    초정이 담헌의 『회우기(會友記)』를 보고 큰 충격을 받은 것은 틀림없지만, 그와 아울러 서자 김재행이 중국 문사를 그리워하는 마음에 대해 깊은 공감을 표하기도 하였다. 현감 김재행과 유배객 김복휴가 홍양에서 만나 종유하기 이전, 둘 사이가 어떤 관계에 있었는지는 현재로서 알 수 없다. 다만 「양허당기」를 매개로 초정과 김재행이 맺고 있던 교분이 전라도 홍양에서 두 사람의 종유에 영향을 끼쳤을 것으로 추론할 수 있다.

    김복휴가 사헌부 관리이면서도 역사 · 지리에 대한 지식이 상당히 해박했다는 점도 주목할 만하다. 1749년 관동 지방의 관리로서 금강산에 유람하는 친척에게 써 준 서문에서 그는, 조선 강역이 지닌 지정학적 국지성을 매우 객관적으로 인식하고 있었다.[21] 김복휴는 석북(石北) 신광수(申光洙), 여암(旅庵) 신경준(申景濬, 1712~1781), 저암(樗庵) 신택권(申宅權) 등과 절친하였다. 신경준의 문집 말미에는 그가 타계했을 때 19인이 지은 만사가 수록되었다.[22] 김복휴는 그중 한 사람으로 참여하

---

20 「戲倣王漁洋歲暮懷人六十首」 중 제19 '金養虛在行'; 정민 외 역(2010) 상, 252면.

21 金復休, 『書巢遺蹟』, 「送關東亞使朴叔遊楓嶽序」(1749), "環天下, 不知其幾千萬國, 而萬國之中, 處於東方之東者, 惟我靑丘一域耳. 其小, 不啻若小石之納于太山, 而其偏且陋, 亦似乎井底之天, 蠡末之海, 然天下之人, 號之以小中華者, 不但以禮樂文物煥乎郁乎而已, 直以其名山大川, 魁奇偉麗, 隱然有彼中華氣象故耳. 盖東方之地, 不過八路, 八路之州, 董滿數百, 而號稱異境街區者, 一州之中, 寡或一二, 多至四五, 合數百州而論之, 則其多固可以更業數, 而撮其最優者論之, 則西之妙香, 北之白頭 · 豆滿, 南之智異 · 漢拏, □處直與古之吳越蜀相上下, 而比諸嶺東之所謂萬二千峰者, 則彼西南北數區風斯下矣. 然則天下之至偏至小, 莫如我東, 天下之絶奇絶異, 亦莫如我東."

22 申景濬, 『旅庵遺稿』 권13, 「輓詞」(1~19); 『한국문집총간』 231, 180~183면. 신경준에 대해 만사를 쓴 19인은 다음과 같다. 洪良浩(大提學), 文史源(族侄 郡守), 朴奎淳(別檢),

여 신경준이 천하의 통유(通儒)라고 칭양하였다.[23] 신경준에 대해 만사를 남긴 19인 가운데 임희성(任希聖, 1712~1783)과 이숭운(李崇運)은 초정이 깊이 교유한 인물들이다.[24] 이 시기 북인(北人)-소북(小北)-계열을 대표하는 신경준 주변에는 홍양호(洪良浩)를 위시한 소론 계열의 문인 학자가 종유하고 있었는데, 이 가운데 임희증(任希曾)·임희성 등의 풍천(豊川) 임씨 계열과 김익휴(金翊休)·김복휴 등의 청풍 김씨들이 하나의 세력을 이루었음을 이 만사들을 통해 알 수 있다. 즉 초정은 풍천 임씨, 청풍 김씨 계열의 인물들과 직접적인 관계가 있었다. 또한 신경준이 교유했던 이만운(李萬運)·황윤석(黃胤錫, 1729~1791) 등과도 직간접의 내왕이 있었던 바, 이는 초정이 연행 직전에 남긴 1차 회인시를 통해 확인된다.

신경준이 교유한 청풍 김씨 인물 가운데 판서를 지낸 김익휴(1724~1802)가 특히 주목된다. 김익휴는 김복휴와 동갑으로 사촌 사이였다. 즉 김익휴의 부친 김창연(金昌演, 1683~1723 이후)과 김복휴의 아버지 김광연(金光演)이 형제 간이다.[25] 김익휴는 1761년 문과에 급제한 뒤, 1786년부터 10년간 대사간을 역임하였다. 소론과 노론의 정쟁이 심하던 당

金翊休(判書), 洪檢(判書), 尹塾(承旨), 任希曾(參判), 任希聖(直長), 申史澳(族姪 承旨), 李尚履, 尹致鼎(女壻 進士), 鄭演(門人), 申尚權(族姪 承旨), 韓宗岳(進士), 韓致明(進士), 金復休(司諫), 宋濟魯(參議), 李崇運(都事), 李尚度(門人 注書).

23 申景濬, 『旅庵遺稿』 권13, 「輓詞」 제16(司諫 金復休); 『한국문집총간』 231, 183면, "淸文雅識仰彌崇, 天下通儒孰似公. 闊步千岐萬塗外, 遊神四海九州中." "爭瞻健筆僵流汗, 一接雄談立爽胸. 已矣高風今寂寞, 浮雲南國思無窮."

24 정민 외 역(2010) 상, 243면, 「任在澗希聖·戲倣王漁洋歲暮懷人」, "小兒跳躍反天眞, 土偶雖尊是假身. 中外文章流別處, 西河月朝獨精神."; 정민 외 역(2010) 상, 249면, 「李存菴崇運·戲倣王漁洋歲暮懷人」, "詩囊烏帽五陵春, 一月平分鎖直辰. 病眼休譬黃裔錄, 冷官應笑白頭人."

25 『癸卯式年 司馬榜目』; 한중연 한국역대인물 종합정보시스템 '金昌演'·'金翊休'·'金復休' 조.

시 유언호(兪彦鎬) 등 소론을 옹호하다 좌천되기도 하였으나, 후일 이조판서 등으로 복귀하였다. 김복휴는 1775년 선조 김길통(金吉通, 1408~1473)의 문집에 발문을 쓰기도 하였다.[26]

김복휴의 당색은 북인으로, 최근 연구된 바에 의하면 『북보(北譜)』를 가장 먼저 정리한 인물이다.[27] 『북보』는 북인의 계보를 정리한 것인데 특히 소북 가문과 그에 속한 인물들을 중심으로 작성한 당파보이다. 이 『북보』는 영조 말년에 완성된 것으로 추론된다. 인조반정으로 광해군대의 집권세력인 '대북파'는 완전히 몰락하였지만, 대북의 정치 행태에 비판적이었던 소북파는 조선 말기까지 28성(姓) 69가(家)라는 소규모의 가문을 중심으로 독특한 결속과 유대로 그 명맥을 유지하였다.

요컨대 초정의 스승 김복휴가 이용후생파의 선성(先聲)의 면모를 보였던 신경준과 연결된다는 점은[28] 초정의 사우 연원과 관련하여 매우 시사적이며, 면밀한 분석을 요하는 사안이다.

셋째, 초정의 광범한 인적 네트워크 가운데 특기할 또 한 가지는 연행 이전 서울의 여러 서화가들과의 교유이다. 초정은 정철조(鄭喆祚)·서상수(徐常修)·김광수(金光遂) 등 연암그룹 주변의 서화가들뿐 아니라, 당시 서울에서 활동하던 예인들과도 매우 긴밀한 관계에 있었다. 우선 17세기 후빈에서 18세기 전반에 걸쳐 도성 북쪽 백악산 아래에서 활동했던 소위 백악시단(白岳詩壇) 계열의 서화가들이다. 초정은 김창업(金昌

---

26 金吉通, 『月川集』, 金復休, 「月川集重刊跋」.

27 김영진(2011), 299~338면; 김윤조(2012), 995~1012면.

28 申景濬, 『旅庵遺稿』 권8, 「車制策」; 『한국문집총간』 231, 101면, "我東之爲士者, 以詞章之功, 爲決科之計者, 枉費心力, 壞了一生, 其於明庶物通衆藝之道, 固無足責, 而山林之隱居修業者, 往往高其志大其言, 以名物度數爲末務, 不肯致意, 是其志與言, 非不知其本, 而本末俱擧, 德藝皆進, 則其美尤如何哉! 『書』以正德利用厚生爲三事, 聖人之不爲偏廢者, 可知矣."; 박인호(1996), 80~88면.

業)의 서자로 화원(畵員)이었던 김윤겸(金允謙, 1711~1775)과 교유가 있었고,[29] 그의 아들 김용행(金龍行)과는 막역한 사이였다. 또한 연암그룹과 직접적 연관이 없었던 강세황(姜世晃), 이영장(李英章)—이인상(李麟祥)의 아들, 이희산(李義山)—이윤영(李胤永)의 서자, 유환덕(柳煥德) 등 사대부 화가와도 교유하였다.[30]

초정이 연행 직전에 쓴 「희방왕어양세모회인(戱倣王漁洋歲暮懷人)」(60수) 가운데에는 이용휴·이만운·황윤석 등과 같이 당색은 다르지만 당대의 명류로 칭해졌던 인물들도 상당수 포함되어 있다. 초정보다 연배가 40년 이상 차이 나는 인물도 있어, 그 교유 범위의 광범함을 실감케 한다. 즉 초정은 연령, 당색에 구애됨이 없이 당대 서울의 명사들과 두루 소통하고 있었던 것이다.

도시는 인적 네트워크의 집약을 통해 문화적 생산성을 제고시키는 방향으로 발전해 왔다.[31] 18세기 서울 역시 사우(師友), 우붕(友朋)의 사귐을 통한 네트워크를 강화시켰다. 당파·나이·신분의 경계를 넘어서는 광범한 인적 교유가 도시에서 가능해졌다. 후대의 이건창(李建昌)은 이런 면에 대해 "벗들이 식구 아니라고 말하기 어려우니, 도성의 삶이 강호보다 낫다네."라고 읊기도 하였다.[32] 초정은 20대 후반 연행 이전까지 서울 도성에서 당대의 명사들과 전방위적 교분을 맺고 있었다. 그런데 초정의 인적 네트워크는 백탑시파(연암그룹)라는 큰 줄기 이외에

---

29 「送金眞宰允謙北遊 四首」; 정민 외 역(2010) 상, 102면.

30 한영규(2012).

31 에드워드 글레이저, 이진원 역(2011), 22면, "도시는 인접성·혼잡성·친밀성을 특징으로 한다. …… 도시는 시장과 문화를 연결하는 '관문'으로서의 역할을 한다."

32 李建昌, 『明美堂集』 권4, 「景山宅 同二堂·荷亭·葆堂作」; 『한국문집총간』 349, 48면, "往來隨意不煩呼, 五客何能一日無. 難道友朋非眷屬, 故應城郭勝江湖. 疎燈照壁吟相送, 明月連牆醉共扶. 取次秋光無限好, 黃花未發倒千壺."

도 다양한 지류를 받아들였다. 또한 그는 여러 물줄기를 휘합하려는 매우 적극적인 의지를 지녔다. 이제 스승 김복휴를 매개로 한 신경준 등의 북인 인맥, 이용휴 등의 남인 계열, 강세황 등의 소론 인사와의 연관성이 보다 면밀하게 실증될 필요가 있다. 현재의 단계에서 말할 수 있는 바는, 초정의 학맥·인맥은 가문과 스승으로부터의 수직적 전승과 더불어 뜻과 취향과 같이하는 동시대의 수평적 영향이 휘합 혼종되는 형태를 띠었다고 하겠다.

백영숙은 진작부터 이름이 알려져, 사귐을 맺은 벗이 온 나라에 두루 퍼져 있었다. 위로는 정승과 판서, 목사와 관찰사에서 그다음으로 현달한 사람과 이름난 선비들이 또한 이따금 서로 왕래하였다. 친척과 마을 사람, 그리고 혼인으로 교의를 맺은 이가 또 한둘이 아니었다. 대저 말달리고 활 쏘며 칼로 치고 주걱을 뽑내는 부류와, 서화와 인장·바둑과 장기·거문고와 의술·지리·방기(方技)의 무리로부터 저잣거리의 교두꾼과 농부·어부·백정·장사치 등의 천한 사내에 이르기까지 하루도 길에서 만나 정을 나누지 않은 날이 없었다. 또 집으로 연방 찾아오는 사람도 접대하였다. 백영숙은 또 능히 사람에 따라 얼굴빛을 달리하여 각기 환심을 얻었다.[33]

이우성 교수는 이 점에 대해 "이것은 백영숙 개인의 취미가 아니고

33 「送白永叔基麟峽序」; 정민 외 역(2010) 상, 108면, "永叔早知名於時, 結交遍國中, 上之爲卿相牧伯, 次之爲顯人名士, 亦往往相推許. 其親戚鄉黨婚姻之誼, 又不一而足, 而與夫馳馬習射擊劍拳勇之流, 書畵印章博奕棊瑟醫師地理方技之倫, 以至市井皁興耕漁屠販之賤夫, 莫不日逢於路而致欵焉. 又踵門而至者, 相接也. 永叔又能隨其人, 而顏色之, 各得其歡心."

연암일파의 생활여건이었다."라고 갈파한 바 있다.[34] 초정의 시 「희방왕어양세모회인시」를 통해 이러한 '도시적 교유'를 여실히 확인할 수 있다.

초정이 남긴 「성시전도시(城市全圖詩)」를 통해서도 18세기 서울의 문화적 다원성을 엿볼 수 있다. 정조는 1792년 도화서 화원들에게 한양전체를 그리게 하여 병풍으로 만들고 「성시전도」라 이름 지은 뒤, 규장각의 문신들에게 이 그림을 대상으로 하여 100운의 장편시를 지으라고 명하였다. 여기에 응하여 여러 편의 장편시가 제출되었고, 정조는 이를 평가하여 등급을 정하고 우수한 자에게 상을 내렸다. 초정은 여기에서 신광하(申光河)에 이어 차석을 차지해, 정조로부터 '해어화(解語畵)'라는 평을 하사받았다. 그 후 초정은 '해어화재(解語畵齋)'라는 당호를 쓰기도 하였다.

온갖 장인 일하는 곳 사람들이 붐비나니,　　　百工居業人摩肩
온갖 물화 이문 쫓아 수레가 연이었네.　　　　萬貨趨利車連軌

땅이 넓고 물건 많아 없는 것이 하나 없고,　　物衆地大無不有
도둑질 못된 짓 못하는 짓이 없네.　　　　　　亦能偸竊藏奸宄

한 폭 위에 대도회의 모습이 펼쳐지니,　　　一幅森羅大都會
세태와 인정까지 여기 모두 담겼구나.　　　世態人情畢輸此[35]

이 시에서 초정의 시선은 주로 시정의 인물에 맞춰졌다. 그는 서울의 풍속과 인물의 양태를 묘사하는 데 뛰어났다. 무엇보다 초정은 그

34　이우성(1963), 35면.
35　「城市全圖應令」의 부분; 정민 외 역(2010) 중, 221~220면.

려 낼 대상에 포커스를 맞추고 세밀하게 시어로 표현하면서, 한두 구절이 각각 하나의 독립된 이야기를 이루도록 구성하였다. 현재 남아 있는 9종의 「성시전도시」는 그 표현 방식의 면에서 크게 세 유형으로 구분할 수 있다. 첫째, 초정과 신택권, 이학규(李學逵)와 신관호(申觀浩)의 시는 서울 도성의 풍경을 주로 사실적이고 구체적으로 묘사한 경우에 해당하였다. 둘째, 신광하와 서유구는 고풍스럽고 장중하게 묘사하는 경향을 띠었다. 비속한 표현을 배제하면서 서울 도성의 모습을 중국의 옛 제도와 연관시킴으로서, 의고풍이 강한 면모를 보였다. 셋째, 이만수와 이덕무, 유득공은 묘사의 태도는 사실적이지만 비속한 인정세태를 억제하면서 비교적 전아한 풍으로 그려 냈다.[36] 즉 각자의 문예적 지향과 시 창작의 성향이 유사하게 나타난 것이다. 초정의 이 시는 그동안 사실적 표현 덕분에 18세기 서울의 도시적 양상을 널리 알려주었다. 앞에서 살핀바, 서울 도성의 모습을 생동감 넘치게 표현한 초정의 시적 성취는 높이 평가되어야 할 것이다.

18세기 서울의 도시적 면모는 이 외에도 여러 글에서 확인되는바 대표적으로 신광하·서유구·이학규의 「성시전도시」, 강이천(姜彛天)의 「한경사(漢京詞)」, 가사 「한양가(漢陽歌)」 등을 거론할 수 있다.[37] 요컨대 18세기 서울은 그 이전 시기에 비하여 문화적 창조성을 비약시킬 수 있는 잠재적 조건을 갖추고 있었는데, 그 핵심은 각 방면에 재능을 가진 다양한 인재들이었다. 그러한 분위기 속에서 초정은 박지원·이덕무·유득공 등 연암그룹의 주요 성원이면서, 연암그룹과 무관한 당대의 여러 명류(名流)들과도 긴밀한 네트워크를 유지했다.

---

36 안대회(2009), 224면.
37 이우성(1963); 방현아(1993); 이문규(2008); 정인숙(2009).

3. 초정의 글쓰기 자세와 창신성(創新性)

골짜기 밭 묘막과 붙어 있어서,	峽田連丙舍
그대 몸소 농사짓는 일을 한다지.	之子事躬耕
홀로 시대 바로잡을 경륜 품었으나,	獨抱匡時略
벼슬을 구할 마음은 없다네.	而無干祿情
충(蟲)·어(魚)에 대해서는 『비아(埤雅)』를 궁구했고,	蟲魚窮埤雅
시문(詩文)의 기저(機杼)는 남경(南京)을 배우려 했네.	機杼倣南京
예전부터 함께 은거하길 기약해 놓고,	夙昔期偕隱
계획 못 이룸이 부끄럽구나.	深慚計未成[38]

위 시에서 '기저(機杼)'란 본래 실을 짜는 베틀〔機〕과 실 사이를 오가는 북〔杼〕을 말하는데, 그 뜻이 넓혀져 문장을 직조하는 작자의 흉중을 일컫는 말로 널리 쓰였다. '자출기저(自出機杼)'란 표현은 『위서(魏書)』, 「조형전(祖瑩傳)」에 처음 보인다. 조형이란 인물이 "문장은 모름지기 스스로 기저(機杼)를 드러내어 일가(一家)의 풍골(風骨)을 이루어야 한다〔文章 須自出機杼 成一家風骨〕."라고 늘 말했다고 하였다. 이후 명대의 복고주의적 문학에 반대하는 원굉도(袁宏道) 등 만명(晩明)의 성령파(性靈派) 문인들이 '자출기저(自出機杼), 불구격투(不拘格套)'라는 슬로건을 내세우며 개성의 표현을 시문 창작의 제일의(第一義)로 강조하였다. 초정은 '자출기저'란 말을 쓴 적은 없으나, 그의 문예 지향은 위의 시에서 분명하게 포착된다. 이희경(李喜經, 1745~?)에게 부친 이 시에서 '기저'

---

38 「寄李十三峽居」; 정민 외 역(2010) 상, 378면.

는 베틀과 북 그 자체를 말한 것이 아니라고 판단된다. 이희경이 학문의 측면에서는 『비아(埤雅)』 등을 참고하여 조수충어와 명물도수(名物度數)에 관심이 지대했고, 문장에서는 명대 강남 문인들의 개성적인 문장을 본받으려 했다는 것이다. 『비아』라는 책 이름은 『이아(爾雅)』를 보충했다〔埤補〕는 뜻에서 붙여진 것이다. 송나라 육전(陸佃)이 편찬했으며, 조(鳥)·수(獸)·충(蟲)·어(魚)·초(草)·목(木)·마(馬)·천(天)의 여덟 분야를 20권으로 편제하였다. 초정을 비롯하여 명물(名物)에 관심을 가진 이 시기 문인 학자들은 이 책을 빈번히 인용하였다. 『북학의』 서문에서 서명응(徐命膺)도 『비아』의 한 구절을 인용하면서, 초정의 저술이 현실적 개혁안으로 채택되기를 희망했다.

위의 시에서 초정은 이희경의 문예적 지취(識趣)를 말하고 있으나 이는 곧 그 자신의 지향과 연관되는 문제였다. 즉 복고에 반대하고 개성을 추구하는 문예를 주장하였다. 초정의 이러한 문예관은 아래와 같이 본격적으로 표출되었다.

옛부터 내려온 시의 모범을 따르지 않고 등지며, 홀로 자기 마음에서 새로 만든 법을 스승 삼아 모신다.[39]

벽(癖)이 없는 사람은 아무짝에도 쓸모없는 사람이다. 벽이란 글자는 '질(疾)' 자와 '벽(辟)' 자를 합한 것이니, 병 가운데 지나치게 치우친 것이다. 그러나 홀로 자기만의 세계를 개척하는 정신을 갖추고, 전문의 기예를 익히는 것은 종종 벽이 있는 사람만이 할 수 있다. 김군은 바삐 화

---

39 「炯菴先生詩集序」; 정민 외 역(2010) 하, 121면, "今予遺淡泊之味, 自然悅藻繪之新工, 背前轍而不遵, 獨師心法之法."

원(花園)으로 달려가 꽃을 주시한 채 온종일 깜빡이지도 않고 오도카니 그 아래에 자리를 깔고 눕는다. 손님과 주인이 한마디 말도 주고받지 않는다. 이를 보는 자는 반드시 그를 미쳤거나 멍청이라고 생각하여 웃고 손가락질하며 욕하기를 그치지 않는다. 그러나 그를 비웃는 자의 웃음소리가 끝나기도 전에 비웃는 생각은 이미 스러지고 만다. 김군의 마음은 만물을 스승 삼고, 그의 기예는 천고에 짝이 없다. 『백화보(百花譜)』를 그린 그는 꽃의 역사에 공훈이 기록되고 향기의 나라에서 제사를 올리는 위인의 하나가 될 것이다. 벽(癖)의 공훈이 참으로 거짓이 아니다. 아아! 저 벌벌 떨고 게으름이나 피우면서 천하의 대사를 그르치면서도 스스로 편벽된 병통이 없다고 여기는 자들이 이 화첩을 본다면 경계로 삼을 만하리라.[40]

초정 문학의 '자출기저(自出機杼)' 지향은 공안파 등 개성 추구의 만명사조와 매우 긴밀한 연관이 있다고 판단된다. 최근의 연구에서 초정의 산문이 명말 소품가들의 창작 경향과 깊은 관련이 있다는 주장이 제기되었고, 또 초정을 소품문 작가로 평가하기도 한다.[41] 초정의 산문이 소품문적 취향을 농후하게 지니는 것은 사실이지만 이용휴·이덕무 또는 조희룡과 비견할 만큼 창작의식이나 실제 작품이 소품문으로 일관되었는지의 문제는 보다 세밀한 논증이 필요하다.

---

40 「百花譜序」; 정민 외 역(2010) 하, 605면, "人無癖焉, 棄人也已, 夫癖之爲字, 從疾從辟, 病之偏也, 雖然具獨往之神, 習專門之藝者, 惟癖者能之. 方金君之徑造花園也, 目注於花, 終日不瞬, 兀兀乎寢臥其下. 客主不交一語, 觀之者, 必以爲非狂則癡, 嗤點笑罵之不休矣. 然而笑之者, 笑聲未絶, 而生意已盡. 金君則心師萬物, 技足千古, 所畵百花譜, 足以冊勳瓶史, 配食香國, 癖之功信不誣矣. 嗚呼! 彼伈伈泄泄, 誤天下大事, 自以爲无病之偏者, 觀此帖, 可以警矣."
41 안대회(2008), 271면.

초정은 사람들로부터 명대의 문장을 배웠다는 비난을 받은 바 있다.[42] 그 스스로도 그런 점을 인정하기도 하였다. 또 초정의 문장에는 명대 성령파로 논의되는 서위(徐渭)나 원굉도의 글에 탐닉했던 자취가 여러 곳에서 확인된다.

우리 종이가 천하에서 으뜸이라고 우쭐대는 사람도 있는데, 아무래도 글씨를 쓸 줄 모르는 자일 것이다. 서위가 이런 말을 했다. "고려 종이는 그림 그리기에 적당치 않다. 전후지(錢厚紙)가 그런대로 나은데 그것도 해서(楷書) 잔글씨를 쓰기에나 적당할 뿐이다." 중국 식자의 견해가 바로 이런 정도이다. 그가 말한 전후지란 지금 사용되는 자문지를 가리키는 것으로 보인다.[43]

동쪽으로 60리를 가서 석창(石倉)에 이르자 날이 저물어 걸음을 멈추었다. 석창의 앞 시내는 맑다 못해 푸르다. 냇가에는 여러 종류의 나무들이 산에 기대섰다. 온통 이 시골집을 위해 맞은편 언덕으로 삼은 까닭이다. 새벽에 일어나 등불을 켜고 원굉도가 지은 「서문장전(徐文長傳)」을 읽었다. …… 무릇 묘향산을 유람하는 자는 반드시 이곳에 이름을 새겨 놓고 돌아온다. 그래서 온통 먹 글자를 새기고 흠집을 내놓아 바위가 온전한 데라곤 없다. 원굉도가 말하길 "청산에 끌로 이름을 새기지 못하게 하는 율법이 불전(佛典)에 빠져 있다."라고 했다. 그 말이 참으로 옳다.[44]

---

42 「比屋希音頌 幷引」; 정민 외 역(2010) 하, 272면, "世之悠悠之談, 或有訾謷臣文爲明世之習者, 此不過從時代起見耳."

43 『북학의』, 「紙」; 안대회 역(2003), 121면, "或以我紙, 甲於天下者, 恐非知書者. 徐文長曰: '高麗紙, 不宜畫. 如錢厚者始佳, 惟堪小楷耳.' 中國識者之見, 已如此. 如錢厚者, 蓋今咨文紙也."

44 「妙香山小記」; 정민 외 역(2010) 하, 156~170면, "六十里東至石倉, 日斜而止. 倉之前溪,

1769년인 20세 때 원굉도의 「서문장전」을 읽었다는 기록은 초정의 문예 취향의 다면성과 관련하여 매우 중요한 지표가 될 수 있다. 초정이 서위(1521~1593)의 서화와 그 풍격을 높이 인정했다는 기록은 그 뒤 『북학의』, 「연경잡절(燕京雜絶)」 연작에서도 확인된다. 주지하듯이 서위는 시민문예적 만명사조(晩明思潮)를 대표하는 서화가로서 반주자적(反朱子的)이며 친양명적(親陽明的)인 성향을 띠어, 명말청초의 성령파 문인이나 청대의 개성주의 화가들이 전범으로 삼았던 인물이다. 공안파의 선성(先聲)이라 불리기도 한다. 초정은 20대 초반에 공안파의 대표자 원굉도의 글을 즐겨 읽었다. 두 번째 예문에 나오는 원굉도의 말은 그의 유기(遊記) 「제운(齊雲)」 편에 보인다.[45]

『북학의』, 「종이」 항에서 말한 것은, 서위가 장한찬(張翰撰)이란 친구에게 보낸 편지에서 한 발언이다.[46] 이 부분은 『열하일기(熱河日記)』에도 동일하게 인용되었다.[47] 초정의 절친한 친우인 이희경 역시 이 말을 자신의 저술에 밝혀 놓았다.[48] 이로 보아 종이에 대한 서위의 발언은

瀝而碧. 溪上雜樹依山, 而全爲村屋對岸故也. 晨起張燈, 讀袁中郎「徐文長傳」. …… 凡遊香山者, 必刻名于此而返, 故巘之瘡之, 石無完膚. 袁石公以佛典無鑱刻靑山之律爲闘典, 信乎!"

45 袁宏道, 『袁宏道集箋校』(上), 「齊雲」, 457면, "齊雲·天門奇勝, 巖下碑碣塡塞, 可厭耳. 徽人好題, 亦是一僻. 仕其上者, 薰習成風, 朱書白榜, 卷石皆徧, 令人氣短. 余謂律中盗山伐鑛, 皆有常刑, 俗士毀汚山靈, 而律不禁, 何也? 佛說種種惡業, 俱得惡報, 此業當與殺盗同科, 而佛不及, 亦是缺典. 靑山白石, 有何罪過, 無故黥其面, 裂其膚? 吁, 亦不仁矣哉!"

46 徐渭, 『徐渭集』, 「答張翰撰(陽和)」, 482면, "絹不宜小楷, 燥則不入稍, 濕則盡斗而煙. 高麗紙如錢厚者, 始佳然, 亦止宜書, 不宜畫. 今寄者薄黯善沁, 又卷束盡成皺裂, 卽書亦不宜也. 四長幅則佳品, 惜兩月不弄, 手生, 壞卻此等物耳. 緣老來杜撰之畫, 如登州蜃樓然, 有時而有, 有時而無也. 近又稍作觀音, 漫寄一條, 書『心經』於上, 聊塞『黃庭』之委."

47 朴趾源, 『燕巖集』, 「熱河日記·關內程史」; 『한국문집총간』 252, 189면, "徐渭謂高麗紙不宜畫, 惟錢厚者稍佳."

48 李喜經, 『雪岫外史』, 「紙」.; 진재교 외 역(2011), 167면, "徐文長曰:'高麗紙白碪如錢厚者, 可寫小楷, 而不堪作渲畫.'"

당시 연암그룹에서 널리 알려진 말이었던 듯하다. 또한 이덕무·변일휴(邊日休) 등의 서류 시인들이 서위와 원굉도를 탐독한 데에서 볼 수 있듯이, 이는 당시의 한 풍상이기도 하였다. 징조가 문체의 문제를 거론하면서 "명·청의 글은 초쇄(噍殺)하고 기궤(奇詭)하여 치세(治世)의 글이 아닌데, 그중에서도 『원중랑집(袁中郎集)』이 가장 심하다."라고 했던 것도 당시의 풍조를 잘 말해 준다.[49] 초정의 시문이 지닌 첨신(尖新)한 성격은 서위·원굉도를 위시한 만명사조의 수용과 매우 긴밀한 연관이 있다고 판단된다.

보다 본질적인 것은 초정 글쓰기의 기본 논리로서 '자출기저(自出機杼)'의 개성주의적 자세일 것이다. 초정이 형암의 시문을 변호한 글에서 그의 문예적 지향을 간접적으로 확인할 수 있다.

오호라! 내가 이덕무와 어울려 지낸 지 30년인지라 그 행적의 본말이 대략 비슷하다. 세상에서는 간혹 앞서거니 뒤서거니 한다는 말이 있지만 실제로는 나의 스승이었다. 어찌 이덕무를 감히 벗으로 여길 수 있겠는가! 오직 문예 한 가지 일을 담론함에 있어서는 흔연히 서로 맞음이 부절을 잡은 듯, 금(琴)과 슬(瑟)을 조화롭게 연주하는 듯하여 다른 일이 그 사이에 끼어들지 못하였다. …… 이덕무의 저술을 궁구해 보면 차기(箚記)와 어류(語類)는 백호(白虎)의 통론이고 유향(劉向)의 별록이다. 자학(字學)과 명물(名物)은 『급취편(急就編)』의 공신이고 『비아(埤雅)』의 후방 정예병이다. 그 옛것을 고구하고 지금을 증험하는 글에 있어서는 고염무·주이준

49 『正祖實錄』15년 11월 7일 조, "大體明淸之文, 噍殺奇詭, 實非治世之文. 『袁中郎集』, 爲其最矣. 近來俗習, 皆未免捨經學而趨雜書, 世無有識之士, 愚民無以觀感. 予於小說, 一不披覽, 內藏雜書, 皆已去之, 此可知予苦心矣."

같은 부류의 사람이다. 척독과 제평(題評)은 더욱 좋은데, 짧은 것은 몇 글
자 안 되고 긴 글은 여러 장에 걸쳐 편이 이루어졌다. 가늘고 섬세하며
아름답게 이어져 놀랍고 사랑스러운 글이 종횡으로 쏟아져 나왔는데, 이
일화(李日華)·진계유(陳繼儒)의 무리를 아우르고 그 장점을 덮어 가리려
하였다. 사람들은 그의 척독과 제평을 평하여 "이덕무의 글은 고문(古文)
이 아니다."라고 말한다. 그러나 이는 『세설신어(世說新語)』를 두고 『사기
(史記)』, 『한서(漢書)』의 열전을 배우지 않았다고 탓하는 격이다. 차기(箚
記)와 명물(名物)을 보고는 "이덕무의 글은 고문이 아니다."라고 말한다.
그러나 이는 주소(注疏) 문자가 『당송팔가문초(唐宋八家文抄)』와 다르다고
질책하는 것과 같다. …… 이덕무는 시 짓기를 크게 좋아하지 않아, 가려
뽑은 작품이 채 한 권이 되지 않는다. 하지만 그 시상을 다루는 솜씨는
날카롭고 우뚝하며 격률이 정밀하고 엄격하다. 무턱대고 부화뇌동하지
않았고, 자기 멋대로 만들어 쓰지도 않았으니, 답습하지 않고 지어내지
않는 것을 귀착점으로 삼았다. 마음도 온축이 깊어 고사를 쓴 것이 정밀
하고 채집한 것이 넓어 글자의 사용이 풍성하였다. …… 세상 사람들은
그것을 가지고 이덕무를 조롱한다. 그러니 이덕무를 제대로 보는 사람은
거의 드물다고 하겠다.[50]

---

50 「雅亭集序」; 정민 외 역(2010) 하, 141면, "嗟呼, 余與懋官, 周旋三十年, 所其行藏本末,
大略相似. 世或有王前盧後之目, 其實師之云乎. 豈敢友之云乎哉. 獨於談藝一事, 犁然相
合, 若執符契, 而調琴瑟, 物無得而間焉. …… 原其著述, 箚記語類, 則白虎之通論, 中壘之
別錄也. 小學名物, 則急就之功臣, 坤雅之後勁也. 其考古證今, 則亭林·秀水之一流人也.
尤善尺牘題評, 小而隻字單辭, 大而聯篇累紙. 零零瑣瑣, 纚纚霏霏, 可驚可愛, 縱橫百出,
殆欲兼李君實·陳仲醇輩, 而掩其長者矣. 人見其尺牘題評, 而曰: '懋官非古文.' 此尤『世
說』, 以不學『史』『漢』列傳者也. 見箚記名物, 而曰: '懋官非古文.' 此責注疏之異於『八家
文抄』者也. …… 懋官最不喜爲詩, 所選不滿一卷. 然其意匠峭崛, 格律精嚴. 毋甯同毋武
斷, 以不襲不剽, 爲歸趣. 蓋其蓄之深, 故使事密, 採之博, 故下字繁. …… 議懋官, 則其不
失懋官者幾稀矣."

초정이 척독(尺牘)·제평(題評)·차기(箚記)·명물(名物) 등을 한쪽 편에 놓고 그 반대편을 『사기』·『한서』·『당송팔가문초』 등의 전통적 고문(古文)으로 설정하는 구도는 주목을 요한다. 이는 마치 김려(金鑢)가 이옥(李鈺)의 소품문을 옹호하는 논리와도 흡사하다. 즉 종래의 것과 새것을 대립시키는 구도이다.

근대 중국의 작가 저우쭤런(周作人)은 중국문학사를 크게 '재도(載道)'와 '언지(言志)'라는 두 유형의 기복과 순환으로 설명하면서 중국 신문학의 원류가 만명사조에 가 닿는다고 주장한 바 있다.[51] 저우쭤런의 논법에 따르면 위진(魏晉)과 만명(晩明)은 '언지'의 시대에 해당한다. 또한 만명은 위진의 풍도를 재해석하여 고도화시킨 면모를 지녔다. 이 시기는 개별 주체가 지닌 심령(心靈)의 자유로운 표현을 다른 무엇보다 중시하였다. 명나라 말기의 소품가들이 『세설신어』의 문장이 지닌 독특함에 주목하고, 이 문헌의 문예적 가치를 새롭게 부각시켰던 것도 그때문이었다.

초정 역시 형암의 글이 『세설신어』의 풍치를 구현한 것을 여러 번 언급하였다. 위의 글에서 초정은 『세설신어』와 『사기』·『한서』는 그 성격이 다른 것으로 동일한 층위에서 비교할 수 없다고 하였다. 18세기의 가장 대표적인 소품 자가인 형암을 적극 옹호하려는 발언인 것이다.

『세설신어』는 위진풍도를 대표하는 고전으로, 동아시아 각국에서 널리 유통되었다. 무엇보다 그 문장 서술의 독특성이 주목받았다. 청대의 문학이론가 유희재(劉熙載)는 역대 문장의 취향이 세 번 변하는 계기가 있었다고 하면서 『장자(莊子)』·『열자(列子)』의 출현과 불경의 중국

---

51 周作人, 김철수 역(1983), 26~28면.

유입, 그리고 『세설신어』의 성서(成書)를 전환점으로 꼽았다.[52] 죽림칠현으로 대표되는 위진시대 문인들은 정치적 대혼란의 시대에 처하여 현실적 영리를 극단적으로 백안시한 채 청담과 현담을 통해 인격의 해방과 자유를 추구하였다. 따라서 위진 시기에 문학·서화·음악 등의 예술정신이 농후하게 발현되었다. 한(漢)·당(唐)과는 그 풍상이 분명하게 구별되었다. 『세설신어』는 위진시대의 문화가 집적된 대표적 저술로 평가받으며, '청언(淸言)이 모여 있는 연수(淵藪)'라고 불렸다. 루쉰(魯迅)도 이 책을 '명사의 교과서'라 부르며 중시하였다.

『세설신어』는 『원중랑집』과 같이 18세기 경화(京華) 문화권의 한 유행이기도 했다.

영남에서는 비록 글을 짓는 것으로 이름난 자라 할지라도 집에 『세설신어』를 가지고 있는 자가 매우 드물다. 외우고 익히고 보는 책은 사서삼경과 『사략(史略)』, 『통감(通鑑)』, 『고문진보(古文眞寶)』, 『주서절요(朱書節要)』, 『염락풍아(濂洛風雅)』를 넘어서지 않는다. 그 밖의 허다한 총편 거질(總編巨帙)과 괴문 이서(怪文異書)에 대해서는 모두 이런 것이 있는 줄을 알지 못한다.[53]

유만주(兪晚柱)의 이 발언은 서울과 영남의 문화 차이를 지적한 하나의 사례이다. 글을 짓거나 소양을 넓히는 데에는 『세설신어』 같은 문헌의 독서와 총편거질(總編巨帙)의 참고가 요구되는데, 서울에 비해 영남

---

52 劉熙載, 『藝槪』 권1; 『劉熙載文集』, 61면, "文章蹊徑好尙, 自莊列而一變, 佛書入中國又一變, 『世說新語』成書又一變. 此諸書, 人鮮不讀, 讀鮮不嗜, 往往與之俱化. 有涉而不溺, 役之而不爲所役, 是在卓爾之大雅矣."
53 兪晚柱, 『欽英』, 1778년 9월 22일 조.

은 여전히 상투적인 성리서나 『통감절요』, 『고문진보』에 의존하고 있다는 비판이다. 그가 서울과 영남의 차이를 『세설신어』라는 문헌 하나로 가르고 있다는 점에서, 『세설신어』가 지닌 독특한 가치를 자신은 숙지하고 있다는 자부도 읽을 수 있다.[54]

『세설신어』는 조선 후기 문인에게도 큰 영향을 끼쳤는데, 17세기의 허균(許筠, 1569~1618), 18세기의 권섭(權燮, 1671~1759)과 심재(沈鋅, 1722~1784) 등이 특히 주목하였다. 권섭은 『세설신어』체를 본받아 유기(遊記)를 지었고, 심재는 『송천필담(松泉筆談)』에서 『세설신어』류 서적을 광범하게 인용하는 한편 그 스스로 자신의 시대를 담은 세설체의 문장을 창작하기도 하였다. 정조 역시 소설가류(小說家類)의 책들에 대해, 그들이 번잡하고 외람되어 이름만 다를 뿐 지향처는 한 가지인데, 오직 『세설신어』만은 볼 만하다고 평한 바 있다.[55]

그런데 초정이 형암을 변호하는 기본 논리는 소품문 창작을 용인하는 것이지만 그 초점이 문예적 소품문에만 맞추어져 있지가 않다. 형암의 척독과 제평(題評)이 이일화(李日華)·진계유(陳繼儒)의 것을 뛰어넘었다는 언급에서 만명사조를 절대시하지 않는 태도가 간취된다. 초정은 형암의 척독·제평·차기(箚記)·명물(名物)·고증(考證) 등 각종의 글이 종래의 고문 글쓰기와는 다른 방향에서 지어졌다는 점을 강조하려 하였다. 즉 고문이라는 폐쇄적 도그마에 갇히지 않으려 했다는 것에 중점을 두었다. 허균 이후 만명사조 또는 명말청초의 새로운 글쓰기에 관심을 가진 문인들 중 상당수는 그러한 풍상의 영향을 받았고,

---

54 유만주가 말하는 이 『세설신어』가 劉義慶의 『세설신어』인지, 명대에 새롭게 산정한 『世說新語補』인지 『明世說新語』(李紹文)인지는 불분명하다.

55 正祖, 『弘齋全書』 권162, 「日得錄」, '文學', "小說家, 甚繁猥猥濫, 名目雖殊, 其指則一也. 唯劉義慶 『世說』 最可觀. 江左子弟, 眉目頰牙鬢鬚, 宮室輿服酸罍, 歷歷如親覿焉."

여러 유형의 모방작과 아류작을 산출한 측면도 존재하였다. 그런데 초정이 「아정집서(雅亭集序)」를 통해 말하고자 한 주 논지는 기존 고문의 틀에 갇혀 생취(生趣) 없는 글쓰기를 벗어나라는 것이었다. 즉 의고(擬古)에서 벗어나 자득적 글쓰기로 나아가야 한다는 개방적 자세를 강조한 것이다.

　　요즘 사람들은 한결같이 눈동자에 부레풀과 옷칠이 찰싹 붙어 있어서 눈을 떠 보려고 해도 떠서 볼 수가 없게 되었다. 학문에는 학문의 덧꺼풀이 씌워 있고, 문장에는 문장의 덧꺼풀이 가리워져 있다. …… 모두가 제 눈에 안경이라더니, 정말이로구나.[56]

　　사람들은 그 정밀함을 헐뜯어 '어지러이 꼬였다' 말하고, 글자의 번성함을 괴이하게 여겨 '험벽하고 난삽하다'고 말한다. 이것은 도잠·유종원·왕유·위응물의 오언율시나 두보·한유·황정견·소동파의 장편시를 기준으로 말한 것이다. 청나라 반정균은 일찍이 이덕무의 시를 일러 이렇게 평했다. "평범한 길을 힘써 쓸어버리고 별도의 다른 길을 열었다. 응당 만송과 만명 사이에 한자리를 차지할 것이다." 대개 이덕무가 이덕무 자신이 되는 이유는 바로 송이 되고 명이 되는 데 있다.[57]

형암이 기존의 규범과는 다른 별도의 경지 즉 '자출기저(自出機杼)'

56　「謾筆」; 정민 외 역(2010) 하, 443면, "今人只是一副膠漆俗膜子, 透開不得. 學問有學問之膜子, 文章有文章之膜子. …… 信乎仁者見之謂之仁, 智者見之謂之智也."

57　「雅亭集序」; 정민 외 역(2010) 하, 144면, "人訾其密, 則曰: '沓拖.' 怪其繁, 則曰: '僻澀.' 此又以陶·柳·王·韋之五言律杜·韓·黃·蘇之長篇者矣. 中朝人嘗稱懋官之詩曰: '力掃凡蹊, 別開異逕, 晚宋·晚明之間, 當據一席.' 夫懋官之爲懋官, 政在於爲宋爲明."

의 창조적 길을 추구했다는 것이다. 요컨대 초정은 명·청의 문학론으로부터 '자출기저'의 새로운 논리를 취해 온 것이다.

초정은 또한 만명의 대표적 문인 진계유의 시를 수용하고,[58] 명대의 저술인 『하씨어림(何氏語林)』, 『서하객유기(徐霞客遊記)』 등을 높이 평가하였다.[59] 그뿐 아니라 초정은 형암의 부탁을 받고 「학산당인보초석문서(學山堂印譜抄釋文序)」라는 글을 지은 바 있다.

장호(張灝)가 이 인보(印譜)를 엮은 것은 명나라 말기 붕당 시대에 음이 성하고 양이 쇠미한 운수를 만나, 충정과 분함을 품었지만 뜻을 함께 하는 사람을 만나지 못해 불평한 기운을 펼칠 수 없었기 때문이다. 이에 경사자집과 백가의 운치 있는 말에서 두루 취해 이를 따서 인보로 풍자하는 끝에 가탁하여 전각으로 새겨 넣었다. 뒤집어 말한 것은 사람을 격동시키기 쉽고, 곧장 찔러 말한 것은 사람에게 스며드는 것이 깊었다. 글은 짧아도 담긴 뜻은 유장하며, 채집함이 드넓고 뜻은 엄정하였다. 이는 마치 『시경』 국풍의 비흥(比興)이나 『이소』의 원망하고 사모함, 또는 뒷골목 가요의 탄식하고 영탄하는 것과 같았다. …… 나의 벗 이덕무가 이를 위해 글자를 풀이하여 직접 써서 가려 뽑고, 내게 서문을 구하였다. 아아! 압록강 동쪽에서 무덤덤하지 않게 책을 볼 자가 몇이나 되겠는가?[60]

---

58 「任德汝〔厚常〕所次陳眉公」; 정민 외 역(2010) 상, 325면, "酒醒詩思午凄凄, 雪屋青燈煖帽低. 苦負盈庭千斛月, 深憐閉戶一丸泥. 得過身世同寒鳥, 全德形容比木鷄. 多謝故人留我宿, 分衾何異借枝棲." 초정이 차운한 진계유의 시는 다음과 같다. 『陳眉公集』 卷3, 「雪中舞鶴十首」 중 제3, "同雲黯淡景凄凄, 密霰疎翎高復低. 粧罷臨風梅墮額, 袖長垂地絮霑泥. 貞姿不美彈朱雀, 清影如調吐綏鷄. 聞說越裳來白雉, 鳳池春煖好同栖."

59 「燕京雜絶 贈別任恩叟姊兄 追憶信筆 凡得一百四十首」 중 제110; 정민 외 역(2010) 중, 350면, "法王有大小, 奪舍如傳薪. 世間無不有, 霞客紀眞."

60 「學山堂印譜抄釋文序」; 정민 외 역(2010) 하, 114면, "夫張氏之爲此也, 當明末朋黨之世, 値陰盛陽衰之運, 懷忠抱憤, 獨行無偶, 不平之氣無處發洩. 於是襍取經史子集百家之韻語,

『학산당인보(學山堂印譜)』는 장호(張灝)가 1629년 만명 전각가들의 인장을 수집하여 엮은 책이다. 짤막하고 시적인 경구를 다양한 서체로 전각하여 모두 10책으로 편성했다. 9~10책에는 동기창(董其昌)·진계유·탕현조(湯顯祖)·전겸익(錢謙益) 등 명말 문인들의 발문을 모아 놓았다. 초정은 연경에서 진전(陳鱣)과 깊은 교유를 나눴는데, 그는 인(印)에 매우 관심이 많아 12수의 연작시 「논인(論印)」을 지었으며 거기에서도 『학산당인보』를 주요하게 언급하였다.[61]

또한 초정은 18세기 문인 가운데 가장 먼저 청대 송락(宋犖, 1634~1713)의 글에도 깊은 관심을 기울였다.

여기 와서 역정 봄날 자못 실컷 누렸나니,	此來頗享驛亭春
그윽한 길 수레 타고 차례차례 돌았지.	幽徑筍輿取次巡
뻐꾸기 소리 속에 역말을 재촉하여,	布穀聲中催駉騎
살구꽃 어지런 곳 꿀꾼들 흩어 놓네.	杏花多處散騑人
날이 길어 책 펼치고 늘어짐이 더욱 좋고,	偏憐日永攤書卷
일 없어 관인(官印)을 자주 봉함 기뻐하네.	且喜官閒鎖印頻
한번 대궐 벗어나 함께 휴가 받으니,	一出天恩同賜沐
잘 달리는 푸른 수레 붉은 먼지 피하누나.	好飛青蓋避紅塵[62]

摘爲印藪, 假托譏刺之末, 摩挲乎篆刻之間. 反言之則激人也易, 直言之則入人也深. 文短而意長, 采博而旨嚴. 國風之比興也, 離騷之怨慕也, 里巷歌謠之咨嗟詠歎也. …… 吾友懋官爲之釋文手抄, 而索余序. 嗚乎, 鴨水以東, 不淡看書者幾人.”

61 陳鱣, 『簡莊詩文鈔』, 「論印十二首同吳槎客作」 중 제12, “吳下梁園跡已陳, 飛鴻堂上慣留賓. 風流更有吳公子, 欲掃西齋會印人.〔張夷令集印客刻『學山堂印譜』, 周櫟園嗜印有『賴古堂印譜』, 幷著『印人傳』. 近秀峯汪又刻『飛鴻堂印譜』幷『續印人傳』. 吳槎客嘗爲家目耕作存存幾希齋印存序云, 他日當集諸君爲印人之會, 蓋指黃小松奚鐵生張芑堂及目耕也.〕”

62 「驛亭次西陂集」 2수 중 제1; 정민 외 역(2010) 상, 390면. 제2수는 다음과 같다. “官居忽忽已深春, 旬賑行看過九巡. 敢有流民圖上事, 慚非循吏傳中人. 西淸片夢天香近, 南國新

기존의 번역본에서는 초정이 차운했다고 하는 『서피집(西陂集)』을 명대의 유저수(劉儲秀)의 문집이라고 판단했다. 그러나 이 『서피집』은 송락의 『서피유고(西陂類稿)』를 말한다. 초정이 차운한 것은 송락의 시로 확인된다.[63] 송락의 『서피유고』는 흔히 『서피집』으로 불렸다. 초정보다 앞 시대의 이의현(李宜顯)이 송락의 『서피유고』를 새로운 문헌으로 주목한 바 있었다.[64] 18세기에 들어서는 형암이 특히 송락에 대해 깊은 관심을 가졌다.[65]

초정의 명·청대 문헌에 대한 관심은 1차적으로 형암과의 교유로부터 비롯되었다. 그 이후 담헌 홍대용의 연행 경험을 연암그룹의 성원들로부터 접하고, 질적으로 한 단계 비약하였다. 초정은 연암을 알게 된 직후에 그가 쓴 「회우록서」를 보고, 이어 담헌의 『회우기』를 보았던 것으로 추론된다. 시기는 1770년 무렵으로 판단된다. 초정은 이책을 읽고 받은 충격을 서상수에게 보낸 편지에서 다음과 같이 묘사하였다.

花夜雨頻. 明日錦江回首地, 馬蹄離別暗征塵."

63 宋犖, 『西陂類稿』 卷10, 「臘月十七夜衙齋小集同柳愚谷 用陳子文豐臺看花韻二首」, "捎簷梅萼雪爭新, 鎖印俄驚又一巡. …… 何物好醫詩思澁, 麻姑名酒貰來頻〔時買得麻姑酒〕." "蔬荣登盤逼早春, 靑熒燈火酒千巡. …… 淸輝恰送江天月, 頓洗胸中十斛塵."

64 李宜顯, 『陶谷集』, 「陶峽叢説」; 『한국문집총간』 181, 438면, "淸人文不多見, 大率詩文綿弱, 余已論之於前矣. 文集之在余書廚者, 尤侗『西堂集』, 宋犖『西陂集』, 王士禛『蠶尾集』, 徐嘉炎『抱經齋集』, 又有『愚齋集』, 『稼書集』入 『理學全書』中. 尤侗才力富瞻, 制作甚繁, 宋犖次之. 宋甲戌生, 與息菴同庚. 其父權以明朝都御史, 降于淸死, 諡文康. 犖亦仕淸, 至吏部尙書, 以年老致仕. 見其自叙年譜, 止於七十八歲, 未知死於何歲也. 大抵其人有男子五六人, 皆爲顯仕, 孫男又甚衆, 年齒官爵俱高, 眞稀世之大命也. 其製述亦富, 余嘗以比論於尤侗, 藻采不及而典則勝之."

65 李德懋, 『靑莊館全書』, 「蕭從雲」; 『한국문집총간』 258, 342면, "蕭從雲, 字尺木, 號无悶道人, 當塗人明經不仕, 善山水不傳宗法, 自成一家, 筆亦淸快, 與孫逸齊名, 兼長人物. 嘗於釆石太白樓下四壁, 畫五嶽圖, 漫堂宋犖爲長歌, 鐫諸石, 平生所畫太平景, 離騷圖, 好事者, 鏤板以傳, 著書等身藏於家."; 李德懋, 『靑莊館全書』, 「江山秋霽圖」.

『회우기(會友記)』를 돌려 보냅니다. 제가 평상시 중국을 대단히 흠모해 왔지만, 이 책을 보고 나서 다시 걷잡을 수 없이 미친 사람이 되어, 밥을 앞에 두고서는 수저 드는 것을 잊고 세숫대야를 앞에 두고 얼굴 씻는 것을 잊을 지경입니다. …… 저나 유득공과 같은 무리는 타고난 천성이 중국을 좋아할 뿐만 아니라 행동 또한 중국 사람들과 은연중 일치합니다. 누가 가르치고 전해 주어 그렇겠습니까? 저희들이 열심히 공부한 결과라고 생각한다면, 저희들을 진정으로 이해한 것이겠습니다. 아아! 우리 조선 3백 년 역사에서 중국과의 사절 왕래가 지속되었지만 명사 한 사람도 보지 못하고 돌아왔을 따름입니다. 이제 담헌 홍대용 선생이 하루 아침에 천애(天涯) 먼 곳에서 지기(知己)를 맺어 그 풍류와 문묵(文墨)이 멋스럽기 짝이 없습니다.[66]

여기서 초정 등이 『회우록』을 보기 이전부터 중국 선진 문명에 대해 열심히 공부하였음을 알 수 있다. 그렇게 중국 문명을 열심히 공부하고 그것을 수용할 태세를 갖추었기에, 『회우록』을 보고 그처럼 강력한 충격을 받을 수 있었다. 백탑시파 지식인은 문학 논의를 위주로 하였지만, 중국 문명의 선진성이나 조선의 현실 개혁도 논의하였던 것이다. 그러던 차에 『회우록』에 충격을 받아 중국 문명에 대한 관심이 폭발하였다.

북학은 문헌을 통한 지식의 수용으로부터 시작되었다. 초정은 연행

---

66 「與徐觀軒」(4); 정민 외 역(2010) 하, 318~320면, "『會友記』送去耳. 僕常時非不甚慕中原也, 及見此書, 乃復忽忽如狂, 飯而忘匙, 盥而忘洗. …… 夫吾與惠甫輩則其天性乃能自好中原, 又其所爲略略暗合, 此誰敎而執傳之? 若以我爲勉强學之而然, 豈眞知者哉? 嗟乎! 吾東三百年使价相接, 不見一名士而歸耳. 今湛軒先生一朝結天涯知己, 風流文墨, 極其翩翩."

이전 청대 문인 이조원에게 보낸 편지에서 새 문명을 받아들이려는 열
망을 이렇게 표명하였다.

적이 살피건대 선생의 저서는 제 집에 가득하지만 미처 보지 못한 것
은 잠시 접어두고 다만 시험 삼아 『황화집(皇華集)』을 꺼내어 한두 번 읽
었더니, 부화한 수식을 거두어 소박한 진실로 귀착했습니다. 거들먹거리
며 자랑하는 내색을 하지 않았고 굳센 기운이 종이 위에서 울리는 것을
볼 수 있었으니, 참으로 대가의 목소리였습니다. …… 저는 부디 하늘이
저의 충심을 헤아려서 말을 모는 보잘것없는 지위라도 중국 사절단에 따
라갈 수 있게 해 주기를 희망합니다. 그래서 중국 산천과 인물의 장대함,
궁실·수레·선박의 제도, 그리고 농업과 공업의 기술을 두루 마음껏 볼
수 있기를 바랍니다. 배우고 보고 싶은 것을 일일이 서면으로 작성하여
선생님께 여쭙고 싶습니다. 그러면 돌아와 일생을 농부로 지내다 죽더라
도 한이 없겠습니다.[67]

초정이 말한 이조원의 『황화집(皇華集)』은 곧 4권으로 된 『월동황화
집(粵東皇華集)』을 말한다. 이 『월동황화집』은 뒤에 총서 『함해(函海)』
48함 중 제38함에 수록되었다.[68] 나만 초정이 1차 연행을 하기 이전인
1777년에 위의 편지를 부칠 시점에는 아직 『함해』는 출간되지 않은 상
태였다. 총서 『함해』는 1778년 무렵부터 편성을 시작하여 1781년에야

---

67 「與李羹堂〔調元〕」; 정민 외 역(2010) 하, 325면, "竊觀先生著書滿家, 其未見者, 姑不論.
  試取其『皇華集』, 一二讀之, 鉛光斂衽, 斲雕歸眞, 不爲浮誇矜止之色, 而渢渢然見其元氣
  之鳴於紙上也. 信乎大家之音也. …… 雖然齊家, 庶幾天察其夷, 得隨歲貢, 備馬前一小卒.
  使得縱觀山川人物之壯, 宮室車船之制, 與夫耕農百工技藝之倫. 所以願學而願見者, 一一
  筆之於書面, 質之於先生之前. 然後雖歸死田間, 不恨也."
68 劉錦藻 編, 『淸續文獻通考』 卷270.

제1판이 출간되었다.[69]

그런데 1777년의 시점에서 초정은 자신의 집에 이조원의 저서가 가득하다고 말하였다. 그중에『월동황화집』을 우선 읽어 보니, 참으로 대가의 견해라고 평하였다. 초정이 수장한 이조원의 저술들은 추론컨대 유금(柳琴)이 구입해 왔던 것들이라고 판단된다. 유금은 1776년 정사 서호수(徐浩修)를 따라 연행하여, 이조원과 친밀한 교분을 나눴다. 이때 이조원은 서호수[70]와 유금, 이덕무에게 시를 써 주었다.[71]

초정이 청대 성령론(性靈論)에 공명한 자취는 여러 곳에서 확인되는데, 특히 홍양길(洪亮吉)의 경우가 대표적이다. 초정이 지은 전(傳) 작품은 모두 3편이다. 그중 하나는 초정 자전(自傳)이며, 나머지는 「이곽(李廓)・나덕헌전(羅德憲傳)」과 「홍양길전(洪亮吉傳)」이다. 이 가운데 초정의 창신적 글쓰기와 관련하여 「홍양길전」이 주목된다. 초정은 네 차례의 연행에서 기윤(紀昀) 등 당시 청나라의 명사 1백여 명을 만났는데, 유독 홍양길만을 두고 전(傳)을 지었다.

홍양길은 자가 치존으로 강소성 양호 사람이다. 어릴 적에 부모를 잃고 외가에서 자랐는데, 외할머니 장씨 부인이 힘써 배우도록 가르쳤다. 약관이 되기 전에 상서 문민 전유성 공이 홍양길의 악부시 1백 수를 보고는 몸소 방문하였는데, 이로부터 명성이 크게 일어났다. …… 내가 그의 『권시각집(卷施閣集)』 을집(乙集)과 『오하영재집(吳下英才集)』 몇 권을

---

69 四川省民俗學會 編(2007), 77면.

70 李調元,『童山集』詩集 卷19,「寄題徐副使浩修見一亭二首幷序」, "副使來啓云, 僕官雖淸華志在林泉去京百里之地, 有白鶴嶺, 頗有邱壑之勝, 新建一亭, 名曰見一亭, 取林下何曾見一人之意也, 乞題詩, 攜歸以侈園林之觀不忍辜其意爲題二首."

71 앞의 책,「落花生歌(爲柳幾何及其姪惠風作)」・「寄柳幾何」・「幾何主人歌」.

한림 장문도(張問陶)에게 구하여 읽었는데, 참으로 좋았다. 장문도는 "홍
양길이 차수 박제가 선생의 시를 보고는 입이 마르도록 칭찬하였다."라
고 하였다. 홍양길은 당시 숭문문 밖에 살았는데 틈을 내 나를 찾아와 안
부를 물었다. 나는 마침 일이 있어서 만나지 못하는 사정을 들어 거절하
고는 '권시각(卷施閣)' 세 글자를 크게 써서 보냈다. 훗날 행장 공협을 만
났는데 내게 말하였다. "홍양길 태사께서 박제가가 왔다는 것을 들으시
고 한나절 기다렸는데, 그대가 오지 않자 서운해하며 돌아갔다네." 다시
한림 장문도를 통해 『삼국동진십육국 강역삼지』, 『건륭부청주현도지』를
보내오면서 직접 소전으로 대련을 써서 선물로 주었다. 그 풍류의 넓음이
이와 같았다. 홍양길의 문장은 변려문에 뛰어났다. 일들을 나열하고 문구
를 이어가는 솜씨가 찬란하여 볼만하였다. 당대를 가슴 아파하고 옛날을
그리워하는 작품들은 종종 너무 서글퍼 차마 읽을 수가 없었다. 『이소』와
『시경』의 남은 음조가 있으니, 어찌 근심 걱정 속에서 태어나고 빈천한
가운데 자란 사람이 아니겠는가! 일찍이 그가 계목 전유교와 '사검'에 대
해 이같이 논하였다. …… 근포(菫蒲) 항세준(杭世駿)이 지은 『삼국지보주
(三國志補注)』의 서(序)에서는 이렇게 말했다. …… 그가 지은 「순화현지서
록(淳化縣志敍錄)」에서 말하였다. …… 다섯 달이 지나 완성하고 이렇게
말하였다. …… 그의 여지(輿地)는 방대하면서도 자세하다.[72]

---

72 「洪亮吉傳」; 정민 외 역(2010) 하, 209면, "洪亮吉字稚存, 江蘇陽湖人. 幼孤育於外家, 蔣
母夫人訓之力學. 未弱冠, 尙書錢文敏公維城, 見其樂府百首, 徒步訪之, 名大起. …… 余
得其『卷施閣乙集』·『吳下英才集』數卷於翰林張問陶, 讀而善之. 張曰: '此人見次修先生
詩, 稱之不容口.' 方住崇文門外, 間嘗來我, 可候之也. 余方有事, 謝不能, 書寄卷施閣三大
字. 後見龔荇莊, 曰: '稚存太史, 聞次修來, 委候半日, 以次修失期, 悵惘而去.' 復因張翰林,
致『三國疆域志』及『府廳州縣志』, 自書小篆對聯, 所以贊也, 其風流弘長如此. 亮吉爲文,
長於騈儷, 比事屬辭, 粲然可觀. 其傷今感古之作, 往往惻愴, 而不忍讀, 有離騷變雅之遺
音, 豈生於憂患, 而長於貧賤者歟? 嘗與錢季木論友曰 …… 序杭菫蒲世駿三國志補注曰
…… 其淳化縣志叙錄曰 …… 五閱月而成曰 …… 其於輿地也, 蓋博而瘦矣."

초정은 홍양길의 문장으로 대표적인 것 3편을 인용하였다. 즉 「여전계목논우(與錢季木論友)」, 「서항근포세준삼국지보주(序杭葷蒲世駿三國志補注)」, 「순화현지서록(淳化縣志叙錄)」인데, 이들은 모두 홍양길의 『권시각집(卷施閣集)』에 수록되어 있다.[73] 홍양길이 조선 사절이 머무는 곳으로 직접 찾아왔다가 초정을 대면하지 못하고 남긴 소전(小篆) 대련(對聯)은 『호저집(縞紵集)』에 기록되어 있다. 즉 홍양길은 "바다 같은 홍진(紅塵) 세상에 그대를 만나 보고, 무지개 같은 그 기운 어느 누가 알았으리?" 라는 대련을 남겼다.[74]

초정은 홍양길의 시문이 지닌 '상금감고(傷今感古)'의 면모를 높이 인정하였다. 그런 점에서 홍양길의 문학적 지향은 성령론이면서도 원매(袁枚)의 성령론과 다른 성향을 지녔다. 초정이 말한 『오하영재집(吳下英才集)』은 필원(畢沅)이 당시의 시인 12명의 시를 모아 편찬한 『오회영재집(吳會英才集)』을 지칭하는데,[75] 이 속에 홍양길의 시가 들어 있었다. 초정은 이 책의 홍양길 시 부분을 장문도로부터 전해 받아 읽어보고, "참으로 좋았다."라고 감탄하였다. 이 책에서 필원은 홍양길의 시에 대해 기발한 발상으로 독보적인 경지를 이루었는데 특히 오언고시의 가행체(歌行體)가 한 시대에 뛰어났다고 평했다.[76] 초정은 홍양길이 특히 변려문에 뛰어났다고 지적하였고 다른 대목에서도 누차 말한 바 있

73 洪亮吉, 『卷施閣集』 乙集 권5, 「與錢季木論友書」; 洪亮吉, 『卷施閣集』 乙集 권6, 「杭葷蒲先生三國志補注序」; 洪亮吉, 『卷施閣集』 乙集 권6, 「淳化縣志叙錄」.

74 朴長馣, 『縞紵集』 권2, 「洪亮吉」; 李佑成 편(1992), 82면, "案聯云: 意外相逢塵似海, 眼中誰識氣如虹."

75 法式善, 『陶廬雜錄』 卷3, "『吳會英才集』二十卷, 尚書畢沅輯. 其賓佐之詩, 名篇秀句, 往往而在作者十二人多爲余舊識, 各有專集行世, 此皆其少作."

76 畢沅 編, 『吳會英才集』, 「洪亮吉」; 洪亮吉, 『洪亮吉集』 5, 「附錄」, 2396면, "洪常博奇思獨造, 遠出常情. 五古歌行, 傑立一世."

다.[77] 또한 초정은 전(傳)과는 별도로 회인시와 속회인시에서 홍양길을 특기하였다.

홍양길은 학문과 변설 해박하여,	穉存學辯博
입을 열면 곧 변려문을 이루었네.	矢口成騈儷
아득히 넓은 세상에 뜻을 두어,	茫茫志廣輪
옛일 살핌이 추호인 듯 세밀하였지.	考古秋毫細
『오회영재집(吳會英才集)』을 한 번 읽었는데,	一覽英才集
하늘가 먼 곳에서 소매를 잡았다네.	天涯當把袂[78]

고로(菰蘆)의 인물이요 육조(六朝)의 문장이라,	菰蘆人物六朝文
생긴 모습 헌칠하여 무리에서 빼어났네.	眉宇青霞迥出群
예학(禮學)은 천추에 큰 공을 논하겠고,	禮學千秋論配食
정현(鄭玄) 문하의 으뜸가는 공신일세.	康成廡下策元勳[79]

초정의 두 회인시는 본격적인 인물 비평이라고 할 수 있다. '정현(鄭玄) 문하의 으뜸가는 공신'이라는 초정의 평가는 홍양길의 한학(漢學)에 대한 연구를 두고 하는 말이다. 실제 홍양길의 한학에 대한 공헌은 매우 뛰어났다고 평가된다.[80] 초정의 아들 박장암(朴長馣)은 『호저집』에서

---

77 「燕京雜絶 贈別任恩叟姊兄 追憶信筆 凡得一百四十首」 제22; 정민 외 역(2010) 중, 320 면, "金石正三翁. 丹青羅兩峰. 清修比部衍, 鉅麗北江洪.〔翁侍郎方綱, 字正三. 羅兩峰名聘孫, 比部名星衍. 字淵如. 洪翰林亮吉. 博學工騈儷之文.〕"

78 「洪翰林〔亮吉〕·懷人詩仿蔣心餘」; 정민 외 역(2010) 중, 166면.

79 「洪穉存〔亮吉〕·續懷人詩」; 정민 외 역(2010) 중, 243면.

80 江藩, 『國朝漢學師承記』 卷4, 「洪亮吉」, 71면.

부친과 홍양길의 사귐을 자세히 정리했다.[81]

1790년 연경에서 초정을 만난 바 있는 홍양길 역시 자신의 시화에서 초정의 시를 논한 바 있다.

조선 사신 박제가는 시와 그림에 능하다. 그는 사신으로 와서 중국의 사대부를 존모한 나머지 매양 한 번 만나 보고는 곧 한 편씩의 회인시를 지었다. 그것이 쌓여 50여 수가 되었으니 호사(好事)라 하겠다. 살피건대, 박씨는 본래 오월(吳越) 지역의 이름난 성(姓)이다. 『동국통감(東國通鑑)』에 보면 "신라 경명왕(景明王) 7년 오월국(吳越國)의 문사(文士) 박엄(朴嚴)이 고려에 투항하여 춘부소경(春部少卿)이 되었다."라고 하였다. 오임신(吳任臣)의 『십국춘추(十國春秋)』, 「오월무숙왕세가(吳越武肅王世家)」에도 또한 이 사실이 인용되었다. 천보(天寶) 16년(753)의 기록은 우리 나라 문사 박엄(朴嚴)의 후예에 관한 것이다. 당말(唐末)로부터 지금까지 이미 8, 9백 년에 이르는 동안 아직 그 나라의 문학시종(文學侍從)으로 있으니 그 세택(世澤)이 유장하다고 할 수 있다.[82]

---

81 朴長馣, 『縞紵集』 권2, 「洪亮吉」; 李佑成 편(1992), 79~88면, "洪亮吉本名禮吉 …… 先君記曰 …… 甞與錢季木論友曰 …… 序杭堇蒲世駿『三國志補注』曰 …… 其『淳化縣志』叙錄曰 …… 先君懷犍存詩曰 …… 又續懷詩曰 …… 又『燕京雜絶』云: 鉅麗北江洪."

82 洪亮吉, 『北江詩話』 卷5, "高麗使臣朴齊家, 工詩及畫. 其入貢也, 慕中國士大夫, 每有一面, 輒作見懷詩一章, 多至五十餘首, 可謂好事矣. 按: 朴本吳越著姓, 『東國通鑑』云: '新羅景明王七年, 吳越國文士朴嚴, 投高麗, 爲春部少卿.' 吳任臣『十國春秋』「吳越武肅王世家」亦云. 天寶十六年, 我國文士朴嚴之裔, 自唐末至今, 已八九百年尙爲其國文學侍從之臣, 世澤可云長矣." 이 조목은 粵雅堂叢書의 『北江詩話』와 光緒 3년(1877)의 '授經堂刻洪北江全集本' 『北江詩話』에 모두 들어 있다. 그런데 人民文學出版社가 1983년 陳爾冬의 校點으로 펴낸 『北江詩話』에는 이 조목이 빠져 있다. 陳爾冬은 後記에서 校點의 저본은 授經堂刻本(즉 '洪氏重刊本')으로 하고, 粵雅堂叢書와 對校했다고 분명히 밝혀 놓았다.(『北江詩話』, 陳爾冬, 「後記」, 人民文學出版社, 1983, 112면). 그러므로 이 '高麗使臣朴齊家' 조목이 교점본에 실리지 않은 것은 매우 의아한 일이다. 단순한 착오가 아니라면 의도적인 산삭일 수도 있다고 판단된다. 최근 『北江詩話』를 포함하여 홍양길의

초정이 시뿐 아니라 그림에도 능하다는 말은 홍양길을 포함하여 당시 청대 문인의 글에 여럿 보이는데, 이는 사실과 다른 측면이 있다. 초정은 그림에 대한 지식과 안목이 풍부했던 것은 사실이나 그림 솜씨가 탁월하지는 않았다.[83] 청나라 사대부를 두고 지은 회인시가 50여 수라고 한 것은 초정이 지은 2차 회인시와 3차의 속회인시를 다 합해서 하는 발언으로 보인다.

조선 역사에 관심이 많은 홍양길이었지만 실제 『동국통감』을 직접 보고 위와 같은 말을 한 것은 아니었다. 그는 오임신(吳任臣)의 『십국춘추(十國春秋)』에 인용된 기록을 보고 그러한 사실을 알게 되었다.[84] 홍양길은 평소 『십국춘추』가 사료를 매우 넓게 다루었다고 평가하였다.[85] 또한 자신이 편찬한 『건륭부청주현도지(乾隆府廳州縣圖志)』에서는 중국과 동쪽에 인접한 조공국으로 조선(朝鮮)·유구(琉球)·일본(日本)·소록(蘇祿)·합묘물(合貓物)·미락거(美洛居)·파라(婆羅) 등 일곱 나라에 대해 서술하면서, 조선에 대한 개략을 싣기도 하였다.[86]

홍양길은 원매·조익(趙翼)·장사전(蔣士銓)·기윤·이조원·손성연(孫星衍)·장문도 등과 더불어 청대 성령파의 대표적 시인으로 평가된다.[87] 초정은 특히 이들 성령파 시인들과 매우 적극적으로 교유하였다.

시문을 두루 모아 출간한 중화서국판 『洪亮吉集』에서는 초정 관련 시화를 원래대로 복원해 놓았다. 여기에서는 '朴嚴'을 '朴巖'으로 바로잡아 표기했다(『北江詩話』 권5; 『洪亮吉集』 5, 中華書局, 2001, 2300면).

83 한영규(2012).
84 吳任臣, 『十國春秋』 卷78, 吳越 2, "天寶十六年 …… 六月, 我國文士朴巖, 由新羅, 投高麗.〔『東國通鑑』云: 新羅景明王七年, 吳越國文士朴巖, 投高麗. 按: 巖, 降高麗, 爲春部少卿. 是年, 使於唐.〕"
85 洪亮吉, 『北江詩話』 권1, 人民文學出版社, 1983, 11면, "吳任臣撰『十國春秋』, 搜采極博."
86 洪亮吉 編, 『乾隆府廳州縣圖志』 卷50, 「朝鮮」(朝貢諸國 1).
87 신재환(2005), 387면.

손성연의 서재 '문자당'에 편액을 써 준 일이 그 대표적 사례이다. 19세기 조선에서 성령론은 하나의 시론으로 뚜렷한 위상을 지녔다. 특히 추사(秋史) 김정희(金正喜)와 그 문인들은 성령론에 크게 호응하였다.[88]

초정은 자신의 시론(詩論)으로서 '생취(生趣)'의 문제를 주요하게 거론하였다.[89] 이를 '생취론적 문학관'이라고 하여 초정의 주요 시론으로 다루기도 하였다.[90] 그런데 이 '생취'라는 개념은 홍양길이 시론에서 주요하게 거론한 바 있어, 초정 시론과의 상관성이 매우 깊다고 판단된다. 홍양길은 시의 성(性)·정(情)·기(氣)·취(趣)·격(格)에 대해 말하면서 취(趣)는 천취(天趣)·생취(生趣)·별취(別趣)로 구분할 수 있다고 하였다.[91] 홍양길이 말하는바 천취는 인위적 조탁이 없는 자연스런 시풍을 가리키고, 생취는 풍부한 형상화로 인한 시 작품의 생동감을 말하며, 별취는 기이하고 독특한 예술형상을 지칭한다.

초정이 '생취'의 문제를 제기하며 「유혜풍시집서(柳惠風詩集序)」를 쓴 시기는 병신년인 1776년으로 1차 연행 2년 전이다. 그러므로 홍양길의 시화와 초정의 시론은 직접적 영향 관계에 있지 않을 수 있다. 원매가 '생취'라는 문제를 중시했고,[92] 초정이 원매의 성령론적 시론에

---

88 이우성(1980·1981), 127~138면.

89 「柳惠風詩集序」; 정민 외 역(2010) 하, 124면, "情非聲不達, 聲非字不行. 三者合於一而爲詩. 雖然字各有其義, 而聲未必成言. 於是乎詩之道, 專屬之字, 而聲日離矣. 夫字之離聲, 猶魚之離水, 而子之離母也. 吾恐其生趣日枯, 而天地之理息矣."

90 최신호(1990a), 1~14면.

91 洪亮吉, 『北江詩話』 卷2, 人民文學出版社, 1983, 22면, "趣亦有三. 有天趣, 有生趣, 有別趣. 莊漆園·陶彭澤之作, 可云有天趣者矣. 元道州·韋蘇州, 亦其次也. 東方朔之「客難」, 枚叔之「七發」, 以及阮籍「詠懷」, 郭璞「遊仙」, 可云有生趣者矣. 「僮約」之作, 「頭責」之文, 以迄鮑明遠·江文通之涉筆, 可云有別趣者矣."

92 袁枚, 『小倉山房集』 詩集 卷2, 「哭張芸墅司馬」 3수 중 제3, "我詩重生趣, 君詩重風格……."

관심이 많았으므로 초정이 원매에게서 계발받았을 가능성이 있다.

다만 초정이 「홍양길전」에서 쓰고 있듯이, 두 사람의 문학관과 시론은 매우 유사한 점이 많다. 특히 홍양길은 모의를 반대하고 신운설과 격조설에 비판적이었다. 광의의 성령파 시인이면서도 홍양길은 원매의 성령설에 전적으로 동의하지 않는 입장이었다. 그러면서도 홍양길은 초사(楚辭)가 지닌 비분의 심미성을 중시하고, 두보의 현실주의적 시 작품을 모범으로 존중하였다. 이런 점에서 초정의 시론은 홍양길의 주장과 맥을 같이하고 있다.

초정은 이조원·송락·홍양길 등 청대의 대표적 문인들뿐 아니라, 연행에서 알게 된 소수자에게도 주목하고 제발을 써 주었다. 특히 최경칭(崔景偁)이란 인물을 논한 시가 대표적이다. 이는 초정의 교유가 지닌 개방성과 다원성을 보여 주는 하나의 상징이라 할 만하다.

내게는 상상 속의 대숲 있으니,	我有竹裏想
하루에도 수천 번 떠오르누나.	一日千百幻
바라건대 일만 그루 빼곡 심으면,	乍願密万个
처자가 저편에서 불러 대겠지.	妻子隔呼喚
바라건대 한쪽 면 틔워 놓으면,	乍願開一面
다락은 구름 위로 반쯤 솟겠지.	層樓出雲半
여름에는 만발한 눈꽃의 생각,	夏念雪離披
한낮에는 부서지는 달빛의 상상.	晝念月凌亂
다시금 어린 죽순 맛있게 먹고,	復欲噉稴笋
내장을 꺼내어서 닦아 보리라.	臟腑出脩幹
최군은 죽루를 생각해 내어,	崔君擬竹樓
그림으로 그려서 감상케 했네.	畫圖共把玩

송보순(宋葆醇)과 나빙(羅聘)의 작품,	芝山及兩峯
뜻과 솜씨 모두 반짝 빛났지.	意匠悉瀾漫
누대를 일으킴은 같지 않아도,	起樓各不同
대나무 사랑일랑 다를 바 없네.	愛竹兩無間
뜻에 맞는 인물은 왕자유뿐,	可人王子猷
나머지 사람들은 무시했다네.	餘子如飢灌
그림 바깥으로 몸을 빼내면,	將身出畫外
머물 곳은 오로지 궤안(几案)뿐이라.	所留惟几案
다시금 그 가운데 들어가서는,	復欲入其中
둥근 바위 곁에 자주 시를 지으리.	屢欵卷石畔
문동(文同)의 묵군당에 오른 듯하니,	如登墨君堂
가을 소리 보면서 웃고 말하네.	笑唔秋聲觀
맑은 바람 살랑 불어 부드러운데,	清風既流利
먼 데 안개 가로 걸렸다 끊어지누나.	遠煙復橫斷
하늘 스친 기운 돌연 흔들리더니,	梢空氣忽奮
비 오려고 빛이 먼저 바뀌는구나.	將雨色先換
대나무 쪼개지는 소리 들은 듯,	髼鬔聞解籜
자던 참새 빈 탄환에 깜짝 놀라네.	睡雀驚虛彈
황강의 사람을 배우지 않아,	不學黃岡人
초록 마디 멋대로 쪼개 가르네.	綠節恣剖判
그대의 죽루 시를 계기 삼아서,	系君竹樓詩
한바탕 회포를 풀어 보누나.	風懷一蕭散[93]

93 「題崔景儞竹樓圖卷」; 정민 외 역(2010) 중, 136면.

이 제화시는 초정이 최경칭의 부탁을 받고 지어 준 것이다. 초정이 최경칭과 만나 나눈 대화는 『호저집』에 별도로 실려 있다. 이에 따르면, 최경칭은 송보순의 사촌 동생으로 서화가인 송보순이 최경칭을 위해 「죽루도(竹樓圖)」를 그렸고, 여기에 홍양길이 시를 지어 주었다.[94] 아울러 장문도도 시를 지었다.[95] 홍양길은 최경칭이 후일 시로 이름을 떨치게 될 것이라고 말했다.[96] 홍양길·장문도 외에 당시 고문가로 이름을 떨친 장혜언(張惠言)은 25세로 요절한 최경칭에 대해 사(詞)·부(賦)·애사(哀辭) 등 여러 편의 글을 남겼다.[97]

4. 맺음말

이 논문의 기본적인 문제의식은 초정의 개혁론과 글쓰기의 기저를 이루는 그의 감성이 무엇이며, 그것이 어떤 계기와 결합하여 『북학의』와 새로운 시문(詩文)을 창출했는지를 규명해 보려는 것이었다. 연암과

---

94 洪亮吉, 『卷施閣集』 詩 卷9, 「崔公子景侭竹樓圖」(2수), "竹綠參天筍亦抽, 偶然竹裏有高樓. 不知樓上人何處, 我欲打窗尋不休. 三尺寒綮七尺牀, 阿三曾共捉迷藏.(謂令兄景侃) 落來畫裏還相識, 爲我窗西補夕陽."

95 張問陶, 『船山詩草』 卷8, 「沙市舟中 寄荊州崔竹樓公子名景侭」, "臥東山房上樹時, 醉中狂態故人知. 秖愁燕市分襟早, 莫歎荊州會面遲. 愛我須傾千日酒, 嚇君新積一囊詩. 倘能騎馬來相訪, 好認江頭篆字旗."

96 朴長馣, 『縞紵集』, 「崔景侭」; 李佑成 편(1992), 107면, "先君記曰: 宋芝山葆醇內弟也. 芝山爲景侭作「竹樓圖」. 張問陶題詩, 羅兩峰又作一圖, 與芝山圖位置幷不同. 景侭年少能詩, 翰林洪亮吉, 稱其它日以詩鳴."

97 張惠言, 『茗柯文編』 初編, 「崔景侭哀辭」; 張惠言, 『茗柯詞』, 「摸魚兒」(過天香樓, 憶同崔格卿, 舊遊感而賦此); 張惠言, 『茗柯文編』 初編, 「竹樓賦」, "崔格卿, 嗜竹, 自號曰竹樓, 好事者爲畫「竹樓圖」. 煙標旣竝 雲矚在玆, 亦勝情者, 所寄也. 請余賦之, 辭曰: 江南之幽篠兮 ……." 장혜언이 말하는 崔格卿이 곧 최경칭이며 격경은 최경칭의 字이다.

초정 등 연암그룹이 활동한 18세기 서울의 도시적 분위기와 실학적 사유에 관해서는 이미 이우성 교수의 「18세기 서울의 도시적 양상—연암학파·이용후생학파의 성립배경」이란 논문을 통해 상세히 논의된 바 있다. 여기에서 한 걸음 더 나아가 필자는 초정 글쓰기의 기저에는 '도시적 감성'이 자리잡고 있으며, 여기에 명말청초에 발달한 개성 해방적 문예의식이 하나의 핵심적 요소로 수용되었음을 확인하였다. 초정은 개성 해방적 문예의식의 선성으로 일컬어지는 위진(魏晉) 시대 『세설신어』의 심미성을 무엇보다 중시했으며, 또한 원굉도·서위 등 만명(晚明)의 개성 해방적 문예사조에 적극 공명하였다. 문제는 만명사조에 대한 초정의 공명이 그의 도시적 감성 및 글쓰기의 새로움과 어떻게 긴밀하게 연관되는가이다.

필자는 이 지점에서 초정의 도시적 감성이 지니는 개방적 자세와 다양성을 긍정하는 태도에 주목한다. 앞서 1777년작 1차 회인시 창작과 스승 김복휴와의 관계 양상을 통해 살핀 바 있듯이, 초정은 사우(師友)의 인적 네트워크라는 면에서 매우 다양한 인맥과 개방적인 자세로 관계를 맺었다. 즉 초정 이전의 조선 사회가 향촌적 질서와 그것에 기반한 상상력만을 허용하는 폐쇄적이면서 경직된 문화 풍토 속에 놓여 있었다면, 18세기 서울에서 성장한 초정은 다양한 인맥과 지식을 개방적인 자세로 휘합(彙合)하려 하였다. 초정은 새로운 인간형이 지닌 창조적 재능을 국적·당파·신분에 구애됨 없이 적극 긍정하였다. 경제의 측면에서 보자면, 종래 절검(節儉)의 가치가 절대화되던 것이 초정의 시대에 이르러 절검이 상대화되고 풍요·번영·사치 등이 보다 다양하게 용인되었다. 이는 매우 획기적인 전환이었다. 이우성 교수는 이러한 전환의 직접적인 계기를 18세기 도시의 상업적 번성에서 찾고자 하였다. 필자는 그러한 도시적 양상이 구현되었던 18세기 서울의 물적 토대뿐 아니라, 만명사조로 운위되는 문화적 개방성·다양성이 끼친 영향이 아울러 중시되어야 한다고 판단한다. 초정은 경제적 번영을 포함한 문명적 번영을 상상하였다. 수레 같은 기술적 측면의 발전뿐 아니라 서화·문학 등의 문화적·심미적 문제의 번영에도 깊은 관심을 기울였다. 실제 네 차례의 연행에서 초정이 청대의 명사들과 깊이 공명한 지점 또한 문학·서화 등의 문화적 측면이 주를 이루었다. 초정이 홍양길·기윤·나빙·손성연 등 당대 최고의 청대 지식인과 대등한 차원에서 상호 소통할 수 있었던 것은 18세기 서울에서 호흡한 문화적 역량에 힘입었기 때문이었다. 김복휴·강세황·이만운 등 당시 초정이 교유한 다양한 성격의 서울 지식인들은 명·청의 진보된 문화를 나름으로 수용하여 자기화하고 있었다. 초정은 그러한 18세기 서울의 문화 역량을 집적하는 데 뛰어났고, 또 이를 자신의 언어로 예각화하는 데 특장을 보였다. 『북학의』와 개성적 시문(詩文)이 그 결과였다 할 것이다.

金吉通,『月川集』, 간행처 미상 석판본.

金復休,『己百齋日記』, 고려대 도서관 소장 필사본.

_____,『書巢遺蹟』, 고려대 도서관 소장 필사본.

_____,『瀛洲鵬舍錄』, 고려대 도서관 소장 필사본.

朴長馣,『縞紵集』; 李佑成 편(1992),『楚亭全書』, 아세아문화사.

朴齊家,『貞蕤閣集』, 하버드대 옌칭도서관.

_____,『貞蕤閣全集』, 여강출판사, 1986.

_____, 李佑成 編(1992),『楚亭全書』, 아세아문화사(서벽외사 해외수일본).

_____, 안대회 역(2000),『궁핍한 날의 벗 : 박제가 산문선』, 태학사.

_____, 안대회 역(2003),『북학의』, 돌베개.

_____, 정민 · 이승수 · 박수밀 외 역(2010),『정유각집』(상 · 중 · 하), 돌베개.

朴趾源,『燕巖集』,『한국문집총간』252, 민족문화추진회.

申景濬,『旅庵遺稿』,『한국문집총간』231, 민족문화추진회.

沈魯崇 편,『積善世家』, 국립중앙도서관 소장 필사본.

俞晩柱,『欽英』, 서울대 규장각, 1997.

李建昌,『明美堂集』,『한국문집총간』349, 민족문화추진회.

李奎象,『幷世才彦錄』; 민족문학사연구소 역(1997),『18세기 조선인물지』, 창작과비평사.

李德懋,『靑莊館全書』,『한국문집총간』258, 민족문화추진회.

李宜顯,『陶谷集』,『한국문집총간』181, 민족문화추진회.

李喜經,『雪岫外史』.

_____ 저, 진재교 외 역(2011), 『북학 또 하나의 보고서, 雪岫外史』, 성균관대 출판부.

丁若鏞, 『與猶堂全書』, 『한국문집총간』281, 민족문화추진회.

正　祖, 『弘齋全書』.

『癸卯式年 司馬榜目』; 한중연 한국역대인물 종합정보시스템.

『正祖實錄』.

江　藩, 『國朝漢學師承記』, 中華書局, 1998.

法式善, 『陶廬雜錄』, 中國基本古籍庫 電子版.

四川省民俗學會 編, 『李調元研究』, 巴蜀書社, 2007.

徐　渭, 『徐渭集』, 中華書局, 1999.

宋　犖, 『西陂類稿』, 中國基本古籍庫 電子版.

吳任臣, 『十國春秋』, 中國基本古籍庫 電子版.

袁宏道, 『袁宏道集箋校』, 上海古籍出版社, 1979.

袁　枚, 『小倉山房集』, 中國基本古籍庫 電子版.

劉錦藻 編, 『淸續文獻通考』, 中國基本古籍庫 電子版.

劉熙載, 『藝槪』; 『劉熙載文集』, 江蘇古籍出版社, 2001.

李調元, 『童山集』, 中國基本古籍庫 電子版.

張問陶, 『船山詩草』, 中國基本古籍庫 電子版.

張惠言, 『茗柯文編』初編, 中國基本古籍庫 電子版.

_____, 『茗柯詞』, 中國基本古籍庫 電子版.

陳繼儒, 『陳眉公集』, 中國基本古籍庫 電子版.

陳　鱣, 『簡莊詩文鈔』, 中國基本古籍庫 電子版.

畢　沅 編, 『吳會英才集』, 中國基本古籍庫 電子版.

洪亮吉, 『卷施閣集』乙集, 中國基本古籍庫 電子版.

_____, 『北江詩話』, 授經堂刻本, 中國基本古籍庫 電子版.

_____, 『北江詩話』, 人民文學出版社, 1983.

_____, 『北江詩話』, 粵雅堂叢書, 中國基本古籍庫 電子版.

_____, 『洪亮吉集』, 中華書局, 2001.

_____ 編, 『乾隆府廳州縣圖志』, 中國基本古籍庫 電子版.

강명관(2008), 『조선후기 한문학과 공안파』, 소명출판.

박인호(1996), 『조선후기 역사지리학 연구』, 이회.

송재소 외(2006), 『박지원・박제가, 새로운 길을 찾다』, 경기문화재단.

안대회(1999), 『18세기 한국한시사 연구』, 소명출판.

_____ 편(2003), 『조선후기 소품문의 실체』, 태학사.

_____(2008), 『고전산문 산책』, 휴머니스트.

이우성(1982), 『한국의 역사상』, 창작과비평사.

周作人, 『中國新文學의 源流』; 김철수 역(1983), 『中國新文學史話』,
동화출판공사.

리처드 플로리다 저, 이원호 외 역(2008), 『도시와 창조 계급－창조경
제 시대의 도시 발전 전략』, 푸른길.

에드워드 글레이저, 이진원 역(2011), 『도시의 승리－도시는 어떻게
인간을 더 풍요롭고 더 행복하게 만들었나』, 해냄.

강혜선(2005), 「盧를 기르는 사람, 김재행」, 『문헌과 해석』 31, 문헌과
해석사.

김영진(2011), 「조선후기 당파보 연구－『北譜』를 중심으로」, 『한국학
논집』 44, 계명대 한국학연구소.

김윤조(2012), 「'北人譜' 해제」, 『단국대 소장 연민문고 동장귀중본
해제집』, 문예원.

방현아(1993), 「중암 강이천의 '漢京詞' 연구－18세기 서울의 도시적
양상의 형상화」, 성균관대 석사논문.

송재소(1980), 「초정 박제가의 미의식과 시론」, 『한국한문학연구』 5,
한국한문학회.

_____(2000), 「실학파 문학관의 일고찰－초정 박제가의 미의식과 시론을 중심으로」, 『한국한문학연구』 26, 한국한문학회.

_____(2004), 「초정 박제가의 시」, 『시와 시학』 53, 시와시학사.

신재환(2005), 「홍양길의 詩論 초탐」, 『중국어문학』 45, 영남중국어문학회.

안대회(2005), 「초정 박제가의 인간 면모와 일상－소실을 맞는 시문을 중심으로」, 『한국한문학연구』 36, 한국한문학회.

_____(2009), 「성시전도시와 18세기 서울의 풍경」, 『고전문학연구』 35, 고전문학연구회.

이광호(1993), 「박제가의 養虛說」, 『태동고전연구』 10, 한림대 태동고전연구소.

이문규(2008), 「조선후기 서울 시정인의 생활상과 새로운 지향 의식」, 『서울학연구』 31, 서울시립대 서울학연구소.

이우성(1963), 「18세기 서울의 도시적 양상－연암학파·이용후생학파의 성립배경」, 『향토서울』 17, 서울시사편찬위원회.

_____(1975), 「실학파의 서화고동론」, 『서통』 6, 동방연서회.

_____(1980·1981), 「김추사 및 중인층의 성령론」, 『한국한문학연구』 5, 한국한문학회.

정인숙(2009), 「조선후기 시가에 나타난 노시적 삶의 양상과 그 의미」, 『어문학』 103, 어문학회.

최신호(1990a), 「박제가의 문학관에 있어서의 生趣 문제」, 『성심어문논집』 13, 성심어문학회.

_____(1990b), 「이덕무의 문학론에 있어서의 形似와 寫意 문제」, 『고전문학연구』 5, 한국고전문학회.

한영규(2012), 「초정의 書畵癖과 시의 심미성」, 『실학파의 문학 연구』, 사람의 무늬.

楚亭의 社會的 處地와 社會思想

김현영(金炫榮) | 국사편찬위원회 교육연구관

1. 머리말

2. 생애와 사회적 처지

   1) 백탑파(白塔派) 시기와 첫 연행(燕行)

   2) 검서관 생활과 벼슬살이

   3) 정조의 지우(知遇)와 곤경

   4) 2~4차 연행과 유배기

3. 사회사상

   1) 정조의 서얼에 대한 생각과 서얼론

   2) 과거론 · 벌열론 · 붕당론

   3) 출처관과 은거에의 갈망

4. 맺음말

1. 머리말

인간의 사유는 사회적 존재에 따라 규정된다. 본 논문은 서울 양반의 서자(庶子)라는 사회적 처지에 놓여 있었던 초정(楚亭) 박제가(朴齊家)의 사회사상을 신분론, 과거제 개혁론, 문벌 개혁론, 붕당론 등의 분야에서 검토하여 신분적 질곡 속에서 한 시대를 살아간 지식인의 고뇌를 음미해보고자 한다. 초정은 양반의 서자로 태어난 서울의 지식인이었다. 이러한 그의 사회적 처지에 근거하여 그의 사회사상과 그 한계에 대하여 검토하려고 한다.

보통 사회사상을 논의할 때에는 신분사상으로부터 시작하여야 할 것이지만, 초정은 자신이 당대(當代) 서자였기 때문에 스스로 그 시대의 사회적 질곡 속에서 솔직한 신분개혁론을 개진할 수 없었을 것이다. 따라서 그의 신분사상을 이해하기 위해서는 일상생활 속에서 — 예컨대 그가 친구들과 교유하는 부분이나 부부 관계, 부자 관계, 딸에 대해서 느끼는 감정 등 가정생활 부분과 나아가서는 소실(小室)을 들이는 부분까지 — 찾아야 할 것이다. 또한 박지원(朴趾源)이나 홍대용(洪大容), 이덕무(李德懋), 유득공(柳得恭) 등의 주변 인물들의 신분사상과의 관련 속에서도 이해할 수 있을 것이다. 초정은 당시 절대 권력자인 국왕 정조의 지우(知遇)와 총애를 받았다. 따라서 정조의 서얼과 검서관에 대한 태도와 생각을 통하여 그들의 신분사상의 한계를 이해할 수 있을 것이다.

굴원(屈原)의 초사(楚辭)를 좋아하던 청년 시절 초정(楚亭)이라는 호를 가지게 되었고, 중년기에는 검서관으로 정조의 총애를 받으면서 정조가 사랑하던 어애송(御愛松) 옆에 집을 가지고 있어 정유(貞蕤)로 호를 하였다. 중국과의 통상과 교유를 원하는 뜻을 담아서 위항도인(葦杭道人), 유배기에는 인생이 어그러진 늙은이라는 의미의 뇌옹(纇翁)이라는 자(字)를 가지고 자신의 처지를 비유하기도 하였다.[1]

조선시대 서얼은 신분상의 제약과 차별 때문에 실력을 갖추어도 기량과 경륜을 펼치기 어려웠다. 초정은 양반이면서 양반이 아닌, 경계인으로서 자신의 아이덴티티를 정립하지 않을 수 없었다. 그렇지만 초정은 사회적 차별에 굴하지 않았다. '고독하고 고매한 사람만을 골라서 남달리 친하게 사귀고, 권세 많고 부유한 사람은 일부러 더 멀리하며'[2] 차라리 가난하게 살았다. 자신이 서얼이기 때문에 그의 신분에 대한 생각은 굴절되어서 나왔을 것이다.

비록 양반의 서자로 태어났지만 초정은 지식과 기회의 땅인 서울에서 젊은 시절을 보내며 현실에 대한 정확한 인식을 할 수 있었다. 그는 점차 자신의 신분적인 한계를 깨달아 농촌에 은거할 생각을 하게 되었다. 그러나 정조의 즉위와 갑작스런 검서관으로의 발탁은 그의 운명을 바꾸어 놓았다. 은거하려던 그는 이제 미관말직이지만 국왕을 최측근에서 모시는 영광스런 자리에서 장년기를 보내게 된다. 국왕의 총애는 많은 양반 사대부들의 실시를 불러일으키기도 하였다.

---

1 『貞蕤閣集』, "寄稺禀穮等. 吾幼時在義洞第, 先妣看卦影云, 名滿天下, 身有大纇, 吾以爲纇莫大乎於枳塞矣. 今而後乃覺談命者果信矣, 吾改號曰纇翁, 所以識也."
2 『貞蕤閣集』, 「小傳」.

2. 생애와 사회적 처지

초정은 승지 박평(朴坪)의 서자로 태어나 어렸을 때에 일찍이 아버지를 여의고 천인인 홀어머니 밑에서 어렵게 자랐다. 그러나 어머니는 그가 공부할 수 있는 환경을 마련해 주기 위해서 노력하였는데, 주변에 훌륭한 스승이 있으면 어려운 사정에도 불구하고 같이 공부할 수 있도록 해 주었다고 한다.

그의 생애는 청년기, 사환기(仕宦期), 유배기로 나누어 볼 수 있다. 청년기는 서울의 선진적 환경 속에서 공부를 하고 나아가 백동수(白東修), 이덕무, 박지원 등과 함께 교유하는 시기로, 1차 연행을 하는 28세 때까지로 볼 수 있다. 특징으로 명명하자면 백탑파(白塔派) 시기라고 하겠다. 사환기는 29세 때에 중국에 첫 여행을 하고 돌아와 곧바로 검서관(檢書官)에 발탁됨으로써 시작된다. 신분적 한계가 있기는 하지만 국왕을 측근에서 모시며 벼슬살이를 하던 시기라고 할 수 있다. 연행을 사환이라고 볼 수는 없다. 그러나 국가 공무 수행에 참여하였다는 점에서 넓은 의미의 사환기라고 할 수 있고 이 시기에는 검서관 생활과 지방관, 그리고 연행을 반복한다. 마지막 시기는 그의 후원자인 정조가 죽고 네 번째의 연행에서 돌아와서 바로 사돈이자 친구인 윤가기(尹可基)의 동남성문 벽서사건에 연루되어 함경도 종성으로 유배되어 생활하는 시기인 유배기이다.

이 중 검서관으로 생활하던 사환기가 가장 긴 시기이자 초정 활동의 전성기라고 할 수 있다. 여기에서는 초정의 처지를 각 시기에 따라서 음미해 가는 것으로 한다.

1) 백탑파(白塔派) 시기와 첫 연행(燕行)

(1) 서울 양반의 서자

초정의 어렸을 때 자료는 거의 확인할 수 없지만 최근의 발굴 자료와 연구 성과에 의하면 그의 학문적 기초는 소북(小北) 계열의 가문에서 형성된 것으로 이해된다. 소북 계열은 인조반정 이후 붕당 정치에서 완전히 배제된 세력이었지만, 정치적으로 독자적인 색채를 유지하면서 하나의 조그마한 전통을 이어가고 있었다. 특히 초정은 김복휴(金復休)라고 하는 스승에게서 많은 훈도와 감화를 받은 것으로 보인다.[3]

그렇게 기초적인 학습을 하는 가운데 초정은 이웃 백동수를 통하여 형암(炯菴) 이덕무를 알게 되고 형암을 통하여 박지원, 유득공 등 백탑파의 명사들과 교유하게 된다. 그곳에는 박지원, 이덕무, 유득공, 이서구(李書九), 유금(柳琴), 이희경(李喜經) 등 초정 자신과 처지가 비슷한 지식인들이 많이 모여 있었고, 젊은 시절의 천재성과 꿈을 마음껏 발휘할 수 있는 아름다운 시기였다.

좀 더 구체적으로 이들과의 만남을 정리해 보자. 1764년(영조 40), 15세 때에 초정은 백동수 집의 '인재(靭齋)'라는 현판 글씨를 썼고 아울러 그의 시를 읽은 형암이 그의 재주에 경탄하였다. 17세 때에는 덕수(德水) 이씨 절도사(節度使) 이관상(李觀祥, 1716~1770)의 서녀(庶女)와 결혼하고, 그해 봄에는 백동수의 집에서 형암과 만나 본격적 교유를 하기 시작하였다.[4] 19세 때에는 벌써 『초정시고(楚亭詩稿)』를 엮고 이덕무가 「초정시고서(楚亭詩稿序)」를 썼으며 백탑 북쪽에 이사 온 연암(燕

---

3 본서 한영규 논문 참조.
4 『貞蕤閣集』, 李德懋, 「序文」.

巖) 박지원을 찾아가 배우고 교유를 맺었다. 26세 때인 1775년(영조 51)에는 이희경이 연암, 형암, 초정의 시문을 엮어 『백탑청연집(白塔淸緣集)』을 펴내기도 하였다.

초정은 출세에 연연하지 않았다. 그 대신 당대 최고의 지성들과 나누는 우정의 향연 속에서 학문을 배우고 시와 글씨와 그림을 연마하였다. 초정에게 친구는 '기운을 나누지 않은 동기요, 한집에 살지 않는 부부'였다.[5] '나와는 둘이면서 하나인' 이덕무, 이희경, 유득공, 윤가기, 이서구, 서상수(徐常修), 유금, 백동수와 같은 친구들이 있어 외롭지 않았고 두려울 것이 없었다.

백탑파 시기는 또한 그의 북학론 형성에 중요한 계기가 되었을 성대중(成大中, 1732~1812), 원중거(元重擧, 1719~1790) 등 백탑파 선배들이 다녀온 1763~1764년 계미통신사행의 성과가 나온 직후였다. 이제 막 감수성이 예민하던 시기에 선배들의 일본 통신사행이 이루어지고 그 보고서가 나왔으므로 초정이 그 영향을 받았을 것은 충분히 짐작할 수 있다. 초정은 이 무렵에 쓴 회인시(懷人詩)에 한 번도 본 적이 없는 6명의 일본인을 포함시켰다.[6] 회인시에 포함된 6명의 일본 지식인은 모두 계미통신사행을 통하여 성대중, 원중거가 교류하였던 오사카의 겐카도(蒹葭堂) 그룹의 인물들이다. 특히 서파(庶派) 지식인들로서는 기무라 겐카도처럼 술도가를 경영하는 평민 상인 출신이 문화의 중심에 선 것에 깊은 감명을 받았을 것이다. 성대중이 겐카도에게서 받아 온 겐카도 그룹의 모임을 그린 「겸가당아집도(蒹葭堂雅集圖)」는 당시 서울

---

5 『貞蕤閣集』, 「夜宿薑山」.
6 『貞蕤閣集』, 「戲倣王漁洋歲暮懷人六十首」. 회인시에 포함된 일본인은 鶴臺 瀧長愷, 竺常, 光源大師 周奎, 木弘恭, 岡田宜生과 그의 동생 惟周 등이다. 시는 다섯 수이지만 언급된 인물은 강전의생 형제 두 명을 포함하여 여섯 명이다.

에 커다란 반향을 일으켰고, 항상 야만이라고 깔보았던 일본에 대한 생각도 많이 바뀌기 시작하였다. 통신사행으로 지득한 일본 나가사키를 통한 중국과의 정보 교류 및 발전상은 당시 조선 지식인들의 생각을 바꾸어 놓기에 충분하였으리라고 생각된다. 북학파의 강남 교역론도 일본의 나가사키-절강(浙江) 무역의 성과에서 영향을 받은 것으로 보인다. 그렇다면 초정의 북학론에서 첨단 선진 사상을 이루는 대외 교역론, 절강지역 통상론 등은 일본으로부터 영향을 받은 것으로 보아야 할 것이다.[7] 초정의 북학론에 대해 몇 세대 이전의 선배 사상가나 『북학의(北學議)』 서문에 나오는 최치원(崔致遠)이나 조헌(趙憲)에게서 그 원류를 찾는다든가, 소북 계열의 지식인인 이지함(李之菡)이나 유몽인(柳夢寅) 등의 대외 교역론에서 그 영향을 찾는 것은 조금은 무리일 것 같다는 생각이다.

이러한 우정과 사상을 가다듬어 가는 가운데 이들은 또한 스스로의 신분적·사회적 진출의 한계를 잘 느끼게 되었다. 그래서 그들은 권력과 신분, 차별이 난무하는 도회를 벗어나 시골 전장에 은거하여 유유자적한 농촌 지식인의 삶을 지향하고자 하였다.

(2) 1차 연행과 북학론의 확인

초정은 17세 때에 연행에서 귀국한 담헌(湛軒) 홍대용(洪大容)을 만나고 그가 쓴 『회우록(會友錄)』에 관심을 보이기 시작하였다. 27세 때인 1776년(영조 52) 유금(柳琴)을 통해 『한객건연집(韓客巾衍集)』이 연경(燕京)에 보내졌고, 조선의 문사 특히 백탑파의 시가 중국의 지식인에게 알려지기 시작하였다. 『한객건연집』에는 이조원(李調元)이 서문과 평어

---

7 임형택(1994); 이헌창(2011).

(評語)를 쓰고, 이조원의 소개로 반정균(潘庭筠)이 또 서문과 평을 썼다. 초정은 이에 대한 답례로 「여이갱당조원(與李羹堂調元)」, 「여반추루정균 (與潘秋廔庭筠)」 등 서간과 「제기하실소장운룡산인소조(題幾何室所藏雲龍 山人小照)」 1수 및 5언시 2수를 써서 보냈고, 그해 연말에는 왕사정(王士 禎)의 「세모회인육십수(歲暮懷人六十首)」를 모방하여 「희방왕어양세모 회인육십수(戲倣王漁洋歲暮懷人六十首)」를 지었다.

그리고 29세 때인 1778년(정조 2)에 연행부사(燕行副使)인 채제공(蔡 濟恭)을 수행하여 첫 중국 여행을 하였다. 선배인 형암도 서장관 심염조 (沈念祖)의 수행원으로 함께 가는 여행이었다. 북경에 체재하면서 초정 은 반정균, 이정원(李鼎元), 축덕린(祝德麟), 당락우(唐樂宇), 심순심(沈醇 心) 등과 담론하고 교유하였다. 첫 연행에서 귀국한 직후인 9월 말에는 농사(農舍)가 있는 통진(通津)에서 『북학의』를 탈고하고 「북학의자서(北 學議自序)」를 썼다.

이처럼 유년기와 청년기에는 학습과 공부를 통하여 그의 능력과 재 주가 높이 평가되었으며 주변 지인들의 소개를 통하여 박지원, 이덕무, 유득공 등 백탑파 지식인들과의 교유를 통해서 그의 지식과 세계관을 키워 갔다. 그렇지만 그의 지식과 세계관의 획기적인 전환을 가져오 게 된 계기는 연행부사인 채제공의 수행원으로 중국에 갔다 온 1차 연 행이 될 것이다. 연행에서 돌아온 직후 그는 『북학의』를 완성하고 이에 대한 생각을 시로 써 두었다. 이른 새벽에 일어나 자신과 나라의 운명 에 대한 고민을 읊은 시이다.

긴긴 밤 이리저리 생각이 많아,	夜長心轉多
일어나 뭘 하려다 다시 쉬노라.	欲起還復休
나 자신 먹고사는 문제 아니라,	匪直衣食戀

머얼리 천지의 걱정 품고 있다네.　　　　　　遙懷天地愁

　그 걱정은 나라의 부국에 있었던 것이다. 중국을 여행하고 처음 느꼈던 것은 나라의 부국을 위해서는 배, 수레와 같은 유통 기구를 적극적으로 활용하게 해야 한다는 생각이었다.

신라가 바닷가에 위치해 있어,　　　　　　新羅處海濱
지금은 팔도의 하나가 되었네.　　　　　　八分今之一
고구려 왼쪽에서 침입해 오면,　　　　　　句驪方左侵
당나라 군사들 오른쪽에서 오네.　　　　　唐師由右出
창고는 전부터 넉넉하여서,　　　　　　　倉庾自有餘
호궤하는 데에는 실수가 없네.　　　　　　犒饋禮無失
이것을 자세히 궁구한 것은,　　　　　　　細究此何故
씀씀이가 배와 수레에 있기 때문이지.　　其用在舟車
배는 외국과 통할 수 있고,　　　　　　　舟能通外國
수레는 말과 나귀보다 좀 더 편하네.　　車以便馬驢
두 가지 다시 더 복구 못 하면,　　　　　二者不可復
관자와 안자라도 어찌히리오.　　　　　　管晏將何如

　중국을 여행하고 와서는 중국과 만주와 우리의 역사를 되돌아보지 않을 수가 없었다. 기자(箕子)가 우리나라에서 교화를 시작하고 공손씨(公孫氏)와 발해가 흥망을 했던 요동 땅을 지나면서 그 옛날 우리 땅이었던 이곳을 되찾는다면 가난한 우리 백성들이 조금은 나아지리라고 생각했던 것이다. 요동을 우리 땅이라고 생각했던 것은 연암이나 유득공 같은 백탑파 지식인들의 일관된 생각이었다. 연암도 『열하일기(熱河

日記)』에서 요동을 지나면서 이 땅이 그 옛날 우리 땅이라는 것을 상기하였고,[8] 유득공은 잘 알다시피 『발해고(渤海考)』를 쓰고 『이십일도회고시(二十一都懷古詩)』를 써서 만주 영토에 대한 정체성을 드러내었다.[9] 즉 만주가 우리의 옛 땅이라는 인식을 백탑파 지식인들은 공유했었던 것으로 보인다.

요하는 몽고에서 나오는데,	遼河出蒙古
물길은 좁고 길다네.	水狹流亦長
밝고 밝은 은태사,	明明殷太師
우리 강토를 통치하였네.	經理肇我疆
공손씨와 발해도,	公孫與渤海
모두 이곳에서 출몰하였지.	出沒皆自此
평원은 드넓어 끝이 없고,	平原浩無際
목축은 천 리에 이어졌다네.	畜牧連千里
일월이 모두 황량하여도,	日月雖荒裔
풍기는 중국과 똑같다네.	風氣猶華人
잃어버린 우리 땅 찾아온다면,	庶返汶陽田
가난한 우리 백성 조금은 위안되리.	稍慰吾民貧

초정도 기자의 문명에서 시작된 우리나라의 출발은 요동에 있고 드넓은 평원 요동 땅을 되찾아 우리 백성의 가난을 조금이라도 회복했으면 하는 마음을 담아 시로 읊은 것이다.

---

8 연암도 『熱河日記』, 「渡江錄」에서 만주 및 요동 땅에 대한 소회를 밝힌 바 있다.
9 유득공의 발해 및 요동, 만주 인식에 대해서는 박인호(2002) 참조.

땅을 파서 황금 만 근을 얻어도,	掘地得黃金
금만 가지곤 헛되이 죽는다네.	万勺空餓死
바다에 들어가 명주를 캐내어도,	入海採明珠
백 섬을 개똥과 바꿔야 하네.	百斛換狗矢
개똥은 거름으로 쓸 수 있지만,	狗矢尙可糞
명주는 그 어디에 쓸 수가 있나.	明珠其奈何
육지 화물 연 땅과 통하지 않고,	陸貨不通燕
바다 장사 왜나라를 넘지 못하네.	海賈不踰倭
들판에 샘이 있다고 쳐도,	譬如野中井
물 긷지 않으면 말라 버리지.	不汲將自渴
안빈은 보화에 있지 않으니,	安貧不在寶
생계는 날마다 졸렬해지네.	生理恐日拙
너무나 검소해도 즐겁지 않고,	太儉民不樂
너무나 가난하면 도둑들 많네.	太寠民多竊

황금과 명주와 같은 사치품과 개똥과 같은 실용품 등 모든 물자가
유무상통이 되어야 가치가 있다는 것을 강조하였다. 여기에 그 유명한
우물물의 비유[10]가 언급되었거니와, 어떤 상품이나 재화도 쓰지 않으
면 고갈되고 쇠퇴해버리고 만다는 그 유명한 용불용설에 기초한 상품
생산론, 상품 유통론을 엿볼 수 있다.

먼 여행에서 돌아온 지 한 달 남짓,	壯遊一月餘
또다시 떠날 마음 일어나누나.	又復起遐心

---

10 『貞蕤閣集』, 「曉坐書懷」, 『北學議』, 「財富論」에서도 다시 인용됨.

나그네 길 힘들지 않을까마는,	行役豈不勞
생각하면 흠모하는 마음.	所思良足欽
생각나는 것은 과연 무엇인가요,	所思果何如
술 마시는 풍류가 끝이 없다네.	飮酒樂未央
술 마시는 것은 말할 것 없고,	飮酒不足道
풍류는 당할 수가 없다네.	風流不可當
나에게 준 글씨와 시구,	贈我字與詩
달이 지나도 그 향기를 잊을 수 없네.	浹月猶芬芳
무성한 경산의 저 나무들,	茸茸景山樹
천하의 한 모퉁이에 완연하다네.	宛在天一方

  천하의 중심 북경에서 주고받은 문자와 시구들을 몇 달이 지나도 잊을 수가 없는 것이다. 이어서 초정은 빈 방에 반려도 없이 홀로 있으면서 멀리 그들과 교유한 것이 꿈만 같다고 읊조렸다.[11] 계속 중국의 문화인들과 교유를 하고 싶지만 쉽게 되지 않는 것, 중국 천하를 보고 자신의 일신상의 문제만이 아니라 이제 천하, 나라의 입장에서 세계를 보는 눈이 생기게 된 것이다. 그 결과 맺어진 성과물이 『북학의』라고 할 수 있겠다.
  이렇게 초정의 북학사상은 첫 연행 직후에 나타났다. 그런데 초정의 북학사상 형성은 반드시 담헌 등의 중국 경험이나 자신의 연행으로부터만 비롯된 것은 아니라고 생각된다. 연행 전에 이미 중국에 대한 초정의 기본적 지식과 세계관이 형성되어 있었던 것으로 생각되지만, 중국으로부터의 지식뿐만 아니라 앞에서도 언급했듯이 그의 연행 10여

---

11 『貞蕤閣集』, 「曉坐書懷」, "虛室無伴侶, 遠夢誰與語."

년 전에 백탑파 그룹도 참여한 1763~1764년 계미통신사로부터 전해진 일본의 문물이 그의 세계관을 크게 바꾸어 놓았다고 생각된다.[12] 잘 알다시피 계미통신사 구성원에는 정사 서기인 성대중과 부사 서기인 원중거가 참여하고 있었다.

이들을 통해 들어온 일본 문명에 대한 지식은 조선에서 배워야 할 대상이 중국만이 아니라 일본도 있음을 알게 하였다. 성대중이 가져온 「겸가당아집도」는 당시 서울에서 대단한 화제가 되었다. 겸가당 목홍공(木弘恭)은 오사카에서 주조업을 한 상인 출신의 부자로 오사카 해변에 겸가당을 짓고 일본 내의 문사들을 불러 모아 매월 모임을 가지고 있었다. 이곳에서는 번사, 승려, 상인 등 신분을 초월한 문학과 지식을 통한 모임이 이루어졌고 이는 백탑파 지식인들의 한 모델이 되었으리라고 생각된다. 술집을 경영하는 상인인 목홍공과 겸가당에 모여든 여러 일본 문사들은 유학자도 있고 승려도 있고 번사도 있었다. 사상과 신분, 직업, 빈부를 초월한 모임이었다.

2) 검서관 생활과 벼슬살이

첫 연행에서 돌아와 얼마 되지 않아서 초성은 정조의 혁신정치의 핵심기구로 자리 잡은 규장각의 검서관으로 발탁되었다. 물론 규장각 검서관이라는 직책은 규장각의 실무 하급관료에 불과하고 정작 정조가 규장각을 구성하고 개혁의 파트너로 삼은 것은 규장각의 각신(閣臣)들이었다. 그럼에도 불구하고 이덕무, 박제가, 유득공 등 서파 지식인들에게 주어진 국왕의 은총은 과분할 정도였고 정조의 총애에 비례하여

---

12 임형택(1994); 이헌창(2011).

일부 양반 관료들의 질투는 더 커졌다.

규장각 검서관의 직무는 매우 영광스러운 일이었지만, 그 생활은 쉽지 않았다. 규장각에서 근무하느라 한 달에 한두 번도 집에 들어가기 힘들었고 장기간 편찬서를 교열하고 편집하느라 이덕무과 박제가 모두 눈병으로 고생하였다.

박제가가 검서관이 되어 벼슬을 하기 시작한 것은 정조 3년부터였다. 1차 연행에서 귀국한 후인 1779년(정조 3) 3월, 그의 나이 30세 때에 이덕무, 유득공, 서이수(徐理修)와 함께 초대 검서관에 발탁되었다. 검서관에 발탁된 이후 이덕무는 사도시(司導寺) 주부(主簿)—사근도(沙斤道) 찰방(察訪)—광흥창(廣興倉) 주부—사옹원(司饔院) 주부—적성(積城) 현감(縣監)—와서(瓦署) 별제(別提)—상의원(尙衣院) 주부—장원서(掌苑署) 별제 등을 역임하였다. 유득공은 상의원 별제—금정(金井) 찰방—포천(抱川) 현감—양근(楊根) 군수—광흥창 주부—사도시 주부—제용감(濟用監) 판관(判官)—가평(加平) 군수 등을 역임하고, 1796년(정조 20) 8월에는 당상관에 올라 오위장(五衛將)과 가승지(假承旨)로 임명되었으며, 1800년(정조 24)에는 풍천(豊川) 도호부사(都護府使)가 되었다. 박제가는 1781년(정조 5) 3월에 군자감 주부를 시작으로 전설서(典設署) 별제—이인(利仁) 찰방—부여(扶餘) 현감—영평(永平) 현령(縣令), 오위장, 가승지에 임명되었다. 서이수는 광흥창 주부—장흥고(長興庫) 주부—진잠(鎭岑) 현감—용인(龍仁) 현감—포천 현감—토산(兎山) 현감 등을 역임하였다. 유득공과 박제가의 경력 중 특이한 것은 중앙의 하급 관직을 전전하고 지방관에 임명되는 것 이외에 오위장이 되었다가 가승지에 임명된 것이다. 서얼이므로 정식 승지에 임명할 수 없었기에 가승지의 임명을 통해서라도 정조는 이들을 가까이 두고 싶어 했던 것이다.

우리가 이들의 검서관 생활에서 간과해서는 안 될 것은 이들이 검서관으로서의 자부심을 가지면서도 다른 한편으로는 규장각 각신(閣臣)과 초계문신(抄啓文臣) 등을 뒷바라지하는 정도의 하급직이었다는 점 그리고 그들과의 차별에서 빚어지는 내적 갈등과 무력감을 인지했다는 사실이다. 일종의 자조감이 이들을 지배하였고 따라서 항상 차별이 지배하는 중앙의 관료 세계에서 벗어나 농촌에 은거하려는 마음을 내비치고 있었다.

검서관은 항상 실직이 아니면 군직(軍職)을 주어 녹봉을 지급하였다. 그만큼 근무 환경이 어려웠음을 반증하는 것이기도 하다. 검서관 근무에서 가장 큰 고역은 입직(入直)이었다. 자신의 입직만이 아니라 각신 대신 입직하는 대직(代直)으로 일주일에 한두 번 집에 귀가하기 어려울 정도였다.

초정의 검서관 재임 기간은 세 차례로 나누어 볼 수 있다. 1차는 1779년(정조 3) 6월 1일 처음 검서관에 임명되어서부터 1786년(정조 10) 6월 26일까지로 약 7년이다. 이후 하급직이긴 하지만 전설서 별제가 되어 국왕에게 「병오소회(丙午所懷)」를 올려 자신의 개혁론을 개진하기도 하였다. 얼마 후에는 이인(利仁) 역승(驛丞)에 임명되었다. 다시 검서관에 임명된 것은 1789년(정조 13) 1월 12일이다. 이후 1792년(정조 16) 8월 24일까지 약 3년 8개월 동안 근무하였다. 이 기간에『무예도보통지(武藝圖譜通志)』를 편찬하기도 하고 2·3차 연행을 하기도 하였다. 다시 검서관직을 수행한 것은 1794년(정조 18) 1월 8일부터 1795년(정조 19) 2월 12일까지 1년 남짓이다. 이후 부여 현감으로 나갔다가 파직되고 부인과 절친한 선배인 형암이 죽으면서 실의(失意)의 기간이 있었다. 그리고 얼마 후 다시 영평 현령에 임명되었다.

검서관의 주요 직무는 앞에서 언급하였듯이 궁궐에 입직하는 것이었지만 그 외에 제반 서책(書冊)과 문서의 교서(校書), 사서(寫書)를 하기도 하고 서적을 편찬하는 데 주요 임무를 가지고 있으면서 여러 가지 행사의 차비관(差備官)으로서도 활동하였다. 이덕무는 검서관 재직 14년 동안 29종의 서적 편찬과 간행을 하였다. 숙직은 한 달에 6~12회 정도였다. 초정은 『무예도보통지』, 『국조병사(國朝兵事)』, 『해동읍지(海東邑誌)』, 『사기영선(史記英選)』, 『자휼전칙(字恤典則)』, 『정리통고도설(整理通考圖說)』, 『어정육주약선(御定陸奏略選)』 등의 서적 편찬과 간행·교정에 참여하였고 『일성록(日省錄)』과 『내각일력(內閣日曆)』의 출초(出草)와 정서(正書)를 맡기도 하였다.

검서관으로서의 초정의 출사(出仕) 태도는 신분적 한계가 분명한 자신의 처지를 이해하고 자신의 출처관(出處觀)에 갈등을 느끼는 것이었다. 검서관이 되기 전인 1776년, 낙향하는 원중거를 위로하기 위해 쓴 글에서 초정은 과거제도와 벌열, 붕당의 폐해를 낱낱이 지적하였다. 그러나 검서관으로서의 경력을 쌓은 끝에 국왕의 은총으로 지방관에 임명되면서부터는 치민(治民)에 힘쓸 것을 다짐한다. 1784년 적성 현감으로 부임하는 이덕무에게 준 글에서는 치민보다 녹봉에 더 관심을 두는 세태를 비판하기도 하였다. 말하자면 서얼로서 검서관에 발탁된 것에 대해 한편으로는 자부심을 가지면서도 다른 한편으로는 자기들의 신분적 한계로 인한 자괴감을 가지게 되면서 자부심과 자괴감이 혼효된 양상을 보이고 있다. 초정은 자신의 직책을 항상 찬밥〔冷官〕, 말꼬리〔隨驥尾〕로 비유하기도 하고 미미한 재주〔微才〕, 미천한 신하〔微臣〕, 미천한 신분〔身微, 微身〕으로 자조하였다.[13]

이들의 검서관 발탁에 대해서 연암은 담헌에게 보낸 편지에서 그들이 진기한 재주를 가지고 관록을 먹을 수 있으니 잘되었다고 하면서도

---

13 황인건(2005).

한편으로는 '신분은 낮으면서 벼슬길은 영화롭고 직책은 임금을 가까이 모시면서 일은 어려우니, 더욱 사람들과의 교제를 끊고 술도 조심하면서 오로지 서적의 교열에만 전념'해야 할 것이라고 하였다. 그리고 형암과 초정에게도 편지를 하여 주변의 시기를 사지 않도록 조심하라고 하였다.

형암(炯菴, 이덕무)·초정(楚亭, 박제가) 등이 관직에 발탁된 것은 가히 특이한 일이라 하겠습니다. 태평성대에 진기한 재주를 지니고 있으니 자연히 버림받는 일이 없겠지요. 이제부터 하찮은 녹이나마 얻게 되어 굶어 죽지는 않을 터입니다. 어찌 사람에게 허물 벗은 매미가 나무에 달라붙어 있거나 구멍 속의 지렁이가 지하수만 마시듯이 살라고 요구할 수야 있겠습니까. …… 이 세 사람의 현재 직함이 모두 검서로 공교롭게도 한데 뭉치게 된 데다가, 그들이 평소 함께 지내며 교유하고 지취(志趣)도 같기 때문에, 저절로 시기와 원망을 당하는 일이 자못 많았는데 요새 와서는 더욱 심하다 합니다. 이는 괴이하게 여길 것이 못 됩니다. 비록 시기와 질투가 없다 하더라도 스스로 경계하고 삼가야 할 텐데, 하물며 신분은 낮으면서 벼슬길은 영화롭고 직책은 임금을 가까이 모시면서 일은 어려우니, 더욱 사람들과의 교제를 끊고 술도 조심하면서 오로지 서적의 교열에만 전념해야 하지 않겠습니까. 그런데 허황된 영화를 좇는 자들이 날로 그 곁에서 법석을 떨어 피하려 해도 피할 길이 없다 하니, 형세가 그럴 듯도 합니다. 이미 서한으로 이러한 나의 뜻을 알려주긴 하였는데, 형암은 물론 세심한지라 스스로 조심할 터이지만, 초정은 너무도 재기(才氣)를 드러내고 자기만 옳다고 고집하니 어찌 능히 그 뜻을 알겠습니까?[14]

---

14 朴趾源,『燕巖集』卷3,「孔雀舘文稿」,「答洪德保書 3」, "炯楚輩遷喬, 可謂奇矣. 盛世抱

서얼 신분이지만 특이한 재주를 가지고 있기에 녹봉은 받아먹을 수 있을 것이라는 것, 이들 세 사람이 모두 검서관에 발탁되어 한 그룹으로 뭉치게 되어 평소에도 시기와 원망이 있었는데 이제 더욱 심하게 되었다는 것, 신분이 낮은데도 영화로운 벼슬을 하고 임금을 가까이 모시게 되었으니 세간의 시기와 질투가 없을 수 없게 되었다는 것이다. 형암은 성격이 세심하니 스스로 조심하겠지만 초정은 재기와 고집이 있어 세상과 부딪칠 것이 걱정이라는 연암의 생각이다. 초정과 형암, 유득공 등이 첫 검서관에 임명되었을 때에 백탑파의 존장(尊丈)으로서 이들과 막역한 관계에 있던 연암은 이들의 검서관 발탁에 대해서 친구에게 우려 섞인 걱정을 하였던 것이다.

실제로 검서관 생활은 매우 고된 일이었다. 검서관 생활의 어려움은 초정 시편의 곳곳에서 산견하는데, 「출직(出直)」이라는 다음 시에서 검서관의 전형적인 근무 모습을 엿볼 수 있다.

나흘에 한 번 귀가하는데,	四日一歸家
집에 가면 언제나 해가 질 무렵.	歸宴日常晡
문에 들어 하인들 흩어지면은,	入門散徒隷
말을 매어 푸른 꼴 먹이게 하네.	繫馬秣靑芻
어린 아이 오랜만에 나를 보고서,	稚子見我稀
오려다가 말고서 주저한다네.	欲來復蹰躇

珍, 自無遺捐, 從此得霑微祿, 足以不死. 安可責人如枯蟬抱木, 竅蚓歆泉而已哉. …… 三人見嘲, 巧湊一團, 其平生遊居也同, 志趣也同, 故自中猜怨頗多, 而近者尤甚云, 無足怪者. 雖無猜疾, 自當戒謹, 而況處卑而塗榮, 職近而事艱, 尤當息交誠飮, 專精校閱, 而浮華者日噪其側, 欲避無門云, 勢似然矣. 已以一書, 報知此意, 而炯也自爾細心, 能自防愼, 楚也太銳自用, 則安能知之."

기어서 제 어미에 향하는 것이,	匍匐向其母
문득 보니 두꺼비 같네.	忽顧如蟾蜍
작은 딸 이제 나이 일곱 살이고,	小女年始七
큰 딸은 십여 세라네.	長女十歲餘[15]

반복되는 숙직과 교정의 업무로 검서관에 임명된 지 7년 후인 1786
년(정조 10) 6월에는 눈병으로 검서관직을 그만 두기까지 하였다.

눈이 어지러워 나무에 헛무늬 생기고,	眼暈著樹生虛紋
때로는 금가루가 어지럽게 흐르네.	有時金屑流紛紜
잔물결에 동그라미 번지듯,	又如輕波蕩發圓
햇빛에 낙숫물 거꾸로 떨어지듯.	承暉倒寫屋霤翻
흔들흔들 들락날락 이 무슨 물건인고,	搖搖忽忽此何物
잡아보면 꽃도 아니고 막아내면 모기도 아니네.	拂之非花禦非蚊
종전에 잔글씨 쓴 것 탄식하노니,	嘆息從前作細字
뭉개진 몽당붓이 한 무더기라네.	禿盡一塚中書君
내각의 문서들은 낙엽을 쓸 듯,	內閣文書如掃葉
십 년간 아침저녁 교정을 보았다네.	十年校讎窮朝曛
전생의 부채가 억만 금이니,	前身負債億億万
현생에 한 글자 한 푼 빚 갚는다네.	今生一字酬一文
아니면 정녕 노둔한 말이 되어,	不然定有駑駘相

---

15 이어지는 시는 다음과 같다. "爭來勸盤飧, 繞膝復挽裾. 恰如古印鈕, 蟠結衆獅雛. 伊昔母
在堂, 余始生女初. 提挈未移步, 有時立不扶. 逢人詫奇事, 有若世間無. 一孫喜尙爾, 見此
當何如. 兒今忝仕宦, 朝服闕中趨. 聯翩直華省, 錫賞榮寵殊. 次第有三子, 不知王母呼. 居
然作人父, 歡笑坐撚鬚. 種樹不食實, 腸摧淚眼枯."(『貞蕤閣集』, 「出直」)

날마다 채찍 맞으며 삼백 근을 날랐겠지.	鞭箠日輸三百斤
바깥을 마구 쓰니 시력 족히 상했겠고,	虐用其外足傷明
하물며 쓰라림은 오장을 태운다네.	況復辛酸腸內焚
고아를 봉양 못해 남몰래 아파하니,	隱痛孤兒不逮養
녹봉이 있다고 어찌 무덤 후히 할까.	有祿何曾徹厚墳
고기도 맛이 없고 만종의 녹도 가벼우니,	三牲無味万鍾輕
세상의 영욕은 뜬구름 같은 것을.	世上榮悴如浮雲
구구하게 특별히 임금을 그리는 의리 있어,	區區別有戀主義
성대에 만남은 벼슬 높이 관계 없네.	際遇不係官卑尊
이래서 미적이다 오랜 시간 흘렀으니,	由是遲徊亦云久
하루 저녁에 두 눈 흐려진 것 어이 할거나.	無奈一夕雙眸昏
내 벼슬 악공과 비교됨이 부끄러워,	我官羞與樂工比
어찌해 더듬더듬 문단을 따를쏜가.	詎宜摛塡隨詞垣
소인들 나에게 배부르고 날렸다네,	小人謂我飽且颺
지금껏 아내에게 치마 없음 누가 알리.	誰知至今妻無帬
높은 자취 어진 선비 따라간다면,	儻追高踪沈騶士
남은 여생 고요히 초야에 기대리.	餘年靜默依邱樊
성군을 곁에 모셔 그래도 길 있으니,	獲近耿光猶有路
월강을 주선하고 설날에 조회하네.	周旋月講朝三元[16]

1789년(정조 13) 1월에는 『일성록』에 잘못 쓰여진 곳이 많아서 검서
관 서이수가 면직되고 대신 초정이 재임용되었으며, 4월에는 이덕무·
백동수와 함께 『무예도보통지』를 편찬하였다. 7월에도 이덕무, 유득공

---

16 『貞㽿閣集』, 「以眼昏辭官示諸僚」.

과 함께 『국조병사』를 찬집하라는 명을 받고 비성(秘省)에 서국(書局)을 열었다. 형암이나 초정, 유득공과 같은 능력이 있는 초대 검서관들은 지방 수령으로 임명이 되었어도 내각에서 불러들이는 통에 지방관의 업무를 할 수 없을 정도가 되자 정조는 더 이상 그들을 서울에 불러들이지 말도록 엄명을 하기도 하였다.[17] 그러면서 새로이 검서관을 취재하였는데, 8인을 추천받아서 먼저 제술(製述)과 강경(講經)을 시험하고 다음에는 글씨 재주를 시험하여 성대중의 아들인 성해응(成海應)이 7분을 획득하여 검서관에 차임되었다.[18] 이 검서관 취재 시험에는 초정과 절친하던 이희경도 추천을 받아 응시하였으나 낙방하였다.

1792년에는 정조에 의하여 문체 반정이 일어나 형암과 초정에게도 자송문(自訟文)을 짓게 하였다. 1793년(정조 17) 1월에는 이동직(李東稷)이 문체에 관한 상소를 올려 문체 문제를 정치적으로 이용하여 이가환

17 『일성록』 1788년(정조 12) 6월 9일, 內閣設檢書取才, "先是因檢書官積城縣監李德懋·楊根郡守柳得恭入來單子, 教曰, '昨日積倅入來, 今日楊宰入來, 方農民務, 政宜勸課, 此時曠官, 朝禁何如, 則內閣之無端招來, 果何委扵. 此蓋在京檢書官輩, 厭其入番, 圖囑閣臣, 續續招來之致, 事極駭然. 李集箕之單番, 勞或償罪, 比之成大中三年獨番, 可謂太逸. 至於徐理修, 未知病故之何如, 而長時稱病, 此人本不解事, 且無才藝, 華銜腴牧, 於分過矣. 不念知分之義, 惟思養病之計, 尤極駭然. 雖無集箕·理修, 許多人才, 豈無可合之人. 兩人幷汰去, 今日內擬薦, 斯速取才, 外任兩檢書, 當刻內下送, 萬一遲滯還曹, 當別樣處分. 出代間, 下位前檢書中仍直, 此後除非因傳教公文或應參上來外, 無得上送之意, 行會該道.'"
18 『일성록』 위와 같은 날짜의 기사, "至是檢書官新薦八人, 自本閣先試製講, 次試寫才. 進士金基普論三中居首, 幼學金照排律三下居首, 進士成海應講純通居首, 幼學李奫經中楷三上居首, 成海應小楷三上居首, 海應以七分計劃居首. 教曰, '取才居首進士成海應, 檢書官差下, 不過申飭前勞, 宜念前檢書官徐理修·李集箕, 分揀仍任. 年前取才時, 一人以高等無端見漏, 此蓋誤計劃, 而然伊時以嚴試事之意, 特命勿論, 此似李德懋之弟, 名字不得記, 有自本閣相考, 其時榜目, 以啓本閣, 以取才時, 高等見漏人, 果是李德懋之弟功懋啓.' 教曰, '檢書官徐理修·李集箕, 旣命勿汰, 然則原額外一人爲剩窠, 時任苟簡時, 則外任猶可仍帶, 今則綽可備員, 外任檢書官李德懋, 今姑改差又如此, 則一窠又有闕矣. 取才高等, 無端勿論, 豈無向隅之歎. 本閣事體自別, 雖屬官, 宜取根着. 年前入格人幼學李功懋檢書官差下, 仍令該曹付軍銜, 使之入仕.'"

(李家煥) 등 남인을 공척(攻斥)하려는 기미를 보이자 정조는 이 기회에 문체 반정에 대한 자신의 정확한 의도를 알리고 정치적 이용을 경계하였다. 초정은 「비옥희음송병인(比屋希音頌幷引)」을 지어 자신의 문체에 대한 변명을 하였다. 당대의 문장을 순정한 문체로 되돌리겠다는 정조의 강력한 의지에 부응하여 반성문을 제출하면서도 초정은 자송문에 어울리지 않게 반성은 하지 않고 항변에 열을 올렸다. "소금이 짜지 않고, 매실이 시지 않고, 겨자가 맵지 않고, 찻잎이 쓰지 않음을 책망하는 것은 정당합니다. 그런데 만약 소금, 매실, 겨자, 찻잎을 책망하여 너희들은 왜 기장이나 좁쌀과 같지 않으냐고 한다든지, 국과 포를 꾸짖어 너희는 왜 제사상 앞에 가지 않느냐고 한다면 그들이 뒤집어쓴 죄는 실정을 모르는 것입니다."[19] 패관소품문을 주도한 형암과 초정 등 서얼에 대한 정조의 생각은 다음 장에서 다시 검토하기로 한다.

형암과 초정, 유득공이 미관이나마 벼슬을 계속한 것은 가난하기 때문이었다. 일종의 생계 수단이었던 것이다. 서얼 지식인들은 가난하였다. 이들은 집 한 채도 없고 갈아먹을 땅 한 뙈기 없는 서자였던 것이다. 초정은 이러한 서얼 지식인의 처지를 유득공의 예를 들어서 한탄하였다.

자넨 보지 못했는가?	君不見
한양성이 매우 번화한데도,	漢陽城中盛繁華
만이 넘는 집 중에 내 집은 없네.	撲地萬家無吾家
또 보지 못했는가?	又不見
비옥한 토지가 사방에 이어졌어도,	上上膏腴連四境

19 『貞蕤閣集』, 「比屋希音頌幷引」.

혜풍의 땅은 한 뙈기도 없네. 　　　惠風之田無一頃

진신안 중에 천백 사람이 있어도, 　　縉紳案中千百人

도대체 기공친 하나 없네. 　　　　歷數摠無期功親

우리가 낙탁한 것이 이와 같지만, 　　吾曹落拓有如此,

당시에 이름난 건 부끄럽지 않네. 　　縱有時名能不愧

때때로 문밖에 나가 옛 얼굴 만나면, 　時時出門逢舊面

잡아끌고 술집에 가 한잔한다네. 　　拉向旗亭偶一醉

인생이 궁하고 현달하는 것은 때가 있으니, 人生窮達自有時

예부터 영웅들은 모두 이와 같다네. 　古來英雄皆若斯

다만 말 타고 압록강 건너면, 　　　但將袴褶渡鴨綠

성명은 족히 오촉을 놀래키네. 　　　姓名猶足驚吳蜀

어찌해 돌아가 오두막 짓고 굶주림 견디며, 何不歸來築蝸廬

몸 깨끗이 하여 오래도록 글을 쓰지 않는가? 忍饑潔身長著書[20]

　집도 없고 농사지을 땅도 없이 가난하고 권력 당로자에 친척도 없어 외로운 처지의 서얼 지식인들이지만 중국에 가면 이름을 드날릴 수가 있으니 깨끗이 지조를 지키며 글을 쓰지 않을 수 없다는 다른 한편의 자부심을 가지고 있었던 것이다. 타고 출근할 말 한 필도 없는 형암과 초정, 그러나 중국에 가면 이름을 드날릴 그들, 이제 전원에 돌아가 저술이나 하겠다는 「방가행(放歌行)」의 마지막 구절은 결국 서얼 지식인들이 서울에서 벼슬하는 것은 겨우 생계 수단에 불과하였고 시세에 영합하지 못하는 자신들은 하나둘 낙향하여 농사지으며 저술하는 농촌

---

20 『貞蕤閣集』, 「放歌行 演冷菴語」. 「방가행」은 문집에서의 순서로 보아서 「효좌서회」의
　바로 뒤이므로 첫 연행 직후 아직 검서관이 되기 직전의 시라고 생각된다.

지식인으로 살아가는 것이 꿈이라는 것이다. 초정은 농촌에 은거하는 원중거를 부러워하고 절친하던 이희경과도 농촌 지식인으로 살아갈 것을 약속하였던 것이다.

3) 정조의 지우(知遇)와 곤경

검서관은 외각(外閣)에서 근무하면서 왕명으로 「규장각팔경응령(奎章閣八景應令)」, 「등영주이십운응령(登瀛洲二十韻應令)」, 「규장각연사예일응령(奎章閣燕射禮日應令)」을 짓기도 하였다. 검서관직이 만들어지면서부터 그들의 규장각 검서관 생활은 정조의 비호를 받으면서 정조가 죽을 때까지 지속되었다. 1781년(정조 5) 32세, 5월 초정은 내각검서(內閣檢書)에 임명되고 1790년에는 2차 연행에 참여하였고 연행에서 돌아오자마자 정조의 특명을 받아 다시 3차 연행에 나서게 되었다. 특별한 미션을 주어 연행을 하게 한 것은 그만큼 초정에 대한 정조의 생각이 특별하였기 때문이라고 생각된다.

궁중 의례에서 검서관의 역할이 어떠하였는지를 초정의 글들을 통해서 살펴보자. 검서관은 국왕 의례에서는 당연히 뒷줄에 있으면서 전례를 뒷바라지한다. 그런데 1779년(정조 3) 9월 25일의 연사례(燕射禮)에서는 검서관들에게 특별한 은전이 베풀어졌다.

왕께서 규장각에 납시었다. 각신들이 쇄서진전(曬書進箋 : 규장각의 서적을 거풍포쇄한 것에 대해 축하하는 箋文을 올리는 것)을 하고 이어서 불운정(拂雲亭)에서 연사례를 하였다. 불운정은 겨우 삿갓지붕 하나에 대나무로 여섯 모퉁이 기둥을 세우고 띠풀로 덮었다. 시위(侍衛)할 곳이 좁아서 모두 계단 위에 자리를 했는데 주악(奏樂)을 앞에 진설하고 아홉 과녁을 열고루(閱古樓)의 옆에 설치하였다. 열고루는 도서를 수장하는 곳이다. 처음에 우리들이 조금 먼 곳에 앉았고 그 사이에 의장대가 있었는데, 왕께서 가까이 오라고 하고 식사를 내려주게 하셨다. 얼굴을 내려다볼 수 있었다. 쟁반은 주칠을 하고 둥글었으며 그릇은 15개였다. 나물과 국, 생선 등이 향기롭고 깔끔하였지만 사치스럽지 않았다. 여러 신하들이 모두 집안의 예에서처럼 평좌하여 모시고 식사를 하였다. 한낮까지 반을 쏘고 나서 규장각 정전에서 선온(宣醞)을 하였는데 과일 안주와 떡이었다. 그릇은 전과 같았다. 저녁 때에 이르러 모시고 쏜 사람이 모두 물러가고 오직 각신 및 승지, 선전관 등이 전각에 모시고 촛불을 밝혔다. 이어서 저녁밥을 내렸고 중관이 술을 따랐는데 취할 정도였다. 국왕이 "검서관들도 사람당 한 탁자씩 배정하라."라고 하셨다. 대개 조찬 때에는 (식탁이) 부족하여 당상선전관 이하는 합석했기 때문이다. 신들은 보잘것없는 것들인데 외람되이 시식하는 대열에 있었고, 하루에도 국왕의 말씀이 여러 번 미치고 심지어는 술이나 밥과 같은 하찮은 일에도 번거롭게 생각을 하심이 이와 같으니 신들은 서로 돌아보며 감읍을 하고 어찌할 바를 몰랐다. 그때 신들은 남쪽 기둥 모퉁이에 엎드려 있었는데 왕왕 촛불 그림자 밑으로 모시는 신하들이 엎드려 있고 식탁이 앞에 가득하였다. 찬의(贊儀)가 의주(儀註)를 다 읽자 여러 신하들이 모시고 식사하기를 의례대로 하였다. 왕이 둘러보고 즐거워하시면서 말씀이 민간에까지 미치며 끝이 없었다. "이는 천년에 한 번 있을 일이오. 그런데 즐기기만 하고 돌아보지 않으면 황음(荒淫)하는 것이 아니겠소."라고 하셨다. 여러 신하들이 한목소리로 성대한 일이라고 하고 혹자는 일어나서 찬탄하는 사람도 있었다. 이에 왕께서 좌승지 정민시(鄭民始)에게 명하여 전하기를 "너희들도 이 성대한 일에 참여하여 옛 가요처럼 시를 써서 바치는 것이 좋겠다."라고 하셨다. 신이 바로 일어나 승지에게 청하기를 "가요라고 하는 것이 시의 아송(雅

頌)과 같은 것을 말하는 것입니까?" 하였더니, "그렇다."라고 하셨다. 이에 신 덕무, 신 득공, 신 이수와 함께 각각 한 편씩 지어서 다음 날 아침에 이문원에 올렸다.[21]

규장각 불운정에서 연사례하는 모습을 상세하게 묘사하였다. 연사례의 주체는 어디까지나 국왕과 각신들이었고 검서관들은 연사례가 잘 진행되도록 보조하는 하급 관원에 불과하였다. 그런데 국왕은 이들에게도 특례를 베풀었다. 연사례가 끝나고 각신과 승지, 선전관은 전각에 모여 저녁 식사를 하는데 검서관에게도 한 탁자씩의 식사가 내려져서 시식(侍食)의 대열에 참여하게 된 것이다. 더 나아가 검서관들에게도 시를 지어 바치도록 하였다.

정조는 초정 등 검서관들의 시에만 관심이 있었던 것은 아니고 글씨에도 관심이 있어 초정에게는 종이를 아끼지 않고 내려 주면서 병풍서(屛風書)를 써서 바치게 하였다. 초정의 글씨에 대한 당시의 평가는 다소 엇갈리지만, 국왕의 관심에 초정은 겸사(謙辭)를 하면서도 최선을 다

---

21 『貞蕤閣集』, 「奎章閣燕射禮日應令 幷小序」, "己亥九月二十五日, 上御奎章閣, 閣臣晒書進箋, 仍行燕射禮于拂雲亭. 亭僅一笠, 楹以竹六稜覆茅. 侍衛地窄, 皆席于階上, 而樂陳于前. 設九帿於閱古樓之傍, 閱古樓者, 藏書之所也. 初臣等坐稍遠, 間以儀仗, 上命之近而賜食焉, 令其容可俯而視也. 盤朱漆而圓, 器十有五, 蔬蕘羹魚, 香淨不侈, 諸臣皆平坐侍食如家人禮. 午刻射半之, 而宣醞於奎章閣正殿, 肴菓餠餌, 器如前, 至夕侍射者皆退, 惟閣臣及承旨宣傳官等侍列燭於殿, 仍宣夕飯. 中官斟酒, 以醉爲度. 上曰, '須檢書官等, 人各一卓.' 蓋朝饌不足, 堂上宣傳官以下合卓故也. 臣等以蟣蝨之微, 猥在侍食之列, 一日之內, 天語屢及, 至於酒食瑣屑之事, 亦煩洵念至此, 臣等相顧感泣, 莫知攸措. 時臣等伏於南楹之曲, 往往從燭影下見, 侍臣皆伏, 食案滿前, 贊儀讀儀注訖, 諸臣始食如儀, 上顧而樂之. 語及民間事, 亹亹不已, 曰, '此所謂千載一時者也. 如樂而不返, 則斯荒矣.' 諸臣齊聲以爲盛事, 或有起立贊歎者. 於是, 上命左承旨鄭民始, 傳曰, '爾等同此盛擧, 作詩如古歌謠以獻, 可也.' 臣卽起而請于承旨曰, '歌謠云者, 若詩之雅頌之謂歟?' 曰, '然矣.' 乃與臣德懋·臣得恭·臣理修, 各賦一篇, 翌朝呈于摛文院."

하여 글씨를 써서 바쳤다.

　　돌아보면 소신은 재력이 짧아 옛날의 현인과 비교하면 정말 부끄럽나
이다. 다만 힘써 작은 글씨 일을 하니 어찌 감히 한묵으로 유희에 바치리
까. 군왕께서 글씨를 좋아하고 종이를 아끼지 아니하시니 기예를 시험함
도 은영으로 생각하나이다. 근세의 이름난 조윤형과 서무수, 호화로운 편
액들은 모두 그들의 글씨. 표암이 작년에 금중에 들었으나 풍란노죽에 대
한 제평이 갖추어졌네. 규장학사는 매일 휘호를 하여 내부 수장이 무엇이
없겠나이까. 일대의 풍류가 이처럼 융성하나 검서관의 글씨를 어디에 쓰
겠습니까?[22]

　　당대의 명필인 조윤형, 서무수의 글씨가 가득한 궁궐에서 초정의 글
씨는 어떠한 평가를 받았을까? 어쨌든 정조는 검서관의 기예(技藝)를
보고 싶어 했던 것이다.

　　그런데 이덕무, 유득공, 박제가 등 검서관에 대한 정조의 총애는 얼
마나 진실된 것이었을까? 영조는 자신의 즉위 50년을 맞이하여 「어제
문업첩(御製問業帖)」에서 자신의 평생 6대 사업을 나열하였는데 그중의
하나가 서얼을 등용한 것이라고 하였다. 즉 첫째는 탕평(蕩平), 둘째는
균역(均役), 셋째는 준천(濬川), 넷째는 복고(復古), 다섯째는 서중(敍衆),
여섯째는 작정(昨政)이라 하여 유자광(柳子光) 이후 처음으로 서얼을 서

22 『貞蕤閣集』, 「有旨書進屛風一事 柳㙾爲作長歌 遂和其意 時壬寅四月二十日也」, "在昔宣
　和米南宮, 御前召入書屛風, 鋪張皇宋一万年, 呵斥二王如兒童. 小臣自顧才力短, 比蹤昔賢
　眞羞赧. 但將力役酬細字, 寧堪翰墨供遊戲. 君王愛書不愛紙, 試藝總爲恩榮地. 近世齊名曹
　與徐,〔曹星州允亨徐茂朱懋修〕金扁錦購皆其書. 豹菴〔姜判尹世晃〕去歲入禁中, 風蘭露竹題評
　俱. 奎章學士日揮毫, 內府收藏何所無. 風流一代盛於斯, 檢書之書胡爲乎."

용하였다고 하였다. 그래서 일명(一名, 서얼)들이 이제 무슨 유감이 있겠는가 하며 스스로 자부하였다.[23] 그러나 정조에게서는 이중적인 서얼관이 엿보인다. 정조는 성균관에서 의식을 할 때에 연령순으로 할 것을 대사성을 통하여 명하면서 그것이 제대로 시행되고 있는지 또 그 일에 대해서 서얼들은 어떻게 생각하고 있는가를 형암에게 자세히 묻고 있다.[24] 그러면서 다른 한편으로는 형암, 초정과 같은 부류의 문체를 패관소품문이라고 비판하면서 자신이 이들을 검서관으로 내각에 둔 것은 그들을 내세워서 배우로 기르는 것이라고 하여, 실제로는 그들에게 크게 의존하지 않는다는 것을 강조하였다.[25] 정조가 검서관을 배우라고 말한 것은 『한비자(韓非子)』나 한무제(漢武帝) 때에 사마상여(司馬相如)가 『상림부(上林賦)』에서 한 말을 원용한 것이다. 오늘날 연기자인 '배우'라는 의미보다는 무엇이든 자유롭게 말할 수 있는 사람을 의미한다고 하겠다.[26]

검서관은 국왕을 직접 측근에서 근시(近侍)하는 직책이고 왕과도 직접 접할 수 있는 기회가 많았다. 또한 장기간의 검서관 근무의 공로로

---

23 「御製問業帖」, "八旬事業, 若問於予, 必窃觍然, 其何以答, 一則蕩平, 自恧二字, 二則均役, 效流緇徒, 三則濬川, 可垂萬歲, 四則復古, 婢類皆閑, 五則敍衆, 予光後初, 六則昨政, 卽大典法. 同年(1774, 영조 50)同月日 集慶書."(장서각 소장 자료).
「御製廣蕩帖」, "御製廣蕩, 幾百年後, 能及古道, 其於本事, 猶爲欠典, 昨日以後, 其皆帖然, 嗟哉此理, 爲子爲弟, 嗚呼暮年, 吾事畢矣, 昔一名者, 今何餘憾, 得隴尋蜀, 人心皆然, 其令此輩, 咸知予意. 甲午年(1774, 영조 50)孟夏庚子日."(장서각 소장 자료).

24 李德懋, 『靑莊館全書』 권71, 「附錄 下」, 「先考積城縣監府君年譜 下」, 「序齒事實」.

25 正祖, 『弘齋全書』 제165권, 「日得錄 5」, "李德懋·朴齊家輩文體, 全出於稗官小品. 以予置此輩於內閣, 意予好其文, 而此輩處地異他, 故欲以此自標, 予實俳畜之. 如成大中之純正, 未嘗不亟奬之."

26 『韓非子』難三, "俳優侏儒, 固人主之所與燕也."; 漢 司馬相如, 『上林賦』, "俳優侏儒, 狄鞮之倡, 所以娛耳目樂心意者." 즉 배우는 궁정에서 농을 하는 신하로 그 직책은 가무와 해학을 통하여 군주에게 간언을 하는 이른바 優諫의 의미를 지녔지만 민간에서는 伎藝로 사람을 즐겁게 하는 의미로 바뀌었다.

지방의 역승과 수령에 제수되기도 하였다. 초정도 검서관으로 정조의 총애를 받아가며 벼슬 생활을 하고 그 공로로 이인 역승과 부여 현감, 영평 현령 등 지방관을 역임하였다. 그리고 검서관과 지방관 도중에도 정조의 명을 받아 세 차례나 더 연행을 하게 되고 이 연행을 통하여 중국의 문사(文士)들과 교유하면서 그는 인생의 절정을 만끽한다.

국왕의 총애는 다른 양반 사대부의 질시를 불러왔다. 이미 이들이 검서관이 되었을 때 선배인 연암이 그들 중에서도 초정의 성격이 과격한 것을 염려하여 그가 언젠가는 곤경에 처할 것이라고 걱정한 바가 있다. 역시 연암의 예상은 적중하였다. 부여 현감으로 가 있던 초정은 암행어사 이조원(李肇源)에게 진휼곡을 잘못 처리하였다고 파직되고 징계를 받았던 것이다. 현감에서 파직되었을 뿐만 아니라 이 시기에 초정은 천애지기(天涯知己)라고 할 수 있는 형암을 잃고 그의 부인마저 잃은 상태였다. 초정은 이 시기를 매우 우울하게 보냈을 것이다.[27]

연암이 안의 현감으로 있을 때에 어떤 사람에게 보낸 편지는 백탑파 지식인들의 교유가 어떤 것인가를 단적으로 보여 주는 것이기도 하지만, 초정의 당시 상황이 잘 드러난다. 연암은 이희명(李喜明), 이재성, 이희경, 박제가 등의 근황을 묻고는 특히 초정이 부여 현감에서 진휼곡 문제로 파직을 당한 데다가 조상지처도 잃고 지기인 이덕무를 잃은 슬픔을 헤아리고 있다.

성흠(聖欽, 李喜明)은 근자에 어떤 생활을 하고 있는지 마음에 걸리어 더욱 잊혀지지 않네. 중존(仲存, 李在誠)과는 가끔 서로 만나 술이라도 마실 수 있겠지만, 백선(伯善)은 청교(靑橋)를 떠나고 성위(聖緯, 李喜經)도 이

---

27 안대회(2005).

동(泥洞)에 없으니 이와 같이 긴긴날에 무슨 일로 소일하며 지내는지 모르겠네.

재선(在先, 朴齊家)은 듣자니 이미 벼슬(부여 현감)에서 파직되었다는데, 집에 돌아온 뒤 몇 번이나 서로 만났는지 모르겠네. 그가 이미 조강지처를 잃고 또 무관(懋官, 李德懋) 같은 훌륭한 벗을 잃어, 이승에서 오래도록 외톨이로 쓸쓸하게 지내게 되었으니, 그의 얼굴과 말은 보지 않아도 상상할 수 있네. 그 또한 천지간에 의지가지없는 사람이라 할 수 있지.

아아, 슬프도다! 지기(知己)를 잃은 슬픔이 아내 잃은 슬픔보다 심하다고 논한 적이 있었지. 아내를 잃은 자는 그래도 두 번 세 번 장가라도 들 수 있고, 서너 차례 첩을 들여도 안 될 것이 없네. 마치 의복이 터지고 찢어지면 꿰매고 때우는 것과 같고, 집기가 깨지고 이지러지면 새것으로 다시 바꾸는 것과 같다네. 때에 따라서는 후처가 전처보다 나을 수 있고, 때에 따라서는 나는 비록 늙었지만 상대는 새파랗게 젊어서 신혼의 즐거움이 초혼과 재혼 사이에 차이가 없을 수도 있네. 하지만 지기를 잃은 쓰라림에 이르러서는 그렇지가 않지. 내가 다행히 보는 눈을 지녔더라도 누구와 더불어 내 보는 것을 같이하며, 내가 다행히 듣는 귀를 지녔지만 뉘와 더불어 내 듣는 것을 같이하며, 내가 다행히 입을 지녔지만 뉘와 더불어 나의 맛을 함께하며, 내가 다행히 코를 지녔지만 뉘와 더불어 내 맡는 것을 같이하며, 내가 다행히 마음을 지녔지만 장차 뉘와 더불어 나의 지혜와 영각(靈覺)을 함께한단 말인가.[28]

---

28 朴趾源, 『燕巖集』 권10 별집, 「罨畵溪蒐逸」, 「與人〔安義時〕」, "聖欽近作何樣生活否, 懸懸尤不能忘也. 仲存時得相逢飮酒, 伯善失靑橋, 聖緯無泥洞, 則未知如此長日, 何以消遣否. 在先聞已罷官云, 未知歸後, 幾番相逢否. 彼旣喪糟糠之妻, 又喪良友之如懋官者, 悠悠此世, 踽踽凉凉, 其面目言語, 不見可想, 亦可謂天地間窮民. 嗚呼痛哉. 吾嘗論絶絃之悲, 甚於叩盆, 叩盆者, 猶得再娶三娶, 卜姓數四, 無所不可, 如衣裳之綻裂而補綴, 如器什之破缺而更換, 或後妻勝於前配, 或吾雖皤而彼則艾, 其宴爾之樂, 無間於新舊. 至若絶絃之痛, 我

연암은 형암과 초정의 막역한 관계를 종자기(鍾子期)와 백아(伯牙)에 비유하였다. 서로를 알아주는 사람을 잃고 실의(失意)에 빠져 있는 초정의 마음을 연암은 잘 헤아리고 있었던 것이다.

초정이 부여 현감에서 파직된 것은 1793년(정조 17) 5월 27일이었다. 호서암행어사(湖西暗行御史) 이조원은 부여 현감 박제가 등이 진휼을 위한 자비곡(自備穀)을 제대로 마련하지 못하였다고 감죄(勘罪)할 것을 요청하였다.[29] 며칠 전인 5월 24일에 이조원이 올린 암행어사 보고서에는 비인 현감은 자비곡을 500석이나 마련하여 아마(兒馬)를 상으로 주도록 요청하였으나 박제가 등은 자비곡이 10~200석에 불과하고 치적도 볼 만한 것이 없다고 보고하였다. 사흘 뒤인 5월 27일 기민을 뽑아낸 것이 정밀하지 않고 일을 처리하는 것도 경솔하다고 하여 용서하기 어렵다고 하였다.[30] 결국 초정은 의금부로 잡혀 와서 문초를 당하게 되었고 장(杖) 100을 수속(收贖)하는 형을 받고 고신(告身)은 추탈(追奪)하고 3,000리 정배하는 형에 처해지게 되었다. 이러한 의금부의 처분에 대해서 정조는 세력이 없는 서얼 수령이라고 해서 조율(照律)을 마음대로 해서 되겠는가 하고 비판하였다. 또 하필 오랫동안 막중한 어제(御製) 문자를 쓰는 데 힘을 다한 사람에게 이러한 죄를 적용해서 되겠는가 하면서 고신만 추탈하고 방송(放送)하라고 명하였고,[31] 의금부에 의하여 그

幸而有目焉, 誰與同吾視也, 我幸而有耳焉, 誰與同吾聽也, 我幸而有口焉, 誰與同吾味也, 我幸而有鼻焉, 誰與同吾嗅也, 我幸而有心焉, 將誰與同吾智慧靈覺哉."

29 『정조실록』 17년 5월 27일 조, "扶餘縣監朴齊家, …… 俱以不治, 勘罪有差."

30 『승정원일기』 정조 17년 5월 27일 조, "扶餘縣監朴齊家, 以抄飢不精, 處事太輕, 營賑則人謂還穀之那移, 督稅則擧怨囚禁之太久, 以至私債之徵督, 童民之決棍, 專由引滿, 俱在難恕爲言."

31 『승정원일기』 정조 17년 7월 6일 조, "啓目, 扶餘前縣監朴齊家矣, 本府議啓內, 以如斗小邑, 所抄飢民, 至爲一千二百餘口, 則當初抄飢, 不爲不多是白乎, 乃民戶流離, 吏招不能掩諱, 則其所不善撫摩之罪, 不可容貸. 以此照律, 罪從重論, 杖一百收贖, 告身盡行追奪, 流

대로 시행하게 하였다.[32]

1795년(정조 19)에는 정조가 시사(試士)를 위하여 검서청(檢書廳)에 잠
깐 들렀을 때 청수(廳首)가 박제가라는 것을 알고 그의 노고를 보답하는
의미에서 오위장 자리를 만들어서 특별히 등용하는 일까지 있었고,[33]
6월 19일에서 25일까지는 서얼로서, 그리고 문과 출신이 아닌 인사로
서는 특례로 가승지(假承旨)에 임명되어 활동을 하기도 하였다.[34]

1797년(정조 21) 2월에는 또다시 호상(胡床) 건으로 심환지(沈煥之)가
박제가를 탄핵하였다. 동가(動駕)할 때에 문반은 참의(參議) 이상, 무반
은 아장(亞將) 이상이어야 비로소 초상(軺床)에 앉을 수 있는데 첨중추
(僉中樞) 이창욱(李昌郁)이 초상에 앉아 있어서 헌리(憲吏)를 불러 제거
한 일이 있었고, 지난번 원행(園行) 때에는 오위장인 박제가가 반신(班
臣)들 사이에서 호상에 앉아 있어서 각예(閣隷)를 시켜서 힐문을 하니
박제가가 화를 내며 "호상은 본래 우리 집 것이어서 하예(下隷)를 시켜
서 가지고 오게 하였다."라고 답하였다는 것인데, 심환지는 그가 처신
이 공손하지 못하고 대답하는 말도 패악하다고 하여 파직할 것을 요청
하였다. 그러나 이때에도 정조는 박제가가 답변을 공손하게 하지 못한
것은 그가 원래 성격이 경솔하고 규정을 잘 몰라서 그런 것이니 책망

三千里定配, 私罪. 奉教 '今番外邑之稱以營賑, 犯手公穀, 其弊不可不嚴懲, 而許多繡啓,
未聞一倅之以那移傍照付律, 而日前特教嚴問之, 湖西諸囚, 照律尤無形, 獨於無勢庶類,
若是低昻照律乎? 諸道自備守令, 旣難一一用此律, 則何必偏用於積年效勞於莫重御製文
字之人乎?' 此囚段, 依同罪他囚例, 奪告身放送爲良如敎."

32 『승정원일기』 정조 17년 7월 7일 조.
33 『승정원일기』 정조 19년 2월 12일 조, "又命書傳敎曰, 今日因試士於搞院廳事, 檢書廳,
爲小次矣, 於渠曹, 不但榮幸, 問其廳首, 卽朴齊家也, 卄載檢書, 亦旣勞止, 檢書官朴齊家,
五衛將作窠, 令該曹口傳擬入, 以示朝家勞無不酬之意."
34 『승정원일기』 정조 19년 6월 18일 조. 6월 19일에서 25일까지 假承旨로 임명된 사실을
확인할 수 있다. 五衛將이 되어 읊은 시가 「直中因付軍衛啓辭 有復職調用之命 恭賦志
感」(『貞蕤閣集』)이다.

할 것이 못 된다고 하면서 전례(典禮) 규정을 다시 만들어 엄격히 규제하라고 하는 정도로 지시하고 처벌을 하지 않았다.[35]

이상과 같이 친시를 위해 이문원에 거둥하였을 때에 박제가가 이문원의 당직이라는 것을 알고 특별히 승진을 시켜 주었다던가 경모궁에 행차하였을 때에 초정의 집 근처에 있는 소나무를 보고 아껴서 어애송(御愛松)이라는 칭호를 얻었다던가 문과 출신이 아니면 할 수 없었던 승지직을 가승지로 임명하여 측근에서 모실 수 있게 하였던 것은 모두 초정에 대한 정조의 애정을 볼 수 있는 장면이다.

박제가에 대한 이러한 정조의 총애는 오히려 문벌 귀족들의 질투를 불러일으켰다. 부여 현감에서 파직되어 가중 처벌을 하려고 했던 것이나 심환지가 초정의 호상 건을 가지고 징계를 요구하였던 것들이 바로 그러한 예라고 할 수 있다. 능력과 재기로 지기들과 지냈던 백탑 시기의 호기를 당시 조정에서는 쉽게 용납하지 않았던 것이다. 따라서 박제가의 이러한 성격에 대하여 형암과 연암은 항상 주의를 주고 경계할 것을 환기시키기도 하였던 것이다.

형암과 초정 등이 처음 검서관이 되었을 때에 연암이 석정하던 대로 과연 형암은 순탄한 벼슬 생활을 하였지만 초정은 부여 현감에서도 파직당하고 국왕의 전례 행사에서의 호상 사건과 같은 예에서 보듯이 별

---

35 『정조실록』21년 2월 25일 조, "同知經筵事沈煥之啓言, '動駕時東西班設軺床, 蓋有品數, 文班則參議以上, 武列則亞將以上, 始得床坐矣. 年前臣待罪東銓, 見班上有僉中樞李昌郁者, 據床於卿大夫之間, 臣招憲吏, 使去之矣. 向來園幸時, 前五衛將朴齊家, 又據胡床於班臣, 使閽隷往問, 則輒艴然曰: '床本吾家所有, 借隷持來云.' 其處己之不恭, 出語之甚悖, 不可以事微而置之. 請朴齊家罷職. 仍又嚴飭押班之法官, 如有越法據床者, 隨即呈課.' 上曰: '朴齊家之荅語不恭, 卽自來輕率, 不知格例之致. 何足責也?' 此後申明舊規, 俾無如許之弊.' 吏曹判書李秉鼎曰, '大典通編, 堂上官持胡床, 鞍籠者前導, 堂下官正三品, 只持鞍籠. 雜岐堂上, 雖經僉僉知五衛將, 何可據胡床乎? 此後以文蔭之曾經都正, 武之曾經承旨摠管爲限, 外此則不敢持胡床之意, 著爲定式恐宜.' 可之."

열 양반 당로자들로부터 강력한 견제를 받았던 것이다.

4) 2~4차 연행과 유배기

1790년(정조 14) 41세 때에 박제가는 백동수, 이덕무와 함께 『무예도보통지』를 완간하고, 5월 27일 건륭제(乾隆帝)의 팔순 생일잔치에 부사 서호수(徐浩修)의 수행원으로 유득공과 함께 2차 연행에 나섰다. 두 번째 연행에서 박제가는 나빙(羅聘), 장문도(張問陶), 장도악(張道渥), 오조(吳照), 옹방강(翁方綱), 웅방수(熊方受), 철보(鐵保), 팽원서(彭元瑞), 기윤(紀昀) 등 중국의 기라성 같은 지식인들과 교유를 하였다. 7월에는 열하와 원명원 등에서 만주인 예부시랑 철보, 한인 이부상서 팽원서, 한인 예부상서 기윤, 만주인 상서 상청(常靑), 한인 내각학사 심초(沈初) 등을 만났고, 기윤을 방문하여 문답을 하고 기윤에게 『영재집(泠齋集)』과 『차수집(次修集)』을 가져다주었다. 며칠 후 기윤이 직접 사신이 머무는 남관으로 찾아왔으나 외출 중이어서 만나지 못하자 시를 쓴 부채를 보냈으며, 8월에는 이조원이 『함해(函海)』 185종을 편찬하였는데, 『우촌시화(雨村詩話)』에 4가(家)에 관한 것을 기록할 정도가 되었다. 9월 1일 옹방강에게 서호수의 『혼개도설집전(渾蓋圖說集箋)』 발문(跋文)을 받으러 갔고, 9월 3일에는 신간 『황청개국방략(皇淸開國方略)』을 구입하지 못해 유리창 서사에서 삼학사의 최후 사적에 관한 몇 줄을 초록해 오는 정도에 그쳤다. 9월 26일 연경을 출발하여 귀국길에 올랐지만 압록강을 건너던 날 정조의 부름을 받고 한양에 왔다가 바로 10월 24일에 군기시정(軍器寺正)의 가함(假銜)으로 3차 연행에 나섰다. 1791년(정조 15) 42세 3월, 연경에서 귀국한 직후 청대 인물 50인을 대상으로 「회인시 방장심여(懷人詩倣蔣心餘)」 50수를 지었다.

1801년(순조 1)에는 정월 28일, 주자서(朱子書) 선본을 구해 오라는 명으로 유득공과 함께 4차 연행을 하였다.[36] 이때에는 이조원, 진전(陳鱣)을 만나 『정유고략(貞蕤藁略)』의 서문을 받기도 하였다. 이 교유를 계기로 1803년경 『정유고략』(2권 1책)이 진전 등에 의해 목판본으로 간행되었다. 이후 『정유고략』은 오성란(吳省蘭) 편찬의 『예해주진(藝海珠塵)』에도 편입되었다. 4월 2일 기윤을 방문하고 문답하였으며, 4월에서 6월 사이에 유리창에서 중국 문인들과 교유를 하고 6월 11일에 귀국을 하였다.

그러나 정조 사후 정국은 급변하였다. 1801년 9월에 서울 동남성문에 대비 김씨와 심환지를 비방하는 벽보가 나붙었는데, 이 흉서사건의 범인은 임시발(任時發)로 밝혀졌다. 임시발은 초정의 사돈이자 친구인 윤가기의 집에 숨어 있다가 체포되었고, 윤가기의 종 갑금(甲金)은 문초 과정에서 "윤가기와 박제가가 서로 수작하였다."라고 진술하였다. 동남성문 벽서사건의 중심인물 중 하나인 윤가기는 그의 절친한 친구일 뿐만 아니라 둘째 딸의 시아버지였으니 사돈인 박제가도 온전할 수가 없었던 것이다. 박제가는 윤가기 집 노비들이 도둑질하는 것을 보고 꾸짖은 적이 있었는데, 이에 앙심을 품은 자들이 박제가를 무고하였다고 생각하였다.[37] 이로 인해 초정은 구속되어 문초를 받고 9월 16일 함경도 종성 유배형이 확정되었다. 사실상 초정은 이 흉서사건과 직접적인 관계가 없는데도 불구하고 윤가기의 종 갑금이 평소 초정이 자신을 도둑으로 몬 것에 대해 앙심을 품고 그를 얽어 넣었던 것이다. 이 사건에

---

36 초정의 4차 연행 시의 행적은 유득공의 『燕臺再遊錄』을 통해 살필 수 있을 것이다. 그러나 초정의 문집에 다산의 글이 하나도 없듯이 유득공의 『연대재유록』에서 초정의 행적은 거의 찾을 수 없다. 편찬 과정에서 정치적인 고려를 하여 배제한 것으로 보인다.

37 『貞蕤閣集』, 「祭仲女文」.

연루되어 함경도 종성에 유배되었다가 1805년 해배된 후 생을 마감할 때까지의 마지막 시 작품들은 『경신당협대(竟信堂夾袋)』라는 이름으로 따로 엮어졌다.

1803년(순조 3) 2월 6일에 대왕대비가 각도찬배죄인(各道竄配罪人)을 향리방축(鄕里放逐)하라는 명을 내리고 2월 24일에는 특별 석방하도록 하였다. 초정에 대해서도 유배를 풀고 방축향리하도록 하였으나 이 명령은 바로 시행되지 않아 다음 해인 1804년 2월 24일까지 해가 넘도록 풀려날 수가 없었다. 그를 풀어주지 않은 금오당상(金吾堂上)이 파직되고 나서야 박제가는 유배에서 풀려나게 되었으며 1805년(순조 5) 3월 22일에는 사면령(赦免令)이 내려져 김포로 방축되어 지내다가 그해 4월 25일 55세를 일기로 생을 마감하였다.

3. 사회사상

1) 정조의 서얼에 대한 생각과 서얼론

박제가가 살았던 영·정조 대는 대중적인 여론이 분출되던 시기였다. 영·정조 자신이 일반 서민들과 직접 소통하기를 원해서 국왕에게 직접 민원을 호소하는 상언격쟁(上言擊錚)이 많아졌고 대중적인 여론 형성 노력도 높아졌다.[38] 그중에 대표적인 것이 서얼통청(庶孼通淸) 운동이다.[39] 전국의 서얼 수천, 수만 명이 자신들의 통청을 위하여 대규모 연명상소 운동을 벌여 나갔고 그 결과 자신들의 역사인 『규사(葵史)』를

---

38 한상권(1996).
39 서얼 허통에 관하여는 李鍾日(1986; 1987); 裵在弘(1987)의 논문이 있다.

편찬하기에 이르렀다.[40] 서얼차대는 조선 전기부터 있었지만 서얼들이 집단적으로 자신들의 목소리를 내면서 요구사항을 내세운 것은 숙종 대부터였다. 숙종 21년 영남 지방의 생원 남극정(南極井) 등 988명이 서얼 소통을 요구하는 상소를 올렸지만 승정원에서 저지되었고, 영조 원년에도 진사 정진교(鄭震僑) 등 5,000명이 상소하여 서얼통청을 요청하였다. 드디어 영조는 즉위 48년 8월에 이르러 서류(庶類)에게도 문무관 청현직(淸顯職)에 허통하도록 명하였다. 그해 12월에는 영남 진사 전성천(全聖天) 등의 상소에 따라 향교와 서원의 유안(儒案)에도 같이 허록하도록 하고, 다음 해인 49년에는 성균관에서 유생들이 서치(序齒)하도록 명하였다. 영조 50년에는 적자(嫡子)가 없는 경우에는 법전에 따라 서자도 가계를 계승하도록 하였다.

이상과 같이 영조는 자신의 어머니가 천인 출신이라는 것을 의식해서 그랬는지는 몰라도 서얼들을 통청하기 위한 여러 조치들을 취하였다. 정조도 서얼을 특별히 총애하여 성균관에서 양반과 서얼이 서치하도록 하는 조치를 취하였고, 본 논문의 주인공인 박제가 등 4명의 서얼들을 규장각 검서관으로 임명하였다.

영조와 정조의 서얼에 대한 이해는 각별하였다. 앞에서도 간략히 언급했듯이, 영조는 자신이 80세가 되어 평생의 사업을 자문하고는, 자신의 6대 사업이 탕평, 균역, 준천(濬川), 복고(復古), 서중(敍衆), 작정(昨政)이었다고 말하고 있다.[41] 복고란 노비종모법(奴婢從母法)의 실시를 말하는 것이고, 서중이란 서얼통청, 작정이란 『속대전(續大典)』의 편찬을 말하는 것이다. 영조는 광탕첩(廣蕩帖)을 써서 "옛 서얼들이 이제 무슨 남

40　鄭倫周(1993).
41　주 23) 참조.

은 유감이 있겠는가. 하나를 얻으면 또 더 바라는 것이 인심이지만 이제 이들에게 나의 뜻을 잘 알게 하라."라고 하여 자신은 유감없이 서얼의 통청과 지위 향상을 위하여 일했음을 자부하고 있다.[42] 영조는 실제로 자신의 출신을 생각해서 그러한 정책을 폈는지는 모르겠지만 노비종모법이나 서얼통청을 적극적으로 실시한 군주라고 평가할 수 있다.

그러나 정조가 이들을 대하는 태도는 사실상 이중적인 측면이 있었다. 검서관은 단순한 기예를 가진 기능인에 불과하였고, 정조에게 국정의 파트너는 어디까지나 양반 고위관료들이었던 것이다. 이가환을 문체 반정으로 모는 노론들에 대한 정조의 옹호 발언 가운데에 서얼들에 대한 정조의 본심을 드러내고 있는 부분이 있다.

또 남은 생각으로 언급해 두고 싶은 것이 있다. 그것은 재주가 있는데도 등급으로 멸시받아서 뜻을 가지고도 뽐내지도 못하고 풀이나 나무와 함께 썩어 버리는 것이 있으니 세상에서 말하는 이른바 일명(一名, 서얼)이 그것이다. 인륜의 떳떳함을 알려고 하면서 도리어 천 리나 떨어진 다른 나라의 풍속을 사모하고, 벼슬길 나가는 것은 혼란시켜서는 안 된다는 것을 알면서도 17자(子)가 발분(發憤)하는 이야기를 좋아한다. 술 마시고 고담준론이나 하고 건듯하면 그림을 그리며 세상과 화해하지 못하며 혼잣소리나 하며 거기에서 초연히 빠져나오는 자가 드물다. 이것도 역시 조정의 책임이지 저들의 죄는 아니다. 성대중, 오정근이 공손히 갔던 길을 나는 좋아한다. 글 평가에서 2중(中)을 하여 10행의 글로 포상을 하였다. 박제가, 이덕무 같은 경우에는 한 자나 되는 썩은 것을 버리고 한 마디의 장점을 써서 향양(向陽)의 문을 열어 주는 것이다. 또 성대중이나 박

42 주 23) 참조.

제가 같은 무리들은 다행히 이름을 날린 자들이고 간혹 최립(崔岦) 같은 면도 있으나 사람들이 아직 그에 미치기에는 멀다고 한다. 하늘이 재주 있는 사람을 낼 때에 지분(地分)을 제한하였다. 최필공(崔必恭)이 스스로 잘못하여 수많은 무리들을 잘못된 곳으로 이끈 것에서 볼 수 있지 않겠는 가? 이것은 이른바 본성을 드러내어 각각 그 그릇에 맞추어 모두 그 본성 에 회귀하도록 하는 묘방인 것이다.[43]

정조는 문체 반정으로 고문(古文)으로 돌아갈 것을 기약하였지만 거 기에는 다양한 정치적 의도도 숨어 있었던 것이다. 정조는 문체 반정을 기화로 정치적 반대파인 이가환을 제거하려고 시도하였던 노론 세력의 저의를 파악하고 그에 대한 장문의 비답(批答)을 내린 것이다. 정조는 비답에서 단순히 이가환을 옹호할 뿐만 아니라 내친 김에 이덕무와 박 제가 등 검서관을 기용한 정치적 의도를 밝혔다. 서울의 서얼들이 발분 (發憤)을 하면 우수한 작품이 써진다는 논의를 하면서 벼슬에 제한이 있 는 것을 한탄한다는 것이다. 서얼들이 조정에 비판적인 의견을 내보이

---

43 『승정원일기』 정조 16년 11월 6일, 答副校理李東稷疏, "更有餘意之攙及者, 有才而等於 菀如, 齎志而無以自衒, 甘與草木同腐者, 俗所謂一名是已. 欲識人倫之常稱, 則反慕千里 不同俗之俗, 自知彙征之莫混, 則嗜看十七子發憤之譚. 至于咳唾揮弄之末, 而動相描畫, 恣恣竊竊, 鮮有能超然聳拔於那裏, 斯亦朝廷之責, 非渠之罪也. 如成大中·吳正根之恭移 塗轍, 予雅好之, 等書二中, 褒加十行, 如朴齊家·李德懋, 棄尺朽而用寸長, 開示向陽之 牖. 且置大中·齊家輩, 幸而揚名者, 間有崔岦若, 而人尙云逖矣, 天之生才, 亦限地分, 盍 亦反觀於崔必恭自誤, 而誤其類之不億乎? 此皆所謂不拂其性, 各適其器, 以期其咸底會 歸之妙也."
부교리 李東稷이 李家煥을 논척하는 상소에 대한 정조의 장문의 비답이다. 이 비답의 원문은 장서각 아카이브에 수록되어 있는데, 『승정원일기』·『실록』·『홍재전서』의 내 용이 많이 다르다. 특히 이들이 김조순·남공철 등이 소품문체에 빠진 것에 대해서는 논척하지 않고 이가환을 논척한 것에 대해서 이동직을 질책한 부분에서, 김조순·남공 철 부분은 『승정원일기』·『홍재전서』에서 의도적으로 빠트리고 있어서 정조의 원래 비 답의 내용을 크게 왜곡하고 있다. 이 부분에 대해서는 별도의 고찰이 필요하다.

는 것에 대해서 국왕 정조로서는 어떠한 방법으로든 수렴할 필요가 있었을 것이다. 정조는 그러한 좋은 예로서 성대중과 오정근의 사례를 제시하면서 각각 그들이 신분적 한계를 인식하는 가운데 능력을 발휘하고 그 처지에 맞추어 살아갈 것을 기대한 것이다. 서얼 가운데 명성을 날린 최립에는 미치지 못하지만 이들을 최필공처럼 천주교나 이단에 빠지게 해서는 안 되는 것이 국왕의 의무임을 인식하였다고 하겠다.

정조의 서얼에 대한 생각은 성균관에서의 양반과 서얼의 서치(序齒)를 명령한 데에서도 볼 수 있다. 영조 49년 국왕의 명령으로 성균관에서 실시되었던 서치는 다시 양반들의 반대로 서얼들은 별도로 남행(南行)하여 서게 하였다. 정조는 1791년(정조 15) 4월 16일 희정당(熙政堂)에 나와 초계문신(抄啓文臣) 친시와 과강(課講) 및 일차(日次) 유생 전강(殿講) 자리에서 성균관 대사성 유당(柳戇)에게, 선왕 때에 바로잡아졌던 서치가 다시 서얼을 남행하게 하였다고 하는데 그게 말이 되느냐고 말하면서 대사성이 책임지고 다시 서치하도록 하라고 지시하였다.[44] 그러한 지시가 있고 나서 며칠 후인 4월 28일 정조는 이덕무를 불러 "성균관에서 이제 서치를 시행하도록 하였다. 많은 서얼들이 오랫동안 억울한 마음을 품고 있었을 텐데 이제 풀렸는가? 여론이 어떤가?" 하고 서얼들의 여론을 주시하였다. 정조는 선왕 영조의 엄한 칙교가 있었는데도 다시 서얼을 남행으로 반열하게 한 것은 송덕상(宋德相)이 정한 것으로 재유(齋儒)들이 바로 고치지 않은 것은 놀랍다고 하면서 그러한 양반들의 저항에도 불구하고 선왕의 지시를 굽힐 수는 없다고 하였다. 그러면서도 앞으로 이러한 지시가 다시 변경되지 않을 것인가에 대해서는

---

44 李德懋, 『青莊館全書』 권71, 「附錄 下」, 「先考積城縣監府君年譜 下」, 「序齒事實」, "雖以序齒一事言之, 先朝飭教果何如, 則近聞以一名人別坐南行云, 是豈成說乎?"

사실상 자신을 하지 못하였다.[45]

정조는 서얼통청 운동에 대한 반응으로 이러한 조그만 것부터 실천하려는 생각이었던 것 같다. 영조는 서얼통청 과정에서 청요직에의 소통을 위하여 장령·지평에도 서얼 출신을 임명하였는데, 그들은 양반 관료들에 의하여 서얼 장령·서얼 지평으로 취급되어 똑같은 장령이나 지평으로 대우받지 못하였던 것이다. 정조가 형암을 불러서 물은 대화에서 정조가 대간직(臺諫職) 통청의 한계를 고백한 것은 그 사실을 말해 준다고 하겠다.

이것은(태학 서치 문제)는 세상을 화기롭게 하는 한 사건으로 이는 내가 일찍이 오랫동안 마음속에 측은하게 생각한 것이다. 그런데 청현직에 소통하는 것도 구애되는 것은 없지만 크게 경장을 해야 하는 것이므로 쉽게 실시할 수가 없다. 선왕이 대간직에 허통을 하셨는데 이는 훌륭한 일이다. 그러나 세상에서는 그들을 청현직으로 대접하지 않고 가장령(假掌令), 가지평(假持平)으로 지목하니 습속이 굳어져서 실로 변개시키기가 어렵다. 또 본족에 따라서 차등을 하자면 본족이 화려하거나 한미한 것이 한결같지 않으니 일률적으로 논하기가 어렵고 구애되는 것이 많으니 이것이 가장 어려운 일이다.[46]

---

[45] 앞의 글, "上曰, '太學序齒, 今始行之, 許多一名, 長懷抑鬱之心者, 其果釋然否. 大抵物情如何.' …… 上曰, '序齒一事, 先朝飭敎截嚴, 而南班乃是德相所定, 齋儒之不卽自改, 良亦怪駭, 不可因此而撓屈, 今雖行之, 此後能無變易否.'"

[46] 앞의 글, "上曰, 此是導楊和氣之一事, 予嘗惻隱于中者久矣. 至如疏通淸顯, 無所拘碍, 大關更張, 不可容易措施, 先朝許通臺職, 此誠盛德事也, 然世不以淸顯待彼, 目之以假掌令假持平, 習俗膠固, 實難變改, 且以本族隨而差等, 則本族之華閥寒門, 不一其類, 不可以一槩論, 自多窒碍, 最是難處."

결국 정조의 서얼통청에 대한 의지도 여기까지가 한계였다. 정조는 며칠 후인 5월 4일에도 이덕무와 박제가를 불러서 서치 사실을 다시 한 번 확인하면서 자신이 서얼이나 노비 등 하층민들의 억울한 사정을 잘 알고 있다고 하면서도 신분제 개혁의 한계에 대해서 어쩔 수 없음을 토로하고 있다.

이렇게 정조는 서얼들에 대해서 동정을 하고 있으면서도 양반 관료들과의 대화에서는 검서관에 대해서 다른 말을 하고 있다. 먼저 이덕무와 박제가의 문체에 대하여 비판적으로 언급하면서 "이들을 내각에 둔 것은 그들의 문장을 좋아해서가 아니라 이들의 처지가 남달라서 이들로 하여 목표를 삼게 하려는 것이고 실제로는 그들을 배우로 기르고 있다."[47]라고 말하고 있다. 문체에 있어서는 이덕무나 박제가와 같은 패관소품문을 좋아하는 것이 아니라 성대중의 순정한 문체를 좋아한다는 것이다.

2) 과거론 · 벌열론 · 붕당론

조선시대 과거제도는 인재를 선발하는 가장 공정한 길이었다. 그러나 조선 후기에 들어와서 과거제도는 인재를 선발한다는 공정성을 상실하고 문벌이나 당색에 따른 출세를 비호하는 장치에 불과하게 되었다. 개혁 군주인 영조나 정조도 이 제도적 장치를 벗어나지 못하고 고

---

47 주 25) 참조. 경연에서 俞彦鎬는 '문장이나 훈고학은 선비가 가장 가까이 하는 것이지만 뜻을 빼앗고 도를 방해하는 것이 이보다 심한 것이 없어서 끝내는 글 장난이나 하고 뜻을 해치게 되어서 옛사람들이 章句에 전념하여 사람들의 耳目을 즐겁게 하는 것은 배우'라고 하면서, 정조가 修德을 우선하고 記文詞章에 힘쓰지 말 것을 당부하고 있다 (『弘齋全書』 권65, 「經史講義 2」, 「近思錄 2」).

민하고 있었을 뿐이다.

영조가 희정당에서 소대하였을 때에 찬독관 정필녕(鄭必寧), 시독관 임정(任珽), 유건기(兪健基)와 나눈 대화는 이러한 모순을 잘 보여주고 있다. 유건기가 우리나라에서 인재를 추천하는 방법이 거의 없으니 인재천(人才薦) 제도를 활용하면 좋을 것이라고 건의하자 영조도 불차탁용(不次擢用) 제도에 대하여 언급을 하였다. 그러면서 영조는 한 가지 기예만 가지고 불차탁용하면 오히려 폐단이 생길 것이라고 하였다. 이들은 대화에서 결국 문벌로 사람을 쓰는 것이 문제가 된다고 생각하였다.

또한 과거시험 합격 여부가 천지간의 차이를 가져오게 된다고도 하였다. 다만 시험장에서는 문벌을 따지지 않는다는 당시의 실태도 말하였다. 그러나 영조는 시험장에도 문벌이 있다고 간파하였다. 또한 서울〔京華〕선비의 글은 시험관의 눈을 즐겁게 하지만 시골 선비의 글은 시험관의 뜻에 차지 않아서 '정시(庭試), 알성시(謁聖試)는 한강을 넘지 않는다'는 말이 나올 정도라고 개탄하였다. 이들은 시골 사람의 글은 고루하여 서울 사람의 글만 같지 못하다는 의견에 서로 동조하였다.[48]

과거에 합격하고 나서의 분관(分館)에 대해서도 논의가 있었는데, 교서관이나 성균관으로의 분관 문제와 '윤회장령(輪回掌令)', '장통(掌

---

48 『승정원일기』 영조 10년 12월 24일 조, "甲寅十二月二十四日未時, 上御熙政堂. 召對入侍時, 參贊官鄭必寧, 侍讀官任珽・兪健基, 假注書柳綿, 記注官洪相朝・金兌和以次入侍. …… 健基曰, 我國薦才之道絶無, 故不能收得人才, 雖不能破格超擢, 亦足爲激勸之道, 人才薦爲之, 似宜矣. 上曰, 然. 唐之用馬周, 則不次爲之矣. 健基曰, 唐用馬周, 當時人庶, 莫不聳動, 若循例爲之, 則卓落奇傑之士, 終恐不得矣. 珽曰, 各隨其才而用之可也. 若但以一藝, 不次用之, 則恐反有弊矣. 上曰, 古今事異矣. 唐漢時, 不次用人者多, 我朝中葉以上, 亦多有之, 而以門閥用人, 豈如今日耶? 健基曰, 全用門閥, 則誠有弊, 而祖先, 若有名人, 則子孫, 必各別謹愼矣. 臣亦老於場屋者, 而場中, 則無門閥, 唯以文字相從, 及至出身, 則若霄壤矣. 上曰, 場中亦有門閥矣. 京華士子之文, 則悅於試官之目者多, 鄕谷儒生之文, 則不合於試官之意, 世所謂庭謁聖不越江云者, 以此也. 健基曰, 鄕人之文, 固陋多病, 雖曰多讀雄文, 終不如京人之該博也. 上曰, 文學若超等, 則如崔笠・李寔, 皆不拘門閥而用矣."

290

通)'이라는 말이 욕이라는 말에 대해서까지도 이야기가 있었다. 교서관
(校書館)에 회자(回刺)를 하지 않는 문제라든가 당후가관(堂後假官, 假注
書)을 성균관이나 교서관 출신으로는 하지 않는 등의 문제에 대해서
말하면서 그래서 문벌의 폐해가 근래의 고질적인 병폐가 되었다고 하
였다.[49]

박제가의 과거제도 개혁론이나 문벌제도 개혁론은 이러한 상황을
익숙히 보아 왔던 데에서 나온 건의였다. 본인이 직접 체험한 과거제도
의 폐단과 개혁론을 서술한 것이 그의 『북학의』에 나타난 과거제도론
이다. 1777년(정조 1)의 증광시에 제출한 「시사책(試士策)」과 『북학의』
외편(外編)에 수록되어 있는 「과거론」 등 두 편이 있고, 의외로 선배인
원중거가 경기도 지평에 은거할 때 보내며 쓴 「원중거를 보내는 글의
서문〔送元玄川重擧序〕」에서 과거제도나 벌열, 붕당의 폐해를 본격적으
로 논하고 있다. 「원중거를 보내는 글의 서문」은 1776년에 쓴 글로, 정
조가 즉위한 것을 축하하기 위하여 베풀어진 증광시의 「시사책」 이전
에 쓰여진 것이다. 사실상 정유년 증광시의 「시사책」이나 『북학의』의
「과거론」도 동일한 맥락의 현실 인식 속에서 쓰여진 것이라고 할 수 있

---

49 앞의 기사, "健基曰, 鄭時成江都老相, 罪關宗社, 西塞元戎, 以賊遺君之文, 乃場中試券所
作也. 試官, 擢爲第二, 直薦翰林矣. 必寧曰, 臣聞卽今校書館, 多有不回刺者云矣. 上曰,
堂后假官, 猶以成均爲之, 況校書館, 何可言也? 必寧曰, 如此, 故門閥之害, 實爲近來痼
弊, 且主分館者, 或有乖激者, 則雖閥閱士夫, 間有爲校書館者矣. 上曰, 雖乖激, 豈至爲校
書館耶? 玔曰, 臣之分館時, 韓顯誓・李度遠, 爲校書館矣. 上曰, 此必是時象也. 玔曰, 臣
亦爲成均館矣. 上曰, 以此觀之, 世道之不公, 可知也. 予曾有掌令欲除之之語, 閔奉朝賀,
以此爲失言, 陳戒於予, 而予之此言, 出於近來鄕人, 淆雜爲之, 奔趨色目, 諺所謂輪回掌
令, 故有此言矣. 玔曰, 以此, 新進之人, 擬之掌通, 則謂之辱矣. 上曰, 以掌通爲辱之說, 予
實慨然矣. 健基曰, 鄕人之衰微而在草野者, 有掌通之規而後, 可以用如此人矣. 上曰, 掌
通者亦爲亞長, 則亞長亦當置別棄乎? 予不知其好矣. 健基曰, 銓官, 以掌通一窠, 用手矣.
上曰, 以掌通用手, 乃勸人黨論也. 必寧曰, 有掌通之名, 蓋久矣, 而近來則不欲掌通者居
多矣."

다. 경기도 지평에서 은거하는 원중거를 보면서, 초정은 인재가 수용되지 못하는 현실을 비판하고 이것을 자신의 미래상으로 생각하였다. 그러면서 원중거처럼 과감히 은거하지 못하고 벼슬자리나 하나 얻어 하려고 서울에서 얼쩡거리는 자신에 대한 자조를 보내고 있는 것이다. 먼저 박제가의 현실에 대한 인식을 검토해 보자.

지금의 사대부는 과거가 아니면 벼슬길에 들어설 수가 없고 문벌 있는 집안이 아니면 청요직을 차지할 수가 없다. 과거에 꼭 붙으려고 하니 선비가 스스로를 파는 행실을 하게 되어 입신도 하기 전에 염치가 무너지고, 문벌을 숭상하게 되니 관직에 인재를 선발하는 실효가 없게 되어 태어날 때부터 귀천이 갈라진다. 세도가 쇠퇴한 것은 정말 이 때문이다. 그러므로 명성과 지위가 어쩌다가 드러나면 그 친척과 인척이 이어받는 것을 금할 수 있겠으며 방정한 사람이 혹 발탁된다고 해도 그 부화(浮華)하고 조급하게 나오는 것을 이길 수가 없을 것이다. 이는 국가에서 선비를 선발하여 쫓아내고 올려 주는 명령을 요행과 어두운 곳에 맡기는 결과가 되고 선왕의 명분과 작록이라는 그릇은 항상 사사로운 문호를 빌리게 되고 천하에 공평하게 함께 할 수 없게 된다. 그래서 청요직의 길은 하나이지만 벌열 족속들은 날로 성하게 되고 벼슬자리 수는 더해지지 않지만 과거의 명목은 날로 번성하게 된다. 날로 번성하는 무리들이 단 하나의 청요직의 길과 더해지지 않는 벼슬길에 처하게 되니, 그 사람(벼슬하고 청요직이 된 자)은 또 모두 부화하게 뒤섞여 나간 자 중에서 나오고 또 문지는 낮지만 덕은 같아서 오래 서로 밑에 있으려고 하지 않으니 형세상 어쩔 수 없이 격렬하게 변란이 생겨서 이에 붕당이 나오게 된다. 붕당이 나뉘어 둘이 되고 찢어져서 넷이 되며 시세를 타고 서로 견제하고 한 번 나갔다가 한 번 물러나면서 서로 살육을 하기에 이르게 되었다. 의관은 창과 방패가 되었고 논의는 원수나 적보다도 심하게 하니 세도가 드디어 크게 무너지게 되었다. 이때부터 부득이 기미의 술책을 써서 서로 섞이지 않는 얼음과 숯, 향초와 약초를 합하여 항상 같은 숫자를 보이고 그 관직을 옮겨서 그 세력을 균분한다. 수가 옮겨서 부족하면 빼앗고 빼앗아도 부족하면 무엇을 하지 않겠는가. 이게 조정론(調停論)이 나오게 된 이유이다. 붕당의 폐해는 전부터 똑같다.[50]

과거에 합격하지 않으면 벼슬길에 나갈 수가 없고 벌열이 아니면 청요직을 차지할 수가 없다. 당시의 병폐를 한마디로 요약한 것이다. 모든 병폐는 여기에서부터 시작된다는 것이다. 과거에 합격하려고 하니 선비가 글을 파는 행위가 있게 되고 염치가 무너지게 되었으며, 문벌을 숭상하다 보니 귀천이 태어날 때부터 갈라져서 인재를 제대로 쓸 수가 없게 된 것이다. 이러한 과거론, 벌열론(閥閱論)은 더 나아가 붕당론(朋黨論)으로 발전한다. 벌열에서 자기 족속들을 쓰려다 보니 부화하고 조급한 무리들과 벌열의 친인척들이 출세하게 되고 방정하고 명성이 있는 인사들은 그에 밀리게 되는 것이다. 요행수가 횡행하고 벼슬자리를 벌열의 사적 친분으로 비밀리에 시행하게 되기 때문에 공적인 인사가

50 『貞蕤閣集』,「送元玄川重擧序」, "今之士大夫, 非科擧, 無以入仕宦, 非門閥, 不能擅淸要. 夫科擧之必取, 則士有自鬻之行, 而廉恥崩於立身之先, 門閥之爲尙, 則官無擇人之實, 而貴賤判於有生之初矣. 世道之衰, 職此之由乎. 故名位之偶顯焉耳, 能禁其親戚姻婭之例襲乎, 方正之或擯矣而已, 不勝其浮華躁競之雜進, 則是國家造士黜陟之命, 寄於僥倖黯昧之地, 而先王名分爵祿之器, 常世假乎私門, 而不公共於天下也. 然而淸要之途一焉, 而閥閱之族日盛, 仕宦之數不加, 而科擧之目日繁, 以日盛日繁之徒, 處一淸要之途, 不加之仕宦, 而其人者又皆出於浮譁雜進之中, 而又地醜而德齊, 不肯久相下, 勢不得不激而生變, 於是有朋黨者出, 而分而爲二, 裂而爲四, 乘時而互擠, 一進而一退, 至相殺戮而後已, 則衣冠化爲干戈, 論議甚於仇敵, 而世道遂隨而大壞矣. 自玆以往, 不得已而爲羈縻之術, 合其氷炭薰蕕, 而示之以所同常數, 遷其官而均分其勢, 數之不足而攘奪之, 攘奪之不足而亦何所不至, 此又調停之論所由起, 而朋黨之害, 固自若也."

사물화(私物化)되어 버리고 말았다고 개탄한다. 청요직은 극히 적고 벼슬자리도 한정되어 있는데 온갖 명목의 과거는 시행되어 과거 합격자는 대량으로 배출된다. 그러니 한정된 벼슬자리를 차지하기 위해서 붕당이 갈라지고 서로 살육을 감행하며 원수처럼 되니 기강이 무너지게 되었다는 것이다. 이에 각 붕당 간의 조정론이 나오지만 이러한 붕당의 폐해는 여전하다고 하는 것이다. 박제가의 이러한 현실 인식은 정확하다. 과거, 벌열, 붕당이 나라를 망치게 하는 근본 원인이라는 것이다.

이렇게 되니 양반 사대부들은 때를 얻고 지위를 차지하여 저절로 가지게 되는 지위를 취하는 것을 마치 방 안에 있는 물건처럼 하고 또 그 자제들에게 가르치는 것은 오로지 과거시험 공부가 되고 만 것이다. 또 각각 그 친한 사람들을 끼고 명분과 당색을 제한하여 서로 출입하지 못하게 하면서 조정(朝廷)에서 서로 자기의 당색을 표방하거나 선조의 음덕에 기대서 비옥한 지역의 수령을 맡게 해서는 스스로의 재산을 불리게 되니 양반 사대부 중에 편안히 앉아서 놀고먹는 자가 수만 명이나 되고 이러한 폐단은 지금까지 수백 년이 되었다는 것이다. 결국 토지와 인민은 나라의 소유가 아니고, 벼슬하는 것이 나라를 위해서 하는 것이 아니고 사사로운 이익을 위해서 하게 된다는 것이다. 그러다 보니 과거, 벌열, 붕당이라는 말이 나라 안에 가득하게 되고 사사로움이 지배하는 천하가 되니 성명(性命)과 의리(義理)도 이것을 넘지 않는다고 생각하고 옛것이 옳고 지금 것이 그르다고 하면 믿지 않고 도를 지키며 홀로 행하는 자는 의심을 받으며 어리석은 자만 남아돌고 지혜로운 자는 모자란 것이 이때에 이르러 최고조에 이르렀다는 것이다.[51]

---

51 앞의 글, "嗚呼, 今之士大夫, 旣皆得其時而據其地, 則取自來之位, 若室中之物, 而又各教其子弟, 汲汲習功令・攻章句, 以競其餘利, 又各擁其私人, 限其名色, 使不相出入, 以相標

그래서 결국 과거가 번잡해지고 과거에 합격하려고 조급하게 서로 다투게 되었으며, 문벌로 인해서 인재는 등용되지 못하고 붕당이 일어나자 살육이 벌어진다는 것이다. 놀고먹는 양반이 많아지게 되니 백성은 가난해지고 붕당 조정론이 일어나니 시비가 혼잡해진다고 개탄한다. 이것이 초정의 현실 인식이었다.

　　과거가 번다해지자 조급하게 다투게 되었고, 문벌이 승하자 어진 인재는 막히게 되었으며, 붕당이 성해지자 살육이 일어나게 되었다. 놀고먹는 자가 많으니 백성이 가난해지게 되고 조정론이 일어나니 시비가 혼잡하게 되었다. 나라의 원기는 캄캄한 가운데 날로 사그라지게 되고 보통 사람들은 이유도 없이 떠들썩하게 되니 즐겁게 살고자 하는 마음을 잃게 된다. 전에 세도의 폐단이 둘이었다면 그 말폐는 셋이 되었고 전에 세도의 폐단이 셋이었다면 그 말폐는 다섯이 되었다. 그 밖에 예(禮)에도 없는 예는 선왕의 법도 아닌데 가혹하게 살펴 구별하는 것이 또 몇 가지나 되는지 모르겠다. 아! 오늘날의 사대부는 왜 그리 분분하게 절목(節目)들이 많은가.[52]

　　『북학의』 외편의 「과거론」에서는 과거가 인재를 쓰기 위한 것이므

榜朝廷, 否則猶足以沽其曾高之遺蔭, 以號令一方, 割膏腴之地, 以自營殖, 安坐而遊食者, 抑且幾萬人之多, 而數百年於玆矣. 土地人民, 非國之有也, 黜陟爵祿, 非國之用也. 當是時也, 科擧·閥閱·朋黨之言, 盈於國中, 天下之勢, 不歸於此則歸於彼, 久乃習故常, 若以爲性命義理, 固不出於此者, 是古而非今者不信, 守道而獨行者見疑, 愚或有餘, 智或不足者, 莫此時若也.”

52 앞의 글, “夫科擧繁而躁競成, 門閥勝而賢才滯, 朋黨盛而殺戮興, 遊食者衆而民貧, 調停之論起而是非混, 國之元氣, 日鑠於冥冥之中, 而匹夫匹婦, 無故而囂然, 喪其樂生之心矣. 向也世道之弊二焉, 而其末也三, 向也世道之弊三焉, 而其末也五, 其他無於禮之禮, 非先王之法, 所以苛察而區別者, 又不知有幾則, 嗚呼, 夫今之士大夫, 何其紛紛焉節目之多也.”

로 글이나 활쏘기 등의 재주를 보아야 하는데 지금의 과거는 식년시(式年試), 반시(泮試), 절일제(節日製), 경과(慶科), 별시(別試), 도과(道科) 등 온갖 명목이 있어서 임용 인원의 10배나 많은 합격자를 배출하며, 또한 시험에서 테스트한 글들은 실제로는 전혀 쓸모없는 글들이고 합격 직후 잊어버리는 재주가 되어서, 글자나 문구를 보면 압운(押韻)이나 시제(試題)를 생각하게 된다고 한다. 또한 대서(代書)나 차술(借述)로 요행히 합격한 자도 있다고 하며 수백, 수천 명이 응시를 하니 시험을 제대로 치를 수가 없다고 하고 거기에다가 문벌, 붕당의 폐가 있다고 주장하였다.[53]

지방의 시험장에도 시권(試券)을 내는 것이 천 장이 넘고 서울의 대동 과거에는 수만 명이 응시한다고 하였다. 이것을 또 반일 내에 방방(放榜)을 해야 하니 고시를 주관하는 자들은 제대로 시험 답안을 읽을 겨를이 없다는 것이다.

보통 시골의 과시에는 시권을 내는 자가 천 명이 넘고 서울의 대동 과거에는 유생이 왕왕 수만 명에 이른다. 수만 명이나 많은 사람을 혹 반일 안에 방방을 하려고 하니 고시를 주관하는 자는 붓을 잡는 데 피곤하여 눈을 감고 그 시험지들을 내쫓는다. 이러한 때에 비록 한유가 과거를 담

---

53 『北學議』외편,「과거론」, "科擧者何? 將以取人也. 取人者何? 將以用之也. 取人以文, 而用其文. 猶取人以射, 而用其射歟. 然則今之科擧, 何爲者耶? 前科未及收用, 而後科又復橫出. 三年大比之外, 有泮試·節日製·慶科·別試·道科之多般叅錯者焉. 數十年之內, 大小科額, 十倍於國之官爵之原數. 十倍者決不可以盡用, 則九分之爲虛設也明矣. 用人之義果安在哉? 今試人以時藝. 其文, 上之不可充舘閣·備考問, 下之不可紀事實抒性情. 齠齔而學之, 白首而登第, 則卽日而棄之. 一生之精英已銷, 而國無所用之. 詩·賦·表·策, 有鋪頭·鋪叙·入題·回題·初項·再項·中頭·虛頭之稱. 所謂四書疑·五經義者, 率多陳腐雷同, 無一字之眞知新解. 讀書者, 見字則思押韻, 見句則思試題. 用其語而不知其事. 以此而取人, 固疎矣. 而況借書代述, 僥倖冒進之弊, 不一而足."

당하고 소식이 글을 쓴다고 해도 잠깐 사이에 만나기는 어려울 것이다. 아! 당당히 선비를 만드는 곳이 도리어 염장의 운수만 같지 못하니 인재를 취하는 길이 과연 믿을 수가 없다. 이런 데다가 또 문벌, 붕당의 득실이 있다. 요행히 면하여 시대에 쓰이는 것은 또한 교묘하다. 사람을 쓰는 길은 정말 저기에 있고 여기에 있지 않다.[54]

비록 소식(蘇軾)이 글을 쓰고 한유(韓愈)가 고시관이 된다고 해도 합격하기 어려우니, 과거에 합격하는 것은 정말 요행수에 불과하다는 것이다. 또 합격한다 하더라도 문벌과 붕당의 제한이 있으니 어찌 제대로 된 사람을 쓰겠느냐는 한탄이다. 합격자는 합격하는 그날로 그동안 공부했던 학문은 버려 버리고 과거 공부를 하느라고 일생의 정력은 소진되고 만다는 것이다. 또한 400명 정도 응시하면 좋을 시험장에 그 백배나 되는 선비들이 종들도 들어가고 술장수도 들어가니 시험장이 혼란을 극한다는 것이다. 몽둥이로 치고 긴 장대로 찌르면서 문에서 막히고 욕을 먹으면서 시험장에 들어가게 되니 예절을 차려야 할 장소가 강도질하고 전투하는 곳이 되어 버렸다고 현실을 비판하였다.

지금은 백 배나 되는 유생이 물이나 불을 쓰는 데 필요한 도구를 가운데 끼고 힘 많은 무사가 들어가고 부려야 할 종도 들어가고 술 파는 장사꾼도 들어가니 과거 시험장이 어찌 좁지 않겠으며 어찌 혼란스럽지 않겠

---

54 앞의 글, "尋常鄕邑之課試, 呈券者動逾千數, 京國大同之科, 儒生往往至於數萬. 以數萬人之多, 而或有放榜於半日之內者, 主考者, 疲於執筆, 則閉目以眲之. 當是時也, 雖使韓愈典擧, 蘇軾爲文, 悠忽乎其難遇矣. 嗚呼! 以堂堂造士之地, 而反不若閭藏之爲數, 則取人之道, 果不足信矣如此, 而又有門閥朋黨之得失焉. 其幸免而用於時者, 亦巧矣. 用人之道, 果在彼, 不在此也."

는가. 심지어는 몽둥이로 서로 치고 긴 장대로 서로 찌르며 문에서 막히고 길에서 욕을 먹으며 편의를 봐줄 것을 구걸한다. 하루의 과거시험이 사람을 백발로 만들고 왕왕 살상하고 압사하는 자가 있게 되었다. 예절을 차려야 할 곳에서 강도나 전투하는 풍습이 횡행하니 옛사람이 있으면 반드시 지금의 과거시험장에는 들어가지 않을 것이다.[55]

이상과 같이 박제가는 당시 과거시험장의 난맥상을 자세히 묘사하였다. 그래서 그는 과거제도를 개혁하기 위해서 세 가지 개혁안을 제시하였다. 역시 북학론자답게 과거제도의 개혁도 중국에서 배울 것을 주장한다. 그래서 개혁해야 할 문제로 첫째는 문체이고, 둘째는 고시를 주관하는 것이며, 셋째는 쇄원(鎖院)을 해야 한다고 주장한다.[56]

첫째, 문체를 개혁하는 문제는 삼대의 고제(古制)로 돌아갈 것을 주장한다. 과거제도를 폐지하지 않는 한 시험을 보지 않을 수 없으므로 후대의 문체를 벗어나 삼대로 돌아가자는 것이다. 또한 시험의 방방도 즉일로 하지 말고 중국에서처럼 한 달 내에 하도록 하고 시험지를 누가 평가했는지도 명확히 밝히도록 하자는 것이다.[57]

둘째, 고시를 주관하는 사람을 편수(編修)나 한림 중에서 현명한 시

55 앞의 글, "今以百倍之儒生, 挾水火輜重之具於中, 多力之武入焉, 使喚之奴入焉, 賣酒之賈入焉, 庭安得不窄, 場安得不亂? 甚至於椎相擊, 以竿相刺, 阨於門・辱於路, 乞於便施. 一日之科令人髮白, 而往往有殺傷壓死者焉. 以雍容揖遜之地, 而行强盜戰鬪之習, 古人而在, 必不入於今之科矣."
56 앞의 글, "然則今之言更張者, 莫先乎科擧, 科擧之更張, 莫先於學中國. 一曰文體, 二曰主考, 三曰鎖院."
57 앞의 글, "中國亦旣以文取士. 詞賦起於隋唐, 八股昉於王安石, 天下之病, 至於今而極矣. 然其經義殿策, 宏深典雅, 體製具存. 五言八韻, 精工巧妙. 甲賦瀏亮, 叶韻有據, 有登樓眼別之風, 有我國古文之所不及者. 苟不能悉罷科擧, 以復三代之舊, 則用此 猶足以新一時之耳目, 救擧國之膏肓. 庶幾乎一變而至魯矣. 又中國放榜, 率在一月之後, 其勘定卷端, 必書誰評誰批而還給之. 使天下曉然知, 黜陟之所在."

람 중에서 선발하여 오래 그 일을 맡게 하여 인사 이동을 하지 않는다. 또 그 문생(門生)의 현부(賢否)를 가지고 고시를 주관한 사람의 영예로 삼게 한다면 재주가 없는 자를 감히 천거하지는 않을 것이라는 것이다.[58]

과거제 개혁안의 세 번째 안은 시험장을 폐쇄하도록 하자는 것이다. 중국의 시험장은 집을 지어서 열쇠로 채우고 그것을 장옥(場屋) 또는 쇄원이라 하여 부정행위를 방지하고 비바람을 막는다고 하였다. 초정이 본 중국의 시험장 그림은 가시로 둘러싸고 한 선비가 한 방에 들어가도록 하고 뜰 한 칸을 두어서 붓이나 벼루, 음식, 배변의 도구들을 그곳에 두었다고 한다. 밖에는 두 사람의 문졸이 지키면서 한 사람은 시험 관리 일을 하고 다른 한 사람은 문을 지켰다. 전통적인 제도로 실시하자면 500칸은 필요하지만 중국의 법에 따라서 선발하면 3년 뒤에 시험장은 200칸에 불과하게 될 것이라고 추정하였다.[59]

그런데 『북학의』의 이러한 과거제도 개혁론은 초정이 이미 이전부터 생각하고 있었던 것으로 보인다. 본인이 직접 응시한 1777년(정조 1)의 증광시의 시제(試題)가 「시사책」이었다. 초정은 이 시험에서 3등으로 합격하였지만 실제로 응시할 생각은 없었던 것으로 보인다. 그냥 책문에 대한 공부도 하지 않고 우연히 친구인 이희명과 함께 시험장에 가서 옆자리에서 쓴 책문을 보고 독자적으로 썼는데 주시관(主試官)인 이

---

58 앞의 글, "主考者果賢矣, 久任而不遷. 又極選編修・翰林之有名者, 分遣省試. 視其門生之賢否, 以爲主考之榮辱. 故無才者不敢妄擧, 而好名者有所顧忌."

59 앞의 글, "又中國試闈, 皆屋而鎖之, 故曰場屋, 曰鎖院. 以防奸僞, 以備風雨. 嘗觀中國試圍圖, 棘圍精堅. 一士一房, 有庭一間, 筆硏・飮食・溲溺之具, 皆在於內. 二卒守之, 一服事・一守門. 其法如此. 今由今之法而選焉, 則屋不過五百間, 由中國之法而選焉, 則三年之後, 屋不過二百間. 由古之德行六藝而選焉, 則得百人, 足以治國而有餘矣, 亦何難乎屋也?"

명식(李命植)이 높이 칭찬을 하며 1등에 놓았지만, 다른 시험관이 위격이라고 하여 논쟁 끝에 3등으로 내려서 합격시켰다고 한다.

주시관은 이명식인데, 크게 칭상하며 "이는 세간의 문장으로 논할 수 없는 것이다."라고 하여 1등에 놓았는데, 하단에 폐단을 개혁하자는 말이 격식에 어긋났다고 하여 다른 고시관이 빼내려고 하였다. 이 공은 안 된다고 하여 드디어 3등으로 내려놓았다. 나는 이때 실제로는 한 번도 시험을 위하여 책문을 익히지 않았는데, 우연히 시험장에서 옆에 사람이 지은 것을 보니 그다지 어려운 것이 아니어서 글의 앞부분을 짓고 그 아래의 정식(程式)은 친구인 이희명에게 완성하라고 하였다. 나는 한편으로는 쓰기도 하고 한편으로는 부르기도 하면서 "어찌 용두사미가 되지 않겠는가?" 했더니 이희명 군이 웃으며 "자네가 돌아보니 꼬리가 없는데 감히 택했는가?" 하였다. 마침 날이 저물어 바람이 일어서 믿을 만한 사람에게 써서 올리라고 하고는 단지 시험을 끝낸 것으로 상쾌하게 생각하여 처음부터 마음속에 합격 여부를 생각하지 않았다. 좋지 않은 일은 감추고 빼버리는 것인데 우연히 높이 발탁이 되어서 사람들의 웃음거리가 되었으니 지금도 부끄러움이 남아 있다.[60]

이상에서 박제가의 과거제의 폐단에 대한 인식과 개혁론에 대해서 검토하였다. 당시의 과거제도는 여러 가지 문제점이 있었고 그러한 문

---

60 『貞蕤閣集』, 「試士策」, "主試李公命植, 大加歎賞曰, '此不可以時俗程文論者.' 拔置第一, 而下段捄弊措語, 有違格式. 他考官, 欲黜之, 李公不可, 遂降置三等. 余是時, 實未嘗習一應擧策, 偶於場中, 見旁人作, 無甚難者. 遂搆成篇首, 其下程式, 令李友喜明足之. 余一邊書一邊呼曰: '豈非龍首蛇尾者耶?' 李君笑曰, '子顧無尾, 乃敢擇耶.' 適日暮風起, 信手書呈. 只以出場爲快, 初非置得失於胸中也. 不愜之事, 欲諱逾章, 偶被高攉, 遂惹人笑. 于今有餘愧焉. 戊戌秋日, 齊家自識."

제점들은 벌열, 붕당의 폐단과 밀접하게 연관이 되어 있었다. 서파 지식인으로서의 박제가가 이러한 폐단을 개혁하는 것은 사실상 불가능한 일이었다. 따라서 그의 벼슬 생활은 단순한 생활수단에 불과하였고 그의 뜻을 펴는 길은 사실상 연행을 통하여 외국의 지식인들과 지적 교유를 한다든가 문학을 통하여 울분을 토로하는 수밖에 없었다. 그래서 그는 항상 신분적 차별이 없는 농촌에 은거하여 농촌 지식인으로서의 삶을 동경하였다.

3) 출처관과 은거에의 갈망

젊은 시절 초정은 백탑 그룹의 선배·동료들과 당색과 신분을 잊고 오로지 문장과 지식으로 사귀었다. 그곳은 신분의 높낮이도 없고 같은 당, 다른 당도 없고 오직 세상에 대한 견문과 아름다운 문장이 평가되는 이상세계였다. 서파 지식인들 스스로는 그렇게 생각하고 있었는지 모르나 같이 어울렸던 양반 지식인들도 그렇게 생각한 것은 아니었으리라. 그것은 양반과 서파 지식인 개인의 성격에 의한 문제라기보다는 사회구조와 제도가 차별을 강요하고 있었기 때문이다. 서파 지식인들 스스로는 그러한 차별에 대한 표현을 하기가 어려웠다. 공식적으로 서얼들은 서얼통청 운동을 통하여 자신들에게 주어진 차별을 벗어나려고 하였다.

박제가가 교유한 이들은 자신과 동류(同類)인 서파 지식인들뿐만 아니라 양반 사대부와 관료, 외국인(청나라 한족, 만족, 몽골족) 지식인에 이르기까지 다양하였다. 그러나 심정적으로 서파 지식인과 생각을 같이하는 담헌 홍대용이나 연암 박지원 같은 선진적 양반 지식인 그룹에서도 서얼에 대한 차별을 인식하지 않을 수 없었고 담헌이나 연암 모

두 서얼통청 운동에 동정적인 입장이었다.[61]

박제가가 동료들에게서 느끼는 우정의 감정은 각별한 것이었다. 박제가가 이인 찰방으로 나갔을 때에 금정 찰방으로 와 있던 유득공에게 준 시는 바로 그러한 심정을 드러낸 것이라고 볼 수 있다.

그대는 무진생이고 나는 경오생,	君生戊辰我庚午
크고 큰 인연 있다 해도 과언 아니네.	有大因緣非過語
교서관에서 함께 한서향(漢署香)을 나누었고,	校書同分漢署香
인끈을 차고서 주관어(周官圉)를 함께하네.	佩印共牧周官圉[62]

유득공은 무진년 즉 1748년생으로 1750년 경오년생인 초정보다 두 살이 많다. 교서관에서 검서관으로 같이 근무를 하였고 이제 충청도 역참의 찰방으로 가까이에서 함께하는 기쁨을 표현한 것이다.

초정의 교우 대상은 크게 두 부류로 나눌 수 있다. 하나는 조선의 동류인 서파 지식인으로 이덕무, 이희경, 유득공, 백동수, 윤가기, 이한진(李漢鎭)과 같은 서얼 지식인들과 홍대용, 박지원, 이서구 등과 같은 권력에서 소외된 비주류 양반 지식인들이다. 사대부들과 교유하지 않은 것은 아니지만 그들과의 사이에는 동류의 일체감이 없었다. 그리고 다른 하나는 연경에서 만난 청조 지식인들을 들 수 있다.[63] 박제가의 교유를 정리한 논문에서 이 두 부류와의 우정에는 두 가지 조건이 배

---

61 박지원이 서얼과 서얼의 통청운동에 대해서 동정적인 생각을 가진 것에 대해서는 「擬請疏通疏」(『燕巖集』 권3)에서 찾아볼 수 있다.

62 『貞蕤閣集』, 「利仁驛亭 次寄金井柳察」. '한서향'이란 함께 검서관이 되었다는 것이고 '주관어'는 함께 역 찰방에 임명된 것을 말한다.

63 이승수(2011)는 이것을 神交라는 열쇠말로 표현하였다.

제되었거나 부재(不在)가 전제되었다고 하였다. 그것은 '조선'과 '사대부'이다. 박제가의 우정은 '조선'과 '사대부'를 배제하면서 형성된 안티테제라는 것이다. 초정에 있어서 조선과 사대부는 허위와 모순 덩어리이며 화합되거나 용납될 수 없는 적대적 존재였다. 그는 조선의 허약한 국가체제를 비판하면서 그 폐단은 사대부에게서 나온다며 사대부들을 '좀벌레'라고 비하하였다. 호상(胡床) 사건의 일화는 초정이 그러한 국가와 사회에 적응하지 못하는 모습을 드러낸 것으로 보인다. 그러면서도 초정은 조선 사대부와 전면적으로 맞설 수가 없어서 그가 결코 떠날 수 없는 사회적 조건과 타협 내지는 절충할 수밖에 없었다고 정리하였다.[64]

이에 초정이 돌파구를 조선이 아닌 중국, 양반 사대부가 아닌 동류의 친구들에게서 찾은 것은 당연한 것인지도 모른다. 그는 서파 지식인으로서 스스로의 한계를 이미 성대중이나 원중거 같은 동류 선배 지식인의 역정(歷程) 속에서 인식하고 있었다. 말하자면 조선 후기 사회에서 서얼의 이상과 좌절을 말할 수 있는 것이다. 27세의 젊은 청년 박제가의 이러한 이상과 좌절의 모습은 1776년 경기도 지평의 산골짜기로 은퇴하는 동류 선배 원중거를 보내면서 쓴 글에서 엿볼 수 있다. 이 글에서 초정은 과거제나 문벌, 붕당의 폐해를 지적함과 동시에 서얼에 대한 차별의 현실을 비판하면서도 지혜롭게 농촌에 은거하는 원중거를 선망의 눈으로 보고 있었다.

원중거(1719~1790)는 1750년(영조 26) 생원시에 2등으로 합격하였으나 10여 년간 실직(實職)을 제수받지 못하다가 40세가 넘어서야 장흥고(長興庫) 봉사(奉事)라는 종8품에 임명되었다. 1763년(영조 39)에는 계미

---

64 이승수(2011).

통신사의 부사 서기로 사행을 다녀왔는데, 이때 일본에 널리 문명(文名)을 떨쳤다. 1770년(영조 46)에는 송라도(松羅道) 찰방(察訪)으로 승진되었지만 60일 만에 파직되었다.

현천(玄川) 원 공은 진사로 집안을 일으켜 낭서(郞署)로 20여 년을 부침하다가 만년에 역 찰방에 제수되었으나 바로 파직되어 그만두었다. 궁핍하고 굶주리며 곤경을 겪고 자빠져도 포용하면서 휩쓸리지는 않았으며 분수에 만족하고 시세를 알았다. 중간에 서기가 되어 일본에 건너갔을 때에는 일본의 인사들이 앞다투어 현천 선생이라고 칭하였다. 원 공은 문학이 뛰어난 사람이다. 사람들도 조금 그 현명함을 칭송하였으나 끝내 그를 천거하는 사람은 없었다. 이에 도성 남쪽에 궁벽한 땅을 얻어 나무를 심어 자급하였다. 나무가 울창하게 자라자 바로 다시 매도를 하여 지평 산중에 땅을 사서 부자와 부부가 함께 밭을 갈았다. 원 공의 뜻이 어찌 오래되지 않았겠는가. 그러나 일이 이루어졌을 때에는 이미 백수 노인이 되었다. 가을 9월에 여울물은 줄지 않았고 돛배가 갖추어졌으니 순식간에 동쪽에 갈 수 있다.[65]

계미통신사행으로 조선과 일본에 그 문명을 떨쳤고 일본에서는 앞다투어 현천 선생이라고 칭송하였지만 원중거를 천거하는 사람은 없었던 것이다. 그래서 서울 도성 남쪽에 나무를 심어서 팔아 지평에 전장

---

65 『貞蕤閣集』, 「送元玄川重擧序」, “玄川元公, 起家進士, 浮沈郞署二十餘年, 晚得除一郵, 旋罷以去, 窮餓困躓, 和光而不流, 安分而知時, 間嘗充書記, 航海之日本, 日本之人士, 交口稱玄川先生. 元公文學長者也, 人亦稍稍訟其賢矣, 而卒無有能擧之者, 乃得僻地於城南, 種樹以自給, 樹苑然長矣, 卽復賣, 以買田于砥平之山中, 父子夫妻, 共相躬耕. 夫元公之志, 豈不久哉, 而業已老白首矣, 時秋九月, 灘水未落, 布帆旣具, 瞬息可東.”

을 마련하고 부부와 부자가 함께 은퇴하여 농사를 짓고 살게 되었다는 것이다. 그러나 원중거의 은퇴는 스스로 원해서 그러한 것이 아니었다. 세상이 용납하지 않았기 때문이다.

아! 장부가 때를 만나면 조정에서 벼슬해도 영예롭게 생각하지 않을 것이요, 뜻을 얻지 못하면 바위굴이라도 낮게 생각하지 않을 것이다. 저 세간에서 말하는 부귀빈천과 출척(黜陟) 작록(爵祿)이라는 물건은 모두 그 마음을 더럽힐 수 없을 것이니 또 어찌 그의 행동을 얽어맬 수 있겠는가. 풍속이 다른 만 리 밖에서도 명성을 떨쳤지만 운명은 더 나아갈 수가 없었고 낭서에서 20여 년을 부침하면서도 도를 더 제약하지는 못하였다. 홀로 능히 미묘한 때에 몸을 깨끗이 하였고 먼지 같은 세상 표면에 뜻을 의탁하면서도 넘어서서 자주 옮기지 않았으며, 늦었다고 절개를 바꾸지 않았다. 이에 처음 입던 옷으로 돌아가 애오라지 본래 좋아하던 것을 이루게 되었으니 어찌 어려운 결정이 아니겠는가. 아! 오늘날 사대부는 과거도 합격하지 못하고 문벌도 아니고 붕당에 들어 있지도 못한다면 위로는 벼슬을 할 수가 없고 아래로는 공장이나 장사꾼도 되지 못한다. 나라에 붙어서 사람 사이에 행세하면서 굶어 죽게 생겼으면서도 오히려 사대부라는 이름이나 뒤집어쓰고 있으면서 농부가 되려고 해도 할 수 없는 사람은 뭘 하는 사람인가.[66]

---

66 앞의 글, "嗟乎, 丈夫得其時, 則廊廟不足爲其榮, 不得志, 巖穴不足爲其貶, 彼世間之所謂富貴·貧賤·黜陟·爵祿之物, 擧不足以累其心, 則又惡得而縻其行哉. 名聲震燿殊俗萬里之外, 而命不加亨也, 浮沈郎署二十餘年, 而道不加約也. 獨能潔身於幾微之際, 托意於埃壒之表, 不以顚沛而屢移, 不以遲暮而易節, 爰返初服, 聊遂素好, 豈不難哉. 嗚呼, 今之士大夫, 有非科·非門閥·非朋黨, 上不及於仕宦, 下不及於工商. 若附庸之國而行於人, 飢餓死而猶且冒其士大夫之號, 而求爲農夫不可得者, 則又何爲者耶."

앞 글에 바로 이어서 초정은 원중거가 세상이 용납하지 않는 환경에서도 명성을 떨치고 세속에 부침하면서도 원래의 도와 절개를 지키다가 처음에 났던 곳과 생각으로 돌아가게 되었으니 아주 어려운 결정을 한 것이라고 칭송하며 자신은 그러한 결정과 실천을 하지 못하는 것에 대해서 자괴(自愧)하고 있는 것이다. 과거에 합격하고 문벌이 있어야 하고 붕당에 들어가야 위로는 벼슬하여 출세를 할 수 있고 아래로는 장사라도 할 수 있는 현실에서 사대부라는 이름이나 뒤집어쓰면서 농사도 짓지 못하는 자신이 한탄스러웠던 것이다.

초정은 농촌에 은거하려는 생각을 일찍부터 가졌었다.

평생 벼슬하기 원하지 않았고,	平生不願仕
먹고만 살려는 게 나의 뜻 아니었네.	矢志非口腹
개연히 문연을 사모하고,	慨然慕文淵
북지에서 전목을 시험했었지.	北地試田牧
한 번에 천금을 버리고,	一笑散千金
오로지 기풍이 녹녹해지네.	聊以風碌碌
비록 경세의 자세는 없지만,	雖乏經世姿
가정에 쓰기에는 역시 족하리.	用之家亦足
수죽에 가까운 곳에 이거하여,	移居近水竹
품은 뜻 다하기 어려울 거라.	未必深抱牘
장서가 만 권이나 되고,	藏書一万卷
열 집이 서로 빌려가며 읽네.	十家相借讀
수레들은 서로 이어지고,	行車息肩背
넉넉한 집에 구들 따뜻해.	燒飯固恒屋
감자를 남북에 두루 심어서,	移藷遍南北

흉년 되면 저축에 당할 수 있네.	歲荒當積畜
농사짓고 뽕 심으며 함께 살면서,	耕桑與幷臼
힘은 덜고 공력은 더욱 빠르네.	力省功更速
이 몸이 미혹하게 되면,	將身牖我迷
하나하나 중국에 돌이켜 보네.	一一返華俗
(……)	
팔 년 동안 구구하게 지내오느라,	區區八年來
처음에 먹은 뜻 이루지 못했네.	未忍遂初服
집사람과 소홀해지니,	似與家人疎
오래 금중에 숙직을 하네.	長向禁中宿
그대가 온 지 이미 반 년인데도,	君來已半載
아직도 미숙한 게 있다네.	更有知未熟
어제 나에게 시를 지어 보내니,	昨覩寄我作
한결같이 심곡을 보고 있더군.	一往見心曲
우리 집안 우수함을 탄식하면서,	歎息吾宗秀
문사는 처음에 더욱 빛나네.	文詞映初旭
한때의 명성이 막 일어나니,	時名方鵲起
장부가 어찌해 엎드려 있겠나.	丈夫寧雌伏
아낌없이 녹봉을 나누어서,	不惜分俸錢
그대 위해 조그만 집 지어 드리리.	爲君營小築
보태기엔 힘이 비록 미약하지만,	吹噓力雖微
질탕하게 집 짓고 살 만하다네.	跌宕緣可卜[67]

---

67 『貞㽔閣集』,「自述和胤思」. 이 시에서 和韻한 상대인 胤思는 집안의 宗孫이다.(『貞㽔閣集』,「次示宗孫胤思」)

중국에도 다섯 번이나 다녀오고 북학에 대해서 그 누구보다도 선진적이어서 세상을 바로잡을 정책도 가지고 있었을 초정의 막역한 친구인 이희경은 이미 농촌에 은거하였다.[68] 이미 농촌에 은거한 이희경에게 부친 시에서는 젊었을 때 함께 은거할 것을 약속했는데, 그 약속을 지키지 못한 데 대하여 부끄러움을 드러내고 있다.

좁은 밭에 집을 이어 짓고,	峽田連丙舍
아들들과 몸소 농사를 짓네.	之子事躬耕
세상 광정 계책을 홀로 가지고,	獨抱匡時略
녹봉을 구할 생각 전혀 없다네.	而無干祿情
책 보는 것 비아를 궁했고,	蟲魚窮埤雅
글 짓는 것 남경을 모방했네.	機杼倣南京
옛날에 함께 은거할 것 기약했는데,	夙昔期偕隱
계획 아직 못 이루니 부끄럽다네.	深慚計未成[69]

아래의 시에서는 검서관으로 관복을 입고 궁중에 숙직을 서면서도 젊었을 때 농사지으며 살던 초심을 잃었음을 안타까워하였다.

본래 농사지을 것을 기약했는데,	本期事畊稼
우연찮게 궁궐에서 직숙을 하네.	偶此直金門
감히 사사로운 사람의 눈이 있어,	敢有私人目

---

68 근래에 이희경의 『雪岫外史』가 발견되어 초정을 중심으로 한 북학파의 외연이 더욱 확대되었다. 진재교 외 역(2011).
69 『貞蕤閣集』, 「寄李十三峽居」.

처음의 잘못 남몰래 은혜가 되네.	初非暗轉恩[70]

관복 입어 본마음 저버린 걸 부끄러워하며,	常愧烏紗負素心
꽃 지는 밝은 달에 혼자서 읊네.	落花明月自沈吟
중년에 문득 세월 빠름 깨닫고,	中年頓覺光陰速
한 잔 술에 의기가 깊음을 알겠네.	一飮遍知意氣深[71]

같은 처지의 원중거에 대한 만사에서도 그는 벼슬에 나가서도 바른 길로 가고 바른 말을 하였으나 세상에 용납되지 못한 그에 대해 존경의 염을 담아냈다.

온 집안 용문으로 은거하여서,	盡室隱龍門
흰머리에 풀뿌리 씹었었지요.	白頭咬菜根
위험에 처해도 바른 길을 걷고,	濱危猶直道
하는 말은 곧바로 명언이 되네.	矢口卽名言
한 잔 술 시류는 꺼려 했지만,	杯酒時流忌
문장은 이역에서 높아졌다네.	文章異域尊
이 사람 묵은 풀이 될지라도,	斯人雖宿草
바람은 박부를 돈독히 하네.	風使薄夫敦

임금님 생각은 서자도 같고,	天意憶葵藿

---

70 『貞蕤閣集』,「直中因付軍銜啓辭 有復職調用之命 恭賦志感」. 이어지는 부분은 다음과 같다. "欄花窺墨戲, 苑翠積鞾痕. 秪喜秋涼近, 還應侍至尊."
71 『貞蕤閣集』,「直夜小醉」. 이어지는 부분은 다음과 같다. "㑑直三宵成戒律, 祕書千卷當園林. 齋糧五嶽平生夢, 頭白天涯抱玉琴."

추상 같은 얼굴은 난초와 같네.	秋容惜蕙蘭
칠순에 서국에서 봉급받았고,	七旬書局体
장례 때의 관품은 삼품이었지.	三品葬時官
이처럼 평생을 깨끗이 하니,	完此平生潔
즐거이 몰세토록 한미하다네.	甘爲沒世寒
지위는 바야흐로 익숙해지나,	脂韋方習熟
누가 고인의 어려움을 알겠는가.	誰識古人難[72]

초정이 영평 현령으로 있을 때에는 그곳에 은거하였던 선배 이한진 (1732~?)을 따르며 함께 많은 시간을 보냈는데, 이한진 역시 재주를 가지고 있으면서도 서파(庶派)이기 때문에 조정에 등용되지 못한 사람이었다. 퉁소의 대가인 이한진은 젊었을 때는 무과를 지향했던 것으로 보인다. 호랑이를 잡을 기세였던 그가 이제 서울을 떠나 영평의 선대 전장으로 돌아가 은거하여 있는 것이다. 이때에 지어 준 이별시에도 초정은 자신의 은거에 대한 동정심을 나타내고 있다.

은자는 성격에서 나오는 것이고,	隱者多帶性
처사는 오히려 유협심이 있지.	處士寧游俠
젊었을 땐 호랑이를 쏠 뜻 있었고,	當秊射虎志.
늙어서는 메추리를 사냥한다네.	老作鶴鶉獵
(……)	
밭뙈기 비록 넓지 않지만,	有田雖未寬

---

[72] 『貞蕤閣集』,「挽元玄川〔重擧〕」. 이어지는 부분은 다음과 같다. "詩有長慶富, 吏有道州循. 辭受貧愈峻, 交游老漸眞. 蕭瑟皐比地, 崢嶸木石隣. 傷心紘誦迹, 不及燕毛辰."

벼슬길 좁은 것보다는 오히려 낫네.　　　　　　猶勝名塗狹[73]

　　검서관이 된 지 3년째에 시골에 은거한 이희경이 서울에 왔다. 초정
은 이희경을 이끌고 필운대에 올라 살구꽃을 감상하며 오랜 회포를 풀
었다. 검서관 생활의 구속에서 오는 괴로움, 한 달 내내 관복을 입고
집에 들어가지도 못하는 괴로움을 토로하였다. 그러면서 그는 자신이
녹봉만을 바라고 벼슬을 한 것은 아니니 언젠가 바로 경세(經世)의 재주
를 가지고도 농촌에 은거한 이희경 옆으로 돌아갈 것을 다짐하였다.

시골에서 자네가 왔다는 소식 듣고,	聞君自峽來
바로 성안 서쪽 골짜기에 갔지.	拉向城西曲
살구꽃 이미 활짝 피고,	杏花已爛熳
술 사서 밝은 기슭에 앉았지.	沽酒坐晴麓
그대 생각 오래 쌓인 회포,	思君積懷抱
날 저물도록 이야기 나누었지.	日斜話諄複
요즘 쉴 틈이 없으니 괴로운데,	近日苦無暇
어찌하면 구속을 면할 수 있을까.	那能免拘束
한 달 내내 집에서 밥을 못 먹었으며,	一月不家食
한 해 내내 공복을 입고 있다네.	終歲著公服
(……)	
나 또한 생각 있는 사람이니,	吾亦有心人
우연히 출사했지 녹을 바라진 않네.	偶出非干祿
그대는 본래 경제의 재주꾼,	君本經濟才

73 『貞蕤閣集』, 「送京山李布衣〔漢鎭〕 寓居永平先隴」.

갈옷 입고 빈 골짜기에 있네.　　　　　　　被褐在空谷

맹서하노니 장차 손잡고 은거하여,　　　誓將携手隱

농사 배워 꽃과 나무를 심으리.　　　　學圃栽花木

먹을 푼 듯 봄 산에 번지어 가고,　　　潑墨瀉春山

그대와 더불어 가리키며 읽어 보노라.　與君指點讀[74]

4. 맺음말

이상에서 초정의 사회적 처지와 그의 사회사상에 대해서 검토하였
다. 서울 양반의 서자로 태어난 초정은 태어날 때부터 사회적·신분적
한계를 가지고 있었지만 그만큼 그 시대를 치열하게 살다 간 사람은 드
물다고 보아야 할 것이다.

초정은 그동안 북학론의 대표자로서 중국에서 배우자는 북학사상에
서부터 절강 지역과의 통상론, 부국론 등을 통하여 천재적인 지식인으
로 높이 칭양되어 왔다. 본 논문에서는 일부러 그의 그러한 천재적인
모습보다는 '서울' 양반의 '서자'라는 사회적 조건에 방점을 두어서 그
의 사회적 처지와 사상을 실펴보았다. 형암이나 초정처럼 당사자가 서
얼인 처지에 있는 사람이 서얼통청을 공개적으로 주장할 수는 없었다.
검서관의 벼슬을 받거나 차별을 완화시켜 주는 것은 모두 국왕의 은전
이었다. 하급 기능 관료로서 검서관이 어떠한 개혁론을 제시한다는 것
은 분수를 넘는 일이었다. 따라서 초정이 제시한 개혁론도 사실은 현상
에 대한 사실적 묘사와 그것을 개선하자는 제안에 불과한 것이라 온건

---

74 『貞㽔閣集』, 「壬寅(1782)春季之六 携綸菴李君登弼雲眺杏花 小飮于山底園屋走筆」.

한 개혁론에 그칠 수밖에 없었던 것이다.

그럼에도 불구하고 그의 사회사상에서 간과할 수 없는 것은 과거제 개혁론과 이에 따른 벌열, 붕당의 폐단에 대한 날카로운 지적이다. 초정이 과거제의 현장에서 목격한 폐단은 바로 벌열, 붕당에서 비롯된 것이고 벌열과 붕당에 대한 근본적인 개혁이 먼저여야 할 것이지만, 초정은 일단 먼저 과거제 개혁을 중국의 것에 준해서 이루자는 정도를 주장하고 있다.

국가가 부유해지기 위해서는 놀고먹는 양반들을 도태시켜야 하고 이들이 상업에 종사하여야 한다는 경지에까지 간 것은 바로 그의 사상의 선진성을 말하는 것이다. 그러나 그의 그러한 생각은 생각에 그칠 뿐, 정책에 반영되거나 시행한다는 것은 불가능한 일이었다. 따라서 그는 친구인 이희경이나 선배 서얼 지식인인 원중거처럼 농촌에 은거하며 농촌 지식인으로 중국에서 배워 온 실용적인 지식을 시험할 생각이었다. 노래처럼 반복되는 그의 은거에 대한 생각은 서얼 지식인의 출처관에 잘 나타나 있다고 할 수 있다.

'중국과 외국이 한 집안〔中外卽一家〕'이라든가[75] '남해 바다 어느 때에 말라서 초나라 언덕과 평지가 될까〔南海何時竭 楚岸連平地〕'라는[76] 파격적인 생각은 세계를 알아 버린 서울의 양반 서자가 현실적 질곡에서 탈출하는 하나의 돌파구였던 셈이다.

---

75 『貞㽔閣集』, 「題幾何室所藏雲龍山人(李調元)小照」.
76 『貞㽔閣集』, 「題洪湛軒所藏潘舍人〔庭筠〕墨蹟」.

參考文獻

朴齊家, 『北學議 附貞㽮集』, 국사편찬위원회, 1961.

_____, 『貞㽮閣全集』, 여강출판사, 1986.

_____, 『楚亭全書』, 아세아문화사, 1992.

_____, 『貞㽮閣集』, 민족문화추진회, 2001.

_____, 안대회 옮김(2003), 『북학의』, 돌베개.

_____, 정민・이승수・박수밀 외 옮김(2010), 『정유각집』, 돌베개.

이희경 저, 진재교 외 역(2011), 『雪岫外史 : 북학 또 하나의 보고서』, 성균관대 출판부.

고동환(1998), 『조선후기 서울상업발달사 연구』, 지식산업사.

김문식(2009), 『조선후기 지식인의 대외인식』, 새문사.

김용덕(1977), 『조선후기사상사연구』, 을유문화사.

오세영・윤일현・김성준 엮음(2004), 『초정 박제가의 실학사상과 해운통상론』, 신서원.

유봉학(1995), 『연암일파 북학사상 연구』, 일지사.

_____(1998), 『소선후기 학계와 지식인』, 신구문화사.

_____(2001), 『정조대왕의 꿈』, 신구문화사.

이헌창(2011), 『초정 박제가』(실학박물관 실학인물총서 5), 민속원.

정성철(1982), 『조선실학사상의 계보』(일역본), 웅산각출판.

한상권(1996), 『조선후기사회와 訴願제도: 上言・擊錚 연구』, 일조각.

강명관(1996), 「조선후기 서적의 수입・유통과 장서가의 출현」, 『민족문학연구』 9, 민족문학사학회.

김용덕(1981), 「박제가의 경제사상—기적의 선각자」, 『진단학보』 52, 진단학회.

_____(1988), 「정유와 연암」, 『동양학』 18, 단국대 동양학연구소.

박인호(2002), 「발해고에 나타난 유득공의 역사지리인식」, 『한국사학 사학보』 6, 한국사학사학회.

박종훈(2005), 「박제가 시에 나타난 삶의 궤적과 내면의식—정유각시 집 2권의 창작 시기 考究를 겸하여」, 『고전문학연구』 27, 고전 문학연구회.

_____(2007), 「초정 박제가의 '竟信堂夾帶' 소고」, 『한국한문학연구』 40, 한국한문학회.

_____(2007), 「초정 박제가의 '愁州客詞' 일고」, 『동양학』 42, 단국대 동양학연구소.

_____(2008), 「초정 박제가 시에 나타난 자부심과 내적 갈등 양상 —검서관 재임기간의 작품을 중심으로」, 『온지논총』 19, 온 지학회.

박현순(2011), 「정조대 서울·지방의 분화와 지방사족의 등용」, 『정 조와 정조시대』, 서울대 출판문화원.

배우성(2006), 「18세기 지방 지식인 황윤석과 지방 의식」, 『한국사연 구』 135, 한국사연구회.

裵在弘(1987), 「朝鮮後期의 庶孼許通」, 『慶北史學』 10, 경북사학회.

송재소(1980), 「초정 박제가의 미의식과 시론」, 『한국한문학연구』 5, 한국한문학회.

안대회(2001), 「박제가 시의 사물·인간·사회」, 『18세기 조선지식인 의 문화의식』, 한양대 출판부.

_____(2005), 「초정 박제가의 인간면모와 일상—小室을 맞는 詩文 을 중심으로」, 『한국한문학연구』 36, 한국한문학회.

_____(2009), 「초정 박제가의 연행과 일상속의 국제교류」, 『동방학지』 145, 동방학회.

_____(2010), 「조선 후기 연행을 보는 세 가지 시선」, 『한국실학연구』 19, 한국실학학회.

유봉학(1991), 「18·9세기 경·향학계의 분기와 경화사족」, 『국사관논총』 22, 국사편찬위원회(『연암일파 북학사상 연구』, 일지사, 1995에 재수록).

_____(1998), 「경화사족의 사상과 진경문화」, 『진경시대』 1, 돌베개.

이승수(2011), 「박제가 삶의 두 출로, 우정과 연행―조선후기 朝淸 神交를 살피기 위한 예비 검토」, 『온지논총』 28, 온지학회.

이우성(1963), 「18세기 서울의 도시적 양상 : 연암학파―이용후생학파의 성립 배경」, 『향토서울』 17, 서울시사편찬위원회.

李鍾日(1986), 「16·17世紀의 庶孽疏通論議에 대하여」, 『東國史學』 19·20, 동국사학회.

_____(1987), 「18·19世紀의 庶孽疏通運動에 대하여」, 『한국사연구』 58, 한국사연구회.

이헌창(2003), 「조선 중·후기 실학자의 해로무역육성론」, 『조선시대의 사상과 문화』, 집문당.

_____(2005·2006), 「박제가 경제사상의 구조와 성격」, 『한국실학연구』 10·11, 한국실학학회.

임형택(1994), 「계미통신사와 실학자들의 일본관」, 『창작과비평』 1994년 가을호(통권 85호), 창작과비평사.

鄭倫周(1993), 「『葵史』(1859)의 編纂과 刊行動機」, 『역사학보』 137, 역사학회.

황인건(2005), 「박제가 시에 나타난 검서관 체험 고찰―1차 재임 기간의 작품을 중심으로」, 『한국학논집』 39, 한양대 한국학연구소.

小倉雅紀(1996),「박제가의 북학사상과 성리학」,『한국문화』18, 서울
　　대 한국문화연구소.

'際'를 自覺한 者의 苦悶: 楚亭의 思想史的 位置

미야지마 히로시(宮嶋博史) | 성균관대학교 동아시아학술원 교수

1. 머리말

2. 실학 연구사의 현 단계

3. 초정에 대한 재조명

　1) 초정에 관한 연구사의 개략

　2) 초정의 두 얼굴

　3) 초정의 '제(際)'론에 대한 주목

4. 초정에 있어서 '제'의 자각과 그 의미

　1) 초정의 다양한 '제'론

　2) '제'의 사상적 근원

　3) '제'의 역사적 문맥

5. 『북학의』의 재검토

6. 초정의 고민: 유배 시기의 그를 어떻게 볼 것인가?

7. 맺음말: '제'의 자각, 그 이후

1. 머리말

초정(楚亭) 박제가(朴齊家, 1750~1805)는 주지하는 바와 같이 18세기를 중심으로 한 이른바 실학파 가운데 북학파(北學派) 혹은 이용후생학파(利用厚生學派)를 대표하는 사상가 중 한 사람으로 높이 평가되어 온 인물이다. 특히 그가 주장한 청나라 선진 기술의 도입과 해외 통상론(通商論)은 근대적인 지향성을 잘 나타내는 선구적이고 독창적인 사상이라는 평가를 받아 왔다. 이 논문에서는 이러한 초정에 대한 통설적 이해를 비판하고 그의 사상을 전혀 다른 각도에서 파악하려고 한다. 이러한 본고의 입장은 단순히 초정 평가의 문제에 머무는 것이 아니라 지금까지의 실학사상 이해에 대한 비판과 결부된 것이기 때문에 먼저 간략하게나마 실학 연구의 문제점에 대해서 검토하기로 한다.

2. 실학 연구사의 현 단계

지금까지 한국 사상사 연구에 있어서 '실학'에 관한 연구는 가장 중요한 위치를 차지해 왔다. '실학'을 보는 시선은 주지하듯이 시기에 따라 변화가 있었는데, 그러한 '실학' 연구사를 잘 정리하고 앞으로의 연구 과제를 제시한 글로서 임형택의 「21세기에 다시 읽는 실학」을 들 수 있다. 이 글에서 임형택은 '실학' 연구의 역사를 20세기 초, 1930년대, 1960~1970년대의 세 단계로 나누면서 제 3단계, 즉 1960~1970년대의 내재적 발전론을 바탕으로 한 시기의 '실학' 연구를 근대주의와 민족주의가 동거한 것으로 정리하고 있다. 그리고 이렇게 연구사를 정리한 다음, 근대 극복이 요청되는 오늘날의 '실학' 연구의 의미와 과제에 대해 아래와 같이 논하고 있다.

실학자들이 심혈을 기울여 추구한 저 방대한 저작물 속에 새겨 넣은바 뜻은 오직 정치제도의 경장(更張), 생활문화의 개혁 그것이었다. 이는 부인할 수 없는 사실이다. 실학의 경장과 개혁이 만약 현실화되었다면 어떤 모양으로 되었을까? 필시 우리가 경험한 '역사적 근대'와 동일하지 않은, 사뭇 다른 형태로 실현되었을 것이다. 그런 면에서 실학을 '근대지향'으로 해석한 것은 오판 아니면 아전인수라고 말할 수 있다. 나는 이 점으로 실학을 평가절하해서는 안 된다고 생각한다. 왜냐하면 '서구주도의 근대=역사적 근대'를 절대적 좌표로 설정하고 가치척도로 삼는 태도는 전혀 정당성을 인정할 수 없기 때문이다. 원론적으로 말해서 서구 주도의 근대가 유일무이한 근대일 수 없다. 중세의 전반적 획기적인 경장과 개혁을 의도하고 기획하였으니 그 다음에다 응당 '근대'를 설정할 수 있지 않을까. 그런 의미에서는 실학의 '근대성'을 인정해도 좋으리라 본다. 실학의 '근대성'은 일반적인 근대성과 상합하는 면도 있지만 맞지 않는 면이 적지 않다. 이런 면올 종래 속류적 실학론은 한계로 지적하든가 아니면 묵과해 버렸다.

자본주의적 근대는 지금 제어장치 없는 자기 발전의 논리로 지구적 파멸을 향해 질주하는 형국이다. 이 위기로부터 탈출하자면 '문명의 틀'을 바꾸어야 된다는 생각에 힘이 실리고 있는데 그렇다고 실학이 곧 대체이론이라고 주장하려는 것은 아니다. 다만, 우리가 문명의 틀을 바꾸기 위해 발본적으로 사고하고 실천하자면 실학으로 눈을 돌릴 필요가 있다. 실학의 방대한 학적 축적 속에는 우리가 응당 끌어내서 활용할 소지가 풍부하다는 점을 일깨우고 싶은 것이다. 예컨대, 이익(李瀷)의 '발전'과 '편리'에 대한 반성적 사고도 그렇거니와, 박지원과 정약용에서 기술발전 및 물질적 추구와 함께 인간의 삶과 자연생태를 도덕적·심미적으로 고려하는 이들 발상은 다분히 비근대적으로 보이지만 근대적 병리를 치유하는 묘방으로, 근대를 넘어서는 사상적 원천으로 해석할 수 있을 것이다. 그리고 최한기의 우주 자연과 인간의 하나됨을 지향하는 '우내일통(宇內一統)'의 기학(氣學) 또한 근대극복의 신사상으로 주목해야 할 것이다.

이처럼 임형택은 서구적 근대의 극복이 요청되는 현시점에서 실학 연구가 가질 수 있는 적극적 의미를 밝히려고 했는데, 필자도 이러한 입장에 기본적으로 동의한다. 그런데 이러한 입장에 설 때 문제가 되는 것은 서구적 근대의 가장 핵심적인 문제가 어떤 것이며, 그것을 극복하기 위해서는 무엇이 필요한가, 그리고 '문명의 틀'을 바꾸기 위해 실학에서 끌어낼 수 있는 사상적 유산이란 무엇인가 등의 문제일 것이다.

임형택은 이익(李瀷), 박지원(朴趾源), 정약용(丁若鏞), 최한기(崔漢綺) 등의 사상 속에 내포된 근대극복의 가능성에 대해 말하고 있는데, 그렇다면 초정의 사상에도 그러한 가능성이 존재한다고 할 수 있는가? 존재한다고 한다면 그것은 어떤 것이며, 다른 사상가들과 구별되는 독자적인 부분이 존재하는가? 이 논문에서는 이러한 문제의식을 가지면서 초정 사상에 대한 새로운 인식과, 그것이 가질 수 있는 역사적·현실적 의미에 대해 논하고자 한다.

3. 초정에 대한 재조명

1) 초정에 관한 연구사의 개략

초정에 관한 연구사는 1970년에 발표된 김용덕의 박사논문 「정유 박제가 연구」에서부터 본격적으로 시작되었다고 해도 무방할 것이다. 그이후 지금까지 많은 연구가 축적되었는데, 여기서는 본고의 문제의식과 관련시키면서 연구사를 간략하게 정리하겠다.

초정에 관한 초기의 연구 경향을 잘 보여 주는 것으로, 1981년에 개최된 진단학회 주최의 심포지엄 '제10회 한국 고전연구 심포지움 : 정유집의 종합적 검토'를 들 수 있다. 이 심포지엄에서는 이병도의 개회사에 이어, 김용덕(경제사상) · 이춘영(농업사) · 정옥자(문학사) · 박충석(사상사) 등이 보고를 담당했으므로, 당시 학계의 중심적인 연구자들이 초정을 다양한 각도에서 검토한 보고가 이루어졌다고 말할 수 있다. 심포지엄의 내용은 나중에 『진단학보』 52호(1981)에 게재되었는데, 여기서는 그 논문들을 이용하기로 한다.

각 논문 중에서 본고의 관점에서 주목하고 싶은 것은 김용덕, 정옥자, 박충석의 논문이다. 먼저 김용덕의 논문인데, 그는 초정의 경제사상을 '기적'이라고까지 높이 평가한다.[1] 이러한 견해는 주지하듯이 그후 학계의 일반적인 이해가 되었는데, 여기서 주목하고 싶은 부분은 초정과 연암(燕巖) 박지원을 전혀 다르게 보려고 하는 김용덕의 주장이다. 즉 그는 상업을 중시하던 초정에 비해 연암은 어디까지나 농업을 중시하는 보수적인 사상가였다고 지적하고 있다.[2] 이러한 주장은 이후 충분

---

1 김용덕(1981).
2 김용덕 논문의 부제가 이러한 이해를 잘 나타내고 있다.

히 검토가 이루어지지 않았는데, 본고에서는 이 지적, 특히 초정과 연암을 구별해야 한다는 지적에 유의할 것이다.

정옥자의 논문은 문학사의 입장에서 초정을 검토한 것으로, 초정을 '위항(委巷) 문학운동(文學運動)'의 담당자로 규정하면서, 이 운동은 당시의 집권세력이던 노론 사대부들이 지향하던 '우문정치(右文政治)'의 이념과 대립하지 않았다고 주장한 내용이다.[3] 이 주장은 기타 논문들과 상당히 다른 견해로서, 심포지엄의 마지막에 이루어진 토론에서도 여러 비판을 받았다. 초정의 문학사상이 노론 집권파와 전혀 대립하는 것이 아니었다는 주장은 쉽게 납득이 안 가지만 이 논문은 그때까지 거의 연구가 없었던 문학사의 입장에서 초정을 대상으로 한 연구로서, 이후 활발하게 전개된 문학 분야의 연구들에게 선구적인 의미를 가진다고 평가된다. 그리고 초정을 위항 문학운동이라는 개념으로 파악하려고 했던 그 문제 제기도 연구사적 의미가 크다고 생각된다.

박충석의 논문은 실학을 근대사상의 맹아로서 보는 입장에서 초정의 사상사적 위치를 구명하려고 한 것으로서, 1980년대까지의 연구 경향을 전형적으로 보여 주는 것이라 하겠다. 이 논문의 결론 부분에서 박충석은 다음과 같이 말한다.

이제 초정 사상의 특질을 요약하여 보면, 그것은 기본적으로 사실주의적인 학문론과 국부(國富)를 위한 '공리'적 가치의 추구와의 이중주(二重奏) 속에서 자연의 합리적 이용에 의한 농업생산의 증가와 이를 위한 농업기술 및 영농법의 개량, 그리고 나아가서 '사·농·공·상(士農工商)'이라는 분업체계에서의 '상'의 상대적 독자성의 긍정과 이를 기조로 하는

---

3 정옥자(1981).

해외무역론이라고 할 수 있다. 그런데 여기서 특히 지적되어야 할 것은 이와 같은 그의 사상의 다양성에도 불구하고 그것이 철학의 레벨에서 이론적으로 기초지어져 있지 않다는 점이다. 또 바로 이와 같은 의미에서 그는 과도기의 사상가라고 할 수 있는데, 그것은 이미 언급한 바와 같이 초기 실학파-반계, 성호-이래 담헌, 연암, 초정의 단계에 이르기까지 실학파 고유의 어떤 철학적 기초를 마련하지 못하고 있었다는 것을 의미한다.[4]

초정의 사상이 주자학의 틀에서 벗어나고 근대 지향적인 사상으로서의 성격을 가지면서도 그것을 뒷받침할 만한 철학적 기초가 결여되어 있었다고 하는 박충석의 주장은 지금까지의 통설적인 이해를 대표하는 것이라고 할 수 있는데, 그 논문의 제목인 '초정의 사상사적 위치'를 다시 검토하려고 하는 본고는 박충석에 대표되는 견해를 비판하는 것을 목표로 한다.

2) 초정의 두 얼굴

초정에 대한 그 후의 연구는 크게 나누어서 두 가지 방향에서 이루어졌다고 생각되는데, 그 두 가지 방향은 서로 다른 지점을 향한 것이었다. 그중의 하나는 주로 역사학과 사상사 분야에서 이루어진 초정 연구로서, 북학(청나라 배우기)의 주장과 그 핵심으로서의 기술론, 무역론 등을 근대 지향적인 사상으로 높이 평가하는 것이다. 이러한 초정의 이미지는 그에 대한 일반적인 이해를 제공하는 것으로서, 역사 교과서에

---

4 박충석(1981).

서도 그대로 나타나는 초정의 얼굴이다. 위에서 소개한 심포지엄의 내용도 그 대부분이 이러한 이해와 상통한다.

그에 비해 역사학·사상사 분야의 연구보다 늦게, 주로 문학 연구자를 중심으로 1980년대부터 본격적으로 시작된 연구에서는 초정의 또 다른 얼굴이 부각되고 있다. 위에서 본 정옥자의 논문은 문학 분야의 초정 연구로서는 가장 이른 시기에 이루어진 것이라고 할 수 있는데, 문학 쪽의 연구에서 부각된 초정의 또 다른 얼굴은 남다른 재능을 가졌으면서도 양반 서자로서 그 재능을 발휘할 수 있는 자리를 얻지 못했던 우울한 모습이다.

본격적으로 문학사 연구의 입장에서 초정을 다룬 연구로서, 그 선구적인 위치를 차지하는 것은 안대회의 석사논문(1987)이었다고 생각된다. 이 논문에서 안대회는 이른바 북학파의 일원으로서 이해되어 온 초정을 이덕무(李德懋), 유득공(柳得恭) 등 양반 서자들이 중심이 된 집단인 백탑시파의 구성원으로 파악하면서, 이 집단은 위항인(委巷人) 문학으로서 이해해야 된다는 것, 그들이 주장한 문학론은 그 당시 새로운 문학의 창조를 지향한 것이었다는 사실 등을 밝히려고 했다. 안대회의 주장은 초정과 연암을 별개 사상가로서 봐야 된다는 김용덕의 주장, 초정을 위항 문학운동이라는 관점에서 이해하려고 하는 정옥자의 지적을 이어받으면서 이들을 한층 더 발전시킨 것으로 평가된다. 특히 그때까지의 연구에서 거의 무시되었던 초정의 신분에 대한 주의를 환기시켰다는 의미에서 이후 문학사 방면의 초정 연구에 지대한 영향을 끼쳤다고 할 수 있다.

안대회의 연구를 효시로 해서 오늘날까지 문학사의 입장에서 많은 초정 연구가 나오게 되었는데, 주로 초정의 시에 보이는 고뇌와 갈등에 관심이 집중되고 있는 것 같다. 특히 안대회의 연구를 비롯해 문학사

연구자들의 관심이 젊은 시절의 초정에 집중된 점을 비판하면서 만년에 이르기까지 초정의 일생을 대상으로 시기별로 시에 나타난 그의 내면세계를 밝히려고 한 박종훈(2008b), 최유진(2005)의 연구가 연구사의 현 단계를 보여 준다.

이상 연구사의 검토에서 알 수 있듯이 초정에 관해서는 서로 상반된 두 개의 얼굴이 부각되고 그것이 분열된 채 연구자 사이에서 소통이 충분히 이루어지지 않는 것이 연구의 현 단계라고 할 수 있다. 이러한 소통의 결여가 그대로 방치된 데에는 역사학, 사상사 연구자의 책임이 크다고 생각된다.

문학 연구자들이 제기한 초정에 대한 새로운 이해는 근대 지향적인 사상의 선구자로서의 초정이 아니라 주변 엘리트로서의 초정에 초점을 맞추면서, 그의 인간적인 고뇌와 심리적인 갈등 등을 밝히려고 한 것이라고 볼 수 있는데, 그 밑바닥에는 근대에 대한 비판적인 인식, 혹은 탈근대(post modern)적인 문제의식이 깔려 있다.[5] 그런데도 역사학과 사상사에서는 여전히 근대화 패러다임이 지배적이어서 그 때문에 문학 연구자들이 제기한 초정의 또 다른 얼굴에 대해 외면하고 있는 것이 아닌가 여겨진다. 그런 의미에서 이 논문은 역사 연구자의 입장에서 문학 연구자의 문제 제기에 대한 내 나름대로의 호응이라고도 할 수 있다.

3) 초정의 '제(際)'론에 대한 주목

문학 연구자들이 제기한 초정에 대한 새로운 이해 중에서 특히 중요

---

5 탈근대적인 입장에서 실학사상을 보려고 하는 대표적인 논문으로 고미숙(2007)을 들 수 있다.

하다고 여겨지는 것은 초정의 '제(際)'론이다. 여기서 '제'론이라고 하는 것은 초정이 시를 만드는 요체로서 '제'를 터득해야 한다고 주장한 것을 가리키는 말이다. 초정의 '제'론에 대해서는 정일남(2001), 박수밀(2004), 최유진(2005), 박종훈(2008b) 등이 주목한 바 있다. 초정의 '제'론에서 가장 주목을 받아 온 문장은 형암(炯菴) 이덕무의 시집에 대해서 초정이 쓴 서문이다.

나의 벗 형암 선생 무관 이덕무의 시 약간 수를 직접 가려 뽑아 베껴 쓰기를 마치고, 향을 피우고 목욕한 뒤 읽었다. 읽으면서 내내 한숨 쉬며 감탄하였다. 객이 말했다. "시에서 무엇을 얻었는가?" 내가 말했다. "저 산천을 바라보면 아득하여 끝이 없는데, 잔잔한 물은 맑음을 머금었고, 외로운 구름은 깨끗하게 떠 있네. 기러기는 새끼들을 데리고 남녘으로 날아가고, 매미 울음은 쓸쓸하게 끊어지려 하네. 이런 것이 무관의 시가 아닐까?"

객이 말했다. "이는 가을의 조짐인데, 시가 넘볼 수 있는가?" 내가 말했다. "무엇이 문제이겠나? 그 '사이(際)', 즉 경계를 논할 뿐이네. 그렇게 하려고 하지 않아도 그리되는 것은 하늘이요, 그리될 줄 알고 행하는 것은 사람일세. 하늘과 사람 사이에는 반드시 나눔이 있는 법이니, 경계라 함은 나눔이요 안과 밖을 아우르는 도일세. 때문에 경계를 얻으면 만물이 길러지고 귀신의 이치도 알게 되지만, 경계를 얻지 못하면 아마득하여 자기 자신과 소, 말조차 분간하지 못하게 되네. 하물며 시에 있어서야 더 말할 나위가 있겠는가?"[6]

---

6 『정유각문집』 1집, 「炯菴先生詩集序」;『정유각집』 하, 121면, "吾友炯菴先生李懋官詩若干首, 予手抄訖, 薰沐而後讀之, 讀之, 未嘗不歔欷而嘆也, 客曰, 奚取乎詩也, 瞻彼山川,

이 문장에 대해 박종훈은 다음과 같이 설명한다.

'제'란 경계로 그렇게 하지 않아도 그리되는 자연[天]과 그리될 줄 알고 행하는 사람[人] 사이의 나뉨[分]이면서 안과 밖을 아우르는 도(道)라고 정리하였다. 결국 '제'란 인간과 자연의 경계이면서 둘 사이를 아우르는 공간으로 시인과 자연 즉, 시적 대상과 시인이 서로 만나는 접점이다. 그렇기에 '제'를 터득하면 만물을 길러내고 귀신의 이치도 알게 되지만, 그 경계를 제대로 파악하지 못하면 자신과 말소조차 구별하지 못하는 처지가 된다고 단언하면서 '제'의 파악이 급선무임을 재차 강조하였다.[7]

'제'라는 것은 자연과 인간의 경계이며 그것을 알아야 훌륭한 시를 지을 수 있다는 이야기인데, 이처럼 '제'에 도(道)가 있다는 말은 연암에서도 보인다. 이것도 여러 연구자에 의해 주목된 바 있지만 연암은 『열하일기(熱河日記)』, 「도강록(渡江錄)」에서 다음과 같이 말한다.

내가 홍군(洪君) 명복(命福)더러, "자네, 길을 잘 아는가." 하니 홍은 두 손을 마주 잡고, "아, 그게 무슨 말씀이셔요." 하고, 공손히 반문한다.
나는 또, "길이란 일기 어려운 것이 아닐세. 바로 저 강 언덕에 있는 것을." 했다. 홍은, "이른바 '먼저 저 언덕에 오른다'는 말을 지적한 말씀

奔乎無極, 静水含淸, 孤雲舒潔, 贋將子而南遷, 蟬冷冷而欲絶, 豈非楼官之詩乎? 客曰, 此秋朕也, 詩固得而冒之乎, 何傷乎, 亦論其際而已矣, 夫莫之然而然 者天也, 知其然而爲之者人也, 天人之間, 亦必有其分矣, 則際也者分也, 合內外之道也, 故得其際, 則萬物育, 鬼神格, 而不得其際, 則芒芒乎不辨自己之與馬牛矣, 而況於詩乎." 이 논문에서 초정 시의 원문과 번역은 정민·이승수·박수밀 외 옮김, 『정유각집』 상·중·하(돌베개, 2010)에 의거했다.

7 박종훈(2008b), 107~108면.

입니까." 하고 묻는다. 나는, "그런 말이 아니야. 이 강은 바로 저와 우리와의 경계로서 응당 언덕이 아니면 곧 물일 것일세. 무릇 세상 사람의 윤리와 만물의 법칙이 마치 이 물가나 언덕이 있음과 같으니 길이란 다른 데 찾을 게 아니라, 곧 이 물과 언덕 가에 있는 것이란 말야." 하고 답했다. 홍은 또, "외람히 다시 여쭈옵니다. 이 말씀은 무엇을 이른 것입니까." 하고 묻는다. 나는 또 답했다. "옛 글에 '인심은 오직 위태해지고 도심은 오직 가늘어질 뿐'이라고 하였는데 저 서양 사람들은 일찍 기하학에 있어서 한 획의 선들을 변증할 때도 선이라고만 해서는 오히려 그 세밀한 부분을 표시하지 못하였은즉 곧 빛이 있고 없음의 가늠이라고 표현하였고, 이에 불씨(佛氏)는 다만 붙지도 않고 떨어지지도 않는다는 말로 설명하였지. 그러므로 그 즈음에 선처함은 오직 길을 아는 이라야 능할 수 있을 테니 옛날 정(鄭)의 자산(子産) 같은 이면 능히 그리할 수 있겠지."[8]

박종훈이 작성한 초정의 연보[9]에 의하면 「형암선생시집서(炯菴先生詩集序)」는 1776년에 집필된 것으로, 『열하일기』보다 앞서고 있으므로 연암의 말은 아마도 초정의 문장도 의식하면서 했던 말이 아닌가 여겨진다. 여하튼 초정만이 아니라 연암도 포함해서 '제'에 대한 관심은 그들 집단의 공통적인 현상이라고 할 수 있는 것 같은데, 그렇다면 이러한 '제'에 대한 관심은 왜 생긴 것이었을까? 이 문제에 대해서는 지금

8　朴趾源, 『熱河日記』, 「渡江錄」, "余謂洪君命福曰, 君知道乎, 洪拱曰, 惡, 是何言也, 余曰, 道不難知, 惟在彼岸, 洪曰, 所謂誕先登岸耶, 余曰, 非此之謂也, 此江乃彼我交界處也, 非岸則水, 凡天下民彝物則, 如水之際岸, 道不他求, 即在其際, 洪曰, 敢問何謂也, 余曰, 人心惟危, 道心惟微, 泰西人辨幾何一畫, 以一線論之, 不足以盡其微, 則曰有光無光之際, 乃佛氏臨之曰, 不即不離, 故善處其際, 惟知道者能之, 鄭之子産." 이 부분의 번역은 민족문화추진회 편, 『신편 국역 열하일기』(한국학술정보, 2007)에 의거했다.
9　정민 외 옮김(2010), 『정유각집』 상에 수록.

까지 문학 연구자들은 주로 문학 이론이나 시론의 범위 내에서 주목할 뿐, 역사적·사상사적 맥락에서는 별로 깊은 검토가 이루어지지 않았던 것 같다. 따라서 다음 장에서는 초정이 가졌던 '제'에 대한 관심의 사상사적 의미에 대해 논하기로 한다.

4. 초정에 있어서 '제'의 자각과 그 의미

1) 초정의 다양한 '제'론

앞에서 보았듯이 지금까지 초정의 '제'의 시론에 대해 여러 연구자가 주목을 했는데, 초정은 「형암선생시집서」 이외에서도 다양하게 '제'에 대해 발언했었다. 「형암선생시집서」에서는 하늘과 사람의 '제'에 대해 말했는데, 「육서책(六書策)」 속에도 다음과 같은 문장이 보인다.

　　작다는 것은 편방과 점획 같은 자잘한 일들을 두고 하는 말이지만, 지극히 큰 것을 말하자면 조화가 일어나고 정밀한 뜻을 붙이는 것입니다. 능히 유현한 정을 통달하고 하늘과 사람의 모든 일을 밝힐 수 있으니, 이런 까닭으로 성왕께서 중시했던 것입니다.[10]

또한 형암과 마찬가지로 초정의 벗이며 규장각 검서관 동료이던 유득공에 대한 시에서도 '천인제(天人際)'라는 말이 나온다.

10　『정유각문집』 1집, 「六書策」; 『정유각집』 하, 50면, "夫惟語其小則偏傍點劃之微, 而語其至則造化之所由起, 精義之所由托也, 信乎其能達幽顯之情, 明天人之際者矣."

〈유득공에게 차운하여 보내다〉	次寄柳惠風
홀로 서서 밝은 임금 모셔 섬기니,	獨立事明主
남의 은혜 안 받겠다 맹서하였지.	誓不受人恩
그대에게 나아감 이리 잦은가,	赴公一何數
내 본시 문 닫아건 사람이건만.	是我眞杜門
하늘 사람 사이를 살피어 보고,	究觀天人際
예악의 근원을 탐구하였지.	窮探禮樂原
본디 마음 진실로 다함 없는데,	素心諒未已
세월은 내달리듯 빨리 가누나.	歲月疾如奔
복사꽃 웃는 모습 어제 보더니,	昨見桃李笑
오늘은 주렁주렁 살구를 보네.	今見杏子繁
눈앞의 한 잔 술 따라 마시며,	眼前一杯酒
천추에 죄언을 생각하노라.	千秋思罪言[11]

　　초정은 뛰어난 문학적 재능을 가졌으면서도 양반 서자였기에 관계(官界)로의 진출이 어려웠던 자신과 비슷한 위치에 있는 형암이나 유득공을 생각할 때 저절로 '제'라는 말이 떠올랐던 것 같아 보인다.

　　초정은 하늘과 사람의 '제' 이외에 신(神)과 사람의 '제'에 대해서도 말했고,[12] 문자와 성(聲)·정(情)의 관계,[13] 시와 그림의 관계[14]에 대해서도 논한 바 있는데, 이것들도 문자·성·정 삼자의 '제', 혹은 시와 그림의 '제'론이라고도 볼 수 있을 것이다. '제(際)'라는 한자의 원래 의

11　『정유각문집』 2집, 「次寄柳惠風」; 『정유각집』 상, 476면.
12　『정유각문집』 2집, 「厲壇記」; 『정유각집』 하, 191면.
13　『정유각문집』 2집, 「柳惠風詩集序」; 『정유각집』 하, 124~125면.
14　정일남(2005).

미는 신령(神靈)이 오르내리는 신제(神梯)를 의미하는 부(阜)와 그 앞에 제탁(祭卓)을 두고 고기를 바쳐 제사 지낸다는 제(祭)의 뜻에서 파생된 것으로, 하늘과 사람이 서로 감응(感應)하는 천인의 사이를 의미한다고 한다.[15] 그래서 초정이 「여단기(厲壇記)」에서 말한 것이 제의 원래 뜻이라고 할 수 있는데, 여기서 주목하고 싶은 것은 「유혜풍시집서(柳惠風詩集序)」에서 초정이 하는 말이다.

정은 소리가 아니고는 전달할 수 없고, 소리는 글자 없이는 소통되지 않는다. 정과 소리와 글자, 이 세 가지가 하나로 합쳐져 시가 된다. 하지만 글자는 각각 그 뜻을 지니고 있어도, 소리가 반드시 말이 되는 것은 아니다. 이에 따라 시의 도는 오로지 글자에만 속하게 되었고, 소리는 날로 떨어져 나갔다. 글자가 소리를 떠남은 물고기가 물을 떠나고 자식이 어미를 떠나는 것과 다를 바 없다. 나는 그 생취가 날로 고갈되고 천지의 이치가 사라질까 걱정스럽다.

고시 3백 편 또한 글자는 있지만 그 소리는 얻을 수 없다. 내 생각에, 옛날에는 말이 나오는 대로 글자가 되었던 까닭에 그 조사나 허사도 모두 곡진한 맛이 있었다. 이제 그때의 예악형정의 도구나 조수초목의 이름은 모두 이미 무너지고 흩어져 다시 고증할 수가 없다. 비록 요즘 사람이 삼대 시절 인사와 갑작스레 만나게 된다 해도 나라 풍속의 차이와 말소리의 다름은 오랑캐가 중국에 들어온 것보다 더 심할 것이다. 그런데도 오히려 그 말을 절절히 외우고, 감탄하여 읊조리며 이것이 진짜 관저요, 참 아송이라고 말한다. 나는 이것이 지금 사람들이 사용하는 글자의 발음일 뿐 옛날의 원래 소리는 아니라고 생각한다.

---

15 際의 갑골문자 해석에 대해서는 白川靜(2003), 341면 참조.

오늘날 이른바 무당들의 노래 가사나 배우들의 욕지거리, 저잣거리나 여항에서 늘 하는 말 또한 감정을 불러일으키고 바른 길로 나아가게 하기에 충분하다. 그러니 옛 시의 남은 뜻을 여전히 가지고 있는 것이 아니겠는가? 하지만 붓을 들어 이를 한문으로 옮기고 나면 말은 비슷해도 삭막하여 그 정을 얻지 못하는 것은, 소리와 글자가 길을 달리하기 때문이다. 소리와 글자가 길을 달리하니 옛날과 오늘날의 문장이 서로 맞지 않음을 여기에서 볼 수가 있다. 아아! 천세 먼 옛날 나라는 많고도 많았으니, 시 또한 얼마나 변화했는지 알 수가 없다. 그 변화에 따라 소리를 내면 또한 제각기 자연스런 가락을 가지게 마련이다.[16]

이 글에서 볼 수 있듯이 초정에 있어서 또 다른 '제'의 문제로 언어 문제를 빼놓을 수 없다. 위의 글에서 초정은 정(情)과 소리, 그리고 글자의 관계에 대해서 논의하고 있는데, 초정뿐만 아니라 중국 사람들의 경우도 옛날의 발음과 지금의 발음이 다르기 때문에 역시 소리와 글자 '사이'에 괴리가 생길 수밖에 없다고 보고 있다. 이러한 관찰은 옛날과 오늘날의 '사이', 즉 시간과 시간의 '제'라고 볼 수 있는 것으로서, 여기에도 또 다른 초정의 '제'론을 발견할 수 있다.

---

16 『정유각문집』 2집, 「柳惠風詩集序」; 『정유각집』 하, 124~125면, "情非聲不達, 聲非字不行, 三者合於一而爲詩, 雖然字各有其義. 而聲未必成言, 於是乎詩之道, 專屬之字, 而聲日離矣, 夫字之離聲, 猶魚之離水, 而子之離母也, 吾恐其生趣日枯, 而天地之理息矣, 夫古詩三百篇, 亦猶有其字, 而不得其聲者矣, 竊意古者言出而字成, 故其助語虛詞, 皆能委曲有味, 今其禮樂刑政之器, 鳥獸草木之名, 皆已破壞渙散, 不可復攷, 雖使今之人, 與三代之士卒然而相遇, 則其國俗之別, 方音之殊, 不啻若蠻夷之入於中國矣, 而猶且切切然而誦其言而咨嗟而詠歎之曰, 此眞關雎且眞雅頌也, 吾以爲此特今人之字音, 非古之原聲也, 夫今之所謂巫覡之歌詞倡優之笑罵, 與夫市井閭巷之邇言, 亦足以感發焉懲創焉已矣, 庶幾猶有古試之遺意歟, 然而執筆而譯之, 言無不似也, 索然而不得其情者, 聲與字殊途也, 聲與字殊途, 而古今文章之不相侔, 槩可以見矣, 嗚呼, 千世之遠, 萬國之衆, 詩之變蓋不知其幾也, 隨其變而爲聲, 亦各有自然之節焉."

이처럼 초정은 언어에 대해 대단히 예민한 감각을 갖고 있었는데, 이러한 그의 언어관은 외국 체험, 즉 네 번에 걸친 청나라 방문과 북경에서의 중국인·안남인(安南人)·유구인(琉球人)과의 만남, 그리고 원중거(元重擧)와 성대중(成大中)을 통해서 얻은 일본에 관한 지식 등의 문제와 깊은 관계가 있다고 봐야 된다. 말하자면 국제(國際)로서의 '제'라고 할 수 있는데, 초정은 특히 시인으로서의 섬세한 감각을 가졌기 때문에 나라와 나라의 '제'를 넘어서기 위해서는 언어가 커다란 장벽이 된다는 것을 통감했을 것이다.

이처럼 초정은 연암그룹 중에서도 유별하게 '제'에 대해 다양하게 논했는데, 그런 의미에서 그는 '제'에 대해서 자각한 바가 있었다고 보아도 좋을 것 같다. 그렇다면 어째서 그에게 '제'라는 자각이 생겼는가? 다음으로는 이 문제를 살펴보겠다.

2) '제'의 사상적 근원

초정이 '제'에 대해서 다양하게 논하는 데 있어서, 장자(莊子)로부터의 영향이 있었다고 보아도 그다지 무리한 추측이 아닌 것 같다. 연암에 대한 장자의 영향에 관해서는 일찍이 박수밀(2005)에 의해 지적된 바가 있는데, 초정 역시 장자에게 영향을 받았다고 볼 수 있다. 이를 전형적으로 보여 주는 부분이 『장자(莊子)』, 「지북유(知北遊)」에 나오는 '도론(道論)'이다.

동곽자가 장자에게 물었다. "이른바 도라는 것은 어디에 있습니까?"
장자가 말하였다. "있지 않은 곳이 없습니다."
동곽자가 말하였다. "가르쳐 주시면 좋겠습니다."

장자가 말하였다. "땅강아지와 개미에게 있소."

동곽자가 말하였다. "어쩌면 그렇게 내려가십니까?"

장자가 말하였다. "돌피와 피에 있소."

동곽자가 말하였다. "어쩌면 그렇게 더욱 내려가십니까?"

장자가 말하였다. "기왓장과 벽돌에 있소."

동곽자가 말하였다. "어쩌면 그렇게 더욱 심하십니까?"

장자가 말하였다. "똥과 오줌에 있소."

동곽자가 대꾸하지 않자, 장자가 말하였다. "그대의 질문은 진실로 본질에 미치지 못하였소."[17]

'도가 있지 않은 곳이 없다'는 장자의 말은『북학의(北學議)』에서 초정이 주장했던 내용과 흡사하며 연암의 '제=도'론과도 상통한다. 실(實)과 허(虛)의 관계에 대해 논의한 흥미로운 문장인 「양허당기(養虛堂記)」(『정유각문집』 2집)에서도 초정은 장자의 말을 인용하고 있는데, 여하튼 초정도 장자의 영향을 받았다고 보아도 무방할 것이다. 그런데 '제'와 관련해서 주목할 만한 부분은 같은 「지북유」에 나오는 다음 글이다.

사물을 사물로 있게 하는 것(도)은 사물과 경계가 없지만, 사물에 경계가 있는 것은 이른바 사물 간의 경계라는 것입니다. 경계 짓지 않는 것에서 경계 짓는 것으로 가고, 경계 짓는 것에서 경계 짓지 않는 것으로 가는 것입니다. 말하자면, 가득함과 빔, 쇠약함과 줄어듦에 있어, 저것(도)은

---

17 『莊子』,「知北遊」, "東郭子問於莊子曰, 所謂道惡乎在, 莊子曰, 無所不在, 東郭子曰, 期而後可, 莊子曰, 在螻蟻, 曰, 何其下邪, 曰, 在稊稗, 曰, 何其愈下邪, 曰, 在瓦甓, 曰, 何其愈其邪, 曰, 在屎尿, 東郭子不應, 莊子曰, 夫子之問也, 固不及質." 이 문장의 번역은 김창환 옮김(2010)에 의거했다.

(만물을) 차고, 비게 하지만 (자신은) 차고 비는 것이 아니고 저것은 (만물을) 쇠약하고 줄어들게 하지만 (자신은) 쇠약하고 줄어드는 것이 아니며, 저것은 (만물을) 처음으로 삼고 끝으로 삼지만 (자신은) 처음이 되고 끝이 되는 것이 아니고 저것은 (만물을) 쌓고 흩어지게 하지만 (자신은) 쌓고 흩어지는 것이 아닙니다.[18]

경계로서의 '제'와 도를 연결시킨 장자의 말이 초정의 '제'론에 영향을 미쳤던 것이 아닌가 여겨지는데, 이 문제는 초정의 사상에서 어떤 의미를 가졌는지, 특히 유학적인 도의 관념과 어떤 관계에 있었는지는 앞으로 구명해야 하는 문제이다.

3) '제'의 역사적 문맥

장자의 영향은 시대를 초월한 영향이라고 할 수밖에 없지만 초정의 '제'에 대한 자각을 역사적으로 파악하려고 할 때 주목하고 싶은 문제는 시에 나타나는 '제' 자의 용법이다. 조선시대의 한시에 있어서 '제(際)'라는 한자는 주로 '교제(交際)' 혹은 '당송지제(唐宋之際)'와 같이 사용되는 경우가 압도적으로 많은데, 초정의 시에서는 그러한 용법도 물론 있기는 하지만 '끝으로서의 제(際)'가 많이 사용되었다는 사실이 눈에 띈다. 예를 들어 연제(烟際), 무제(無際), 천제(天際), 초제(草際), 산제(山際), 상제(霜際), 수제(水際) 등의 말이 그러한 경우인데, 그들 중에서도 많이 사용된 것이 천제와 무제라는 용어다. 그래서 이 두 개 용어를 시에서 많이

---

18 앞의 글, "物物者, 與物无際, 而物有際者, 所謂物際者也, 不際之際, 際之不際者也, 謂盈虛衰殺, 彼爲盈虛, 非盈虛, 彼爲衰殺, 非衰殺, 彼爲本末, 非本末, 彼爲積散, 非積散也."

사용한 사람을 조사해 보면(이 조사는 한국고전번역원이 제공하는 한국문집총간 DB를 사용했다) 대단히 흥미로운 사실을 발견할 수 있다.

먼저 '천제'라는 말을 많이 사용한 사람을 상위 5위까지 시대순으로 들면 이색(李穡, 1328~1396), 유홍(兪泓, 1524~1594), 홍세태(洪世泰, 1653~1725), 조태억(趙泰億, 1675~1728), 신위(申緯, 1769~1845) 등이 등장한다. 마찬가지로 '무제'에 대해서도 상위 5명을 시대순으로 열거하면 이색, 이안눌(李安訥, 1571~1637), 김창흡(金昌翕, 1653~1722), 성해응(成海應, 1760~1839), 곽종석(郭鍾錫, 1864~1919) 등의 이름이 등장한다. 두 경우 이색이 중복해서 등장하기 때문에 총 9명의 인물들이 '끝으로서의 제'를 시에서 많이 사용했다고 할 수 있는데, 9명의 이름을 보면 두 가지 공통점을 쉽게 발견할 수 있다.

먼저 눈에 띄는 공통점은 외국 경험자가 많다는 것이다. 9명 중에서 이색, 유홍, 신위, 이안눌은 중국에 간 적이 있고 홍세태, 조태억은 일본에 갔다 온 사람이다. 9명 중에서 6명이 외국 경험을 가진 사람인 셈인데, 우연의 결과로 보기에는 너무나 높은 비율이다. 덧붙여서 말하면 김창흡과 성해응은 본인은 외국 경험이 없지만 외국에 간 적이 있는 사람이 가까이에 있었던 인물이다.[19]

한 가지 더 공통점으로 지적할 수 있는 것은 홍세태와 성해응같이 주변적인 지식인이라고 할 수 있는 인물이 포함되어 있다는 점이다. 홍세태는 천민 출신의 중인으로, 성해응(그는 새삼 말할 것도 없이 초정과 가까운 관계였던 성대중의 아들이며, 그 자신도 규장각 검서관으로 초정의 동료였다)은 양반 서계 가문 출신으로서, 둘 다 양반 엘리트 집단에 들

---

19 성해응의 아버지 성대중은 일본에 간 적이 있고, 김창흡의 형인 김창집은 중국에 간 적이 있다.

어가지 못했던 인물이다.

이렇게 보면 초정은 홍세태와 함께 위의 두 가지 공통점을 모두 갖춘 인물로서, '끝으로서의 제' 자를 시에서 많이 사용했던 것도 우연한 일이 아니라고 봐야 된다. 바꾸어 말하면 초정에 있어서 '제'란 이색으로부터 시작된 '끝으로서의 제'의 전통을 이어받으면서 그것을 처음으로 자각적으로 의식하게 된 문제였다고 볼 수 있다. 그러면 '끝으로서의 제'의 전통이란 도대체 무엇인가? 이 문제를 생각하기 위해 위에서 지적한 두 가지 공통점과 '끝으로서의 제'의 관계에 대해 조금 더 검토해 보자.

먼저 외국 경험과 '제'의 관계인데, 중국에 간 사람은 만주의 광야를 보면서 '무제(無際)'라는 감각을 처음으로 경험하는 경우가 많았던 듯하다. 다름 아닌 초정도 유득공의 『발해고(渤海考)』에 대한 서문에서 다음과 같이 말한다.

나는 일찍이 서쪽으로 압록강을 건너 애양 길을 따라 요양에 이른 적이 있다. 그 사이 5, 6백 리 되는 공간은 모두 큰 산과 깊은 골이다. 낭자산을 벗어나자 비로소 끝없이 아득한 들판을 볼 수 있었다. 끝없이 펼쳐진 벌판의 아득한 대기 속에서 해와 달이 뜨고 졌으며, 새들이 날고 내려앉았다. 머리를 돌려 동북쪽의 여러 산을 보니 하늘을 빙 두르며 땅을 막아서고 있는 것이 마치 선 하나를 죽 그어 놓은 것 같았다. 그러니 앞에 지나온 큰 산과 깊은 골이란 모두 요동 천 리의 바깥담인 셈이다. 나는 한숨을 내쉬며 탄식하여 말했다. "여기는 하늘이 만든 경계선이구나!"[20]

---

20 『정유각문집』 2집, 「渤海考序」;『정유각집』 하, 131~132면, "余甞西踰鴨綠, 道靉陽至遼陽, 其間五六百里, 大抵皆大山深谷, 出狼子山, 始見平原無際, 混混茫茫, 日月飛鳥, 升沈于野氣之中, 而回視東北諸山, 環天塞地, 亘若劃一, 向所稱大山深谷, 皆遼東千里之外障也, 乃喟然而嘆曰, 此天限也."

만주의 '끝이 없는' 광야를 보고 '무제'라는 말로 그것을 표현한 시는 연행 경험이 있는 사람들에게 공통적으로 볼 수 있는 현상인데, 그 중에서도 이안눌의 경우가 전형적이다. 그는 여섯 번이나 중국에 간 경험이 있는데, 특히 육로와 해로를 다 경험했다는 면에서 특기할 만하다. 흥미로운 것은 육로를 통해 갔을 때는 '무제'라는 말이 사용된 데 비해, 해로를 통해 명나라에 갔을 때(이때는 명·청 교체기여서 해로를 이용했다)는 '천제(天際)'라는 말이 사용되었다는 사실이다.[21] 홍세태와 조태억이라는 2명의 통신사 경험자가 '천제'라는 말을 많이 사용했던 것도 그 때문인 듯하다.

이처럼 '무제'와 '천제'라는 말이 광야나 바다를 보면서 지어진 시에서 많이 사용되었지만 그것은 단순히 경관을 읊은 것이 아니라 국경을 넘어서며 느껴진 감회, 더 나아가서는 조선 사람으로서 자의식을 나타내는 심상풍경이기도 했다. 예를 들어 이색의 다음 시가 그러한 면모를 잘 말해 준다.

벼슬 버리고 동해의 서쪽으로 돌아오니,	投紱歸來東海西
해돋이라 만 리에 푸른 하늘 나직도 한데.	榑桑萬里碧天低
산천의 빼어난 기운은 영걸을 일으키거니,	山川秀氣扶英傑
문필의 헛된 명성은 장난말에 불과하네.	翰墨虛名近滑稽
금리에 노닐던 습유에 스스로 견주지만,	自擬拾遺游錦里
금계에서 마시자고 공봉을 누가 부를꼬.	誰招供奉飮琴溪

---

21 이안눌은 스스로 "余年六十有二歲, 自登第以來, 三十四年之間, 十除外官, 六奉事使, 出入四方, 凡二十四年, 前後居廬, 共六年, 謫居共四年, 終一歲在京城."(『東岳先生集』 권20, 「朝天後錄」)라고 회고했듯이 그 관료 생활의 과반을 연행과 지방관 근무로 지낸 사람이다. 그의 시문학에 관해서는 배주연(2006) 참조.

낙락장송 아래에 회포를 부치노니,	寄懷落落雲松下
오가는 고니나 봉황을 누가 동일시하는고.	鵠去鳳來誰得齊
끝없는 푸른 하늘 높은 누각에 기대어라,	碧天無際倚高樓
아스라한 강산은 바로 초목의 가을이로세.	渺渺江山草木秋
장편 단편 시구는 다 격식을 무시하지만,	詩句短長皆放贍
조관들 모인 곳에는 머리 숙여 따르노라.	衣冠難逞且低頭
신선놀이엔 혹 청조와 친할 수도 있겠지만,	仙遊或是鴨靑鳥
강호의 은자는 누가 백구와 맹세를 지킬꼬.	漁隱誰能盟白鷗
필경에 공명이란 이 몸 밖의 물건이거니,	畢竟功名身外物
앞으로는 만사를 그만두는 게 가장 좋겠네.	從今萬事不如休[22]

벼슬을 버리고 은둔 생활을 하려고 하는 심정이 '끝없는 푸른 하늘'이라는 시구와 맞아떨어진 듯하다. 이색은 주지하듯이 원나라의 과거 시험에 급제하고 오랜 기간 원나라에 체재한 경력의 소지자이며, 원나라와 고려, 명나라와 조선 사이에서 살던 그야말로 '제'적인 인물이다. 그에게는 중국 문명에 대한 강한 동경과 함께 동인(東人)으로서의 자의식이 존재했었다는 지적이 있는데,[23] 만년에 지어진 다음 시는 그러한 의식이 표출이며 지나간 세월에 대한 탄식이기도 하다.

| 스스로 탄식하며 이와 같이 간다던, | 自嘆如斯逝 |

---

22 李穡, 『牧隱集』, 『牧隱詩藁』 권19, 「卽事」. 이 문장의 번역은 임정기 외 옮김(2000~2002)에 의거했다. 이색의 시에 대해서는 자세한 색인이 있다. 김진영·김동건(2007)이 그것인데, 김진영과 김동건은 이 색인을 바탕으로 이루어진 논문 김진영·김동건(2008)에서 이색 시에서 '天'이란 한자가 가장 많이 사용되고 있다는 것, 그리고 그것은 이색의 삶·사상과 깊은 관계가 있다는 것을 주장하고 있다. 대단히 흥미로운 지적이라고 생각한다.
23 임형택(1996).

냇가에서의 말씀이 아련도 하여라.	依俙川上言
때로는 자주 수레 명하여 나가고,	有時頻命駕
온종일 문 닫고 홀로 있기도 하네.	竟日獨開門
바다에 들면 넓어서 끝이 없거니와,	入海浩無際
산에 있으면 처음 발원지가 되는데.	在山初發源
꼭 동으로 흐르는 뜻을 누가 알랴,	誰知必東意
본성이 다행히 끝없이 보존됨일세.	成性幸存存
비록 거취를 결정함엔 어둡지만,	雖然迷去就
또한 국가의 안위는 관섭하나니.	亦復管安危
머리는 내가 지금 가장 희거니와,	髮白我今最
마음 맑음은 누가 다시 알아줄꼬.	心淸誰復知
고향 산천은 하늘 아래 아득하고,	山川天漠漠
문항의 해는 마냥 더디기만 하니.	門巷日遲遲
붓과는 서로 종유한 지 오래이라,	毛穎相從久
오직 흥취 푸는 시만 쓸 뿐이네.	唯題遣興詩
무한 광대한 이 천지 가운데,	大哉天地中
이 백발 늙은이가 붙어 있어.	着此白頭翁
소란스러운 공명엔 싫증이 나고,	擾擾功名倦
한가로운 흥미만 농후해지누나.	悠悠興味濃
학은 선탑의 달빛 아래 울어대고,	鶴鳴禪榻月
백로는 낚싯줄 바람 앞에 섰나니.	鷺立釣絲風
어느 곳인들 은거할 데 없을까만,	何處不可隱
아직 오도의 궁함만 슬퍼하다니.	尙悲吾道窮
흰 구름은 또한 무슨 뜻이 있는지,	白雲亦何意
가벼이 나는 게 무심한 듯도 하네.	輕擧似無心

새는 바다 하늘 저 멀리 사라지고,	鳥沒海天遠
원숭이는 깊은 바위굴에서 우누나.	猿吟巖洞深
말고 펴는 게 참으로 자유자재라,	卷舒眞自得
가고 멎는 걸 아득하여 못 찾겠네.	行止杳難尋
홀로 서서 그윽한 흥취 기탁하여,	獨立寄幽興
머리 숙여 내 흉금을 피력하노라.	低頭披我襟[24]

초정에 있어서도 만주의 광야에서 느껴진 '무제'의 감각은 그의 조
선인으로서의 자각과 결부된 것이었다.

신라는 바닷가에 자리를 잡아,	新羅處海濱
지금은 팔도 중의 하나가 됐네.	八分今之一
고구려 왼편에서 쳐들어오면,	句驪方左侵
당 군대 우측에서 뛰쳐나왔지.	唐師由右出
곡식 먹임 저절로 여유로워서,	倉庚自有餘
군사 먹임 예법을 잃지 않았네.	犒饋禮無失
이 일을 따져 봄은 어째서인가,	細究此何故
그 쓰임 수레아 배에 있있네.	其用在舟車
배는 능히 외국과 통하게 하고,	舟能通外國
수레는 나귀와 말 편하게 하지.	車以便馬驢
이 두 가지 되살릴 길이 없다면,	二者不可復
관중과 안영인들은 어찌하리오.	管晏將何如
요하가 몽골에서 솟아나오니,	遼河出蒙古

---

24 李穡, 『牧隱集』, 『牧隱詩藁』 권23, 「自嘆」.

물길 좁고 흐름 또한 아주 길다네.	水狹流亦長
현명한 기자는 은나라 태사,	明明殷太師
우리 땅 처음 세워 다스렸다네.	經理肇我彊
그 옛날 공손씨와 발해의 왕조,	公孫與渤海
출몰함 모두 다 여기였다오.	出沒皆自此
평원은 드넓어서 끝이 없으니,	平原浩無際
먹어 기른 가축이 천 리 이었지.	畜牧連千里
해와 달 비록 온통 황량하여도,	日月雖荒裔
풍기는 중국과 한가지라네.	風氣猶華人
잃어버린 이 땅을 되찾아 와서,	庶返汶陽田
우리 백성 가난함을 위로했으면.	稍慰吾民貧[25]

이와 같이 '무제'나 '천제'는 외국에 가서 경험하게 된 경관을 표현하는 말이었을 뿐만 아니라 나라와 나라의 '제'를 실감하면서 동인 혹은 조선인으로서의 자의식과도 연결된 말이었다고 볼 수 있다.

그러면 위에서 지적한 두 번째의 공통점, 즉 주변적 지식인이라는 공통점과 '제'는 어떤 관계에 있는 것일까? 이 문제를 검토하기 위해 먼저 홍세태의 경우를 보도록 한다.

홍세태는 노비 출신이었지만 그 문학적 재능 덕분에 면천되고 중인 신분으로 통신사 일행에 수행해서 일본에 가게 된 사람이다. 김창집(金昌集)·김창흡 형제와도 친교를 맺었으며 일본에서도 그의 시는 높은 평가를 받았지만 그 생활은 대단히 어려웠던 것 같다.[26] 그에게 '제'는

---

25 『정유각시집』 2집, 「曉坐書懷」; 『정유각집』 상, 288~289면.
26 홍세태의 생애와 시에 관해서는 이종태(1994)에서 많이 배웠다.

무엇보다도 자신의 사회적인 위치와 그에 따른 어려운 인생길을 상징하는 말이었다고 여겨진다.

초목도 근본은 떠나지 않는데,	草木不離本
나그네의 땅은 뿌리와 밑둥까지 위태롭네.	客土根株危
사내는 고향을 떠나지 말아야 하거니,	男兒不離鄉
초췌해지면 남에게 속임이나 당한다네.	憔悴被人欺
집에 붙어 있으면 멀리 떠나고픈 생각만 들고,	在家思遠遊
떠돌면 다시 집 생각나네.	遠遊復思歸
관산의 높은 하늘가,	關山高際天
어렵구나, 높고도 험해서.	艱哉多險巇
품은 일은 쉴 겨를도 없는데,	懷役不遑息
사람과 말 이미 피로해졌네.	人馬亦已疲
말 안장 풀고 수풀 다한 곳에 멈추어,	解鞍窮林底
무리 지어서 떠날 생각을 않네.	徒侶共戚遲
고개 숙여 슬픈 계곡 물 소리 듣고,	俯聆哀壑湍
우러러 소나무 가지를 부여잡네.	仰攀松柏枝
소나무 숲 어찌 이리도 울창하며,	松柏何鬱鬱
물 흐름은 끝도 없구나.	水流無已時
나그네 마음이란 하나같이 이와 같거니,	客心一如此
탄식한다고 뉘 다시 알아주랴.	歎息誰復知[27]

여행을 떠날 수밖에 없다는 그의 심정은 아마도 어려운 생활 여건

---

27 洪世泰, 『柳下集』 권1, 「羈旅行」. 이 문장의 번역은 이종태(1994)에 의거했다.

탓이었다고 보이는데, 그럼에도 불구하고 그는 본인과 비슷한 사회적 지위에 있으면서 이름조차 알려지지 않았던 사람들의 시를 모아서 『해동유주(海東遺珠)』, 『설초시집(雪蕉詩集)』 등의 시집을 편찬하기도 했다. 홍세태는 만년에 와서 자기 일생에 대해 다음과 같이 말한다.

나는 평생 동안 한이 있었는데, 그러나 그것은 남들이 모르는 일이요, 나만 혼자 아는 일이다. 그 한은 아마도 뜻이 높지 못하고 재능도 넓지 못했기 때문일 것이다. 나는 태어나서 5세 때에는 벌써 책 읽기를 알고 조금 더 성장한 후에는 사람에게서 학문을 배웠지만 불과 몇 권의 책을 배웠을 뿐이었다. 유학의 경서는 다 혼자 읽었는데, 미묘한 표현이나 깊은 뜻은 내 마음속에서 이해했다고 납득할 따름이었다. 만약 이러한 방법으로 더욱 공부를 추진하고 많은 책을 읽음으로써 육예의 근본을 얻으려고 했다면 조금이나마 얻는 바가 있었을지 모르지만, 집안이 본디 가난해서 먹고사는 데에 급했던지라 큰 지업을 할 겨를이 없었다. 그러다 중년에 이르러서는 생활이 더욱 곤궁하여 먹고사느라 동분서주하다 보니 마침내 학문을 그만두지 않을 수 없었다. 그리하여 우수와 분노, 답답함, 그리고 불만이 생기면 오로지 시에다 그 마음을 발설했는데, 사람들은 그것을 보고 다 시에 능하다고 하여 곧 시인으로 주목하였다. 한번 이 시인이라는 이름을 얻고 나니 그만둘 수가 없었다. 맹자가 말하기를, '재주는 삼가지 않으면 안 된다'고 했으니, 시를 짓는 일은 무당이나 의사와 무엇이 다르다는 말인가? 설사 그 결과가 능하다 해도 또한 한 마리의 앵무새와 다름이 없다. 항상 그렇게 생각하면서 스스로 부끄럽고 후회하지 않을 때가 한 번도 없었다.[28]

---

28 洪世泰, 『柳下集』 권10, 「自警文」, "余平生有所恨, 人所不知而己獨知之者, 盖以其求志

여기서 볼 수 있듯이 홍세태는 시인으로서 높은 평가를 받았지만 그것은 어디까지나 하나의 '재주'로서 '삼가지 않으면 안 되'는 것에 불과했다. 시인으로서만 보낼 수밖에 없었던 자기 인생을 뒤돌아보면서 그럼에도 유학 경서에 대한 공부를 포기할 수 없었던 그의 심정은, 노비 신분에서 중인 신분까지 올라갔지만 더 이상은 어쩔 수도 없었던 자기 인생에 대한 '한'에 가득 찬 것이었다. 홍세태가 편찬한 『해동유주』는 김창집의 권유에 의해 이루어진 것이었는데,[29] 이 사실은 일찍이 정옥자가 지적했듯이 그의 문학 활동이 당시 집권 사대부들의 손바닥 위에서 이루어진 것이었음을 보여 주기도 한다.

그런데 홍세태가 평생 동안 품었던 위와 같은 '한'은 초정의 경우도 마찬가지였다고 생각된다.

〈사류하에서 회포를 적다〉	沙流河述懷
내 생애 조그만 야망을 품어,	吾生抱微尚
약관에 문사를 즐겨 했다오.	弱冠弄文史
이웃 사람 얼굴도 알지 못한 채,	比隣無知面
허명만 만 리 밖에 알려져 있네.	虛名在萬里
우뚝이 포의에서 가려 뽑히시,	峇嶤白衣選
서른에 처음으로 벼슬하였지.	三十筮初仕

不高用才不廣爾, 余生五歲, 卽知讀書, 稍長從人受學, 僅數卷而已, 至於經書, 皆自取讀, 而微辭奧旨, 似若有暗解於心者, 若推此而擴之, 以求乎六藝之本, 則庶幾有所得者矣, 而家素貧賤, 急於衣食, 未遑爲大志業, 及其中歲, 屯難阨窮, 東西忧迫, 遂未免廢學, 而遇有牢愁感憤懪悒不平之氣, 則獨於詩而發之, 人之見者, 皆謂之能, 而輒以詩人目之, 一得此名, 無以辭焉, 孟子曰術不可以不愼, 此與巫醫何異, 使其果能也, 亦不過爲一鸚鵡耳, 每念之, 未嘗不內自憪悔."

29 洪世泰, 『柳下集』 권9, 「海東遺珠序」, "農巖金相公嘗謂余曰, 東詩之採輯行世者多矣, 而閭巷之詩獨闕焉, 泯滅不傳可惜, 子其採之."

들고 남에 승여를 뒤따랐으며,	出入從乘輿
산기시 황문으로 근무했다오.	黃門散騎裡
규장각서 임금님 보필하면서,	奎章起居注
반 이상은 붓 잡고 기록했다네.	强半執筆記
서성이며 밝은 임금 생각했는데,	躑躅懷明主
분주함 이로부터 시작했다오.	驅馳自玆始
금년에는 황제의 만수연 위해,	今年萬壽宴
열하의 물가까지 파견되었네.	派赴熱河涘
비 오는 날 의무려산 등에 올랐고,	背上巫閭雨
술잔에 옥천의 물 담았다오.	杯底玉泉水
얼마간 중국 말에 능통하여서,	頗通外國語
여러 번 천하 선비 만났었다네.	屢逢天下士,
돌아온 지 겨우 며칠 지나지 않아,	反命纔數日
말 돌려 동지사를 다시 따랐네.	回馭逐冬使
곱게 기른 딸자식 시집갈 때도,	婷婷所嬌女
사위 맞아 얼굴 볼 겨를 없었지.	迎婿不遑視
많은 시로 탄식함 어째서인가,	多詩歎奚爲
예악 보니 부끄러움 그지없어서.	觀樂媿未止
소설은 『우초신지』 이어받았고,	小說續虞初
방언은 양자운을 보충하였네.	方言補揚氏
그네들 삶 모두 다 그림 같으며,	生涯總畵圖
속된 말도 모두들 문리에 맞네.	俚語皆文理
동국 사람 하나둘 꼽아 보아도,	歷數東國人
나만큼 멀리 여행한 사람 없다오.	遠遊無我似
어려서부터 중화를 사모하다가,	髫齔慕中華

이 몸이 직접 보니 기쁘기만 해.	身親斯可喜
오악도 오를 수 있을 듯하여,	五嶽如可陟
헌신짝 버리듯이 집 떠나왔지.	辭家如脫屣
하늘이 내린 운명 정해져 있어,	賦命固有定
사람이 가늠할 바 실로 아닐세.	諒非人所擬
오늘 아침 앉아서 빗질하는데,	今朝坐梳頭
머리털이 이처럼 희어졌구나.	髮白乃如此
찬 바람에 고운 얼굴 주름이 지고,	寒風皴朱顔
가는 먼지 흰 귀를 더럽혔노라.	軟塵黷白耳
젊은 날엔 남들과 달랐었는데,	少壯不猶人
늙고 나니 참으로 부질없구나.	衰謝良已矣
어느 때나 왕사를 끝마치고서,	曷月竣王事
돌아가서 자식을 가르칠거나.	歸歟敎兒子
한가롭게 육경을 궁구하리니,	閑居究六經
오히려 도는 응당 여기 있으리.	還應道在是[30]

이 시는 초정이 유배생활을 보내면서 지은 것인데, 젊은 시절의 화려한 경력을 추억하면서도 그것은 다 '허망'이있고, '하늘이 내린 운명이 정해져 있어 사람이 가늠할 바 실로 아니다'고 탄식하고 있다. 이러한 그의 회상은 홍세태의 그것과 비슷하지만, 젊은 시절의 화려함이 홍세태보다 굉장했기 때문에 그 좌절감이 더욱 크다고도 생각할 수 있다.

앞에서 초정은 형암이나 유득공에 대해 말할 때 '제' 자를 많이 사용한다고 했는데, 그것은 아마도 그들의 사회적인 지위와 관계되는 현상

---

30 『정유각시집』 3집, 「沙流河述懷」;『정유각집』 중, 127~128면.

인 것 같다. 이를테면 '사회적인 경계로서의 제'인데, 형암을 생각하면서 지어진 다음 시가 그러한 해석을 뒷받침해 준다.

〈형암에게 부치다〉	寄炯菴
선비 되어 가을을 슬퍼 않을까,	爲士不悲秋
여우와 삵 삼킴당함 늘 염려스럽네.	常恐狐狸噉
책 읽다 기이한 글자 마주칠 때면,	讀書奇字過
보고서도 마치 못 본 듯하지.	視之如不覽
속투를 따르는 데 급급하여서,	汲汲循俗套
다시금 크게 펼침 감히 못하네.	更張大不敢
가을 소리 사람 깊이 스며들어와,	秋聲入人深
귓불에 까닭 없이 느낌이 있네.	耳朶無由感
아아! 나는 또한 무엇이던가,	嗟余亦幺麽
약관에다 욕심 없는 사람이건만.	弱冠且恬憺
고개 들어 가을빛 바라보자니,	攀頭見秋色
마음이 동요되어 문득 슬퍼라.	心動忽自憯
충신과 의사의 전기를 펼쳐,	忠臣義士傳
창촉을 즐기듯 즐겨 읽누나.	嗜讀如昌歜
오열을 차마 능히 못 그치는데,	嗚咽不能已
게다가 해마저 어두워졌네.	況復日慘慘
쓸쓸히 나뭇잎은 물가에 지고,	蕭蕭葉下皐
애달피 벌레는 구멍에 드네.	切切蟲入坎
가을비는 기러기의 등에 퍼붓고,	白雨連鴻背
찬바람은 매미 입을 봉해 버렸네.	寒風鎖蟬頷,
시내 돌길 국화는 봉오리 벌고,	溪燈破菊蕾

누각 못엔 연꽃도 지고 없다네.	池閣敗菡萏
파초 술잔 당김을 막을 수 없어,	不禁蕉杯引
정 못 이겨 혜초의 띠를 잡노라.	多情蕙帶攬
문득 하늘가 먼 곳을 보니,	頓覺天際遠
새털구름 주름 지고 담박도 하다.	細雲皺而澹
마음속 그대를 그리워하나,	所懷意中人
무성한 갈대숲 저편에 있네.	蒼蒼隔葭莢[31]

지금까지 '끝으로서의 제'의 역사적인 문맥을 추적해 왔는데, 결론적으로 말한다면 초정에 있어서 '제'는 국가와 국가의 경계 및 사회적인 경계를 나타내는 말로서 무의식적으로 시 속에서 사용되어 온 '제'를 처음으로 자각함으로써 '극복 대상으로서의 제'가 의식되게 되었다고 말하고 싶다. 즉 '끝으로서의 제', '경계로서의 제'에 대한 자각은 스스로를 주변적인 존재로 자각함으로써 그 자리에서 중심을 비판하려고 하는 의식이며, 초정에 이르러서 그러한 자각이 본격적으로 표출되기 시작됐다는 말이다. 그렇다면 다음으로 물어봐야 되는 문제는 초정이 '제'를 극복할 방향을 찾았는지의 여부일 것이다.

5. 『북학의』의 재검토

초정이 '제'를 극복할 방향을 찾았는지 여부를 물어보기 전에 또 한 가지 필요한 작업으로 그의 주저인 『북학의』에 대해 약간의 고찰을 하

---

31 『정유각시집』 1집, 「寄炯菴」; 『정유각집』 상, 71~72면.

는 것이 좋을 것 같다. 왜냐하면 이 책이야말로 지금까지의 초정 연구에서 가장 많은 주목을 받았기 때문에 필자 나름대로의 이해를 제시해야 된다고 생각되기 때문이다. 그리고 초정에 대해 문학 연구자들이 제시한 새로운 이해에 있어서도 『북학의』를 비롯한 초정의 경세사상에 대해서는 충분한 검토가 이루어지지 않았다는 점도 여기서 이 책을 다루는 이유이다.

『북학의』에 대해서는 거기서 주장되고 있는 기술론, 해외 통상론, 상업 장려책, 검약 비판과 적극적 경제정책의 주장 등이 높이 평가되어 왔다. 그리고 위와 같은 제안을 실천하기 위해 이적시(夷狄視)되었던 청나라에서 적극적으로 배워야 된다는 주장 역시 당시의 화이론적(華夷論的) 세계관에서 벗어난 것으로, 초정 사상의 근대 지향적인 측면을 잘 나타낸다고 인식되어 왔다. 이러한 이해가 나름대로 초정 사상의 일면을 파악하는 것이었음은 충분히 인정할 수 있다. 그러나 『북학의』라는 책에서 초정이 제일 주장하고 싶었던 것이 무엇이었는가에 대해서는 재고의 여지가 많다고 여겨진다.

필자가 주목하고 싶은 것은 『북학의』의 내편(內篇)과 외편(外篇)의 관계이다. 주지하듯이 『북학의』는 내편과 외편 두 부분으로 구성되어 있는데, 내편은 초정이 처음으로 청나라에 갔다 온 직후에 3개월이라는 짧은 기간 내에 집필되었다. 그에 비해 외편은 2년 정도의 시간을 걸고 집필된 것으로, 초정이 숙고하면서 쓴 것이다. 한 가지 더 주목되는 것은 외편의 내용이 사본마다 많은 차이가 있어서, 초정 자신도 그 내용에 대해서는 신중하게 취사선택을 거듭했다고 보인다는 사실이다.[32]

그러면 내편과 외편은 어떠한 차이를 갖고 있는가? 내편의 내용을

---

32 이 문제에 대해서는 안대회 옮김(2003) 참조.

보면 수레[車]부터 시작해서 배[船], 성(城), 벽돌[甓], 기와[瓦] 등 주로 기술적인 문제를 다루면서 청나라에서 목격한 선진적인 기술을 소개하고 조선으로의 도입을 주장하는 내용들이다. 그중에는 한어(漢語)나 역(譯) 등 약간 다른 항목과 성격을 달리하는 것도 포함되어 있지만, 주로 이용후생에 관한 문제가 주제임을 알 수 있다. 지금까지의 『북학의』 연구도 주로 내편에 수록된 내용을 대상으로 북학파, 이용후생학파라는 초정의 이미지를 부각시켜 왔다고 할 수 있다.

그러한 내편과 비교할 때, 외편의 내용은 그 성격을 달리한다고 생각된다. 외편에서도 전반부에서는 농업론이 주제여서 내편의 속편이라고도 볼 수 있지만, 후반부에서는 과거론(科擧論), 관론(官論), 당론(黨論), 녹제(祿制), 재부론(財富論), 병론(兵論) 등 주로 정치론·제도론에 관한 논의가 전개되고 있는 것이다. 이를테면 내편과 외편의 전반부에서 주장된 기술 도입론을 실행하기 위해서 그 전제 조건이라고 할 수 있는 체제의 문제를 논의하는 것이 외편 후반부의 주제였다고 볼 수 있을 것이다.

그렇다면 초정 본인은 이 두 가지 중에서 어느 쪽을 중시했을까? 물론 두 가지는 불가분의 관계에 있는 것으로, 어느 쪽이 더욱 중요하다는 물음 자체는 별다른 의미가 없다고도 할 수 있겠지만, 초정으로서는 전자의 측면만 주목을 받는 데에 대해서 불만을 갖고 있었던 것이 아닐까 여겨진다. 왜 그렇게 말할 수 있는가?

『북학의』에는 초정 본인의 서문과 함께 서명응(徐命膺)과 연암이 쓴 서문도 수록되어 있다. 그중 초정의 서문은 1778년 9월에 집필된 것으로, 연행에서 귀국한 지 3개월밖에 안 되는 시점에 쓰였다. 안대회도 추측했듯이 그때는 내편만 완성된 상태로, 외편은 아직 완성되지 않았다고 보는 것이 무리가 없다. 그에 비해 서명응과 연암의 서문은 각각

1782년과 1781년에 집필된 것으로, 서문 중에도 내·외편이라는 말이 있어서, 이 두 사람은 외편도 보고 서문을 썼던 것이다. 그런데 문제는 서명응, 연암의 서문 다 내편의 내용에 대해서 언급이 있을 뿐, 외편의 내용에 대해서는 전혀 언급하지 않았다는 데에 있다. 먼저 서명응의 서문을 보면 다음과 같다.

　　박제가 차수는 기이한 선비다. 무술년(1778)에 진주사를 따라 연경에 들어가서는 중국의 성곽과 주택, 수레와 기물 등등을 마음대로 관철하였다. 그리고는 "아! 이것이야말로 황명의 제도로구나! 황명의 제도는 또 '주례'의 제도다."라고 감탄하였다. 그는 우리나라에서 통용하고 시행할 만한 것이면 무엇이나 세밀하게 관찰하여 몰래 기록해두었다. 간혹 이해하지 못할 것이라도 나타나면 다시 이 사람 저 사람에게 물어서 의혹을 해결하였다. 그 뒤 고국에 돌아와서는 기록해둔 내용을 정리하여 '북학의' 내외편을 만들었다. 이 책에서는 규격에 대한 기술이 상세하고, 제작법에 대한 규명이 명료하다. 게다가 뜻을 같이하는 동료의 견해까지 첨부하여 덧붙였다. 한번 책을 펼쳐서 읽으면 그 내용을 현실에 적용하여 시행할 만하다. 아! 그의 마음씀이 어쩌면 이렇게도 주도면밀하고 또 진지하단 말인가! 차수여! 더욱 노력할진저![33]

서명응은 내·외 2편을 보았다고 하면서도 구체적으로 언급한 것은

---

[33] 『北學議』, 徐命膺, 「北學議序」, "朴齊家次修, 奇士也, 歲戊戌, 隨陳奏使入燕, 縱觀其城郭室廬車輿哭用, 歎曰, 此皇明之制度, 又周禮之制度也, 凡遇可以通行於我國者, 熟視而竊識之, 或有未解復博訪, 以釋其疑, 歸而筆之於書, 爲北學議內外篇, 其紀數詳密, 布法明暢, 且附以同志之論, 一按卷可推行, 噫, 何其用心勤且摰也. 次修勉之哉." 이하『북학의』의 번역은 안대회 옮김(2003)에 의한 것이다.

성곽과 주택, 수레 등 다 내편에 나오는 것들이며 외편의 내용에 대해서는 한 마디 언급도 없다는 것을 알 수 있다. 다음으로 연암의 서문을 보자.

내가 연경에서 돌아왔더니 초정이 그가 지은『북학의』내편, 외편 2권을 내어 보여주었다. 초정은 나보다 앞서서 연경에 들어갔었다. 초정은 농사, 누에치기, 가축 기르기, 성곽의 축조, 집짓기, 배와 수레의 제작에서부터 시작하여 기와, 삿자리, 붓, 자를 제작하는 것에 이르기까지 일일이 눈여겨보고 마음으로 계교하여 보았다. 눈으로 보아서 알 수 없는 것이면 반드시 물어보았고, 마음으로 계교하여 석연치 않은 것이 있으면 반드시 저들에게 배웠다. 시험삼아 한번 펼쳐보니 내가『열하일기』에 쓴 내용과 조금도 어긋남이 없어 마치 한 사람의 손에서 나온 듯하였다. 이것이 바로 초정이 나에게 기쁜 마음으로 선뜻 보여준 이유이며, 내가 흔연히 그것을 사흘 동안 읽고도 싫증을 내지 않는 이유다. 아! 한갓 우리 두 사람이 눈으로 직접 확인했다고 해서 그런 것이겠는가? 일찍이 비 내리는 지붕 아래 눈 오는 처마 밑에서 연구하고, 술기운이 거나하고 등 심지가 가물거릴 때까지 맞장구를 치면서 토론하던 내용을 한번 눈으로 확인한 것이기 때문이다.[34]

서명응의 서문과 비교하면 연암은『북학의』의 내용이 자신의 생각과 똑같다고 하면서 한층 더 적극적으로 평가하고 있다. 하지만 연암

---

[34] 『北學議』, 朴趾源, 「北學議序」, "余自燕還, 楚亭爲示其北學議內外二編, 盖楚亭先余入燕者也, 自農桑畜牧城郭宮室舟車, 以至瓦簟筆尺之制, 莫不目數而心較, 目有所未至, 則必問焉, 心有所未諦, 則必學焉, 試一開卷, 與余日錄無所齟齬, 如出一手, 此固所以樂以示余, 而余之所欣然讀之三日而不厭者也, 噫, 此豈徒吾二人者得之於目擊而後然哉, 固甞硏究於雨屋雪簷之下, 抵掌於酒爛燈灺之際, 而乃一驗之於目爾."

역시 구체적으로는 농사부터 자의 제조법까지, 내편과 외편의 전반부에 한정하여 언급하고 있다. 초정으로서는 이러한 두 사람의 서문에 대해 불만을 느꼈던 것이 아닐까 생각되는데, 어쨌든 『북학의』는 두 사람이 서문을 써 주었는데도 불구하고 간행되지 못했고, 필사를 통해 세간에 유포되게 되었다.

그런데 흥미로운 것은 『북학의』가 완성되어서 15년 이상의 시간이 지나간 1798년에 『북학의』의 내용을 발췌해서 정조에게 올리는 기회를 초정이 얻게 되었다는 사실이다. 그때는 정조가 농업을 장려하기 위해 널리 농서를 올리도록 명을 내렸는데, 그 명에 따라 많은 사람들이 올렸던 농서 중의 하나로 초정도 『북학의』의 내용을 발췌, 보충해서 헌상하게 되었던 것이다. 이것이 진소본(進疏本) 『북학의』인데, 주목되는 것은 그때 초정이 올린 소문이다. 그 소문에서 초정은 농업 기술 등의 문제보다도 더욱 중요한 문제로서 유생의 과잉 현상을 지적하면서, 태유(汰儒), 즉 유생을 도태해야 함을 강조하고 있다.

나라를 다스리는 것은 말을 치는 것과 같아서 말에게 해가 되는 것을 제거하면 된다고 신은 들었습니다. 이제 농업을 장려하고자 하신다면 반드시 먼저 농업에 해가 되는 것을 제거하고 그 다음에 다른 조치를 논의할 수가 있습니다.

첫 번째로 유생을 도태시키는 일입니다. 현재의 상황으로 따져보면, 식년시가 실시되는 해에 크고 작은 과거시험을 치르는데 시험장에 나오는 자가 거의 10만 명을 넘습니다. 그러나 10만 명 정도에 그치지 않습니다. 이 무리의 부자형제들은 비록 과거시험에 응시하지는 않았다고 하더라도 그들 역시 모두 농업에 종사하지 않습니다. 농업에 종사하지 않는 것에만 그치지 않고 모두 농민들을 머슴으로 부리는 자들입니다. 똑같은 백성이지만 부림을 받는 자와 부리는 자 사이에는 강자와 약자의 형세가 형성됩니다. 강자와 약자의 형세가 형성되고 나면 농업은 날로 경시되고 과거는 날로 중시되게 마련입니다. 조금이라도 자신의 능력을 자신하는 자라면 모두 과거로 달려들고, 그렇게 되면 부득불 농사는 하등의 어리석은 자나 남에게 부림을 받는 머슴에게 맡겨질 뿐입니다. 사정이 이렇게 되자 처자식을 몰아다가 들녘에서 농사를 짓게 하니, 소 먹이고 밭을 경작하는 일이 반 정도가 아낙네 몫입니다. 또 풀을 베고 방아 찧는 일은 모두가 아녀자의 책임입니다. 그로 인해 피폐한 고을의 작은 마을에는 다듬이 소리가 거의 들리지 않습니다. 그 결과 온 나라 사람은 입을 옷이 없어 몸을 가리지도 못한 지경입니다. 학자와 벼슬아치들이 그런 형편을 으레 그렇거니 여기고 옛날부터 그런 줄로만 알고 있습니다. 제가 당의 시인이 쓴 「밭에서 일하는 여인」이란 시를 살펴보니 안녹산의 난리가 난 뒤의 상황을 탄식한 내용이었습니다. 지금은 평화시대가 1백 년을 이어 왔으니 부녀자가 밭을 경작한다는 상황은 참으로 이웃나라에 소문나게 해서는 안 될 것입니다.[35]

농서를 구하는 정조의 의도에도 불구하고 여기서 초정은 무엇보다 중요한 것으로 당시 유생들의 문제를 지적한 셈인데, 간행되지 못했던 『북학의』에서 주장하고 싶었던 내용이 이 소문에 함축되었다고 볼 수

35 『정유각문집』 5집, 「應旨進北學議疏」; 『정유각집』 하, 395~396면, "臣聞治國如牧馬, 去其害馬者而已. 今欲務農, 必先去其害農者, 而後其他可得而言矣. 一曰汰儒, 計今大比之歲, 大小科場赴圍者, 殆過十萬, 非特十萬, 此輩之父子兄弟, 雖有不赴擧, 亦皆不事農者也, 非特不農, 皆能役使農民者也, 等民也, 而至於役使, 則强弱之勢已成, 則農日益輕, 而科日益重, 稍欲自好者悉趨乎科, 則不得不農者, 下愚而已, 人役而已, 於是, 驅其妻女, 從事于野, 飼牛擧趾, 半屬中閨, 銍刈舂碓, 畢責巾幗, 則荒村小邑, 砧聲絶少, 而擧國之衣, 不能蔽體矣, 學士大夫, 視以爲常, 有若自古已然者, 謹按唐詩人, 有女耕田行, 蓋歎亂離之後也, 今也昇平百年, 而婦女耕田, 誠不可使聞於隣國."

있을 것이다. 이 소문에 앞서서 초정은 1786년에 역시 임금에게 올린 소회에서 유식자(遊食者)의 폐단에 대해 거론한 적이 있었다.

저 놀고먹는 자들은 나라의 큰 좀벌레입니다. 놀고먹는 자가 날이 갈수록 불어나는 것은 사족이 날로 번성하기 때문입니다. 사족의 무리들이 나라에 두루 깔려 있어 한 가닥 벼슬로는 그들을 모두 잡아매지를 못합니다. 반드시 그들을 처리하는 방법을 마련해야만 뜬소문이 일어나지 않고, 국법이 시행될 수 있습니다. 신이 청컨대, 물길과 뭍길을 이용하여 장사하고 교역하는 모든 일에 사족들이 참여할 수 있도록 허락해 주십시오. 혹은 장사 밑천을 빌려 주기도 하고 점포를 설치하여 장사하게 하고, 수완이 뛰어난 사람을 발탁하여 장사를 권장하십시오. 그리하여 날로 이익을 좇아 놀고먹는 세력을 점차 줄여 가고 생업을 즐기는 마음을 열어 제멋대로 하는 권세를 없애십시오. 이것이 지금의 사태를 옮겨 가는 데 하나의 도움이 될 것입니다.[36]

이처럼 초정은 임금에게 직접 자신의 의견을 개진할 기회가 주어질 때마다 유자·유식자의 문제를 해결할 것을 주장했는데, 이러한 내용은 『북학의』에서는 외편에서 주장되었던 것과 일치한다. 즉 외편에 수록된 「과거론(科擧論)」, 「정유증광시사책(丁酉增廣試士策)」, 「북학변(北學辨)」, 「존주론(尊周論)」 등은 다 당시의 사족, 벌족(閥族)을 비판한 내용이었는데, 이러한 부분이야말로 초정이 『북학의』에서 가장 강하게 주장하고

---

36 『정유각문집』 2집, 「丙午所懷」; 『정유각집』 하, 199~200면, "夫遊食者, 國之大蠹也, 遊食之日滋, 士族之日繁也, 此其爲徒, 殆遍國中, 非一條科宦所盡羈縻也, 必有所以處之之術, 然後浮言不作, 國法可行, 臣請凡水陸交通販貿之事, 悉許士族入籍, 或資裝以假之, 設廛以居之, 顯擢以勸之, 使之日趨於利, 以漸殺其遊食之勢, 開其樂業之心, 而消其豪强之權, 此又轉移之一助也."

싶은 것이었다고 생각된다. 따라서 북학이란 중국의 기술을 배워야 된 다는 주장이 아니라 중국의 사대부에서 배워야 된다는 주장이다. 그것을 단적으로 보여 주는 것이 『북학의』 외편에 수록된 「북학변」이다.

하등의 선비는 오곡을 보고서는 중국에도 이런 것이 있느냐고 묻고, 중등의 선비는 중국의 문장이 우리만 못하다고 말하며, 상등의 선비는 중국에는 이학이 없다고 말한다. 정말 그들 말대로라면 결과적으로 중국에는 선비가 한 사람도 없다는 말이 된다. 그렇다면 내가 '중국에는 배울 만한 선비가 남아 있다'라고 하였지만 실제로는 배울 만한 선비가 거의 없다는 것이다. 그러나 천하는 넓다. 그곳에는 무엇이 없겠는가? 내가 거쳐간 곳은 유연 지역의 한 모퉁이에 불과하고, 내가 만난 사람은 문학하는 선비 몇 명에 불과할 뿐 도를 전하는 큰 학자를 본 것은 아니었다. 그럼에도 불구하고 배울 만한 학자가 없을 것이라는 말은 감히 하지 못한다. 천하의 수많은 서책을 다 읽지도 않고, 천하의 드넓은 땅을 밟아보지 않은 사람들이 육롱기와 이광지의 성리학과 고정림의 존주대의, 주죽타의 박학, 왕어양, 위숙자의 시문이 천하에 공인되고 있음을 알지도 못하면서 '도학과 문장이 모두 볼 것이 없다'고 단언해 버린다. 그리하여 천하의 공의까지도 싸잡아시 불신한다. 나는 오늘날 사람들이 도대체 무엇을 믿고 저러는지를 모르겠다. 서책은 지극히 많고, 의리는 무궁하다. 따라서 중국의 서적을 읽지 않는 것은 스스로를 일정한 한계에 가두는 짓이요, 천하가 전부 오랑캐라고 매도하는 것은 남들을 속이는 짓이다. 중국에 육상산, 왕양명의 양명학이 존재하는 것은 사실이지만 주자의 적통 역시 그대로 남아 있다. 우리나라는 사람마다 정자와 주자를 말하여 이단의 사상이 전혀 없다. 우리나라에 감히 강서, 여요의 양명학 학설을 주장하려는 사대부가 없는 것은 그들이 추구하는 목적이 한 가지에 집약되어

360

있기 때문에 그런 것이 아니겠는가? 우리나라는 사람들을 과거로 몰아가고, 풍기도 옴짝달싹 못하게 묶어 놓았다. 그것을 따르지 않으면 그 사람은 몸을 붙일 곳이 없고, 나아가서는 그들의 자손을 보전할 수가 없다. 이것이 바로 규모가 넓은 중국보다 못한 이유이다.[37]

『북학의』를 이렇게 볼 수 있다면, 그것은 단순히 북학, 이용후생의 필요성을 주장한 저작이었다라기보다 사족의 실태를 드러내고, 집권 벌족을 비판하기 위해 집필된 저작이었다고 봐야 된다. 즉 젊은 시절부터 시인으로서 높은 평가를 받아 온 초정이 위항시인(委巷詩人)의 지위를 넘어서 위항 사족, 위항 선비로서 정치 무대에 등장할 목적으로 집필된 작품이 『북학의』였다는 말이다. 그러나 그러한 초정의 야망은 이루어지지 못했다. 그것은 초정을 누구보다도 높이 평가한 연암조차도 『북학의』의 기술론을 평가할 뿐이었다는 데에 잘 나타나고 있다.

앞에서 언급한 홍세태는 중인이라는 신분 탓으로 어디까지나 위항시인으로서 활동하는 것이 고작이었고, 백탑파에 속한 유득공과 이덕무 등도 기본적으로 위항 문학사의 범위를 넘어서려고 하지 않았다. 정옥자가 일찍이 지적했듯이 위항시인, 위항 문학운동은 당시 집권자들의 틀 속에서 그것을 보완하는 측면을 가진 것으로, 위험한 존재가 아니었

---

37 『北學議』외편, 「北學辨」, "下士見五穀, 則問中國之有無, 中士以文章爲不如我也, 上士謂中國無理學, 果如是, 則中國邃無一事, 而吾所謂可學之存者無幾矣, 然天下之大, 亦何所不有, 吾所經歷者, 幽燕之一隅, 而所遇者文學之士數輩而已, 實不見有傳道之大儒, 而猶不敢謂必無其人焉者, 以天下之書未盡讀, 天下之地未盡踏也, 今不識陸隴其, 李光地之姓名, 顧亭林之尊周, 朱竹陀之博學, 王漁洋, 魏叔子之詩文, 而斷之曰, 道學文章俱不足觀並與天下之公議而不信焉, 吾不知今之人, 何特石然歟, 夫載籍極博, 理義無窮, 故不讀中國之書者, 自畫也, 謂天下盡胡也者, 誣人也, 中國固有陸王之學, 而朱子之嫡傳自在也, 我國, 人說程朱, 國無異端, 士大夫不敢爲江西, 餘姚之說者, 豈其道出於一而然歟, 驅之以科擧, 束之以風氣, 不如是, 則身無所宴, 不得保其子孫焉耳, 此其所以反不如中國之大者也."

다. 그러나 초정은 그러한 한계에서 벗어나서 양반 서자로서는 들어갈 수 없었던 정치 무대로 진출하려고 시도했다고 볼 수 있는데, 결국 그 시도는 실패하고 말았던 것이다.『북학의』는 그러한 초정의 시도를 상징하는 작품이면서, 그의 좌절을 웅변하게 말해 주는 작품이기도 하다. 덧붙여 말한다면, 당시 과거제도의 실태와 사족들의 모습을 통렬히 비판했던 초정이었지만, 그는 1777년의 증광시(增廣試)에 응시했을 뿐만 아니라 1794년에는 무과(武科) 시험에 장원급제(狀元及第)까지 했다. 그것은 어려운 경제 상황 탓이었다고 볼 수도 있지만, 연암처럼 과거시험을 완전히 포기할 수도 없었다는 것은 초정의 자기모순이었다.

〈연암 선생께〉	寄燕巖
낙백하여 때때로 주광으로 불리니,	落魄時時號酒狂
인간 세상 어느 곳에 우경당이 있는가?	人間何處耦耕堂
젊어서는 도리어 뗏목 탈 뜻 품었더니,	少年却抱乘桴志
중년에 도리어 벽곡방을 구하네.	豐歲還求辟穀方
차라리 경륜 품고 시정에 지낼망정,	寧以經綸爲市井
과거 보아 문장으로 인정받진 마옵소서.	莫將科擧認文章
흰머리에 남루힌 옷 아이들도 비웃지만,	白頭屢被兒童笑
벌열로 이 같음이 맹광에게 부끄럽다.	閥閱如今愧孟光 [38]

이 시에서 초정은 연암에게 과거시험에 급제해서 그 문장이 사회에서 평가받는 것보다 시정(市井)에서 살 것을 희망하고 있는데, 스스로 과거를 볼 수밖에 없었던 그의 심정은 상상하고도 남음이 있다고 하겠다.

---

38 『정유각시집』 1집, 「寄燕巖」;『정유각집』 상, 192면.

6. 초정의 고민: 유배 시기의 그를 어떻게 볼 것인가?

정조의 사망과 그에 따른 정국의 격동 속에서 초정은 유배생활을 보내게 된다. 5년도 안 되는 짧은 기간이었지만 유배생활 동안 그의 사상에는 적지 않은 변화가 생겼다고 여겨진다. 지금까지는 초정의 이 시기에 대해 문학 연구자들이 주목을 해 온 데 비해 역사 연구자들은 침묵할 뿐, 거의 무시해 버리는 경향이 강했다.[39] 그것은 이 시기 초정의 사상이 젊은 시절의 그것과 다른 면모를 보여 주기 때문이라고 생각되는데, 초정의 사상사적 위치를 구명하기 위해서는 무시할 수 없는 시기임이 틀림없다.

유배 시기에 지어진 시에서 눈에 띄는 것은 정조에 대한 추억, 그리고 정조 밑에서 활약했던 시기를 그리워하는 시구들이다.

〈이원에서〉	利原
선왕께선 갱장에 뜻을 두시고,	先王志更張
일소하여 기강을 회복했는데.	洗滌復綱紀
향기가 중도에 그치고 마니,	馨香中途訖
쇠미함을 뉘 능히 일으키려나.	疲癃孰能起
신을 불러 왕안석에 견주셨으니,	呼臣比安石
그 옥음 아직 귀에 쟁쟁하여라.	玉音猶在耳

---

39 이 시기 초정의 유학사상에 대해 사상사의 입장에서 이루어진 연구로서 오구라 마사키(小倉雅紀)의 논문(1996) 참조. 이 논문에서 오구라는 초정을 성리학에서 벗어난 사상가로 보았는데, 이 점에 대해서는 재고의 여지가 있다고 생각된다.

| 재주 차이 현격함을 모르셨을까, | 詎昧才相万 |
| 경사들 풍간하기 위함이었지. | 所以諷卿士[40] |

이 시에서는 젊은 시절에 품었던 사회 개혁에 대한 의지의 지속도 보이지만, 그것보다도 정조에 대한 동경과 복잡한 심정이 눈에 띈다. 정조가 왜 나를 등용했는지, 그것을 기뻐하기만 했던 자신에 대한 회의까지도 읽어 낼 수 있다. 그러한 답답한 심정 속에서 그는 앞에서 살펴보았던 「사류하술회(沙流河述懷)」에서도 보이듯이 경서를 본격적으로 공부하게 된다. 그 성과로서는 『주역(周易)』에 관한 주석서만이 남아 있는데,[41] 주역 공부는 그에게 삶에 대한 의욕을 확인할 수 있는 작업이기도 했다.

〈『주역』을 읽고〉	讀易
언어 경계 벌써 다 잊혀졌거늘,	已足忘言語
번거로이 괘상을 가리키리오.	何煩指畫圖
강물 소리 쌓임이 있는 듯하고,	河聲如有積
가을빛은 아직도 물들지 않아.	秋色不成濡
조용조용 이렇게 날을 보내니,	澹澹斯爲日
높은 뜻이 저절로 나에게 있네.	迢迢自在吾
늙어 감에 도리를 살필 줄 아니,	頹齡知味道
생의는 완전히 마르잖았네.	生意未全枯[42]

---

40 『정유각시집』 5집, 「利原」; 『정유각집』 중, 524~525면.
41 초정이 해석한 『주역』은 한일조약에 의한 반환 문화재에 포함된 것으로, 현재 국립중앙도서관에 소장되어 있다. 초정의 『주역』 해석에 관해서는 서근식(2005) 참조.
42 『정유각문집』 5집, 「讀易」; 『정유각집』 하, 596면.

유배 시기 초정의 유학에 대한 사색의 전모를 파악하는 것은 어렵지만, 김정희(金正喜)에게 보낸 편지를 통해서 만년의 사색의 흔적을 엿볼 수 있다. 그중에서도 핵심적인 부분이라고 여겨지는 것은 다음 문장이다.

경문은 지극히 명백하고 그 차례에도 곡진한 의의가 있으니, 결코 후세 주석가들의 범례로 증자의 글을 논해서는 안 된다. 무릇 '대학'이란 자기 몸을 닦고 남을 다스리는 수기치인의 일인데, 수기치인은 모두 지선에서 그치니, 이것이 바로 대강령이다. 열다섯 살에 대학에 들어가는 자치고 이것을 모르는 자가 없다. 그러므로 "그칠 데를 안 뒤에야" 운운하여, 스스로 생각하고 스스로 터득하게 하였다. 그리고 다시 본말과 시종과 선후를 가지고 분명하게 말하여, 아래 글에 6개 '선' 자를 일으켜서 이로하여금 절로 앎에 이르고 격물하게 하였다. 삼강 및 여섯 '선' 자는, 밝게 드러내 보인 것이 관석으로 고르게 하고 서울의 도성에 법을 내건 것 정도가 아니다. 왜 그런가 하는 까닭에 대해서는 반드시 스스로 터득하게 한 뒤에야 앎이 지극하다라고 하였다. 그러므로 덕 있는 사람은 마음에서 얻는다 함은 이를 이른 것이다. 끝에 또 반드시 수신으로 근본을 삼는다고 하여 분명하게 '본' 자를 지시하였다. …… 격물과 치지에 대해서는 더할 말이 없는 까닭에 바로 '성의'로 접속시켰다. 배우는 사람의 일은 아무리 만 가지로 생각해 보아도 신독보다 앞서는 것은 없다. 신독이 없으면 나라를 다스리고 천하를 평화롭게 한다고 해도 모두 가짜이다. 옛사람이 하나라도 의롭지 않은 일을 하고 한 명이라도 허물 없는 사람을 죽인다면 천하를 얻는다 해도 하지 않을 것이라 한 것이 바로 이를 이름이다. 홀로 있을 때 삼가는 사람은 장차 지선에 이를 것이다. 때문에 '시경'을 인용하여 영탄하였으니, 이는 자신이 있는 곳을 가리킨 것이다. 수기치인은 모두 지선을 상한으로 삼으니, 명명덕과 신민보다 중요성이 앞서는 것은 당연하다. 명명덕과 신민 뒤에 '지' 자를 쓴 것은 바로 이른바 "모두 마땅히 지선의 곳에 멈추어서 옮기지 말아야 한다."고 한 그것이다. 앞에서 말을 타고 내리는 것을 말하면 반드시 말을 먼저 언급한 뒤에 타고 내리는 것을 말하게 된다. 허공을 타고 허공에서 내리는 이치가 없음이 바로 이것이다. 그 아래 또 지본을 중언부언한 것은, 근본을 모르면 거꾸로 가고 뒤집어 베풀게 될까 우려한 까닭이다. 경전의 글이 다행히도 온전함을 얻어 이처럼 어지럽지 않으니, 하늘이 사문을 잃지 않은 까닭이다. …… 격물의 '물'이 천하만물의 '물'과 같으면, 경전에서는 마땅히 '먼저 그 사물을 궁구하고'라고 하고, 또 '물이란 어떤 물인가?'라고 했어야 마땅하다. 이제 다만 지라 하고 물이라 하였으니 대개 '지'라는 것은 이 '물'을 말한 것이다. 그런데 앞에서 이미 분명하게 물에는 본말이 있고 지에는 선후가 있다고 한 것을 대서특필하였다. 그렇다면 이때 물은 외물이 아님을 알 수 있으므로 다시 더 보태지 않은 것이다.[43]

---

43 『정유각문집』 4집, 「書 答」; 『정유각집』 하, 380~381면, "經文極明白, 其序次曲有意義, 決不可以後世注? 家凡例, 論曾子之文也, 夫大學者, 修己治人之事, 修己治人, 皆以至善爲限, 此乃大綱領, 凡十五歲入大學者, 無不知之, 故曰知止而后云云, 使之自慮自得, 復以本末終始先後明言之, 以起下文六先字, 而使之自致其知, 自格其物, 蓋三綱及六先字, 其昭垂揭示, 不啻如關石和勻象魏懸法, 若其所以然之故, 則必使自得之而后謂之知之至, 故德者得於心者, 正謂之也, 末又以修身爲本, 明指本字, …… 蓋於格致無所加說, 故卽以誠意接之學者之事, 雖萬端思量, 莫有先於愼獨, 無愼獨則治國平天下, 皆假也, 古人之行一不義殺一不辜, 得天下不爲, 正謂之耳, 愼獨者, 將以至於至善, 故卽引詩以咏歎之, 所以指至善之所在也, 夫修己治人, 皆以至善爲限, 則善之先於明新固矣, 明新之後乃說止字, 正所謂皆當止於至善之地而不遷, 猶言上馬下馬, 必先說馬而後方言上下, 未有空上空下之理者是也, 其下又以知本重言複言, 猶恐不知本而逆行倒施, 經文幸而得全, 若是不紊, 則天之未喪斯文也. …… 格物之物, 若是天下萬物之物, 則經當曰先格其物, 而又當曰物者何物也, 今但曰知曰物者, 蓋知者卽此物, 而前已明言物有本末, 知所先後, 不啻大書特書, 則物非外物, 可知無以復加矣."

이 글에 나타나는 초정 만년의 사상에 대해서는 앞으로의 연구과제로 남길 수밖에 없는데, 『대학(大學)』에 나오는 격물(格物)보다도 신독(愼獨)을 강조한 부분을 어떻게 해석하는가가 관건이 될 것 같다. 이용후생학파로서의 초정을 생각하면 무엇보다 격물에 대해서 웅변해야 되는데, 왜 격물보다도 신독을 강조했는지, 젊은 시절의 주장을 철회했는지 등의 의문이 떠오른다. 이용후생과 도덕의 관계에 대해 젊은 시절과 다르게 생각하게 되었다고 봐야 될 것 같은데, 그 문제와 관련해서 주목하고 싶은 것은 만년의 초정이 주희(朱熹)에 대해 자주 언급했다는 사실이다. 예를 들어 「주자의 시 '감흥' 중에서 '동몽귀양정' 한 편에 차운하여 아직 어린 두 아들에게 부치다〔次朱子感興詩中童蒙貴養正一篇寄二稚〕」(『정유각시집』 5집), 「주자의 '복거' 시에 차운하다〔次朱子卜居詩韻〕」(『정유각시집』 5집) 등의 시가 있을 뿐만 아니라, 다음 시에서는 스스로 '정주(程朱) 문하의 선비'라고까지 말하고 있다.

〈손님 중에 술을 보내온 사람이 있어〉	客有餉酒者
경술로 우리 임금 보필하려 하였건만,	敢將經術致吾君
글줄이나 풀이하여 늙고 마니 우습도다.	數墨尋行笑白粉
귓가에 현가 소리 그치는 달이 없고,	耳外絃歌無徒月
눈앞 한잔 술에 뭉게구름 떠 있구나.	眼前杯酒有層雲
추위에 뒤척이며 덕석 덮고 잠을 자니,	一寒殘夢牛衣宿
며칠 저녁 곡식 쥐들과 나눠 먹네.	數夕餘粮鼠穴分
요사이 정주 문하의 선비가 되었건만,	近作程朱門下士
천인의 성명을 듣기가 어렵구나.	天人性命苦難聞[44]

---

[44] 『정유각시집』 5집, 「客有餉酒者」; 『정유각집』 중, 593~594면. 이 시의 마지막 두 행에

이러한 모습을 어떻게 봐야 되는지에 대해서는 여기서 더 이상 추구할 수는 없지만, 확실히 말할 수 있는 것은 '제'를 자각한 자로서 초정은 유배생활의 어려움 속에서도 그 '제'를 극복할 길을 찾는 일을 포기하지 않았다는 사실일 것이다.

7. 맺음말: '제'의 자각, 그 이후

본고에서는 초정의 사상사적 위치를 재검토하는 것을 목적으로 해서, 특히 그의 사회적 신분 문제와 사상과의 관계에 초점을 맞추면서 논의를 전개했다. 그 검토 결과를 한 마디로 표현한다면, 그는 지금까지 통설적으로 이해되어 온 북학파 혹은 이용후생학파의 사상가이기 전에 무엇보다도 주변적 지식인으로서의 자각을 가지면서 그 한계를 극복하려고 고투한 사람이었다고 할 수 있다. 특히 초정은 단순한 위항문학자의 지위에 머무르지 않고, 위항 사족·위항 선비로서의 길을 찾으려고 했던 사상가로서 독자적인 위치를 차지하는 인물로 평가된다는 것이 본고의 핵심적인 주장이다. 그의 이러한 고투는 결국 결실을 보지 못했고 초정은 유배에서 풀려난 지 얼마 되지 않아 사망하고 말았다. 그런 의미에서 그는 주변적 지식인으로서 어떤 방향으로 가야 하는지, 그 길을 찾아내지 못한 채 사망했다고 할 수밖에 없다.

실학사상 속에서 근대 지향적인 성격을 찾으려고 했던 지금까지의 연구 경향은 문명 지향적, 중심 지향적인 성격을 강하게 갖고 있었다.

대해 정민 외 옮김(2010), 『정유각집』에서는 "요사이 정주학을 공부한 선비들은 천인의 성명을 듣기가 어렵구나."라고 번역했는데, 여기서는 최유진(2005)의 해석에 의거했다.

즉 서구 근대문명을 목표로 삼아 그것을 실현함으로써 중심부에 진입하려고 하는 목적의식이 이러한 연구 동향을 지탱해 왔다고 말할 수 있다. 본고에서는 그러한 실학 연구를 비판하여 근대를 극복하기 위한 사상의 맥락을 찾으려고 하는 입장에서 초정의 사상을 재검토했는데, 그가 자각한 주변자의 입장은 중심을 비판하고 문명을 비판하는 가능성을 잠재적으로 가진 것이었다고 볼 수 있다.

그렇다면 초정이 자각한 '제'의 문제는 그 이후 어떻게 되었는가? 이 문제에 대해서도 앞으로의 과제로 삼아야 되겠지만 그 맥락은 한국 사상사의 줄기로서 현재까지 이어져 있다고 생각된다. 이제 이 문제에 대한 필자 나름대로의 전망을 제시함으로써 본고의 마무리로 삼고자 한다.

초정과 같은 주변적 지식인에게는 두 가지의 길이 존재한다고 여겨진다. 하나는 주변에서 중심으로 진입하는 길인데, 실제로 초정도 이 길을 가려고 하다 실패했다고 볼 수 있을 것이다. 19세기가 되면 위항문학운동은 초정이 생존했던 시기보다도 한층 더 활발하게 전개되지만, 여전히 문학운동으로서의 한계를 넘어서 집권 사대부들에 대항할 수 있는 역량을 가지는 데까지는 이르지 못했던 것 같다.[45] 중인을 중심으로 한 주변적 지식인들이 본격적으로 정치 무대에 등장하는 것은 19세기 후반 이후, 일제시대에 이르러서야 가능하게 되었다고 할 수 있다. 그러한 의미에서 초정이 꾸었던 꿈은 그 후 실현되었던 셈인데, 여기서 주목하고 싶은 것은 다른 또 하나의 길이다.

주변적 지식인에게 가능했던 또 다른 길은 주변에서 중심으로 향하는 길이 아니라, 주변에 머무르면서 중심을 비판하고, 그것을 극복할 수 있는 방향을 모색하는 길이다. 초정에게 이 길에 대한 자각이 있었

---

45 19세기 위항 지식인들의 활동에 관해서는 한영규(2012) 참조.

는지는 확실하지 않아 만년의 유학 경서에 대한 탐구가 그러한 길을 모색하는 작업이었을 가능성 정도를 생각해야 되겠지만, 초정 이후 이 길을 모색하는 사람들의 계보가 지금까지 이어져 있다는 것은 확실하다. 예를 들어 동학(東學)의 사상과 운동은 중심-주변 구조를 극복해서 주변의 중심화를 지향하는 것이었다고 볼 수 있는데,[46] 그 이외도 한국 근현대사 속에 그 계보가 다양하게 나타났다고 보인다. 그 궤적을 구체적으로 검토하는 일은 앞으로의 과제로 넘길 수밖에 없지만, 여기서는 현대 한국에 있어서 '제'의 문제를 고민하는 사람들의 일단을 소개하겠다.

시인이자 문학 평론가이기도 한 임동확은 「시는 왜 주변부를 주목하는가」라는 글에서 다음과 같이 말한다.

다시 말해, 시가 주목하는 주변성은 한 개인이 살아가면서 만나는 자연과 사회 또는 역사적 현실 속에서 어떤 논리나 이념으로써 이해하거나 해소할 수 없는 예외적 사건 또는 잉여의 현상과 관련되어 있다. 언어와 욕망 사이, 무의식적 정체성과 이데올로기 사이의 작은 틈새에 겨우 존재

---

46 이러한 관점에서 동학사상의 의미를 추구한 연구로서 성해영(2009)의 논문이 주목된다. 종교학 연구자인 성해영은 동학사상의 현재적 의미에 대해 다음과 같이 말한다. "이제 오늘의 우리에게 눈을 돌려보자. 수운이 제기했던 치열한 물음은 우리의 삶에서 해소되었을까? 그리고 그가 그토록 바랐던 세상은 이루어졌을까? 우리는 중심과 주변을 나누는 이분법적인 도식을 넘어서, 우리 모두가 우주의 중심임을 명확하게 인식하고 그 앎을 현실에서 구현하고 있는 걸까? 또 우리는 다른 인간들을 그야말로 한울님 대하듯 공경하고 있을까? 안타깝게도 우리는, 수운이 치열하게 고민하고 살다 가던 바로 그 땅에서 여전히 자신의 중심과 정체성에 대해 혼란을 겪고 있는 우리 자신을 발견한다. 나아가 '오심즉여심' 혹은 '인내천'이라는 동학의 가장 중요한 명제가 아직 '지금 여기'에서 실현되고 있지 못함을 절감한다. 그러기에 수운은 우리가 중심임을 기억해내고, 그 되살아난 앎을 현실에서 구현해내기를 채근한다. 바로 이것이 수운이 시도했고, 해월을 비롯한 여러 사람들이 목숨을 버려가며 지키려 했던 역설적 '중심 찾기'의 힘이다. 그 힘은 우리에게 여전히 절실하다."

하는 주체성의 영역이 바로 시인이 탄생하는 자리이다. 자연을 정복하면서 창조되기 시작한 인간의 문화와 역사, 이념과 실천만으로 여전히 해결하거나 해소할 수 없는 미결정의 세계, 즉 혼동과 장벽을 그 자체로 자각하고 수용하는 자가 바로 시인이라고 할 수 있다.

그 어떤 집합적 내면성으로 환원할 수 없는 개인만의 고유한 내면성이 시인의 시선을 거의 본능적으로 중심보다 주변세계로 이끌며, 결국 스스로를 중심적인 가치나 이념을 부정하고 거부하는 주변자로 만들어 간다고 할 수 있다.[47]

임동확의 이러한 시각은 초정이 형암의 시를 비평하면서 '제'를 주목하던 발상과 흡사하다. 또한 '우리말로 학문하기 모임'이라는 단체가 있는데, 그 단체의 기관지 이름이 '사이'였다. 이 모임의 중심적인 인물인 이기상은 '사이'라는 이름과 관련해서 다음과 같이 말한다.

우리의 심성과 사유태도, 생활방식 속에 알게 모르게 깊이 새겨져 있는 자연존중과 천지인 합일 사상을 되돌아보고 되새겨서 우리와 인류의 삶을 풍요롭게 만들 수 있는 이론으로 만들어내고자 한다. 그리하여 사람과 자연 사이, 사람과 사람 사이, 사람과 문화 사이가 엄청나게 망가져 가고 있는 위기의 시대에 '사이'를 밝힐 수 있는 희망의 불길을 지피고자 한다. …… '인간은 이성적인 동물'이라는 정의보다도 훨씬 더 심오한 인간에 대한 정의를 내린 사람은 다석 류영모다. 다석 류영모는 인간을 '사이에 있는 사이 존재'라고 규정한다. 순수 우리말로 한다면 '사이에 있음'이다. 이 사이는, 첫 번째로 빔-사이에-있음이고, 두 번째로 사람

---

47 임동확(2008).

–사이에–있음이며, 세 번째로 때–사이에–있음이고, 네 번째로 하늘–땅–사이에–있음이다.[48]

이기상은 자연과 인간 사이, 사람과 사람 사이, 사람과 문화 사이 등 다양한 사이가 망가져 가고 있는 현실을 직시할 필요성을 주장하면서 인간을 '사이 존재'로 파악한 류영모 사상의 의미를 강조하고 있다. 이러한 '사이'에 대한 주목 역시 초정의 계보를 잇는 사상적 영위로 이해할 수 있을 것이다.

이처럼 지금 한국에서 '제', '주변', '사이' 등에 대해 사색하는 움직임이 다양하게 나타나고 있는데, 그중에서도 필자가 무엇보다 주목하고 싶은 것은 철학 연구자인 박동환의 3표 철학이다. 박동환은 서양철학의 본질을 정체쟁의(正體爭議, 진리는 하나뿐이라는 전제 위에서 무엇이 진리인가를 둘러싸고 가설·증명·반론을 거듭함으로써 유일한 진리를 찾을 수 있다고 생각하는 입장)로 보고, 그에 비해 중국철학의 본질을 집체부쟁(集體不爭, 개체 간의 차이를 그대로 인정함으로써 개체들의 공존을 추구하는 입장)으로 보면서, 양자는 기본적으로 전혀 다른 성격을 갖는 것이지만, 양자 다 도시의 문명을 기초로 한 패권자의 철학이라는 면에서는 같다고 지적한다. 그리고 그러한 서양철학(1표 철학)과 중국철학(2표 철학)이라는 중심부의 철학에서 소외된 한국인으로서는 주변자의 철학(3표 철학)을 추구해야 한다고 주장한다.

서양철학에 대해서도 동양철학에 대해서도 한국 사람은 다만 관망하고 모방할 뿐인 그래서 만들지 못하는 주변의 제삼자다. 오늘 벌어지는

---

48 이기상(2002).

현대 철학자들 사이의 논쟁은 주변에 놓인 자에게는 구경거리에 지나지 않는다. …… 주변에 놓인 자는 일시적으로 실현된 패권의 진리가 아니라 그것이 모두 무너져 흩어진 다음에도 남아 있을 원자의 진리를 구한다. 패권의 진리를 거부하는 그는 생명의 원자, 다름 아닌 모나드 곧 생명 개체의 깊이에 새겨진 억 년의 경험과 기억을 감각에 다가오는 영원의 접점, 현재에서 재현한다.

도시문명의 그물 밖에서 생명이 그 자신의 타고난 기능으로 자연에 관계하는 데서는 도시 공체(公體)의 삶 가운데서 일어나는 류(類)들의 집체부쟁이니 정체쟁이니 하는 환원의 표, 그리고 거기서 세련된 동일보존, 모순배제, 대대(待對), 무대(無對)와 같은 논리는 준거의 표가 될 수가 없다. 도시의 그물 밖의 생명이, 환경 또는 자연이라고 부르지만 실은 그 끝을 알 수 없는 미지의 세계〔 〕에 몸으로 부딪혀 얽이는 '관계', 그것이 삶이 준거하는 절대적 표가 된다. 누구든지 그 생명의 출현으로부터 종료에 이르기까지 거부할 수 없는 미지〔 〕에 얽히며 경험하는 굴절, 분절, 연합, 변신 또는 변이, 특화, 입몰이라는 관계는 생명 개체들이 수행하는〔 〕를 향한 절대 환원으로서의 감각과 판단, 사유와 행위에 반영되는 것이다. 생명은 언제나 불확실한〔 〕를 향하여 모색하며 결단한다.[49]

연세대학교 국학연구원은 창립 50주년을 기념해서 대학에 근무하던 원로교수를 중심으로 좌담회를 기획한 적이 있다. 그 일환으로 박동환을 중심으로 한 좌담회가 개최되었는데, 그 기록이 『동방학지』 151호 (2010)에 게재되었다. 그런데 그 기록의 제목이 「가에로의 끝없는 탈주: 박동환의 철학적 문제」이다. 박동환의 철학적 주제가 '가=제'라

---

49 박동환(2001).

는 셈인데, 초정의 사상적 계보를 우리는 여기서도 발견할 수 있을 것이다.[50]

초정이 26세 때 지은 시로 「소전(小傳)」이라는 작품이 있다. 이 작품

---

50 한국인의 3표 철학을 추구하는 데 있어서 박동환이 주목하는 것이 한국어의 문법, 표현 형식이다. 앞에서 지적한 대로 초정도 언어에 대해 예민한 감각을 가진 인물이었는데, 박동환 역시 언어에 주목하고 있는 것은 대단히 흥미롭다. 박동환 한국어론의 일단은 다음 글에 잘 나타나 있다.

4. 허사(虛辭) 결정론 : 주변자의 논리

4.1 이 땅의 조상들은 어떻게 아시아 대륙을 떠나 이 구석진 반도에 이르게 되었을까? 대세에 밀려 왔는가? 아니면, 보다 나은 기회를 찾아 스스로 나선 길에서 정착한 것인가? 밀려서 왔든 스스로 나섰든 여기에 자리 잡은 사람들의 마음은 어떤 것인가?

그 답이 오늘까지 여기 사는 사람들의 삶의 스타일과 기질을 가장 오래 그리고 길게 결정하고 있는 점일 것이다. 그들은 이미 영토를 잡고 있는 세력에 대하여 다름으로써 새로운 문제해답을 찾은 것이다. 그들은 주변자(Marginalist)다. 주변을 향함으로써 문제 해결을 꾀하는 자다. 지금도 그의 위상에는 변함이 없다.

그러나 그의 시대가 오고 있음에도 그는 그것을 그렇게 잡지 않음에 문제가 있다. 중심을 향함으로 문제해결을 해야 할 때가 아니라 주변을 향함으로 문제해결을 해야 할 때가 온 것이다.

주변을 잡고 중심을 향함으로써 문제해결을 꾀한다. 주변자의 동의에 의해서 비로소 중심자의 보편성이 세워지기 때문이다. 주변을 잡는 자에게 참 보편에의 길이 있다. (중략)

4.3 「이다」, 「아니다」의 쓰임이 보여 주듯 붙음말 매김이 마지막으로 미루어져야 하는 우리말의 방법에서 몸말 자리에 놓이는 사태의 그러함이나 그러하지 않음을 미리 잡을 수가 없다. 판단대상으로서의 사태의 모습을 결정하는 자는 마지막을 기다리며 남아 있다 그는 구석에 남아서 기다리며 문제를 해결해야 하는 자, 주변자다. (중략)

4.4 사람들은 허상을 외면하고 실체를 찾는다. 그러나 이름으로 고정시켜 놓을 수 있는 어떤 실체도 없다. 그것이 무엇이든지간에 그것은 그것에 대하여 씌워지는 붙음말의 형식과 스타일에 달려 있다.

우리 말에서 가장 발달했다는 허사(虛辭)가, 그 가운데서도 「이다」와 「아니다」가 모든 이름할 수 있는 실사(實辭)들에 밀려서 뒤에 따라오는 것은 무엇을 말해 주는가? 그 이름할 수 있는 것이 무엇이든지간에 그것은 결국 그것에 대하여 마지막으로 값을 매겨 말하는 허사 「이다」, 「아니다」에 따라서 규정된다. 실사로 지시된 사태의 그러함과 그렇지 아니함이 언제나 그 뒤에 따르는 허사의 매김에 달려 있다.

허사 결정론이 함축하는 논리는, 서양의 아리스토텔레스부터 형식화된 변함없는 같음으로의 논리전략에 합류할 수 없는, 주변자의 특이한 세계이해를 반영한다. 그는 사물의 참모습을 「같음」에서가 아니라 「다름」에서 잡으려고 주변에 산다. [박동환(1993)].

은 초정이 스스로 생각하는 자화상을 말한 것인데, 그 '찬(贊)'에 다음과 같은 문장이 있다.

찬하다. 죽백에 기록하고 그림으로 모사해도 세월이 흘러가면 그 사람 멀어지리. 하물며 자연에서 정화를 다 빼놓고 누구나 떠드는 진부한 말 모은다면 어찌 썩지 않음이 있겠는가. 대저 전이란 전한다는 뜻이다. 비록 그의 조예를 다 드러내고 그 품격을 다 설명할 수 없다 해도, 완연히 특정한 한 사람일 뿐 그저 그런 천만 사람이 아님을 알게 한 뒤라야, 아득한 세상 하늘 끝에 가거나 천만년 세월이 흘러가도 사람마다 나를 만나 보게 되리라.[51]

이 글은 초정이 젊은 시절부터 세상과 맞지 않는 본인의 성격을 자각하면서 어렵게 살 것이라고 예언한 내용이다. 여기서도 천애(天崖), 즉 천제(天際)라는 말이 나와 있어서 흥미로운데, 그것보다 주목하고 싶은 것은 마지막 부분이다. 위에서 지적한 대로 지금 한국에서 '제', '사이', '주변' 등에 대한 자각이 이어져 있는데, 초정이 예견했듯이 '하늘 끝'에서, '천만년 세월이 흘러'간 지금, 많은 사람들이 초정을 만나 보게 되어 있는 것이다.

---

51 『정유각문집』 2집, 「小傳」;『정유각집』 하, 207면, "贊曰, 竹帛紀而丹靑摸, 日月滔滔, 某人遠矣, 而況遺精華於自然, 拾陳言之所同, 惡在其不朽也, 夫傳者傳也, 雖未可謂極其旨而盡其品乎, 而猶宛然知爲一人而匪千萬人, 然後其必有天涯曠世而往, 人人而遇我者乎."

박제가 지음, 안대회 옮김(2003), 『북학의 : 조선의 근대를 꿈꾼 사상
　　　가 박제가의 개혁 개방론』, 돌베개.
＿＿＿ 지음, 정민·이승수·박수밀 외 옮김(2010), 『정유각집』, 돌
　　　베개.
박지원 지음, 민족문화추진위원회 옮김(2007), 『신편 국역 열하일기』,
　　　한국학술정보.
이　색 지음, 임정기 외 옮김(2000~2002), 『(국역)목은집』, 민족문화
　　　추진회.
이안눌 지음, 이필영 옮김(2003), 『(국역)동악선생집』, 덕수이씨문예
　　　공파종회.
홍세태, 『유하집』, 『한국문집총간』 167, 민족문화추진회.
장　자 지음, 김창환 옮김(2010), 『장자 외편』, 을유문화사.

김진영·김동건(2007), 『목은 이색 시어 색인』, 이희문화사.
박동환(1993), 『동양의 논리는 어디에 있는가』, 고려원.
＿＿＿(2001), 『안티 호모에렉투스』, 길.
한영규(2012), 『조희룡과 추사파 중인의 시대』, 학자원.
白川　靜(2003), 『字統』, 平凡社.

고미숙(2007), 「연암 사상에 있어서 '탈근대적' 비전에 대한 연구」,
　　　송재소 편, 『(박지원·박제가)새로운 길을 찾다』, 경기문화재단.
김용덕(1970), 「정유 박제가 연구」, 중앙대 박사학위논문.

_____(1981), 「박제가의 경제사상 : 기적의 선각자」, 『진단학보』 52, 진단학회.

김진영·김동건(2008), 「목은 이색의 삶과 시세계의 몇 국면」, 『국어국문학』 150, 국어국문학회.

박동환 외(2010), 「가에로의 끝없는 탈주 : 박동환의 철학적 문제」, 『동방학지』 151, 연세대 국학연구원.

박수밀(2004), 「18세기 '사이(間)'의 美學과 그 意味」, 『어문연구』 32-4, 한국어문교육연구회.

_____(2005), 「朴趾源의 老莊思想 수용과 神仙觀」, 『도교문화연구』 22, 한국도교문화학회.

박종훈(2008a), 「초정 박제가 시 연구」, 한양대 박사학위논문.

_____(2008b), 「楚亭 朴齊家의 美意識과 詩論」, 『동방학』 14, 한서대 동양고전연구소.

박충석(1981), 「초정의 사상사적 위치 : "북학의"를 중심으로」, 『진단학보』 52, 진단학회.

배주연(2006), 「동악 이안눌 시문학 연구」, 이화여대 박사학위논문.

서근식(2005), 「초정 박제가의 "주역" 해석방법에 관한 연구」, 『퇴계학보』 118, 퇴계학연구원.

성해영(2009), 「문명과 종교 : 수운 최제우의 역설적인 '중심 찾기'」, 『인물과 사상』 138, 인물과사상사.

안대회(1987), 「백탑시파(白塔詩派)의 연구 : 이덕무·유득공·박제가」, 연세대 석사학위논문.

이기상(2002), 「세계화시대에 한국 지식인의 역할」, 『사이』 창간호, 우리말로 학문하기 모임.

이종태(1994), 「洪世泰 詩의 變貌 樣相」, 경북대 석사학위논문.

임동확(2008), 「시는 왜 주변부를 주목하는가」, 『한국시학연구』 23,

한국시학회.

임형택(1996), 「고려말 문인지식층의 동인의식과 문명의식: 목은 문학의 논리와 성격에 대한 서설」, 『牧隱 李穡의 生涯와 思想』, 일조각.

_____(2003), 「21세기에 다시 읽는 실학」, 『대동문화연구』 42, 성균관대 대동문화연구원.

정옥자(1981), 「문학사적 측면에서 본 정유집」, 『진단학보』 52, 진단학회.

정일남(2001), 「朴齊家의 際의 詩論」, 『한국한문학연구』 28, 한국한문학회.

_____(2005), 「박제가의 詩畵一致 성향」, 『고시가연구』 15, 한국고시가문학회.

최유진(2005), 「초정 박제가의 시세계와 그 변모 양상」, 고려대 석사학위논문.

小倉雅紀(1996), 「박제가의 북학사상과 성리학」, 『한국사론』 18, 서울대 국사학과.

시대를 넘어선 만남

김현영 국사편찬위원회 교육연구관

1.

초정(楚亭) 박제가(朴齊家)의 흔적은 유적으로 남아 있는 곳이 거의 없다고 해도 과언이 아니다. 서울시사편찬위원회에서 만든 서울 일대의 유적 표시에도 초정의 흔적은 남아 있지 않다. 그런데 어떻게 초정의 유적을 답사할 것인가? 다행히도 초정의 『정유각집(貞蕤閣集)』에 들어 있는 초정과 벗들의 글 속에 그의 행적을 추적할 수 있는 부분이 매우 많이 남아 있다. 그의 유적을 만들어 낼 수밖에 없는 것이다. 초정이 유·소년기에 살았던 서울 남촌의 성명방(誠明坊), 백탑그룹이 모여 아름다운 시절을 보냈던 파고다 공원 일대, 중년기에 벼슬살이를 하던 시기에 살던 경모궁(景慕宮) 앞 어애송(御愛松)이 있던 장경교(長慶橋) 부근의 집, 그리고 규장각이 있던 창덕궁 후원 등이 답사지가 될 수 있다. 또 이인 찰방, 부여 현감, 영평 현령 등 지방관을 했던 곳에도 무언가 흔적이 남아 있으리라. 우리 실시학사 초정 연구 팀은 1차로 서울에 남아 있는 초정의 유적들을 둘러보고, 2차로는 초정이 현령을 3년간이나 재임했던 영평 지역을 답사하기로 하였다.

1778년 초정이 『북학의(北學議)』를 집필, 탈고한 바닷가 고을 김포 통진(通津) 농가의 유적을 전혀 찾을 수 없는 것은 못내 유감이라고 하지 않을 수 없다.

2.

2012년 4월 8일(일) 오전 10시 30분, 벽사 이우성 선생님 이하 초정 연구 팀 6명은 남산골 한옥마을에 집합하였다. 팀원 외에 인하대의 이봉규 선생이 우정 답사에 참여하였다. 19세기 중엽에 만들어진 「조선경성도(朝鮮京城圖)」가 서울 시내를 답사하는 데 매우 유용한 자료가 되었다.

이덕무(李德懋)는 『정유각집』 서문에서, 그가 백동수(白東修)의 성명방 집에 들렀을 때에 처마에 걸린 '인재(靭齋)' 두 글자가 활달하고 힘이 있어서 물으니 같은 동네에 사는 박 승지의 열다섯 살 된 동자가 쓴 글씨라는 것을 듣고 놀랐고, 또 2년 뒤 겨울에는 다시 초정이 쓴 시를 보고 찬탄을 하였다고 하였다. 바로 초정과 백동수가 젊었을 때 살았던 남부 성명방(묵동, 필동)은 지금의 극동빌딩, 대한극장, 남산골 한옥마을 언저리로 추정된다. 한옥마을에 들어서니 남산 기슭 경사진 곳으로 이어진 남산 1호 터널 근처 어디쯤에 초정과 같은 동네에 살았던 백동수의 '인재(靭齋)'와 '초어정(樵漁亭)'이 있지 않았을까 하는 상념이 든다. 이덕무는 처남인 백동수의 집 현판에 걸려 있던 젊은 박제가의 힘찬 글씨와 시를 보고 평생의 지기가 되기로 마음을 먹었고, 따뜻한 봄날 남산 기슭을 올라 백동수의 집에서 초정과 첫 대면을 한 후 평생의 지기가 된 것이다.

한옥마을은 최근까지도 수도방위사령부가 있었던 곳으로 지금은 관광지화하여 주로 중국인 단체 관광객들이 많이 찾아온다. 한 바퀴 돌아보니 '일석 이희승 선생 기념비(一石李熙承先生記念碑) – 남산골 딸깍발이', '망북루(望北樓)', '서울 정도 600년 기념 타임캡슐 터'를 볼 수 있었다. 망북루는

청명(青溟) 임창순(任昌淳) 선생의 글씨이고, 일석 기념비는 이어령 선생의
글, 타임캡슐은 김영삼 전 대통령의 작품이다.

다음으로 우리가 찾은 곳은 초정이 검서관 시절에 줄곧 살았던 경모궁
입구의 정유각(貞蕤閣)이다. 잘 알다시피 정유는 초정의 또 다른 호이다. 초
정은 장경교 서쪽 10여 보 되는 곳에서 살았는데, 장경교는 경모궁 앞 100
보쯤 되는 곳에 있었다. 정조 원년에 장경교라는 이름을 정조가 직접 지었
다. 장경교는 성균관에서 2리 정도 떨어져 있었는데, 동소문인 혜화문으로
들어오는 사람들과 물자가 모두 장경교를 통과하였고 다리 근처에는 가게
들이 모여 있었다. 우리는 택시에 분승하여 초정이 검서관 벼슬살이 시절
에 살았던 장경교를 찾기 위하여 서울대학교 병원으로 갔다. 남산 한옥마

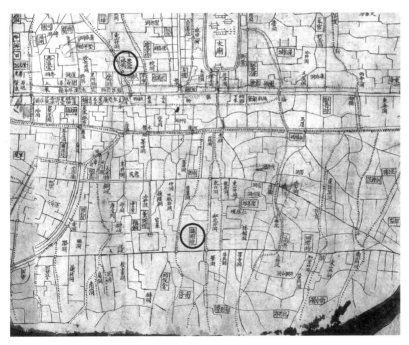

∷ 백탑과 성명방(「조선경성도」, 19세기 중엽).

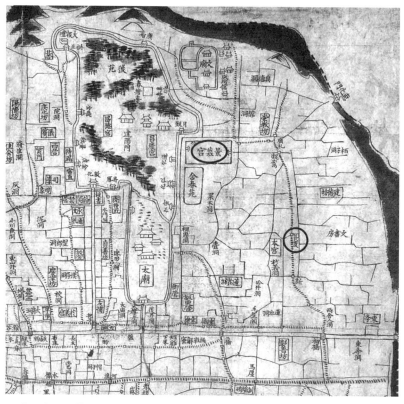

:: 경모궁과 장경교(「조선경성도」, 19세기 중엽).

을에서 서울 시내가 굽어보이더니 택시를 타고 일직선으로 내려가니 바로
돈화문이 이어진다. 돈화문을 거쳐서 창덕궁과 종묘 사잇길을 지나 대학로
로 들어섰다. 대학로 옆으로는 지금은 복개되어 보이지 않지만 대학천이
흐르는데, 그 물은 창덕궁 옥류천(玉流泉)에서 발원하여 성균관 앞을 지나
대학천으로 들어온다. 그 시내 위로는 반수교(泮水橋)와 장경교가 놓여 있
고 장경교 서쪽 10보쯤 경모궁 담 옆에 초정이 중년 이후에 살던 집인 정
유각이 있었다.

그 집에는 아버지 사도세자의 사당인 경모궁에 참배 왔던 정조가 크고

382

푸른 모습을 사랑하여 어애송이라는 이름이 붙은 소나무가 있었다. 지금은 흔적도 없이 사라졌지만 아마도 서울대학교 병원 어린이병동 뒤쪽 어디쯤에 있지 않았을까? 장경교의 위치는 지금의 방송통신대학과 소방센터 사이 정도로 추정된다. 정조는 비운에 죽었던 아버지를 사모하여 수은묘(垂恩廟)였던 아버지의 묘를 이장하고 나아가 경모궁을 지어 사당의 격을 높이는 조치를 시행하였다. 수원 화성 건설에 정조의 숨은 정치적 의도가 있었듯이 경모궁 격상과 참배에도 같은 의도가 있었다. 경모궁 격상과 함께 경모궁 앞에 상인들을 유치하여 장경교 일대는 혜화문을 통하여 들어오는 물산들의 집하지가 되어 커다란 사상도고(私商都賈)들이 성장하였다. 정조가 경모궁 참배를 위하여 만든 문이 창경궁의 월근문(月覲門)이라는 안대회 선생의 첨언이 있었다. 경모궁은 우리가 함춘원으로 알고 있는 서울대학교 의과대학의 한가운데에 있었다. 경모궁의 서쪽에 있었던 함춘원이 훼철되면서 무책임한 문화재 관리자들에 의하여 함춘원의 정문만 경모궁 자리에 옮겨 세워졌다. 지금 한창 경모궁 터를 발굴 조사 중이다.

:: 경모궁 터(서울대학교 병원 내).

:: 유리 틀에 갇힌 백탑 앞에서(벽사 선생과 뒷줄 왼쪽부터 이봉규, 김현영, 이헌창, 안대회, 한영규, 미야지마).

다시 택시를 타고 종로로 나와 파고다 공원으로 향하였다. 백탑파의 주무대였던 파고다 공원이 경모궁에서 꽤 멀다. 지금 이곳은 노인들이 많이 나와 있어서 노인 공원으로 유명하지만, 당시에는 서울 시내에서 제일 높아 주변 어디에서 보아도 하얀 원각사 13층탑이 잘 보여서 종로의 상징물로 여겨지던 곳이었다. 이 백탑 주변은 중인, 서얼, 상민들이 장사를 하기도 하고 교유를 하기도 하고 생활을 하기도 하여 서울 중부 사람들이 모여 사는 대표적인 곳이었다. 이렇듯 상업이 활발하던 곳에서 자라고 배웠던 초정이 상업을 권장하고 중시하였던 것은 당연한 일이겠다.

초정과 이덕무, 유득공(柳得恭) 등의 서파 지식인들은 서울 양반들이 아닌 그냥 서울 사람들이라고 하겠다. 서울 양반들은 남촌이나 북촌 언저리에 살았을 터이다. 백탑 북쪽에 연암(燕巖) 박지원(朴趾源)이 살았고 그 건너편에 청장관(靑莊館) 이덕무가 있었으며, 또 그 건너편 어디쯤에는 이서구(李書九)의 서재가 있었고 그 동북쪽 아마 지금의 운현궁 근처에는 유득공과 유금(柳琴)이 살고 있었다. 성명방에 살던 초정은 백탑 북쪽에 살던 연암에게 시를 가지고 집지(執贄)를 하였으며 백탑시파의 에피고넨들과는 며칠 밤을 새우며 함께 지내면서 동시대에 살았음을 만끽하였다. 한문학 하시는 분들이 단골로 모임을 가지는 '낭만'이라는 음식점 근처에 연암이 살던 집이 있지 않았을까 추정해 본다.

공원 옆문을 통하여 관광객들로 붐비는 인사동을 거슬러 올라와 '여자만'이라는 남도음식 전문점에서 꼬막과 해산물을 주 메뉴로 한 점심을 막걸리와 함께 맛있게 먹고 오후에는 다시 창덕궁 답사에 나섰다.

창덕궁은 궐내각사(闕內各司) 지역과 후원(後苑) 지역으로 나누어 입장을 하는데, 후원 지역은 그룹으로 안내를 하고 자유행동은 하지 못하게 한다. 먼저 후원 쪽으로 들어가 규장각이 있었던 주합루(宙合樓) 주변을 둘러보았다. 주합루 옆에는 서향각(書香閣)이 있고 멀리 열고관(閱古觀)과 서고(西庫)가 있어야 하지만 그 건물들은 이미 없어졌다. 정조가 각신들과 함께 연사례(燕射禮)를 하던 불운정(拂雲亭)도 없어졌고 불운문만이 남아서 자리를 지키고 있다. 이후에는 가이드의 안내에 따라 옥류천까지 몇 군데를 둘러보고 다시 돌아 나와 돈화문 내에 있는 궐내각사 구역의 규장각(奎章閣)과 검서청(檢書廳) 등을 둘러보았다.

계동의 '산내리'라는 음식점에서 5시경부터 저녁 식사를 겸한 가벼운 토론이 이어졌다. 이헌창 선생, 한영규 선생은 연구 주제에 대한 새로운 내용의 발제문을 준비해 왔다. 이헌창 선생은 이용후생사상의 역사적 의의에 대해서 개념사적 접근을 시도하려는 계획이 있었고, 아울러 같은 북학사상으로 유수원(柳壽垣)과 『우서(迂書)』, 이희경(李喜經)과 『설수외사(雪岫外史)』 등에 대한 별도의 연구가 필요하다는 말씀들도 있었다. 홍만선(洪萬選)·유중림(柳重臨)의 『산림경제(山林經濟)』, 서유구(徐有榘)의 『임원십육지(林園十六志)』 등 백과전서적 정리에 대한 새로운 연구가 필요하다는 의견도 있었고 최한기(崔漢綺)·최성환(崔瑆煥) 등 학자들에 대한 연구의 필요성도 강조되었다. 북학사상의 연원을 말할 때 북인 계열 학자와 중국 여행기

(홍대용), 일본 여행기(원중거) 등에서 자극을 많이 받았다고 하였는데, 그에 대한 인적·논리적 연관관계를 추구해야 할 것이다.

한영규 박사는 초정의 스승 김복휴(金福休)에 대한 새로운 자료로『기백재일기(己百齋日記)』,『서소유적(書巢遺蹟)』,『영주복사록(瀛州鵩舍錄)』(모두 고려대 도서관 소장)을 소개하였다. 안대회 선생은 유몽인(柳夢寅) 등에게서 초정 북학사상의 연원을 찾는 것이 어느 정도는 가능할 것이라는 취지의 발표를 하였다. 미야지마 선생은 경계인으로서 초정의 사상을 '제(際)', '간(間)' 등의 의미 속에서 찾아보려고 하였다.

마지막으로 초정의 사회사상에 대한 연구를 하는 데 있어서 그동안 초정의 북학사상이 너무 신격화된 측면이 있는데, 인간 박제가를 정확히 볼 필요성을 강조하였다. 사회적 존재로서의 인간의 사유는 그의 계급적 성격에 의하여 사유할 수밖에 없다. 따라서 초정의 사상은 서울 양반 서자로서 계급적·신분적 한계를 가질 수밖에 없다는 것이다.

덧붙여서 '실학' 개념을 보류하는 문제에 대한 과외의 토론과 논쟁이 있었다. 조선 후기의 사상을 올바로 이해하는 데 있어서 만들어진 개념인 '실학'이라는 말이 오히려 장애가 된다면 조선 후기 사상에 있어서 '실학'이라는 말을 해체 또는 보류하고 각각의 경향성, 예를 들면 경세치용 사상, 이용후생 사상, 역사 사상, 백과전서적 사상 등으로 유형화할 필요성이 있다고 생각된다.

식사까지 포함하여 저녁 8시 30분이 넘어서야 모임은 종료될 수 있었다.

3.

실시학사 초정 연구 팀의 2차 답사지는 초정이 현령으로 3년간 재임하였던 영평으로 잡았다. 초가을 날씨가 한창인 10월 5일 하루를 우리는 초정과 함께하였다. 영평은 지금 경기도 포천군의 북부 지역이다.

9시 30분 의정부 역에 1차 집합한 일행은 다시 10시경에 축석령 휴게소에서 모두 합류할 수 있었다. 초정 연구 팀 5명 중 선약이 있는 안대회 교수를 제외한 4명의 연구진과 벽사 선생님 그리고 자료집 간행의 간사를 맡은 함영대 선생이 합류하였다. 모두 6명이 두 대의 승용차에 분승하여 초정과 인연이 많은 영평 지역을 하루 동안 답사하기로 예정하였으나 그것은 과욕이었다. 시간 관계상 초정과 관련된 영평의 유적 중에서 영평 관아 터와 영평의 명승지인 금수정(金水亭)과 창옥병(蒼玉屛) 그리고 삼부연(三釜淵)과 화적연(禾積淵)만을 둘러볼 수밖에 없었다.

　11시경 영평 관아 터였던 영평초등학교에 들렀다. 우리는 초등학교로 변해 버린 영평 관아지에서 그 어떤 흔적을 발견하리라고 기대하지는 않았다. 그런데 뜻하지 않게 그곳에는 초정이 영평 현령 시절에 다산(茶山) 정약용(丁若鏞)과 함께 시도했던 '종두시술지(種痘始術址) 기념비'가 서 있

:: 영평 관아 터의 '종두시술지 기념비' 앞에서(벽사 선생과 뒷줄 왼쪽부터 이헌창, 미야지마, 한영규, 김현영, 함영대).

었다. 2010년에 영평초등학교 44회 동문 일동이 개교 100주년을 기념하여, 3년간 영평 현령으로 재임하던 초정이 다산과 함께 우리나라에서 처음으로 종두를 실시하여 성공한 것을 기리는 기념비를 세웠다는 안내문이 있었다. 역사를 전공하지도 않았을 시골 초등학교 동창생들이 모여 자신들이 다녔던 학교의 역사를 더듬어 이를 기념하였다는 것이 새삼 고마웠다.

다산이 쓴 「종두설(種痘說)」과 『마과회통(麻科會通)』의 「기시(記始)」에는 우리나라 종두법의 유래와 초정이 종두법에 기여한 공로가 잘 서술되어 있다. 1799년 가을에 다산은 이기양(李基讓)의 아들 이총억으로부터 의주 사람이 연경에서 종두법을 기록해 왔다는 이야기를 전해 들었다. 초정은 영평 현령을 할 때에 관리들에게 이 일을 말하고 이방의 아들에게 종두를 접종하고 두 번째로 관노의 아이에게, 세 번째로는 자신의 조카에게 접종하여 테스트하였다.('종두설」) 이기양이 의주 부윤을 할 때에 『정씨종두방(鄭氏種痘方)』(정망이 저)을 얻어서 다산에게 보여 주었고, 다산은 초정이 구한 『의종금감(醫宗金鑑)』의 「종두요지(種痘要旨)」를 얻어 포천의 생원 이종인에게 주고 시묘(試苗)를 네댓 번 시험하여 성공하였다고 기술되어 있다.

우리나라 의학사와 과학기술사, 실학사의 한구석에 숨어 있는 초정의 공헌을 어떻게 알고 이렇게 궁벽한 시골의 초등학교에서 기념비까지 세웠을까? 초정을 직접 언급하여 기념비가 세워진 곳은 이곳이 유일한 곳이 아닐까? 벽시 선생님 이하 우리 초정 연구 팀은 마치 보물을 발견한 듯 기뻐하였다.

영평의 경승지 중에서 가장 유명한 곳은 역시 금수정이다. 초정이 금수정을 두고 쓴 시는 10여 수가 넘는다. 아들 장임(長稔)이 쓴 시에 차운한 「아들 장임의 금수정 시에 차운함〔次韻稔兒金水亭〕」은 금수정과 현아의 위치와 주변 경치를 잘 묘사해 놓았다.

창옥병이 그 북쪽에 솟아 있고,　　　　　　　　　玉屛峙其北

관아의 문은 동쪽에 있네.　　　　　　　　縣門倚其東

서쪽 봉우리 또 몇 봉우리인가,　　　　　　西峰復幾許

둘레둘레 백 겹의 소나무 둘러 있네.　　　　環繞百疊松

정자는 하나의 풀처럼 떠 있고,　　　　　　亭子一菌浮

여울물 소리 웅장하다네.　　　　　　　　　灘聲万筑雄

　금수정과 창옥병을 뒤로 하고 산정호수의 한림각에서 점심 식사 겸 세미나를 개최하였다. 물론 산정호수는 일제 식민지 시대에 관개 저수지로 만들어진 것이어서 초정이 재임하던 시기에는 존재하지 않았던 곳이다. 점심 식사 후 우리는 삼부연과 화적연을 둘러보고 답사를 마쳐야 했다. 사실상 삼부연이나 화적연뿐만 아니라 와룡담(臥龍潭), 백룡담(白龍潭), 농암(農巖)과 철원 쪽의 순담(蓴潭)이나 고석정(孤石亭) 등에도 초정의 시문이 남겨져 있지만, 자세히 둘러볼 시간이 없는 것이 안타까울 뿐이었다.

　화적연과 삼부연은 겸재(謙齋) 정선(鄭歚)의 「해악전신첩(海嶽傳神帖)」에도 나와 있는 금강산 유람의 초입에 해당된다. 겸재가 그린 삼부연과 화적연의 모습은 지금도 그대로 남아 있다. 화적연은 오늘날 경기도 포천군 영북면 임진강 상류에 있는 곳으로 금수정, 삼부연 등과 함께 영평 8경의 하나이다. 강 가운데에 볏단을 쌓은 모양의 바위가 있어서 화적(禾積)이라는 이름이 생겼다. 조선시대에는 관에서 기우제를 지내던 곳이기도 하여 초정은 기우제를 지낼 때에도 유람을 할 때에도 와 보았던 곳이다. 초정의 화적연 시는 화적연 바위의 모습과 주변의 풍광을 사실적으로 묘사하였다.

큰 바위 깊은 못에 솟아 있어서,　　　　　巨石抗深潭

머리 치켜들고 등은 둥글다네.　　　　　　昂首背穹窿

모습이 마치도 포복하는 사람 같아,　　　　有如匍匐人

기저귀 찬 아이를 업고 있는 듯.	負兒溲裳中
오른쪽엔 솥 같은 구멍이 있고,	右旁穴一釜
잔물결 바닥까지 통하였다네.	淪漪徹底通
어깨부터 돌무늬가 달라져서는,	自肩膚理殊
덧붙은 귀때기는 조동과 비슷하네.	贅附類庖銅
윗개울 어찌 그리 요란하던가,	上灘何嘈嘈
앞에 서면 우레 바람 몰아치는 듯.	對面成雷風
아래로 백여 보 내려가 보면,	下流百餘步
구름 벽 마음대로 솟아 있다네.	雲壁恣奇雄
돌 몸뚱이 비록 모두 일정하여도,	石軆雖一定
변화하는 모습은 무궁하구나.	變態亦無窮
조물주가 만든 처음 생각해 보면,	緬想造物初
온갖 공력 들여서 만들었으리.	積費鎔化功

:: 겸재, 「해악전신첩」 중 화적연.   :: 오늘날의 화적연.

390

겸재가 「해악전신첩」에서 그린 삼부연은 오늘날 가 보아도 옛 모습을 그대로 간직하고 있다. 초정은 금강산 유람길에, 또 영평과 철원의 풍광을 즐기는 길에 삼부연을 찾았다. 초정의 삼부연 시에서는 역시 높은 골짜기에서 떨어지는 폭포와 주변의 경치를 읊고 폭포 주변의 절벽에 천연의 옷자락이 만들어져 있지만 관음상이 마저 완성되지 못한 것을 안타까워하고 있다.

떨어지는 물 높아서 좋고,	懸水高爲勝
무지개 날려 열 길이라네.	飛虹果十尋
모래톱에 우사나무 작달막하고,	雨師沙觜短
운모 벽감은 깊기도 하네.	雲母壁龕深
검푸른 빛 정말로 끝이 없으니,	黝黑眞無底
절구질 끊임없이 이어진다네.	舂撞遂不禁
천연스레 옷자락은 만들었으나,	天然句勒勢
관음상 못 만든 게 안타까워라.	恨未作觀音

:: 겸재, 「해악전신첩」 중 삼부연.　　　:: 오늘날의 삼부연.

높이 떨어지는 폭포와 무지개가 되어 날리는 비말, 폭포 아래의 자그마한 나무들과 모래톱, 그리고 벽감처럼 파인 운모암까지 묘사하고 있다. 떨어지는 물에 깊이 파인 연못은 검푸른 색으로 그 바닥을 알 수가 없고 아직도 계속 물 절구질이 계속되고 있다. 주변을 둘러싼 높은 절벽 바위는 관음상을 만들어도 좋을 자연스런 옷자락 결이 저절로 만들어져 있다.

초정은 일찍부터 신분제의 질곡과 번화의 잡답에서 벗어나 농촌에 은거하려는 생각을 가지고 있었다. 일찍이 젊은 시절 한강을 거슬러 멀리 지평(砥平) 땅으로 은거한 원중거(元重擧)를 부러워한 바가 있었는데, 이제 이곳 영평에 오니 서울에서 따라 놀았던 경산(京山) 이한진(李漢鎭)이 은거하고 있고, 바로 아래 고을 포천에는 청성(青城) 성대중(成大中)이 벼슬을 마치고 돌아와 있었다. 거문고의 고수인 이한진 노인이 같은 고을에 살고 있다는 것은 초정이 영평 고을 원을 하면서 즐긴 또 하나의 기쁨이었다. 서울에서 초정이 평소 따르던 이한진이 관아의 남쪽 10리쯤에 살고 있었던 것이다.

어느 날 이한진의 우거에서 초정은 성대중과 함께 모였다.

관아 부엌 소박해도 백성보다는 낫지,	官厨儉矣勝村氓
현령이 미천해도 어찌 경멸할쏜가.	縣吏雖微敢自輕
기운 돋워 글 논함은 원래 경계해야지,	盛氣論文元有戒
진심으로 일하며 명성 구하지 않네.	眞心做事不求聲
임기도 흡사 나이와 함께 가니,	瓜期恰與年俱趁
솔 그림자 가득히 달빛을 맞네.	松影森然月共迎
웃으며 시골의 옛 약속에 나아가니,	笑赴田家雞黍約
유중과 주북이 기꺼이 연명하네.	劉中周北喜聯名

영평은 오늘날 행정구역상으로는 포천군의 북부 지역이다. 초정은 1797년부터 1801년까지 3년 넘게 영평 고을의 수령을 지냈다. 그가 영평을 방

문한 것은 세 차례였다. 20대의 젊은 나이에 금강산 유람길이 처음이고 영
평 현령으로 온 것이 두 번째, 그리고 1801년 서울 동남문(東南門) 벽서사
건에 연루되어 함경도 종성으로 유배 갈 때에 지나간 것이 세 번째이다.
그뿐만 아니라 포천과 영평 지역은 성대중이나 이한진이 은거를 하던 곳
이기도 하였다. 초정도 은퇴를 하면 영평 골짜기에 들어와 살 계획을 하고
있었다. 그만큼 영평은 그에게 깊은 인연과 아픔이 있는 곳이었다.

초정이 의금부의 문초와 형장에 상처 난 다리를 끌고 귀양길에 영평을
지나며 쓴 시는 그의 소회를 잘 보여 준다. 벽서사건에 연루되어 의금부의
문초를 받고 겨우 목숨은 건져 상처 난 다리를 이끌고 멀리 함경도 종성으
로 유배 가는 길이다. 몇 달 전까지만 해도 자신이 원을 지내던 고을 영평
을 지나간다. 마침 가을비가 내려 상처 난 다리를 더욱 아프게 하였다.

나무 빛 좋은 양문역,	樹色梁文驛
시냇물 소리 맑은 만세교.	泉聲万歲橋
뜬구름은 해를 가리고,	浮雲能蔽日
소나기는 아침 내내 그치지 않네.	驟雨不終朝
짧은 오리 다리 억지로 잇기 어려우니,	鳧脛眞難續
닭의 영혼을 혹 부를까.	雞魂儻可招
아전과 백성 옛 원님이 불쌍해,	吏民憐舊守
먼 곳 잊고 전송을 하네.	相送卻忘遙

포천과 영평 고을은 만세교(萬歲橋)에서 갈라진다. 만세교를 지나면 바
로 양문 역이다. 초정이 벽서사건으로 문초를 받고 상처 난 다리를 이끌고
귀양길에 오른 것은 9월 중순이었다. 늦가을 시냇물 소리가 들리는 만세교
를 지나 붉게 물든 양문역을 지난다. 뜬구름 같은 간신배들이 해를 가리고
아침 내내 그치지 않는 소낙비를 피할 수가 없다. 짧은 오리 다리로 분수

에 없이 국왕을 모시다가 이러한 곤액을 당한 것이다. 돌아가신 성상께서 어찌 다시 돌아올 수 있으랴! 옛 수령의 불쌍한 처지를 동정하여 아전과 백성들이 멀리까지 유배길을 전송하고 있다.

　벽사 선생님은 선약이 있어서 먼저 들어가시고 마지막에는 미야지마 선생과 이헌창 교수 그리고 필자까지 셋만 남았다. 우리는 포천 지역의 맛집을 잘 알고 있는 함영대 선생의 소개로 백사(白沙) 이항복(李恒福)의 묘소 입구에 있는 보신탕 집을 찾았다. 보신탕을 맛보는 것도 초정 답사의 하나라고 생각하였다. 다산이 흑산도에 유배 가 있는 가형(家兄) 정약전(丁若銓)에게 건강을 위하여 보신탕을 드실 것을 권하는 글에 초정의 개고기 삶는 법[朴楚亭之烹法]에 대한 내용이 자세히 소개되어 있기 때문이다.

부록 •

연보 ― 연구논저 목록 ― 찾아보기

서기	제왕 연대	나이	초정의 사적
1750년	영조 26	1	○ 11월 5일 밀양 박씨 박평(朴玶, 1700~1760)의 서자이자 외아들로 태어나다. 친어머니는 박평의 소실(小室)로 전주 이씨다. 조부는 박태동(朴台東)으로 문과에 급제하여 필선(弼善)을 지냈다. 증조부는 박순(朴純)으로 문과에 급제하고 황해도 감사를 지냈다. 고조부는 박수문(朴守文)으로 문과에 급제하고 장령을 지냈다. 아버지 박평의 자(字)는 평보(平甫), 호는 치치재(癡癡齋)다. 1735년 문과에 급제하여 우부승지를 지냈다. 박평의 집안은 소북(小北)의 명문가로서 그 혼맥도 소북 명문가와 맺고 있었다. 박평의 초취(初娶) 정실부인은 청풍 김씨로 김신국(金藎國)의 현손녀다. 재취(再娶) 부인은 전주 이씨로 이진환(李震煥)의 손녀다. 정실부인에게서는 자식이 없어 제도(齊道, 자는 聖彦)를 양자로 들였다. ○ 박제가의 초명(初名)은 제운(齊雲)이다. 자는 재선(在先)·수기(修其)·차수(次修)이고, 호는 초정(楚亭)·위항도인(葦杭道人)·초비당(苕翡堂)·정유(貞蕤)·해어화재(解語畫齋)·뇌옹(顆翁)을 썼다. 두 살 위인 유득공(柳得恭)과 생일이 같다.
1760년	영조 36	11	○ 6월 21일 아버지 박평이 죽어 광주부 엄현(崦峴) 선산에 묻히다. ○ 네 살 위의 누이가 치재(厄齋) 임정(任珽)의 서자 임희택(任希澤, 자는 恩叟, 호는 三秀齋)과 혼인하다. ○ 어릴 때부터 같은 집에 산, 인척이자 스승 김복휴(金復休, 1724~1790)에게 학업을 배우다. 그는 북인의 영수 후추(後瘳) 김신국(金藎國)의 현손으로 초정의 고종사촌이다. 또한 김복휴의 모친이 박선(朴璿)의 딸로 초정과 6촌 관계가 되어 대대로 연혼(聯婚) 관계가 있었다.
1763년	영조 39	14	○ 성대중(成大中), 원중거(元重擧), 김인겸(金仁謙)이 계미통신사(癸未通信使) 사절단의 일원으로 11개월 동안 일본에 도까지 다녀오다.
1764년	영조 40	15	○ 백동수(白東修)의 집에 초어정(樵漁亭)이란 현판 글씨를 쓰다. 이 무렵 남산 아래 필동에 살다.
1765년	영조 41	16	○ 11월 홍대용(洪大容)이 연행(燕行)하여 엄성(嚴誠), 반정균(潘庭筠) 등 명사와 교류하고 돌아오다.

서기	제왕 연대	나이	초정의 사적
1766년	영조 42	17	○ 봄 남산 백동수의 집에서 이덕무(李德懋)와 처음 만나다. ○ 덕수(德水) 이씨 경상좌병사(慶尙左兵使) 이관상(李觀祥)의 서녀(庶女)와 혼인하다. ○ 이 무렵부터 현재 종로 3가에 있는 백탑(白塔) 부근에 사는 이덕무, 유금(柳琴), 유득공, 서상수(徐常修), 이응정(李應鼎) 등의 서족 문사와 어울려 시문 창작을 활발하게 하다. ○ 여름 홍대용이 『회우록(會友錄)』을 완성하다. 초정은 이 책을 읽고 감동하여 중국을 여행할 마음을 갖다.
1767년	영조 43	18	○ 조카 임득상(任得常) 태어나다. ○ 퉁소를 주제로 박지원(朴趾源), 서상수, 윤가기(尹可基), 유금, 유득공, 이응정과 연구(聯句)를 짓다.
1768년	영조 44	19	○ 봄에 관례(冠禮)를 하고 자를 재선(在先)이라 하다. ○ 이해를 전후하여 백탑 북쪽으로 이사한 연암(燕巖) 박지원을 찾아가 교유를 맺고, 평생 변함없이 관계를 유지하다. ○ 『초정시집(楚亭詩集)』을 엮다. 이덕무가 「초정시고서(楚亭詩稿序)」를 쓰다. ○ 12월 이덕무가 윤회매(輪回梅)란 조화를 만들고 「윤회매십전(輪回梅十箋)」을 짓다. 이 안에 초정의 시도 들어 있다.
1769년	영조 45	20	○ 『초정집(楚亭集)』을 엮다. 박지원이 초정의 문집에 「초정집서(楚亭集序)」를 쓰다. 이 무렵 『초비당외서(茗翡堂外書)』, 『명농초고(明農草稿)』를 엮기도 했다. ○ 2월 23일 장인 이관상이 영변도호부사로 임명되어 27일 부임하다. 장인을 따라가 과거 공부를 하다. ○ 5월 1일(임오일)에 일식(日食) 현상이 일어나다. 영조가 숭정전(崇政殿) 월대(月臺)에서 구식(救食) 행사를 거행하였는데, 초정은 일식을 관찰하여 사흘 동안 눈이 어질어질하였다. 그 경험을 「일유식지(日有食之)」란 장편시로 쓰다. ○ 9월 13일부터 19일까지 처남 이한주(李漢柱, 자는 夢直)와 묘향산을 유람하고 「묘향산소기(妙香山小記)」를 짓다. ○ 겨울 밤중에 유금의 집을 찾아 술을 마시고 해금을 연주하며 '혜금지아(稽琴之雅)'의 아회(雅會)를 갖다.
1770년	영조 46	21	○ 과거 답안을 정리하여 『서과고(西課藁)』를 엮고 그 서문

서기	제왕 연대	나이	초정의 사적
1770년	영조 46	21	을 쓰다. ○ 8월 19일 장인 이관상이 재임 중 사망하여 28일 조정에서 반장(返葬)의 예를 갖추도록 허락하다. ○ 이 무렵 첫딸을 낳은 것으로 보인다. 첫딸은 후에 판서를 지낸 윤방(尹坊)의 서자 윤겸진(尹兼鎭)에게 시집을 갔다. 초정은 아들 셋, 딸 셋을 낳았다.
1771년	영조 47	22	○ 3월 이서구(李書九)에게 편지를 보내다. 같은 달 이덕무는 황해도 황주와 평양을 유람하다. 박지원과 백동수가 동행하여 개성에서 헤어지다.
1773년	영조 49	24	○ 정월 초하루 처남 이한주로부터 기이함을 너무 좋아하지 말라는 충고를 듣고 자신을 옹호하는 답장을 보내다. ○ 봄에 금강산과 동해안을 유람하고 「해렵부(海獵賦)」를 쓰다. ○ 6월 20일 자형 임희택이 이인찰방(利仁察訪)이 되어 떠날 때 시를 지어 배웅하다. ○ 9월 2일 연경의 곽집환(郭執桓)에게 편지를 쓰다. ○ 10월 15일 어머니가 죽다. ○ 2년 전에 사망한 장인의 혼유석명(魂遊石銘)과 행장을 짓다. 처남 이한주로부터 장인의 묘지명을 부탁받고 박지원을 추천하는 편지를 쓰다.
1774년	영조 50	25	○ 처남 이한주가 남산에서 활쏘기를 익히다 빗나간 화살에 맞아 26세로 죽다. 박지원이 「이몽직애사(李夢直哀辭)」를 써서 초정에게 주고, 초정도 「이몽직의 제문〔祭李夢直文〕」을 지어 애도하다.
1775년	영조 51	26	○ 스승 김복휴의 집에 찾아가 묵다. 그의 아들 김희우(金熙宇)가 이해 돌연 사망하여 위로하다. ○ 이해 무렵 절친한 친구 이희경(李喜經)이 초정을 비롯한 백탑시파(白塔詩派) 동인의 작품을 모아 『백탑청연집(白塔淸緣集)』을 엮고 초정이 서문을 쓰다.
1776년	영조 52	27	○ 3월 25일 이덕무 등과 함께 배를 타고 선릉(宣陵)을 찾아가 참봉으로 재직하는 원중거를 방문하고 한강 일대를 노

서기	제왕 연대	나이	초정의 사적
1776년	영조 52	27	닐다. 이때 배 안에서 「산골로 들어가는 원현천 선생을 배웅하며〔送元玄川先生入峽序〕」를 구슬프고 격정적으로 읊었는데 이덕무가 「협주기(峽舟記)」를 지어 그 사실을 묘사하다. ○ 「소전(小傳)」이란 이름으로 자전(自傳)을 써서 경제(經濟)에 대한 관심을 본격적으로 드러내다. ○ 가을 「형암선생시집서(炯庵先生詩集序)」와 「유혜풍시집서(柳惠風詩集序)」를 짓다. ○ 12월 27일에 둘째 딸을 낳다. ○ 9월 25일 규장각(奎章閣)을 창덕궁 금원(禁苑)의 북쪽에 세우고 제학(提學)·직제학(直提學)·직각(直閣)·대교(待敎) 등의 관원을 두다. ○ 11월 진하사 부사 서호수(徐浩修)와 서장관 신사운(申思運)이 연행하다. 성대중이 그들에게 각각 송서(送序)를 써서 학술과 예법, 전제, 융정(戎政), 천문, 성율 같은 분야에서 채택할 만한 장점이 있다면 오랑캐라도 배워야 한다고 말하다. 절친한 벗 유금이 서호수의 막객으로 연행하며 이덕무, 유득공, 박제가, 이서구의 시 각 백 편을 뽑은 『한객건연집(韓客巾衍集)』을 가져가 중국에 소개하고 학자들의 비평을 받아 오다. 서호수는 『고금도서집성(古今圖書集城)』 5,020권 502갑(匣)을 은자(銀子) 2,150냥을 주고 구매하여 왕실에 수장하다.
1777년	정조 1	28	○ 1월 『한객건연집』에 이조원(李調元)과 반정균이 비평을 가하고 서문을 쓰다. ○ 2월 25일 거행된 증광시(增廣試)에 응시하여 이소(二所)에서 시험을 치르다. 이날의 시험 문제는 '묻노라. 과거를 베푸는 것은 선비를 시험하고자 한 것이다'로 시작하는 질문이었다. 그 답안인 「정유증광시사책(丁酉增廣試士策)」이 문집과 『북학의(北學議)』에 실려 있다. 이때 3등 53인의 합격자 가운데 2등으로 합격하다. ○ 3월 24일 북경에서 돌아온 유금으로부터 이조원·반정균의 비평과 서문을 받고 그들에게 편지를 쓰다.
1778년	정조 2	29	○ 1월 「밤에 이서구의 집에서 자며〔夜宿薑山〕」 10수를 지어 감회를 표현했는데 유득공이 그 시에 차운하여 「차수의 그윽한 회포 여덟 수의 운자에 차운하다〔次次修幽懷八首韻〕」

서기	제왕 연대	나이	초정의 사적
1778년	정조 2	29	를 짓다. ○ 1월 이덕무가 철각(鐵脚)새를 그리자 이서구, 박제가, 이덕무, 유득공이 차례로 「철각도가(鐵脚圖歌)」를 짓다. ○ 1월과 2월 사이에 호동(壺洞)으로 스승 김복휴를 찾아가 함께 잠을 자며 위로하다. ○ 이 무렵 「희방왕어양세모회인육십수(戲倣王漁洋歲暮懷人六十首)」 61수를 지어 그가 사귄 동시대 명사들과 중국·일본의 명사들을 묘사하다. ○ 3월 17일 이덕무와 함께 진주사(陳奏使)의 일원으로 연경에 가다. 정사(正使)는 채제공(蔡濟恭), 부사(副使)는 서호수, 서장관(書狀官)은 심염조(沈念祖)이었다. 초정은 정사 채제공의 종사관이었고, 이덕무는 서장관 심염조의 종사관이었다. ○ 6월 16일 연경을 출발하여 귀국길에 오르다. ○ 윤 6월 유득공과 자형 임희택이 문안사(問安使)로 심양(瀋陽)에 다녀오다. 임희택은 지인들에게 별장(別章)을 두루 구해서 강세황(姜世晃)은 「성경에 가는 은수에게 주는 증별시〔贈別恩叟赴盛京〕」(성균관대 박물관 소장)를 지어 주었고, 임희택의 조카 임지상(任趾常)도 절구 10수를 지어 주었다. 초정은 귀국 중이라 자형이 돌아온 뒤에 시를 지어 주었다. ○ 7월 1일 서울에 도착하다. ○ 9월 15일 연행하는 윤방을 배웅하는 시 5수를 짓다. ○ 가을 경기도 통진(通津)의 집에 머물면서 「새벽에 앉아 감회를 쓴다〔曉坐書懷〕」 7수를 지어 중국 여행에서 돌아온 뒤 일어난 감회를 표현하다. 그 가운데 제3수와 제5수가 「재부론(財富論)」에 인용되다. ○ 가을 통진에서 『북학의』를 일차 완성하고 9월 29일 자서(自序)를 쓰다.
1779년	정조 3	30	○ 여름 무더위에 박남수(朴南壽)의 기소원(寄所園)에 이덕무, 남공철(南公轍) 등과 함께 술을 마시며 토론하고 시를 써서 「기소축(寄所軸)」을 만들다. ○ 6월 이덕무, 유득공, 서이수(徐理修)와 함께 규장각 초대 검서관(檢書官)으로 임명되다〔『흠영(欽英)』과 『이재난고(頤齋亂藁)』에 도승지 홍국영(洪國榮)의 추천이라고 전함〕.

서기	제왕 연대	나이	초정의 사적
1779년	정조 3	30	○ 7월 왕명으로 「규장각 팔영」을 짓다. 이후 왕명으로 여러 편의 시를 짓다. ○ 12월 이후 청나라에 잡혀가 굽히지 않고 절개를 지킨 이확(李廓)과 나덕헌(羅德憲)의 충절을 기린 「이확·나덕헌의 전기〔李廓羅德憲〕」를 짓다. 이는 연경에 가서 건륭제의 『전운시(全韻詩)』를 통해 그들의 행적을 확인하고, 그 사실을 재확인한 정조가 그들에게 1779년 12월에 시호를 내린 것을 반영하여 지었다. 이덕무도 「나 통어사 일사장(羅統禦使逸事狀)」을 지었다.
1780년	정조 4	31	○ 8월 「문징명의 화첩 뒤에 붙인 글〔題文衡山畵帖後跋〕」과 「문징명의 간정춘수도 화제 뒤에 쓰다〔書文衡山澗亭春水圖畵題後〕」를 짓다. ○ 이해부터 1782년 사이에 이조참의 정지검(鄭志儉)에게 수레 기술자인 이길대(李吉大)를 추천하는 편지를 쓰다. 정지검은 이해 7월에 이조참의에 임명되어 1782년 체차될 때까지 이 자리에 번갈아 있으면서 인사의 실무를 담당하였다. ○ 5월 박지원이 건륭제의 70세를 축하하는 진하별사(陳賀別使)의 수행원으로 입연하다. 귀국한 이후 『열하일기(熱河日記)』를 쓰다.
1781년	정조 5	32	○ 3월 21일 이덕무는 사도시주부(司導寺主簿), 유득공은 상의원별제(尙衣院別提), 초정은 군자시주부(軍資寺主簿)를 겸직하여 승륙(陞六)되다. ○ 윤 5월 3일에 제용감주부(濟用監主簿)로 교체되다. ○ 맏아들 장임(長稔)이 태어나다. ○ 9월 9일 박지원이 「북학의서(北學議序)」를 짓다. ○ 9월 19일 밤 정조가 술과 고기를 하사하여 정지검과 초정이 기은시(紀恩詩)를 짓다. ○ 10월 「시학론(詩學論)」을 짓다. ○ 이해 가을부터 다음 해 봄까지 염서(染署)의 직책을 겸직하다. ○ 12월 27일 이덕무 사근도찰방이 되다.
1782년	정조 6	33	○ 4월 20일 정조의 명으로 병풍에 글씨를 써서 바치다. 유

서기	제왕 연대	나이	초정의 사적
1782년	정조 6	33	득공이 축하하는 장편시 「초서행 증박차수(草書行贈朴次修)」를 썼고, 초정은 그에 화답하여 또 장편시를 지었다. ○ 6월 유득공 금정찰방이 되다. ○ 늦가을 서명응(徐命膺)이 「북학의서(北學議序)」를 짓다.
1783년	정조 7	34	○ 1월 6일 이인찰방이 되다. 사근도찰방 이덕무, 금정찰방 유득공과 장편시를 여러 차례 주고받다. ○ 가을 충청도 내륙 지역을 여행하다. 많은 시를 짓다. ○ 10월 담헌 홍대용 사망하다. ○ 11월 5일 버려진 아이를 구휼하는 『자휼전칙(字恤典則)』을 전국에 반포하였는데 유득공과 초정이 그 글씨를 쓰다.
1784년	정조 8	35	○ 부여 일대를 두루 여행하고 많은 시를 짓다. ○ 4월 28일 서호수가 국왕에게 검서관 박제가를 외직에서 불러들일 것을 건의하다.
1785년	정조 9	36	○ 5월 화훼를 전문적으로 그린 화가로서 규장각에 함께 근무한 화가 김덕형(金德亨)의 화첩에 「백화보서(百花譜序)」를 써서 벽(癖)의 가치를 천명하다. 유득공도 「제삼십이화첩(題三十二畵帖)」을 써 주다. ○ 7월 1일 전설서별제(典設署別提)가 되다. 검서관이 실직이 없으면 군함(軍衡)을 준다는 정식에 따라 이인찰방에서 물러난 초정이 공로를 인정받아 임명되었다. ○ 9월 『병학통(兵學通)』 편찬 간행의 공로로 아마(兒馬)를 하사받다. ○ 가을 전해에 완성된 유득공의 『발해고(渤海考)』에 서문을 쓰다.
1786년	정조 10	37	○ 1월 22일 「병오소회(丙午所懷)」를 바치다. 이보다 앞서 정조는 인정전에서 신하들로부터 조참(朝參)을 받을 때 대신과 시종(侍從) 신하는 국왕에게 직접 소회(所懷)를 밝히고 나머지 관료는 글로 써서 바치라는 어명을 내렸다. 이때 초정은 조선의 피폐한 경제를 근본적으로 일으켜 보려는 비장한 소회를 담아 상소를 올렸다. 이 글은 정월 22일자 『일성록(日省錄)』에 전문이 실려 있다. ○ 2월 22일 사옹원(司饔院) 주부가 되다.

서기	제왕 연대	나이	초정의 사적
1786년	정조 10	37	○ 5월 6일 상의원(尙衣院)주부로 교체되다. ○ 6월 26일부터 일시적으로 검서관에서 면직되다.
1787년	정조 11	38	○ 3월 초사흘 정조가 농가정(農稼亭)에 거둥하여 각신과 검서관에게 상화조연(賞花釣宴)을 베풀고 「치주낙양남궁부(置酒洛陽南宮賦)」를 지으라 하였는데 초정이 장원을 차지하다. 또 「음중팔선도서(飮中八仙圖序)」도 지을 것을 명하였는데 초정도 지어 상을 하사받다. 두 편이 모두 문집에 수록되어 있다.
1788년	정조 12	39	○ 4월 기하(幾何) 유금 사망하다. 「사도시(四悼詩)」를 지어 애도하다. 비슷한 시기에 죽은 이유동(李儒東), 이광석(李光錫), 이벽(李蘗)을 함께 애도하다. ○ 5월 26일 복호(復戶)의 은전을 입은 무신란의 의병인 이유련(李裕鍊)의 사적을 묘사한 「진주이씨일문충효찬(晉州李氏一門忠孝贊)」을 짓다. 이덕무도 같은 주제로 「이씨삼세충효전(李氏三世忠孝傳)」을 짓다. 다음 해에 여러 편의 글을 모아 『이씨삼세충효록(李氏三世孝錄)』이 간행되다. ○ 6월 3일 둘째 아들 장름(長廪)이 태어나다.
1789년	정조 13	40	○ 4월 이덕무, 백동수 등과 함께 『무예도보통지(武藝圖譜通志)』의 편찬을 시작하다.
1790년	정조 14	41	○ 3월에 왕명으로 8폭 병풍의 「음중팔선도(飮中八仙圖)」에 붙인 「음중팔선도서(飮中八仙圖序)」를 지어 정조에게 바치다. 이덕무, 유득공도 함께 짓다. ○ 4월 29일 『무예도보통지』가 완성되다. ○ 5월 27일 건륭제의 팔순절(八旬節)을 맞아 진하사은사(進賀謝恩使)의 군관(軍官) 자격으로 유득공·이희경과 함께 연행하여 9월에 귀국하다. ○ 9월 27일 사은사 황인점이 장계를 보내 건륭제가 조선 왕실의 경사를 축하했다는 것을 보고하자 정조는 바로 광은부위(光恩副尉) 김기성(金箕性)을 동지사 겸 사은사로 파견하다. 이때 귀국 중인 초정과 역관 홍명복(洪命福)을 다시 연행하도록 명하였다. 초정은 급히 말을 타고 편전에서 정조를 알현하고 군기시정(軍器寺正)의 직함과 함께 혼인하는

서기	제왕 연대	나이	초정의 사적
1790년	정조 14	41	둘째 딸의 혼수를 하사받았다. 이 사행에 이기원(李箕元)이 동행했다. ㅇ 겨울 둘째 딸이 윤가기의 아들 윤후진(尹厚鎭)에게 시집 가다. ㅇ 현천(玄川) 원중거가 죽어 「원중거의 만사〔挽元玄川重擧〕」를 짓다. ㅇ 12월 1일 스승이자 인척인 김복휴가 죽다. 「사간 김복휴의 제문〔祭金司諫復休文〕」을 짓다. ㅇ 12월 28일 셋째 아들 장암(長馣)이 태어나다.
1791년	정조 15	42	ㅇ 3월 연경에서 돌아오다. 귀국 후에 중국에서 만났던 50여 명의 명사를 추억하는 「회인시방장심여(懷人詩倣蔣心餘)」 50 수를 짓다. ㅇ 이덕무, 유득공과 함께 『국조병사(國朝兵事)』를 편찬하다. ㅇ 겨울 박지원이 안의현감으로 부임하여 1796년까지 재직하다.
1792년	정조 16	43	ㅇ 2월 경모궁(景慕宮) 담장 밑의 장경교(長慶橋)에 있는 초정 집의 잡목을 하인이 베어 의금부의 조사를 받다. ㅇ 4월 24일 왕명으로 성시전도(城市全圖)를 주제로 초계문신(抄啓文臣)과 검서관은 7언 백운고시(百韻古詩)를 사흘 안에 지으라는 명령을 받다. 1등은 병조정랑 신광하(申光河), 초정이 2등으로 '말할 줄 아는 그림〔解語畵〕'이란 어평(御評)을 받다. 다시 7언 배율(排律) 「금강일만이천봉(金剛一萬二千峰)」을 지어 바치다. ㅇ 눈이 나빠져 검서관직을 사직하다. 사직을 용인해 달라고 서유구(徐有榘)에게 편지를 쓰다. 「이안혼사관, 시제료(以眼昏辭官, 示諸寮)」의 시를 써서 눈이 보이지 않는 고충을 토로하다. ㅇ 7월 『규장전운(奎章全韻)』의 교정을 담당한 9인의 신하에게 문자의 문제를 질문하는 「육서책(六書策)」을 지으라는 하명을 받고 책문을 지어 올리다. ㅇ 7월 7일 내각과 승정원 관원에게 칠석(七夕)에 관한 책문을 내려 초정이 「칠칠책(七七策)」을 지어 상을 받다. ㅇ 8월 16일 부여현감에 임명되어 부임하다. ㅇ 9월 20일 부인 덕수 이씨가 서울 집에서 사망하다.

서기	제왕 연대	나이	초정의 사적
1792년	정조 16	43	○ 11월 6일 부교리 이동직(李東稷)이 이가환(李家煥) 등이 패관소품의 문체를 사용한다며 문체 문제를 거론하자 정조가 문체에 대한 자신의 속뜻을 보이는 비답(批答)을 내리다. 비답 안에 초정과 이덕무의 문체까지 소품체임을 지적하다. 12월 순정한 문체를 보인다 하여 특별히 북청부사에 임명된 성대중을 전별하다.
1793년	정조 17	44	○ 1월 3일 소품문을 지은 죄를 반성하는 자송문(自訟文)을 바치라는 정조의 하명에 대하여 「비옥희음송인(比屋希音頌引)」을 지어서 오히려 소품문을 지을 수밖에 없다고 항변하는 글을 올리다. ○ 이덕무가 새해를 맞이하여 초정에게 장문의 편지를 보내 문체에 관한 견해를 밝히며 문체를 순정하게 지을 것을 권유하다. ○ 1월 25일 이덕무 사망하다. ○ 절친한 벗 서상수와 그 아들 서유년(徐有年)이 죽다. ○ 여름 호서 암행어사 이조원(李肇源)으로부터 다른 지방관과 함께 탄핵을 받고 조사를 받은 뒤 부여현감에서 파직되다. ○ 여름 이후에 소실 장씨(張氏)를 맞이하다. 유득공과 이기원이 각각 해학적인 「초정소실혼서(楚亭小室婚書)」와 「희제박차수촉장시(戲題朴次修催粧詩)」를 쓰다. ○ 섣달에 정조 임금의 활쏘기 솜씨를 기록한 「어사기(御射記)」를 짓다.
1795년	정조 19	46	○ 2월 12일 정조가 검서청(檢書廳)에 들러 청수(廳首)로서 20년 근무한 공로를 표창하여 특별히 오위장(五衛將)에 제수하다. ○ 2월 그믐에 정리의궤청(整理儀軌廳) 감동관(監董官)에 임명되어 유득공과 함께 장용영(壯勇營)에 출사하여 5월 12일 『정리통고도설(整理通考圖說)』 4책을 봉진(封進)하다. ○ 3월 7일 정조를 따라 세심대(洗心臺)에서 열린 상화(賞花)의 모임에 참여하다. 이후 많은 신하들과 함께 시를 짓다. ○ 6월 가승지(假承旨)에 특별히 임명되어 북영(北營)으로 행차한 정조를 수행하고, 또 광주(廣州) 정림리(靜林里)에 머문 봉조하 김종수(金鍾秀)에게 왕명을 전하고 그의 말을

서기	제왕 연대	나이	초정의 사적
1795년	정조 19	46	국왕에게 전하다(유득공도 1799년 10월 28일에 가승지에 낙점되어 북영으로 행차한 정조를 수행한 일이 있다). ○ 10월 30일 아들 박장임이 유득공의 아들과 함께 왕명으로 『태상감응편(太上感應篇)』을 쓰고 국왕을 알현한 뒤 모두 대년검서(待年檢書)에 이름을 올리다.
1796년	정조 20	47	○ 2월 6일 정조로부터 중화척(中和尺)을 하사받고 어제시에 화답하는 시를 짓다. 같은 때 유득공과 정약용(丁若鏞)도 같은 시를 짓다. ○ 2월 9일 눈이 내려 유득공의 둘째 아들 유본예(柳本藝)가 취성당(聚星堂) 운에 따라 눈[雪]을 읊은 장편시를 짓자 초정이 같은 운으로 답시를 7편 짓고, 이어서 아들 박장임과 유득공 등이 차운시를 여러 편 짓다. 모두 시집에 실려 있다. ○ 2월 오위장에서 면직되고 군직(軍職)의 녹봉을 받다. ○ 4월 12일 진사 이정용(李正容)이 술에 취해 궁궐 담에 쓰러져 있다가 나졸에게 붙잡히다. 정조가 그를 관대하게 풀어 주고 쌀 한 섬을 하사하다. 이 사연이 항간에 널리 퍼졌는데 그 은혜를 읊은 이정용의 시를 주제로 초정이 시를 짓다. ○ 4월 26일 친구 이희경의 부친 이소(李熽)가 죽다. 이태 뒤인 1798년 제삿날에 제문을 지어 올리다. ○ 초여름 「아정집서(雅亭集序)」를 쓰다. 이덕무의 사후 1795년 4월에 정조가 문집 『아정유고(雅亭遺稿)』를 간행하라고 내탕금 500냥을 하사하였다. 초정의 서문은 이 문집의 편찬과 관련이 있으나 실제로는 그 문집에 실리지 않았다. ○ 여름에 유득공이 호박을 주제로 지은 「남과이십운증차수(南瓜二十韻贈次修)」에 차운하여 두 편의 시를 짓다. 초정은 호박 요리를 즐겨 자칭 과주지주사(瓜州知州事)라 하다. ○ 연행하는 자형 임희택에게 자신의 연행 체험을 시로 써서 「연경잡절(燕京雜絶)」 140수를 주다. ○ 8월 교정에 참여한 『규장전운(奎章全韻)』이 전국에 반포되고 그 공로로 하사품을 받다. ○ 10월 왕명으로 정약용, 이익진(李翼晉)과 함께 『어정사기영선(御定史記英選)』의 교정에 참가하여 11월에 완수하고 12월 15일에 완간하여 반포되다. 정약용의 「규영부교서기(奎瀛府校書記)」에 내용이 실려 있다.

서기	제왕 연대	나이	초정의 사적
1797년	정조 21	48	○ 2월 25일 심환지(沈煥之)가 신분에 맞지 않게 호상(胡床)에 앉았다 하여 초정을 탄핵하다. ○ 4월 24일 친구인 담수(淡叟) 권처가(勸處可) 등과 광나루에서 배를 띄워 미호(渼湖)를 노닐고 7언시 21수를 짓다. ○ 6월 3일 서울에 온 제주 기생 김만덕(金萬德, 1739~1812)을 보내는 시를 짓다. ○ 윤 6월 교정에 참여한 『어정육주약선(御定陸奏略選)』이 반포되다. ○ 7월 「문사민의 그림 두루마리에 쓰다〔題文士敏畵卷〕」를 썼는데 청나라 장경(張庚)의 『국조화징록(國朝畵徵錄)』을 인용하여 최근 중국 화단의 동향에 대한 관심을 드러내다. ○ 9월 15일 경기도 영평현령에 제수되고 말을 하사받아 17일 부임하다. ○ 11월 셋째 딸을 현감을 지낸 남명관(南命寬)의 아들 남근중(南謹中)에게 시집보내다.
1798년	정조 22	49	○ 5월 22일 「야치도(野雉圖)」에 제시(題詩)를 쓰다. ○ 11월 30일 정조가 「농정을 권하고 농서를 구하는 윤음〔勸農政求農書綸音〕」을 반포하다. 정조는 구전(口傳)으로 하교(下敎)하여 유사당상(有司堂上)을 영춘헌(迎春軒)의 외헌(外軒)에 입시하게 하고 윤음을 반포하다. 초정은 윤음에 응하여 『북학의』(진상본)를 바치고 「응지진북학의소(應旨進北學議疏)」를 쓰다.
1799년	정조 23	50	○ 이응정의 아들이자 서유년의 사위 생원 이행묵(李行墨)이 3월 28일 사망하자 그의 묘지명을 짓다. ○ 5월 6일 둘째 딸이 죽어 천안군 삼기점(三岐店)의 시집 선영에 묻혀 묘지명을 짓다. ○ 8월 22일 자형 임희택이 56세로 죽다.
1800년	정조 24	51	○ 6월 28일 정조가 승하하다. 「정종대왕만사(正宗大王挽詞)」 12수를 짓다. ○ 8월 15일 영평현령에서 면직되다. 본래 전년 12월이 임기였으나 칙사 영접 건으로 연장 근무했는데 이때 와서 심환지의 건의로 해임되다.

서기	제왕 연대	나이	초정의 사적
1801년	순조 1	52	○ 2월 사은사(謝恩使) 일행으로 유득공과 함께 주자서(朱子書) 선본(善本)의 구매와 중국 천초(川楚) 지역 민란의 정보를 수집하는 목적으로 연경에 가서 6월 11일에 돌아오다. 연경에서 이조원·진전(陳鱣)을 만나 『정유고략(貞蕤稿略)』의 서문을 받다. ○ 9월 사돈 윤가기의 옥사에 연루되어 고문당하고서 종성(鍾城)으로 유배되다. ○ 신유박해로 사돈 윤가기와 친구인 이희경의 아우 이희영(李喜英)이 처형되다. ○ 9월 16일 유배를 떠나다. ○ 종성에 도착하여 옛일을 회상하는 「억언(憶言)」 22수를 짓다. ○ 10월 25일 손위 누이가 56세로 죽다. ○ 11월 5일 생일을 맞아 시를 짓다.
1802년	순조 2	53	○ 3월 정조의 죽음을 애통해하는 장편시 「만곡편(萬哭篇)」을 짓다. ○ 4월 「차운하여 남에게 보이다〔次韻示人〕」 18수를 지어 감회를 밝히다. ○ 5월 6일 둘째 딸 기일에 제문을 짓다. ○ 6월 28일 정조의 국상일에 곡을 대신하여 8수의 시를 짓다. ○ 7월 7일 전해에 죽은 손위 누이를 애도하며 동기간의 우애를 애절하게 회상한 「칠석편(七夕篇)」을 짓다.
1803년	순조 3	54	○ 이 무렵 『정유고략』이 중국에서 목판으로 간행되다. ○ 2월 6일 대왕대비가 종성부에 정배한 초정을 향리로 방축(放逐)하라는 명을 내리나 의금부가 봉행하지 않다. ○ 여름에 「여차잡절(旅次雜絕)」 13수와 「수주객사(愁州客詞)」 79수를 지어 유배지 종성의 풍토를 묘사하다. ○ 6월 15일 판윤 정대용(鄭大容) 등이 초정에 대한 처분이 옳지 않다고 거듭 상소하다.
1804년	순조 4	55	○ 2월 24일 초정을 풀어 주지 않은 의금부 당상을 파직하고 즉시 풀어 주라고 명하다.

서기	제왕 연대	나이	초정의 사적
1804년	순조 4	55	○ 2월 25일 판의금부사 황승원(黃昇源)이 하명에 불복하여 상소를 올리고 사직을 청하다. ○ 유배 기간에 경학(經學)을 공부하고 저술을 집필하였는데 현재 그중 하나로 주역해설서 『주역해(周易解)』가 남아 전한다. 이규경(李圭景)은 『오주연문장전산고(五洲衍文長箋散稿)』에서 경학 저술로 초정의 『정유해(貞蕤解)』가 있음을 밝혔다.
1805년	순조 5	56	○ 3월 22일 초정의 방면을 허락하다. ○ 족형(族兄) 박도상(朴道翔)이 죽어 광주 선영에 장사하고 제문을 지어 바치다. 그는 과거 문장을 잘 짓기로 유명하였다. ○ 4월 25일 초정 죽다. 경기도 광주부 엄현(崦峴)의 선산에 묻히다.

작성 : **안대회**(성균관대학교 한문학과 교수)

410

■ 원전

『貞蕤集・北學議』, 국사편찬위원회, 1961.

『貞蕤閣全集』, 여강출판사, 1986.

『楚亭全書』, 아세아문화사, 1992.

『貞蕤閣集』, 필사본 5책, 하버드대 옌칭도서관.

■ 번역서

김용덕 역(1977), 「북학의」, 『한국의 실학사상』, 삼성출판사.

_____ 편역(1995), 『북학의』, 다락원.

金漢錫 역(1947), 『북학의』, 조선금융조합연합회.

안대회 역(2000), 『궁핍한 날의 벗』, 태학사.

_____(2003), 『북학의』, 돌베개.

이익성 역(1971), 『북학의』, 을유문화사.

정민 외 역(2010), 『정유각집』, 돌베개.

홍희유・강석준 역(1995), 『북학의』, 북한 과학원역사학연구소 ; 여강출판사 영
　　　인(1991).

■ 연구저서

김경미(2007), 『박제가의 시문학 연구』, 태학사.

김명호(1990), 『열하일기 연구』, 창작과비평사.

김문식(1996), 『조선후기 경학사상연구』, 일조각.

_____(2009), 『조선후기 지식인의 대외인식』, 새문사.

김용덕(1977), 『조선후기 사상사 연구』, 을유문화사.

박광용(2004), 『영조와 정조의 나라』, 푸른역사.

박성순(2006), 『박제가와 젊은 그들』, 고즈윈.

박현모(2001), 『정치가 정조』, 푸른역사.

송재소 외(2006), 『박지원·박제가, 새로운 길을 찾다』, 경기문화재단.

신용하(1997), 『조선후기 실학파의 사회사상연구』, 지식산업사.

안대회(1999), 『18세기 한국한시사 연구』, 소명출판.

오세영·윤일현·김성준 엮음(2004), 『초정 박제가의 실학사상과 해운통상론』, 신서원.

유봉학(1995), 『연암일파 북학사상 연구』, 일지사.

_____(2001), 『정조대왕의 꿈』, 신구문화사.

윤사순(1997), 『박제가』(1997년 8월의 문화인물), 문화체육부.

이우성(1982), 『한국의 역사상』, 창작과비평사.

정일남(2004), 『초정 박제가 문학 연구』, 지식산업사.

藤塚鄰(1975), 『清朝文化 東傳の研究』, 日本 : 國書刊行會, 1975; 윤철규 외 역 (2009), 『추사 김정희 연구』, 과천문화원.

■ 연구논문

강명관(2011), 「세계로 열린 작은 창이 닫히다」, 『실학산책』 246, 다산연구소.

권정원(2011), 「尺牘을 통한 청대학인과의 학술교류─이덕무와 박제가를 중심으로」, 『동양한문학연구』 32, 동양한문학회.

김경미(1991), 「박제가 시의 연구」, 연세대 박사논문.

_____(1990), 「박제가 시의 회화적 성격에 대하여」, 『열상고전연구』 3, 열상고전연구회.

_____(1990), 「박제가의 문학인식과 시론의 양상」, 『우리문학연구』 8, 우리문학연구회.

김무헌(1983), 「박제가 시 解序」, 『동방학지』 36·37, 연세대 국학연구원.

_____(2000), 「박제가의 회인시 略評」, 『연민이가원선생 칠질송수기념논총』, 정음사.

김문용(2000), 「박제가 경세론의 논리와 구조」, 『민족문화연구』 33, 고려대 민족문화연구원.

김병민(1992), 「'연경잡절'에 반영된 초정 박제가의 문화의식」, 『다산학보』 13, 다산학연구원.

김상규(2004), 「박제가의 '우물론'과 다중지능의 탐색」, 『논문집』 39, 대구교대.

_____(2004), 「박제가의 '우물론'과 절약의 역설」, 「경제교육연구』 11-2, 한국경제교육학회.

김성룡(2009), 「박제가 기행문의 문예 미학 연구」, 『고전문학과 교육』 17, 한국고전문학교육학회.

김성준·오세영(2003), 「초정 박제가의 유통 통상론 연구」, 『해운물류연구』 39, 한국해운물류학회.

김성칠(1960), 「연행소고」, 『역사학보』 10, 역사학회.

김용덕(1961), 「정유 박제가 연구―박제가의 생애」, 『중앙대논문집』 5, 중앙대.

_____(1961), 「정유 박제가 연구―박제가의 사상」, 『사학연구』 10, 한국사학회.

_____(1970), 「정유 박제가 연구」, 중앙대 박사논문.

_____(1981), 「박제가의 경제사상―기적의 선각자」, 『진단학보』 52, 진단학회.

_____(1988), 「정유와 연암」, 『동양학』 18, 단국대 동양학연구소.

김용헌(1997), 「박제가 기술수용론의 의의와 한계」, 『퇴계학』 9, 안동대 퇴계학연구소.

김월성(2004), 「초정 박제가의 미론 시학과 무미론」, 『어문연구』 121, 한국어문교육연구회.

김인규(2005), 「초정 박제가의 북학사상과 근대성」, 『동양고전연구』 23, 동양고전학회.

김 철(2007), 「박제가의 '詩畫境相通'론과 중국 문인화론 관련 연구」, 『아시아문화연구』 13, 경원대 아시아문화연구소.

_____(2008), 「조선조 후기 박제가와 굴원 관련 연구」, 『아시아문화연구』 14, 경원대 아시아문화연구소.

나영일(2005), 「武人 박제가」, 『동양고전연구』 23, 동양고전학회.

남상락(1992), 「초정 박제가 실학사상의 사회철학적 의의」, 『대동문화연구』 27, 성균관대 대동문화연구원.

박광용(2003), 「초정 박제가의 청문물 수입론」, 『국제한국학연구』 창간호, 명지
　　　대 국제한국학연구소.

_____(2005), 「'초정 박제가의 실학사상과 해운통상론' 서평」, 『해운물류연구』
　　　45, 한국해운물류학회.

박무영(1998), 「'인식'과 '新奇'의 시학 : 초정 박제가의 시론」, 『이화어문논집』
　　　16, 이화여대 이화어문학회.

박성래(1987), 「18세기말 기술도입론을 펼친 박제가」, 『과학과기술』 215, 한국과
　　　학기술단체총연합회.

박성순(2005), 「박제가의 북학론과 그 역사적 함의」, 『동양고전연구』 23, 동양고
　　　전학회.

박수밀(2005), 「박제가 시에 나타난 삶의 궤적과 내면의식」, 『고전문학연구』 27,
　　　한국고전문학회.

_____(2006), 「박제가의 언어 문자관과 문학 세계」, 『한국언어문화』 31, 한국언
　　　어문화학회.

_____(2006), 「키 작은 천재 고집쟁이, 박제가」, 『문헌과해석』 36, 문헌과해석사.

_____(2007), 「18세기 지식인의 우정과 교유 양상−이덕무와 박제가의 우정을
　　　중심으로」, 『인문연구』 52, 영남대 인문과학연구소.

박종훈(2006), 「초정 박제가의 회인시 소고」, 『한국언어문화』 30, 한국언어문화
　　　학회.

_____(2007), 「초정 박제가의 '성신당협대' 소고」, 『한국한문학연구』 40, 한국한
　　　문학회.

_____(2007), 「초정 박제가의 '수주객사' 일고」, 『동양학』 42, 단국대 동양학연
　　　구소.

_____(2008), 「초정 박제가 시에 나타난 자부심과 내적 갈등 양상−검서관 재임
　　　기간의 작품을 중심으로」, 『온지논총』 19, 온지학회.

_____(2008), 「초정 박제가 시 연구」, 한양대 박사논문.

_____(2008), 「초정 박제가의 미의식과 詩論」, 『동방학』 14, 한서대 동양고전연
　　　구소.

박철상(2006), 「편지에 담긴 연암과 초정의 우정」, 『문헌과해석』 34, 문헌과해석사.

_____(2010), 「조선의 개혁사상가 박제가의 정유각」, 『국회도서관보』 372, 국회도서관.

박충석(1981), 「초정의 사상사적 위치」, 『진단학보』 52, 진단학회.

방병선(2003), 「초정 박제가, 윤암 이희경의 도자 인식」, 『미술사학연구』 238 · 239, 한국미술사학회.

서근식(2005), 「초정 박제가의 '주역' 해석방법에 관한 연구」, 『퇴계학보』 118, 퇴계학연구원.

서정화(2005), 「박제가의 제문 및 송서 연구」, 『어문논집』 51, 민족어문학회.

송석구(1988), 「貞蕤의 실학사상」, 『동양학』 18, 단국대 동양학연구소.

송재소(1980), 「초정 박제가의 미의식과 시론」, 『한국한문학연구』 5, 한국한문학회.

_____(2000), 「실학과 문학관의 일고찰—초정 박제가의 미의식과 시론을 중심으로」, 『한국한문학연구』 26, 한국한문학회.

_____(2004), 「초정 박제가의 시」, 『시와 시학』 53, 시와시학사.

신용하(1997), 「박제가의 상공업개발론과 개국통상론」, 『경제논집』 36-3 · 4, 서울대 경제연구소.

신창호(2005), 「초정 박제가의 인간지향과 교육정신」, 『동양고전연구』 23, 동양고전학회.

안대회(2001), 「박제가 시의 사물 · 인간 · 사회」, 『18세기 조선지식인의 문화의식』, 한양대 출판부.

_____(2004), 「박제가의 '경신당협대'와 북관풍정」, 『한국한시연구』 12, 한국한시학회.

_____(2005), 「초정 박제가의 인간 면모와 일상—小室을 맞는 시문을 중심으로」, 『한국한문학연구』 36, 한국한문학회.

_____(2009), 「초정 박제가의 연행과 일상 속의 국제교류」, 『동방학지』 145, 연세대 국학연구원.

_____(2010), 「박제가 이해의 새 이정표 : '정유각집' 서평」, 『민족문학사연구』 43, 민족문학사연구소.

_____(2010), 「조선 후기 연행을 보는 세 가지 시선」, 『한국실학연구』 19, 한국실학회.

안재순(2004), 「조선후기 실학의 주체성 문제-박지원·박제가·정약용의 북학론을 중심으로」, 『동양철학연구』 40, 동양철학연구회.

오성동·기성래(1993), 「박제가의 실학사상」, 『사회과학연구』 16, 조선대 사회과학연구원.

오수경(1983), 「초정 박제가의 실학정신과 시」, 『이조후기 한문학의 재조명』, 창작과비평사.

_____(1991), 「연암학파의 시 경향과 박제가의 시론」, 『안동학문학』 2, 안동한문학회.

윤기홍(1989), 「이덕무, 박제가의 문학사상」, 『열상고전연구』 2, 열상고전연구회.

윤종일(2007), 「초정 박제가의 이상사회론 검토」, 『한국사상과 문화』 38, 한국사상문화학회.

이경수(1994), 「박제가론」, 『조선후기 한문학작가론』, 집문당.

이광호(1993), 「박제가의 養虛說」, 『태동고전연구』 10, 태동고전연구소.

이동환(2000), 「정조 聖學의 성격」, 『민족문화』 23, 민족문화추진회.

이상태(1984), 「박제가의 개국통상론」, 『소헌남도영박사 화갑기념 사학논총』, 논총간행위원회.

이성무(1967), 「초정 박제가의 '북학의'」, 『창작과비평』 2-2, 창작과비평사.

___ _(1970), 「박제기의 경세사상」, 『이해남 화갑기념 사학논총』, 논총간행위원회.

이승수(2006), 「박제가의 북관 풍속지, '수주객사'」, 『한국언어문화』 29, 한국언어문화학회.

_____(2007), 「새로운 세계의 탐색, 문학과 여행-박제가의 연행 한시를 중심으로」, 『동방한문학』 33, 동방한문학회.

_____(2011), 「박제가 삶의 두 출로, 우정와 燕行」, 『온지논총』 28, 온지학회.

이우성(1963), 「18세기 서울의 도시적 양상-연암학파·이용후생학파의 성립배경」, 『향토서울』 17, 서울시사편찬위원회.

_____(1982),「실학파의 書畵古董論」,『한국의 역사상』, 창작과비평사.

이익성(1973),「사회비판의 정신체계 : 박제가」,『문학사상』 5, 문학사상사.

이철승(2002),「박제가의 철학 사상에 나타난 비판 정신과 반성리학적 경향」,『범한철학』 25, 범한철학회.

이춘령(1981),「'進北學議'를 통하여 본 박제가의 농업론」,『진단학보』 52, 진단학회.

이헌창(2002),「유수원과 박제가의 상업진흥론」,『한국실학연구』 4, 한국실학학회.

_____(2003),「조선 중·후기 실학자의 해로무역육성론」,『조선시대의 사상과 문화』, 집문당.

_____(2005·2006),「박제가 경제사상의 구조와 성격」,『한국실학연구』 10·11, 한국실학학회.

이홍식(2009),「초정 박제가의 碑誌文 연구」,『한국한문학연구』 43, 한국한문학회.

임형택(2010),「17~19세기 동아시아 상황과 연행·연행록」,『연행, 세계로 향하는 길』, 실학박물관.

정양완(1982),「박제가의 생애에 영향을 미친 몇 분에 대하여」,『연구논문집』 15, 성신여대.

정영근(2010),「박제가의 직업사상-이익을 보는 관점을 중심으로」,『한국사상과 문화』 55, 한국사상문화학회.

정옥자(1991),「문학사적 측면에서 본 정유집」,『진단학보』 52, 진단학회.

정일남(2002),「박제가의 시론과 시」, 성균관대 박사논문.

_____(2004),「박제가 문화이론의 대립통일구조」,『한문학보』 10, 우리한문학회.

_____(2004),「초정 박제가의 제화시 연구」,『퇴계학과 한국문화』, 경북대 퇴계학연구소.

_____(2005),「박제가의 시화일치 성향」,『고시가연구』 15, 한국고시가문학회.

_____(2005),「박제가 회인시 연구」,『한국한문학연구』 36, 한국한문학회.

_____(2005),「초정 박제가의 사유패턴」,『한국실학연구』 10, 한국실학학회.

_____(2006),「'묘향산소기' 연구」,『동방한문학』 30, 동방한문학회.

_____(2007), 「박제가 시미론 연구」, 『한국한문학연구』 39, 한국한문학회.

정창렬(2006), 「실학의 세계관과 역사인식」, 『한국실학사상연구』 1, 혜안.

정충권(1995), 「박제가의 무과시험 여부 변증」, 『전농어문연구』, 서울시립대.

최신호(1990), 「박제가의 문학관에 있어서의 生趣 문제」, 『성심어문논집』 13, 성
　　　심어문학회.

하우봉(2008), 「원중거의 일본 인식」, 조규익·정영문 엮음, 『조선통신사 사행록
　　　연구총서』 7, 학고방.

한미경(2004), 「'정유각집' 시집에 대한 연구」, 『서지학연구』 29, 서지학회.

한우근(1965), 「정조 병오소회등록의 분석적 연구」, 『서울대논문집』 11, 서울대.

홍덕기(1983), 「정유 박제가의 경제사상」, 『호남문화연구』 13, 전남대 호남문화
　　　연구소.

황인건(1996), 「'연경잡절'에 나타난 박제가의 중국 체험 고찰」, 『한국시가연구』
　　　20, 한국시가학회.

_____(2005), 「박제가 시에 나타난 검서관 체험 고찰」, 『한국학논집』 39, 한양대
　　　한국학연구소.

양우뢰(2011), 「縞紵의 정 : 黃丕烈과 박제가·유득공 사이의 교유에 대한 고증」,
　　　『규장각』 38, 서울대 규장각 한국학연구원.

小倉雅紀(1996), 「박제가의 북학사상과 성리학」, 『한국문화』 18, 서울대 한국문
　　　화연구소.

Chung, Chung Ho(2009), 「Practical learning and literature in the eighteenth−
　　　century Chosun Korea: Pak Chega's literary appropriation of Northern
　　　learning」, 『比較文學』 47, 한국비교문학회.

작성: 한영규 (성균관대학교 국어국문학과 교수)

가

가승지(假承旨) 261, 279, 280

가장령(假掌令) 288

가지평(假持平) 288

「감저(甘藷)」 71

강경 34

강경(講經) 268

강남 교역론 254

「강남 절강 상선과의 통상론〔通江南浙
江商舶議〕 32, 82

강병책(强兵策) 144, 145

강세황(姜世晃) 211, 212, 242

강이천(姜彝天) 214, 245

개국통상론 131

개념사적 접근 112, 385

거아도(居兒島) 33, 35

『건륭부청주현도지(乾隆府廳州縣圖志)』
232, 236

검서관(檢書官) 201, 202, 247, 249~
251, 260~263, 265~268, 271~276,
280, 284~286, 289, 302, 308, 311,
312, 315, 316, 332, 339, 381

검서청(檢書廳) 279, 385

검소(儉素) 82, 128, 131, 140, 147,
154, 170, 258

겐카도(兼葭堂) 그룹 253

격조설(格調說) 238

「겸가당아집도(兼葭堂雅集圖)」 253, 260

경계인(境界人) 250, 386

경과(慶科) 296

경모궁(景慕宮) 280, 379, 381~384

경세론(經世論) 12, 13, 43, 48, 143,
156, 197

『경세유표(經世遺表)』 96

경세제민(經世濟民) 109, 114~116, 119,
133

경세치용(經世致用) 6, 22, 159, 160,
386

경세학(經世學) 26, 65, 71, 72, 75, 81,
91, 95, 100~102

『경신당협대(竟信堂夾袋)』 283

경제(經濟) 98, 111~122, 126, 127,
129, 131, 133, 141~143, 146~149,
151, 154, 159~162, 165, 170, 183,
184, 187, 196, 197, 241, 362

경제지술(經濟之術) 25, 148

경제합리주의 122, 150, 159, 183

계미통신사 260, 303, 304, 316, 397

계미통신사행 253, 304

「고공기」 157, 158

고구마 71, 96, 99, 100

『고문진보(古文眞寶)』 223, 224

고미(菰米) 71

「고미고(菰米考)」 71

『고사신서(攷事新書)』 70

고석정(孤石亭) 389

고염무(顧炎武) 160, 196, 220

공리주의 62

공안파 201, 217, 245

과거(科擧) 11, 51, 54, 65, 67, 135,
　　163, 202, 290, 292~299, 305, 306,
　　358, 361, 362, 398, 400, 410

「과거론」 135, 247, 289, 291, 293,
　　295, 296, 354, 359

과거제 51, 134, 249, 291, 298~300,
　　303, 313

과학 54, 71, 132, 133

곽종석(郭鍾錫) 339

곽집환(郭執桓) 75, 399

관백(關白) 87

『관자(管子)』 149, 150, 152~160, 175,
　　182, 185, 190

관중(管仲) 76, 124, 149, 152, 153,
　　156, 184, 344

광천 34, 35

광탕첩(廣蕩帖) 284

교정 263, 266, 405, 407, 408

구전법(區田法) 79

국제무역 44, 45, 96, 113, 130, 143,
　　146, 149, 150, 156, 173

『국조병사(國朝兵事)』 263, 268, 405

군직(軍職) 262, 407

굴원(屈原) 249, 413

권상하(權尙夏) 69

권섭(權燮) 224

『권시각집(卷施閣集)』 231, 233

궐내각사(闕內各司) 385

『규사(葵史)』 283

규장각(奎章閣) 61, 96, 213, 260~262,
　　271~273, 284, 332, 339, 349, 379,
　　385

「규장각연사예일응령(奎章閣燕射禮日
　　應令)」 271

「규장각팔경응령(奎章閣八景應令)」
　　271

근대(近代) 13, 123, 131, 148, 195,
　　222, 321~323, 326, 328, 353, 368,
　　369

「금료소초(金蓼小抄)」 78

금수정(金水亭) 387~389

『급취편(急就編)』 220

기무라 겐카도 81, 253

기백재(己百齋) 28, 201

『기백재일기(己百齋日記)』 204, 205,
　　386

기술(技術) 23, 31, 33, 66, 67, 69, 70,
　　71, 79~81, 86~88, 90~92, 97, 98,
　　113, 117~119, 124, 127~130, 132~
　　136, 142, 143, 157, 158, 168, 198,
　　230, 321, 354, 355, 357, 360

기술발전론 21, 75, 93, 101, 138

기예(技藝) 67, 87, 119, 128, 131,
　　133~135, 216, 217, 274, 285, 290

「기와〔瓦〕」 77, 78, 354, 356

기우제 389

기윤(紀昀) 231, 236, 242, 281, 282

김광수(金光遂) 210

김광연(金光演) 209

김길통(金吉通) 210

김려(金鑢) 222

김복휴(金復休) 11, 28~30, 46, 201~
206, 208~210, 212, 241, 242, 252

김복휴(金福休) 386

김상현(金尙鉉) 205

김신국(金藎國) 29, 33, 46, 49, 50, 201

김용덕 14, 21, 58, 112, 140, 324, 327

김용행(金龍行) 211

김원행(金元行) 67

김육(金堉) 51, 141, 142, 136, 164

김윤겸(金允謙) 211

김익휴(金翊休) 209

김재행(金在行) 205~208

김정호 35

김정희(金正喜) 237, 365

김창업(金昌業) 84, 86, 210

김창연(金昌演) 209

김창집(金昌集) 345, 348

김창협(金昌協) 65

김창흡(金昌翕) 339, 345

김희우(金熙宇) 202

나

나빙(羅聘) 239, 242, 281

낙론(洛論) 23, 24, 51, 52, 57

남경(南京) 215, 308

남양(南洋) 36, 168

남옥(南玉) 88

남인(南人) 46, 52, 69, 163, 212, 269

『내각일력(內閣日曆)』 263

내재적 발전론 321

노론(老論) 23, 24, 46, 51, 52, 57, 61,
67, 69, 135, 209, 285, 286, 325

노론시파(老論時派) 59

노비종모법(奴婢從母法) 284, 285

노전(魯錢) 77

『농기도(農器圖)』 79, 116

「농기도서(農器圖序)」 78, 116, 125

농서(農書) 70, 357, 358

농암(聾庵) → 유수원(柳壽垣)

뇌옹(頯翁) 250

눈병 261, 266

다

다산(茶山) → 정약용(丁若鏞)

담헌(湛軒) → 홍대용(洪大容)

「답우촌서(答雨邨書)」 117, 118, 160

당괴(唐魁) 93

당락우(唐樂宇) 255

당맥(黨脈) 28, 45, 46, 53

당벽(唐癖) 93, 136

『당송팔가문초(唐宋八家文抄)』 221, 222

당후가관(堂後假官) 291

대명의리론(對明義理論) 62, 65

대사동(大寺洞) 73

대서(代書) 296

대학 365

『대학(大學)』 63, 123, 367

「도강록(渡江錄)」 76, 118, 330

도과(道科) 56, 296

도잠 225

도학(道學) 56

「동관공조(冬官工曹)」 96

『동국통감(東國通鑒)』 235, 236

동기창(董其昌) 227

동남성문(東南門) 벽서사건 251, 282, 393

동남성문 흉서사건 → 동남성문(東南門) 벽서사건

『동여도(東輿圖)』 35

동인(東人) 38, 342

동학(東學) 370

「동환봉사(東還封事)」 27

두보(杜甫) 225, 238

둔전(屯田) 38, 43, 44, 96

「등영주이십운응령(登瀛洲二十韻應令)」 271

라

로버트 파커(Robert Parker) 198

류영모 371, 372

리처드 플로리다(Richard Florida) 198

마

『마과회통(痲科會通)』 388

마전(磨轉) 67

마테오 리치 67

만명사조(晚明思潮) 217, 219, 220, 222, 224, 241, 242

만세교 393

만안교(萬安橋) 94

만언소(萬言疏) 51

명농(明農) 125~127, 171, 186

명통(明通) 28

목홍공(木弘恭) 260

「무비설(武備說)」 95

『무비지(武備志)』 98

무역육성론 131, 149, 162~165, 182

『무예도보통지(武藝圖譜通志)』 262, 263, 267, 281

『무원록(無冤錄)』 71

무인도 34

문명(文明) 12, 41, 42, 45, 51, 86, 90, 119~121, 140, 166, 169, 181, 198, 229, 230, 257, 260, 322, 323, 342,

368, 369, 372

문벌제도 개혁론 291

문자당 237

문체 298

문체 반정 220, 268, 269, 275, 285, 286, 289, 298

문화 14, 24, 62, 82, 86, 90, 119~121, 131, 132, 144, 163, 166, 168, 172, 173, 188, 198, 199, 223, 241, 242, 253, 371, 372

민산(民産) 64, 178, 179, 181

민생복리 66

민정중(閔鼎重) 69

민족주의 322

바

박동환 372, 373

박선(朴璿) 29

박수밀 9, 329, 336

박수진(朴守眞) 31, 50, 163, 164

박엄(朴曮) 235

박장암(朴長馣) 117, 196, 234

박종훈 9, 328, 329, 330, 331

박지원(朴趾源) 7, 21, 23, 26, 28, 51, 58, 63, 67, 68, 72, 73, 75~79, 84, 89, 91, 93~95, 97, 98, 118, 125, 140, 163, 169~175, 177~181, 185, 186, 199~201, 214, 228, 251~253,

255, 256, 263, 265, 276, 278, 280, 301, 302, 323~327, 330, 331, 336, 337, 354~356, 361, 384, 385,

박충석 324, 325, 326

박평(朴玶) 30, 251

반계(磻溪) → 유형원(柳馨遠)

『반계잡지(磻溪雜誌)』 36

반수교(泮水橋) 382

반시(泮試) 296

반정균(潘庭筠) 75, 225, 255

『발해고(渤海考)』 257, 340

「방가행(放歌行)」 270

방방(放榜) 296, 298

「배(舟)」 31

배우 275, 289

백광현(白光玹) 60

백동수(白東修) 251, 253, 267, 281, 302, 380

백악시단(白岳詩壇) 210

백영숙 212

백탑 252, 280, 301, 381, 384, 385

백탑그룹 379

백탑시파(白塔詩派) 12, 19, 73, 74, 76, 78, 171, 211, 229, 247, 251~253, 255~257, 260, 265, 276, 327, 361, 384, 385

『백탑청연집(白塔淸緣集)』 253

백탑파(白塔派) → 백탑시파(白塔詩派)

벌열(閥閱) 11, 199, 263, 281, 289,

291~294, 301, 313, 362

법가 141, 147, 154, 155, 183

벽(癖) 135, 216, 217

벽돌 41, 51, 69, 71, 72, 79, 80, 86, 92, 94, 98, 129, 136, 137, 145, 337, 354

변려문 232~234

변일휴(邊日休) 220

별시(別試) 296

「병론(兵論)」 96, 145, 354

「병오소회(丙午所懷)」 64, 115, 126, 130, 143, 262

병풍서(屛風書) 273

『본사(本史)』 70

부국강병(富國强兵) 27, 44, 66, 72, 73, 83, 97, 101, 142, 146, 152, 179, 183

부국론(富國論) 11, 109, 111, 140~142, 144~147, 149, 150, 183, 195, 313

부여 현감 262, 276~278, 280, 379

북경 120, 140, 157, 198, 207, 255, 259, 336

『북보(北譜)』 29, 210

북인(北人) 24, 29~31, 33, 38, 46, 39, 50~53, 58, 66, 101, 161, 209, 212

『북인보(北人譜)』 29, 30

북학(北學) 8, 13, 23~25, 32, 43, 52, 57, 62, 65, 66, 69, 71, 78, 83, 86, 89, 93, 94, 97, 111, 119, 132, 141,

186, 229, 259, 308, 312, 326, 360, 385, 386

북학론(北學論) 21~24, 30, 33, 40, 45, 58, 75, 89, 93, 94, 99, 101, 134, 166, 169, 171, 186, 253, 254, 298, 312

북학사상(北學思想) 8, 259, 312, 385, 386

『북학의(北學議)』 10, 12, 13, 25, 26, 28, 31, 36, 41, 45, 48, 49, 51, 54, 55, 58, 61, 64, 68, 70, 72, 76~78, 81, 82, 86, 90, 92, 94~101, 111, 112, 114~119, 122, 123, 125, 127, 129, 130, 133~137, 142~144, 147, 148, 153, 154, 156~159, 161, 169~171, 175, 177, 179, 186, 187, 195, 207, 216, 219, 240, 242, 254, 255, 259, 291, 295, 299, 337, 352, 362, 380

북학파(北學派) 22~25, 38, 43, 51, 53, 59, 62, 86, 71, 91, 100, 119, 169, 186, 188, 254, 308, 321, 327, 354, 368,

분관(分館) 290

분업 62, 129, 146, 158, 184

불운문 385

불운정(拂雲亭) 271, 273, 385

불차탁용(不次擢用) 290

붕당(朋黨) 11, 39, 226, 252, 263, 291~297, 301, 303, 305, 306, 313

424

『비아(埤雅)』 215, 216, 220, 308

「비옥희음송병인(比屋希音頌幷引)」
  269

사

『사기(史記)』 124, 126, 159, 160, 168,
  185, 221, 222

『사기영선(史記英選)』 263

사농공상(士農工商) 64

「사도시(四悼詩)」 57

『사략(史略)』 223

사민(四民) 63, 64, 128, 137

『사예고(四裔考)』 55

사치(奢侈) 128, 140, 142, 147, 154,
  155, 241

『산림경제(山林經濟)』 117, 385

산정호수 389

『삼국동진십육국 강역삼지』 232

『삼국지보주(三國志補注)』 232

삼부연(三釜淵) 387, 389, 391

『삼한총서(三韓叢書)』 94

상공업 21, 23, 33, 45, 51, 52, 57, 62,
  64, 93, 101, 179

『상두지(桑土志)』 92

상민 384

상언격쟁(上言擊錚) 283

생산재 136~138, 143, 170

생재(生財) 64, 96, 123, 127, 180

서경덕(徐敬德) 161

서경창(徐慶昌) 95

서고(西庫) 385

서기(書記) 88, 165, 304

서녀(庶女) 252

서명응(徐命膺) 26, 54, 70, 71, 89, 157,
  216, 354, 355, 356

서무수(徐懋修) 274

「서문장전(徐文長傳)」 218, 219

서상수(徐常修) 210, 228, 253

『서소유적(書巢遺蹟)』 204, 205, 386

서애(西厓) → 유성룡(柳成龍)

서양 의학 56

서양서 68

서얼(庶孽) 91, 165, 167, 249, 250,
  261, 263, 265, 269, 270, 274, 275,
  278, 279, 283~286, 288, 289, 297,
  301~303, 312, 313, 384

서얼통청(庶孽通淸) 283~285, 289,
  301, 302, 312

서울 양반 249, 252, 312, 384, 386

서위(徐渭) 78, 218~220, 241

서유구(徐有榘) 70, 94, 96, 99, 100,
  167, 187, 214, 385

「서이방익사(書李邦益事)」 68, 91

서이수(徐理修) 261, 267

서자 10~13, 58, 200, 208, 211,
  249~252, 269, 284, 309, 312, 313,
  327, 333, 362, 386

서자론(庶子論) 58

서족(庶族) 73, 88, 93, 205

서치 사실 289

서파(庶派) 253, 260, 301~303, 310, 384

서파 지식인 260, 301, 302, 384

『서피유고(西陂類稿)』 228

『서피집(西陂集)』 228

『서하객유기(徐霞客遊記)』 226

서학(西學) 54

서향각(書香閣) 385

서호수(徐浩修) 54, 70, 71, 88, 163, 231, 281

『설령(說鈴)』 68

『설수외사(雪岫外史)』 79, 81, 308, 385

『설초시집(雪蕉詩集)』 347

성균관 서치(序齒) 284, 287

성대중(成大中) 46, 88, 89, 165~167, 253, 260, 268, 285, 287, 289, 303, 336, 392, 393

성령론(性靈論) 231, 233, 237

성령설 238

성령파(性靈派) 215, 218, 219, 236, 238

성명방(誠明坊) 379, 380, 385

「성시전도시(城市全圖詩)」 198, 213, 214

성해영 370

성해응(成海應) 268, 339

성호 → 이익(李瀷)

『세설신어(世說新語)』 221~224, 241

소동파 225

소론(少論) 52, 57~59, 61, 69~71, 163, 201, 209, 212

『소문사설(謏聞事說)』 92

소북(小北) 29, 30, 49, 51, 58, 69, 161, 201, 209, 210, 252, 254

소비 11, 44, 45, 113, 119, 123, 124, 127, 128, 131, 136, 138, 140, 142, 144, 146, 149, 170, 173

소차(小車) 95, 96

소품문(小品文) 73, 217, 222, 224

『속대전(續大典)』 284

「속회인시십팔수(續懷人詩十八首)」 56

송덕상(宋德相) 287

송락(宋犖) 227, 228, 238

송보순(宋葆醇) 239, 240

송서(送序) 42, 52, 65, 88

송정규(宋廷奎) 91

『송천필담(松泉筆談)』 224

쇄서진전(曬書進箋) 271

쇄원(鎖院) 298, 299

수레 41, 44, 51, 60, 70~72, 79, 81, 95, 96, 124, 129, 132, 136~138, 143, 145, 153, 157, 158, 163, 172, 173, 176, 179, 213, 227, 230, 242, 256, 306, 343, 344, 354~356

「수레」 49

수리(數理) 54
수영(水營) 34, 35
수은묘(垂恩廟) 383
수차 79, 117, 137, 196
수학 54, 67
숙직 263, 266, 307, 308
순담(蓴潭) 389
숭명배청론(崇明排淸論) 65
승고(升高) 67
『승사록(乘槎錄)』 89, 90, 166
『시경』 21, 32, 226, 232, 365
시권(試券) 296
「시사책」 291, 299
시장(市場) 21, 44, 51, 86, 87, 113, 117, 119, 124, 125, 127~130, 134, 136, 138, 140, 142, 146, 153, 154, 156, 157, 159, 163, 164, 168, 174~178, 182, 184, 187, 199, 207
시제(試題) 296, 299
식년시(式年試) 296, 357
신경준(申景濬) 208~210, 212
신관호(申觀浩) 214
신광수(申光洙) 208
신광하(申光河) 213, 214
신묘통신사 65
신법(新法) 63
신분제 134, 289, 392
신사운(申思運) 88
신운설(神韻說) 238
신위(申緯) 339
신택권(申宅權) 208, 214
실사구시(實事求是) 6, 22, 197
실심실학(實心實學) 71
실학(實學) 5~7, 9, 22, 23, 58, 63, 125, 126, 141, 157, 171, 175, 180, 186, 195, 197, 199, 205, 207, 241, 321~323, 325, 326, 328, 368, 369, 386
실학파(實學派) 7, 195, 197, 199, 321, 326
심낙수(沈樂洙) 200, 201
심노숭(沈魯崇) 59, 61
심순심(沈醇心) 255
심악(沈鑵) 61
심염조(沈念祖) 255
심재(沈鋅) 224
심환지(沈煥之) 279, 280, 282
『십국춘추(十國春秋)』 235, 236

아

「아정집서(雅亭集序)」 225
안대회 8~12, 14, 327, 383, 384, 386, 387
안면도 33, 34
안민(安民) 38, 141, 142, 144, 154, 155
안민부국 141, 142
「안변삼십이책(安邊三十二策)」 43

암행어사(暗行御史) 276, 278

압운(押韻) 296

양문역(梁文驛) 393

양반(兩班) 서자 10~12, 250, 313, 327, 386

양반 지식인 301, 302

양반상인론 58

「양허당기(養虛堂記)」 205, 207, 208, 337

어살〔魚箭〕 48, 50

어애송(御愛松) 250, 280, 379, 383

『어정육주약선(御定陸奏略選)』 263

「어제문업첩(御製問業帖)」 274

엄성(嚴誠) 205, 206

「여단기(厲壇記)」 334

역상산수(曆象算數) 67

「연경잡절(燕京雜絶)」 41, 219

『연기(燕記)』 74

연사례(燕射禮) 271, 273, 385

연암(燕巖) → 박지원(朴趾源)

연암그룹 195, 200, 201, 210, 211, 214, 220, 228, 241, 336

연암일파 213

연암학파(燕巖學派) 11, 22, 23, 26, 73, 195, 241

연행(燕行) 40~42, 52, 68~72, 74~76, 79, 83, 84, 89, 92, 163, 170, 179, 197, 198, 200, 205, 206, 209~211, 228, 230, 231, 237, 238, 251, 252, 254, 255, 259~262, 270, 271, 276, 281, 282, 301, 341, 354

연행사(燕行使) 52, 65, 82, 83, 86

열고관(閱古觀) 385

열고루(閱古樓) 272

『열자(列子)』 222

『열하일기(熱河日記)』 75~78, 84, 95, 97, 98, 118, 169, 170, 172, 219, 256, 330

『염락풍아(濂洛風雅)』 223

염전 33~36, 39, 50

영재(泠齋) → 유득공(柳得恭)

『영재집(泠齋集)』 281

영조 즉위 50년 274

『영주복사록(瀛州鵩舍錄)』 204, 205, 386

영평 386~389, 391~393

영평 8경 389

영평 관아 387

영평 현령 125, 133, 262, 2/6, 310, 379, 387, 388, 393

영평초등학교 387, 388

『예해주진(藝海珠塵)』 282

오사카 81, 253, 260

오위장 261, 279

오임신(吳任臣) 235, 236

오정근 285, 287

오정위(吳挺緯) 52

오조(吳照) 281

428

『오주연문장전산고(五洲衍文長箋散稿)』 31, 36, 51, 55, 100

오진방(吳震方) 68

『오하영재집(吳下英才集)』 231, 233

『오회영재집(吳會英才集)』 233, 234

옥류천(玉流泉) 382, 385

옹방강(翁方綱) 281

와서(瓦署) 79

왕도적(王道的) 안민론 141

왕사정(王士禎) 255

왕안석(王安石) 63, 64, 183, 363

왕유 225

왕패(王覇) 151, 175, 183

「용미차설(龍尾車說)」 78

우물물의 비유 258

『우서(迂書)』 57, 58, 61, 184~186, 385

우정 207, 253, 302, 303, 380

「운곡선설(雲谷船說)」 98

웅방수(熊方受) 281

원각사 13층탑 384

원굉도(袁宏道) 215, 218~220, 241

원매(袁枚) 233, 237, 238

원중거(元重擧) 88, 89, 90, 165~169, 173, 181, 253, 263, 271, 291, 292, 303~306, 309, 313, 336, 386, 392

『원중랑집(袁中郞集)』 220, 223

『월동황화집(粤東皇華集)』 230, 231

『위서(魏書)』 215

위응물 225

위항(委巷) 문학운동(文學運動) 325, 327, 361, 369

위항도인(葦杭道人) 250

유건기(兪健基) 290

유구(琉球) 36

유금(柳琴) 57, 231, 252~254, 385

유득공(柳得恭) 23, 73, 81, 159, 200, 214, 229, 249, 252, 253, 257, 260, 261, 265, 268, 269, 274, 281, 282, 302, 327, 332, 333, 340, 350, 384, 385

유리창 207, 281, 282

유만주(兪晩柱) 45, 223

유몽인(柳夢寅) 28, 33, 34, 39~41, 43~46, 50, 52, 161~165, 181, 182, 254, 386

유배 157, 202, 204, 205, 208, 251, 283, 350, 363, 365, 368, 393, 394

유성룡(柳成龍) 149, 162, 182, 183

유수원(柳壽垣) 12, 28, 57~66, 70, 93, 129, 161, 184~186, 385

유안(儒案) 284

유안(劉晏) 47, 124

유언호(兪彦鎬) 210

유저수(劉儲秀) 228

유종원 225

유중림(柳重臨) 385

유통경제 33, 43, 44

유향(劉向) 220

유형원(柳馨遠) 5, 7, 9, 36, 63, 65, 163, 326

「유혜풍시집서(柳惠風詩集序)」 237, 334

유홍(兪泓) 339

유환덕(柳煥德) 211

유희재(劉熙載) 222

육비(陸飛) 206

「육서책(六書策)」 332

육전(陸佃) 216

윤가기(尹可基) 200, 201, 251, 253, 282, 302

윤선(輪船) 55

윤순(尹淳) 71

윤회장령(輪回掌令) 290

은거 215, 250, 254, 262, 271, 291, 292, 301, 303, 306, 308, 309, 301, 311~313, 343, 392, 393

은광(銀鑛) 48, 50, 96, 161

은전(銀錢) 41

은퇴 6, 303, 305, 393

을해옥사 59, 61

「응지진북학의소(應旨進北學議疏)」 50, 125, 144, 163, 164

『의종금감(醫宗金鑑)』 388

의학 56, 169

이가환(李家煥) 268, 285, 286

이강회(李綱會) 96, 98, 99

이건창(李建昌) 211

이격(李格) 54

이관상(李觀祥) 252

이광려(李匡呂) 71, 72, 95

이광좌(李光佐) 59, 60

이규경(李圭景) 31, 84, 96, 99, 100

이규상(李奎象) 45, 201

이기상 371, 372

이기양(李基讓) 388

「이기용편(利器用篇)」 92

이기지(李器之) 84~86, 89, 92

이덕리(李德履) 92

이덕무(李德懋) 23, 46, 54, 55, 57, 73, 81, 82, 84, 91, 165~167, 173, 181, 198, 200, 201, 214, 217, 220~222, 224~226, 228, 231, 251~253, 255, 260~270, 274~276, 278, 280, 281, 285~289, 302, 312, 327, 329, 331~ 333, 350, 351, 361, 371, 380, 384

이덕형(李德馨) 33, 34, 46, 48, 50

이동직(李東稷) 268, 286

이만수 214

이만운(李萬運) 209, 211, 242

이명계(李命啓) 201

이명식(李命植) 299, 300

이벽(李蘗) 54, 57, 116, 184

이병도 324

이봉환(李鳳煥) 88, 89, 200, 201

이산해(李山海) 31, 33~35, 38, 39, 46, 47, 50

이색(李穡) 339~342

이서구(李書九) 200, 252, 253, 302, 384

『이소(離騷)』 196, 226, 232

이숭운(李崇運) 209

이승연(李承延) 55, 56

이시필(李時弼) 91, 92

「이십일도회고시(二十一都懷古詩)」 257

『이아(爾雅)』 216

이안눌(李安訥) 339, 341

이영장(李英章) 211

이옥(李鈺) 222

이용(利用) 35, 37, 41, 47, 48, 76, 78, 97, 118~120, 122, 123, 127, 128, 132, 138, 151, 155, 325

이용감(利用監) 96, 97

『이용편(利用編)』 69

이용후생(利用厚生) 6, 13, 22, 24, 41, 44, 45, 49~51, 57, 59, 62, 65, 66, 69, 71, 72, 78~80, 86, 89, 92, 96~98, 100, 102, 112, 114~116, 118~121, 125, 127, 132, 133, 144, 150~152, 159, 160, 171, 179, 183~185, 187, 195, 207, 354, 361

이용후생론(利用厚生論) 21, 23, 65, 75, 93, 100, 101, 144, 146, 150

이용후생사상(利用厚生思想) 8, 11, 111~113, 119, 127, 142, 151, 160, 168, 169, 179, 181, 185, 188, 385

이용후생파(利用厚生派) → 이용후생학파(利用厚生學派)

이용후생학(利用厚生學) 113, 199

이용후생학파(利用厚生學派) 6, 11, 12, 22, 23, 31, 52, 62, 73, 99, 118, 119, 125, 150, 160, 163, 167, 169, 170, 173, 175, 178, 181, 184, 186, 195, 197, 198, 210, 241, 321, 354, 367, 368

이용휴(李用休) 200, 201, 211, 212, 217

이우성(李佑成) 5, 22, 23, 73, 195~197, 199, 212~214, 237, 241, 380

이윤영(李胤永) 211

이의현(李宜顯) 228

이이명(李頤命) 69

이익(李瀷) 5, 7, 8, 14, 15, 123, 183, 184, 323, 326

이인 찰방 302, 379

이인상(李麟祥) 211

이일화(李日華) 221, 224

이재(理財) 63, 64, 144, 121, 122, 127, 141, 150, 180, 271

이재성 276

이정원(李鼎元) 255

이정재(李定載) 45

이조원 133, 160, 171, 196, 230, 231, 236, 238, 255, 278, 281, 282

이조원(李肇源) 276

이조원(李調元) 75, 117, 197, 254

이종성(李宗城) 59

이지함(李之菡) 28, 31~40, 45~47, 50, 52, 161~163

이진(李進) 200, 201

이총억 388

이춘영 324

이치(李穉) 33

「이포천시상소(莅抱川時上疏)」 36

이학규(李學逵) 214

이한진(李漢鎭) 302, 310, 392, 393

이항복(李恒福) 51, 394

이희경(李喜經) 73, 78~80, 87, 88, 93, 116, 125, 215, 216, 219, 252, 253, 268, 271, 276, 302, 308, 311, 313, 385

이희명(李喜明) 276, 299, 300

이희산(李羲山) 211

이희영(李喜英) 79

인맥 25, 29, 33, 38, 53, 58, 101, 212, 246

인물성동론(人物性同論) 23

인재(靭齋) 380

인조반정(仁祖反正) 164, 165, 210, 252

인중(引重) 67

『일동조아(日東藻雅)』 90

일본(日本) 167

일본 문명 169, 181, 260

일본통신사 88, 89

『일성록(日省錄)』 263, 267, 268

「일신수필(馹汛隨筆)」 77, 78

『일암연기(一庵燕記)』 84

임동확 370, 371

임시발(任時發) 282

『임원경제지(林園經濟志)』 70, 99

『임원십육지(林園十六志)』 385

임정(任珽) 290

임진왜란(壬辰倭亂) 33, 40, 88, 141, 149, 162, 164, 181, 182

임형택 260, 254, 321, 323, 342

임희성(任希聖) 209

임희증(任希曾) 209

자

자본재 11, 136~138

자본주의적 근대 322

자송문(自訟文) 268, 269

자연경실장본(自然經室藏本) 94

자원 개발론 44

『자휼전칙(字恤典則)』 263

장경교(長慶橋) 379, 381, 382, 383

장도악(張道渥) 281

장문도(張問陶) 232, 233, 236, 240, 281

장자(莊子) 205, 207, 222, 336~338

장통(掌通) 290

432

장한찬(張翰撰) 219

장혜언(張惠言) 240

장호(張灝) 226, 227

재유(齋儒) 287

저동(紵洞) 54

저우쮀런(周作人) 222

전겸익(錢謙益) 227

「전군조삼폐설(田軍糶三弊說)」 96

「전항식(甎炕式)」 69, 92

절일제(節日製) 296

점포 50, 64, 359

정덕(正德) 37, 76, 78, 118~120, 151,
    152, 160

『정리통고도설(整理通考圖說)』 263

정민시(鄭民始) 272

정서(正書) 263

정선(鄭敾) 389

『정씨종두방(鄭氏種痘方)』 388

정약용(丁若鏞) 6, 7, 96~99, 157, 158,
    175, 187, 323, 387, 388, 394

정약전(丁若銓) 394

정옥자 324, 325, 327, 348, 361

정운경(鄭運經) 91

정유(貞蕤) 250

정유각(貞蕤閣) 381, 382

『정유각집(貞蕤閣集)』 114, 117, 118,
    160, 196, 329, 330~333, 340, 345,
    350, 352, 358, 359, 362, 364,
    366~368, 375, 379, 380

『정유고략(貞蕤藁略)』 115, 282

정인홍(鄭仁弘) 50

정일남 329, 333

정조(正祖) 11, 46, 53, 58, 64, 65, 72,
    94, 125, 130, 160, 166, 176~181,
    185, 213, 220, 224, 240, 250, 251,
    255, 257, 260~262, 266~269, 271,
    273~276, 278~286, 288, 289, 291,
    299, 354, 357, 358, 363, 381~383,
    385

정철조(鄭喆祚) 54, 66~69, 210

정초(鄭樵) 160, 196

정필녕(鄭必寧) 290

정학(正學) 55

정현(鄭玄) 234

정후조(鄭厚祚) 54, 55

제(際)론 13, 328, 329, 333

『제경경물략(帝京景物略)』 198

「제법(諸法)」 92

제술관(製述官) 88

제주도 34

「제차설(諸車說)」 99

「조선경성도(朝鮮京城圖)」 380~382

조윤형(曹允亨) 274

조정론(調停論) 293, 294, 295

조태억(趙泰億) 65, 339, 341

조헌(趙憲) 26, 27, 32, 186, 187, 254

조현명(趙顯命) 59

조희룡(趙熙龍) 217

「존주론(存周論)」 78, 359

존주양이(尊周攘夷) 65

「종두설(種痘說)」 388

종두시술지(種痘始術址) 기념비 387

「종두요지(種痘要旨)」 388

『주관(周官)』 87, 157, 158

『주례(周禮)』 129, 157, 158, 160

주변 엘리트 13, 328

『주서절요(朱書節要)』 223

주시관(主試官) 299, 300

『주역(周易)』 364

주이존(朱彝尊) 220

주자학(朱子學) 141, 152, 160, 165~
168, 181, 326

주합루(宙合樓) 385

주희(朱熹) 367

줄리오 알레니(Giulio Aleni) 56

중강개시(中江開市) 44, 162, 182

「중강파시변무계사(中江罷市辨誣啓辭)」
44

중국어 하습 72

중농억말(重農抑末) 63

중봉(重峯) → 조헌(趙憲)

중상주의 143, 146, 148~150, 156

중상주의(Mercantilism) 146

중상주의(重商主義) 58

중인 6, 91, 13, 315, 342, 348, 361
369, 384

「중주잡영(中州雜詠)」 40

증자 365

지리학 54, 55

『직방외기(職方外紀)』 55, 56

진계유(陳繼儒) 221, 224, 226, 227

「진시무팔조계(陳時務八條啓)」 47

「진육조소(陳六條疏)」 72, 95

진전(陳鱣) 227, 282

진휼곡(賑恤穀) 276

질검론비판(質儉論批判) 58

차

『차수집(次修集)』 281

차술(借述) 296

창덕궁 379, 382, 385

창옥병(蒼玉屛) 387, 389

채제공(蔡濟恭) 163, 177, 255

책문 299, 300

천문학 67

천수만 34

『천애지기서(天涯知己書)』 81

『천주실의(天主實義)』 55

천하지도(天下地圖) 54

철보(鐵保) 281

청라동 35

청요직 11, 288, 292~294

청조 지식인 302

초계문신(抄啓文臣) 262, 287

초사(楚辭) 238, 249

434

『초정시고(楚亭詩稿)』 252

초정의 개고기 삶는 법[朴楚亭之烹法]
   394

최경칭(崔景偁) 238, 240

최립(崔岦) 286, 287

최성환(崔瑆煥) 6, 385

최유진 328, 329, 368

최창대(崔昌大) 65

최치원(崔致遠) 26, 27, 75, 186, 254

최필공(崔必恭) 286, 287

최한기(崔漢綺) 6, 323, 385

축덕린(祝德麟) 255

출처관(出處觀) 263, 301, 313

출초(出草) 263

취수(取水) 67

타

『탐라문견록(耽羅聞見錄)』 91

탕현조(湯顯祖) 227

토정(土亭) → 이지함(李之菡)

『토정유고(土亭遺稿)』 36

『통감(通鑑)』 223

『통감절요(通鑑節要)』 224

통상(通商) 31~33, 35~37, 81~83, 88,
   125~127, 130~132, 153, 171~173,
   180, 250

통상혜공(通商惠工) 185, 186

통신사 86, 88, 89, 164, 345, 341

통진(通津) 169, 215, 380

파

파고다 공원 379, 384

「판서 홍양호에게 주는 편지〔與洪判書
   漢師書〕」 71

패관소품문 269, 275, 289

패도(覇道) 150, 158, 159, 183, 184

팽원서(彭元瑞) 281

평준(平準) 114, 123~127, 159, 177

포천군 9, 387, 389, 392

표류(漂流) 90, 91, 97, 134

풍천(豊川) 임씨(任氏) 29, 209

필원(畢沅) 233

하

『하씨어림(何氏語林)』 226

학(學) 111, 148

학맥(學脈) 25, 26, 28, 29, 33, 38, 45,
   46, 58, 59, 73, 101, 212

『학산당인보(學山堂印譜)』 227

「학산당인보초석문서(學山堂印譜抄釋
   文序)」 226

『한객건연집(韓客巾衍集)』 254

「한경사(漢京詞)」 214

한산 이씨 33

『한서(漢書)』 124, 159, 168, 185, 221,

222

「한양가(漢陽歌)」 214

한유(韓愈) 225, 296, 297

한준겸(韓浚謙) 43

함춘원 383

『함해(函海)』 230, 281

합과(合顆)상업 62

항세준(杭世駿) 232

해금(海禁) 131

『해동농서(海東農書)』 70

『해동유주(海東遺珠)』 347, 348

『해동읍지(海東邑誌)』 263

해로무역 33, 34, 131, 144, 161, 162, 171~173, 180, 181, 184, 188

해로통상론(海路通商論) 21, 32, 93, 100

해상무역 → 해로무역

「해악전신첩(海嶽傳神帖)」 389~391

해외통상론 321, 353

『해외문견록(海外聞見錄)』 91

해행(海行) 82, 83

허균(許筠) 224

허목(許穆) 52, 65

형암(炯菴) → 이덕무(李德懋)

「형암선생시집서(炯菴先生詩集序)」 331, 332

혜공(惠工) 125~127, 171

호론(湖論) 24

호상(胡床) 사건 303

『호저집(縞紵集)』 54, 117, 196, 233~235, 240

『혼개도설집전(渾蓋圖說集箋)』 281

홍대용(洪大容) 7, 21, 23, 24, 58, 67, 72~75, 81, 83, 84, 116, 117, 163, 167, 169, 199, 205, 208, 228, 229, 249, 254, 259, 263, 301, 302 326, 386

홍만선(洪萬選) 117, 385

홍세태(洪世泰) 339, 340, 341, 345, 347, 348, 350, 361

홍양길(洪亮吉) 231~238, 240, 242

홍양호(洪良浩) 71, 72, 95, 209

『화국지(和國志)』 89, 90, 166, 168

화담(花潭) → 서경덕(徐敬德)

화이론(華夷論) 84

화적연(禾積淵) 387, 389, 390

화폐 유통 33

「황도기략(黃圖紀略)」 84

황윤석(黃胤錫) 54, 57, 67, 209, 211

황정견 225

『황청개국방략(皇淸開國方略)』 281

『황화집(皇華集)』 230

『회우기(會友記)』 208, 228, 229

『회우록(會友錄)』 74, 81, 229, 254

「회우록서」 228

회인시(懷人詩) 67, 201, 207, 209, 234~236, 241, 253, 281

「회인시방장심여(懷人詩倣蔣心餘)」 56

후생(厚生) 37, 76, 78, 118~121, 123,
   124, 127, 132, 138, 140, 146, 147,
   151
후원(後苑) 379, 385
후지스카 94
후추(後麤) → 김신국(金藎國)
흥양 174, 202, 204, 205, 208
「희방왕어양세모회인(戱倣王漁洋歲暮
   懷人)」 59, 211
「희방왕어양세모회인육십수(戱倣王漁
   洋歲暮懷人六十首)」 56, 59, 167,
   168, 255

집필진(원고 게재 순)

안대회 · 성균관대학교 한문학과 교수
이헌창 · 고려대학교 경제학과 교수
한영규 · 성균관대학교 국어국문학과 교수
김현영 · 국사편찬위원회 교육연구관
미야지마 히로시 · 성균관대학교 동아시아학술원 교수

실시학사 실학연구총서 07

초정 박제가 연구

1판 1쇄 인쇄 2013년 5월 20일
1판 1쇄 발행 2013년 5월 31일

편집인 | 재단법인 실시학사
집필진 | 안대회 · 이헌창 · 한영규 · 김현영 · 미야지마 히로시

펴낸곳 | 성균관대학교 출판부 · 사람의무늬
등록 | 1975년 5월 21일 제1975-9호
주소 | 110-745 서울특별시 종로구 성균관로 25-2
전화 | 02)760-1252~4 팩스 | 02)762-7452
홈페이지 | http://press.skku.edu

ⓒ 2013, 재단법인 실시학사
ISBN 978-89-7986-991-0 94150
    978-89-7986-923-1 (세트)
값 25,000원